国家示范性中职院校建设项目教材丛书

机车零部件焊接加工实训教程

郭　实　主　编

杜　伟　王　伟　副主编

中 国 铁 道 出 版 社

2016年·北　京

内 容 简 介

本教材以目前生产应用较为广泛的焊条电弧焊、气割、CO_2 气体保护焊、钨极氩弧焊四种操作方法为学习的主要内容。采用模块化方式编写，每种操作方法同时包括专业理论知识和技能训练两部分，紧密结合生产实例按任务（项目）操作进行教学安排，使技能训练课题针对性强，同时为便于教学，在每课中都加入了教学目标、教学重点、难点与课后总结等内容。在编写中充分考虑了提高学生的操作能力和操作技能的重要性，以实用技能提高为核心，重在培养学生的实践能力和就业技能。

《机车零部件焊接加工实训教程》可作为高级技工学校以及中等职业学校焊接专业学生进行实践性教学的指导用书，也可供其他职业教育（培训）以及工人自学用书参考。

图书在版编目(CIP)数据

机车零部件焊接加工实训教程/郭实主编. —北京：中国铁道出版社，2016.7
（国家示范性中职院校建设项目教材丛书）
ISBN 978-7-113-19629-5

Ⅰ.①机… Ⅱ.①郭… Ⅲ.①机车—零部件—焊接工艺—中等专业学校—教材 Ⅳ.①U260.6

中国版本图书馆 CIP 数据核字(2016)第 148607 号

书　　名： 国家示范性中职院校建设项目教材丛书
机车零部件焊接加工实训教程
作　　者： 郭实　杜伟　王伟

策　　划： 江新锡　徐　艳
责任编辑： 曹艳芳　　**编辑部电话：** 010-51873193
封面设计： 王镜夷
责任校对： 焦桂荣
责任印制： 陆　宁　高春晓

出版发行： 中国铁道出版社（100054，北京市西城区右安门西街 8 号）
网　　址： http://www.tdpress.com
印　　刷： 北京市昌平百善印刷厂
版　　次： 2016 年 7 月第 1 版　2016 年 7 月第 1 次印刷
开　　本： 787 mm×1 092 mm　1/16　**印张：** 14.5　**字数：** 350 千
书　　号： ISBN 978-7-113-19629-5
定　　价： 45.00 元

前　言

在人类社会步入21世纪的今天，焊接已经进入了一个崭新的发展阶段，并在制造过程当中创造了极高的附加值，已经深深地溶入了现代制造工业当中，并在其中显现了十分重要、甚至是不可替代的作用。焊接作为组装工艺之一，通常被安排在制造流程的后期或最终阶段，因而对产品质量具有决定性作用。正因如此，在许多行业中，焊接被视为一种关键的制造技术。

本教材从现代职业教育高技能人才培养目标出发，结合我国焊接领域的发展现状与机车行业焊接专业的技术岗位特点，依照企业对焊接技能人才理论知识和操作能力的要求，参照国家职业标准，确定教材的深度和广度。在本教材的编写过程中，我们始终坚持以下几个原则：

以学生就业为导向，以企业用人标准为依据。在职业知识的安排上，紧密联系培养目标的特征，坚持够用、实用的原则，摒弃“繁难偏旧”的理论知识，同时，进一步加强技能训练的力度，特别是加强基本技能与核心技能的训练。

遵从职业教育的认知规律，力求教学内容为学生“乐学”和“能学”。在结构安排和表达方式上，强调由浅入深，循序渐进，强调师生互动和学生自主学习，重“操作”、讲“实用”，书中精选了大量训练任务，以图文并茂的表现形式，将一些重要的知识点分解到具体的实例中，理论叙述较少，侧重实用性和通用性，遵循理论与实践相结合、重在技能培养的职业教育理念。

注重专业课程内容与职业标准的对接，根据产业转型升级对职业标准提出的新要求，将职业标准融入到课程标准、课程内容的设计和实施中。

注重教学过程与生产过程的对接，强化工学结合，加强实习实训环节，培养符合产业标准的高技能人才。

由于编写时间的仓促，加之编者水平所限，书中错误与不妥之处在所难免，恳请读者不吝赐教，以便作进一步修改和完善。

编者

2015年6月

目　　录

模块一:焊条电弧焊

学习相关知识

概述:

焊接技术是19世纪末和20世纪初发展起来的一种热加工工艺,取代了铆接。焊接比铆接具有显著的优越性,它有节省材料、减轻结构重量、简化加工与装配工序、接头的致密性强、能承受高压、容易实现机械化和自动化生产、提高生产率、改善劳动条件等特点。被广泛地应用于机械、建筑、交通、冶金、化工、造船、车辆、航空、石油、电力等各个工业部门。

1. 焊接的概念

通过加热或加压,或两者并用,用或不用填充材料,使焊件达到结合的加工工艺方法。

2. 焊接的分类

按照焊接过程中金属所处的状态不同,焊接方法分为熔焊、压焊、钎焊三类。

熔焊:在焊接过程中,将焊接接头加热至融化状态,不加压力完成焊接的方法。如:手工电弧焊、气焊、氩弧焊。

压焊:在焊接过程中,必须对焊件施加压力(加热或不加热),以完成的方法。这类焊接有两种形式:一是将被焊金属接触部分加热至塑性状态或局部熔化状态,然后施加一定的压力,使金属原子间相互结合而形成牢固的焊接接头,如:锻焊、电阻焊、摩擦焊和气压焊等;二是不进行加热,仅在被焊金属的接触面上施加足够大的压力,借助于压力所引起的塑性变形使原子间相互接近直至获得牢固的压挤接头,如:冷压焊、爆炸焊等均属此类。

钎焊:采用比被焊工件熔点低的钎料(焊丝),钎料被加热熔化,填充接头间隙并与被焊工件相互扩散,实现结合。如:烙铁钎焊、火焰钎焊。

3. 焊条电弧焊

利用手工操纵焊条进行焊接的电弧焊方法,操作时,焊条和焊件分别作为两个电极,利用焊条与焊件之间产生的电弧热量来熔化焊件金属,冷却后形成焊缝。

特点:设备简单、维护方便、成本低;工艺灵活、适应性强;对焊件的装配要求较低;劳动强度高、生产效率低。

一、弧焊电源的使用

电源是在电路中用来向负载供给电能的装置,而焊条电弧焊的焊接电源是在焊接电路中为焊接电弧提供电能的设备。为区别于其他的电源,这类电源称为弧焊电源。见图1-1。

1. 弧焊电源的要求

具有下降的外特性、适当的空载电压、良好的动特性、灵敏的调节特性、结构简单、维修方便等特点。

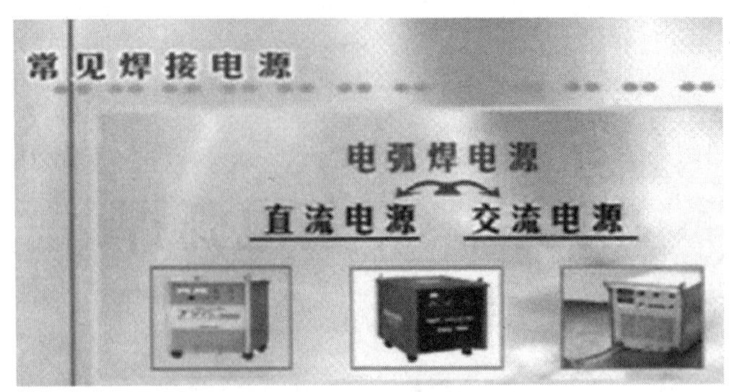

图 1-1 常见焊接电源

2. 弧焊电源的种类

(1)弧焊变压器。

弧焊变压器也称交流弧焊机,是以交流电形式向焊接电弧输送电能的设备。

1)BX-500 型弧焊变压器。

①结构特点及性能。

BX-500 型弧焊变压器属于串联电抗器式弧焊变压器类,是由平特性降压变压器串联一个电抗器并置于一个铁芯上,故称同体式焊接变压器。见图 1-2(a)、图 1-2(b)。

图 1-2(a) BX-500 型弧焊变压器结构及特点

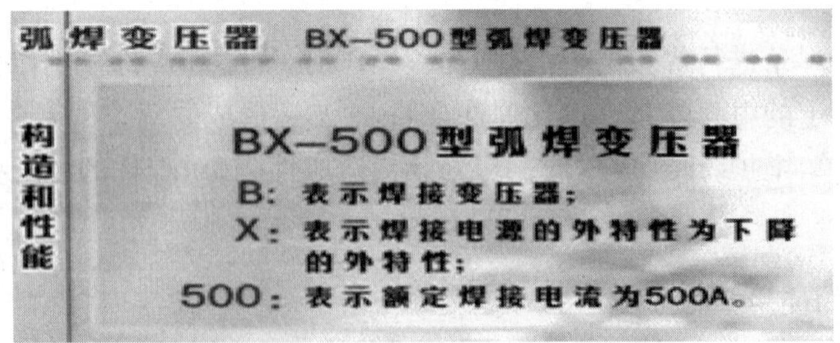

图 1-2(b) BX-500 型弧焊变压器构造和性能

②BX-500 型弧焊变压器的电流调节原理。

电流调节:是利用可动铁芯的移动,以改变与固定铁芯间的气隙大小现时达到的。当顺时针方向转动手柄时,铁芯间气隙增大,焊接电流增大,反之,焊接电流减小。见图 1-3。

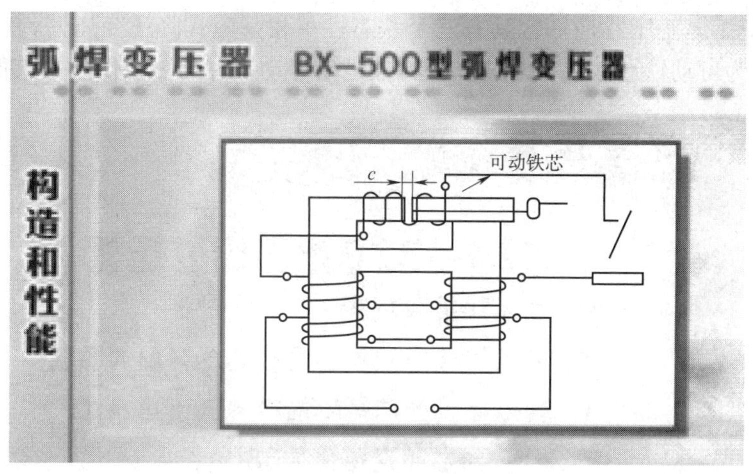

图 1-3　BX-500 型弧焊变压器的电流调节

2)BX1-330 型弧焊变压器。

见图 1-4。

图 1-4　BX1-330 型弧焊变压器

①结构特点及性能。

见图 1-5(a)、图 1-5(b)。

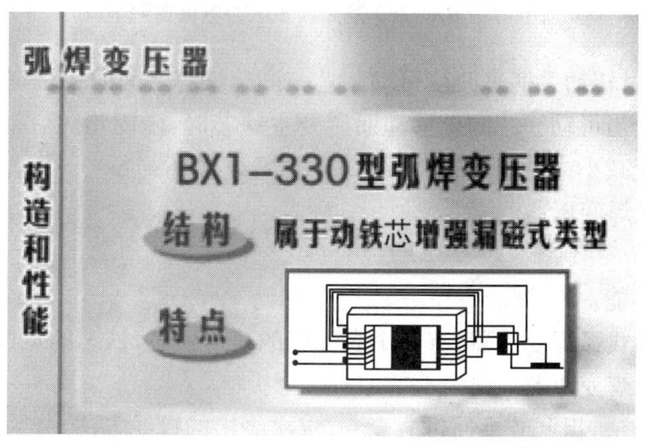

图 1-5(a)　BX1-330 型弧焊变压器结构特点及性能

BX1-330 型弧焊变压器是一台具有三个铁芯柱单相漏磁式降压变压器，其中两边为固定的主铁芯，中间为可动铁芯。焊机的陡降外特性是借可动铁芯的漏磁作用而获得的。

图 1-5(b)　BX1-330 型弧焊变压器结构特点及性能

②BX1-330 型弧焊变压器的电流调节原理。

焊接电流的调节有两种方法：粗调节和细调节。

电流粗调：通过二次绕组不同的接线法，改变二次绕组的匝数来实现。见图 1-6。

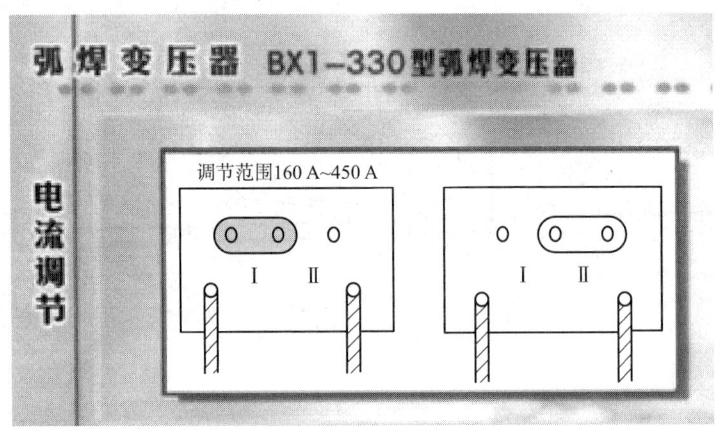

图 1-6　BX1-330 型弧焊变压器电流粗调节

细调节：则可通过转动手柄来改变可动欠芯与固定铁芯之间的相对位置，使漏磁通发生变化以调节焊接电流。当可动铁芯向外移动而离开主铁芯时，磁阻增大，漏磁减少，则焊接电流增大，反之，焊接电流减小。见图 1-7。

3)BX3-300 型弧焊变压器。

见图 1-8。

①结构特点及性能。

BX3-300 是动圈式弧焊变压器，有一个高而窄的口形铁芯，铁芯的宽度较小，而叠厚较大。

②BX3-300 型弧焊变压器的电流调节原理。

焊接电流调节方法：粗调节是通过改变一、二次绕组的接线方法，分为串联和并联两种，调节时首先将焊机电源切断，然后将开关转换至相应的接法。

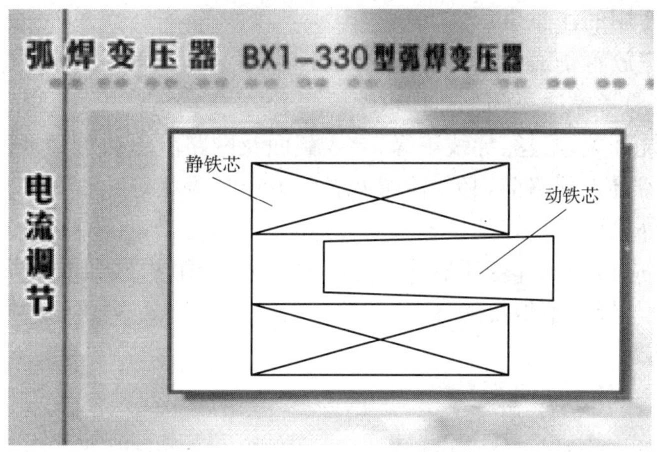

图 1-7　BX1-330 型弧焊变压器电流细调节

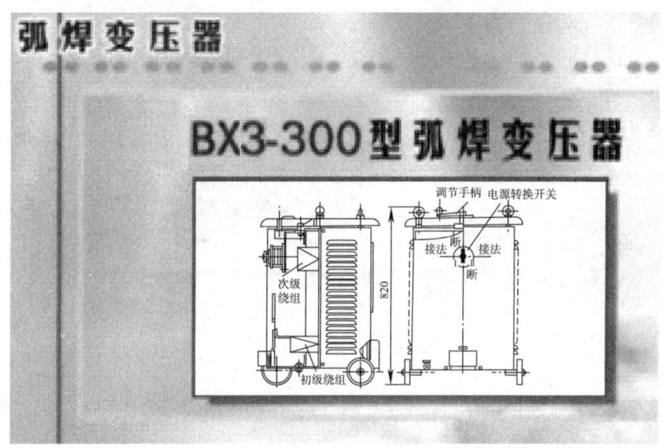

图 1-8　BX3-300 型弧焊变压器

细调节:是通过摇动手柄来改变两绕组间的距离,当距离增大,漏磁增加,使焊接电流减小;反之,焊接电流增大。见图 1-9。

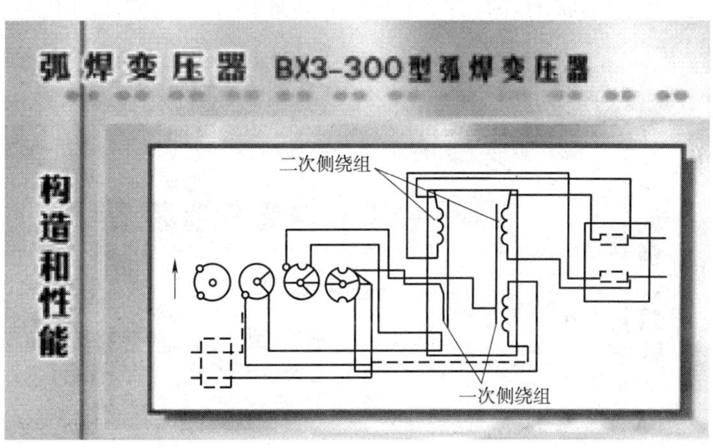

图 1-9　BX3-300 型弧焊变压器的电流调节

4)弧焊变压器使用的注意事项：

①弧焊变压器应放置于通风良好干燥的地方；在露天作业时，必须妥善盖好，以防雨、雪、灰尘的侵入，同时也要考虑通风问题。

②注意配电系统开关、熔丝、导线绝缘、导线截面及网路电源功率等是否符合要求。

③在弧焊变压器接入网路前，必须注意两者的电压是否相等。

④弧焊变压器外壳应有良好的接地。

⑤合上开关前，应检查弧焊变压器各部分接线是否正确，电线接头要接触良好，不得有松动，特别要注意焊钳与焊件不得接触，以防短路。

(2)弧焊整流器。

见图 1-10。

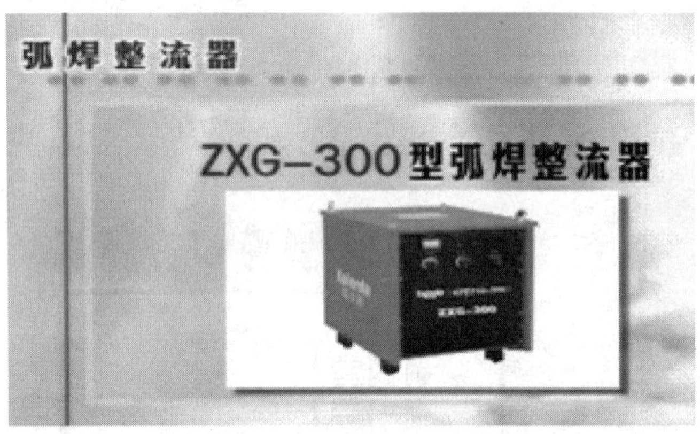

图 1-10　弧焊整流器

弧焊整流器是一种将交流电通过整流转换为直流电的焊接电源，这类焊机由于多采用硅整流元件进行整流，故也称为硅弧焊整流器。

1)焊机构造。

硅弧焊整流器主要由三相主变压器、三相磁饱和电抗器、三相硅整流元件组、输出电抗器、通风机组以及控制系统等几部分组成。与弧焊发电机相比，它具有制造方便、空载损耗小、噪声小、效率高，易获得不同形状的外特性，以满足不同焊接工艺的要求等优点。见图 1-11(a)、图 1-11(b)、图 1-11(c)。

图 1-11(a)　弧焊整流器的构造和性能

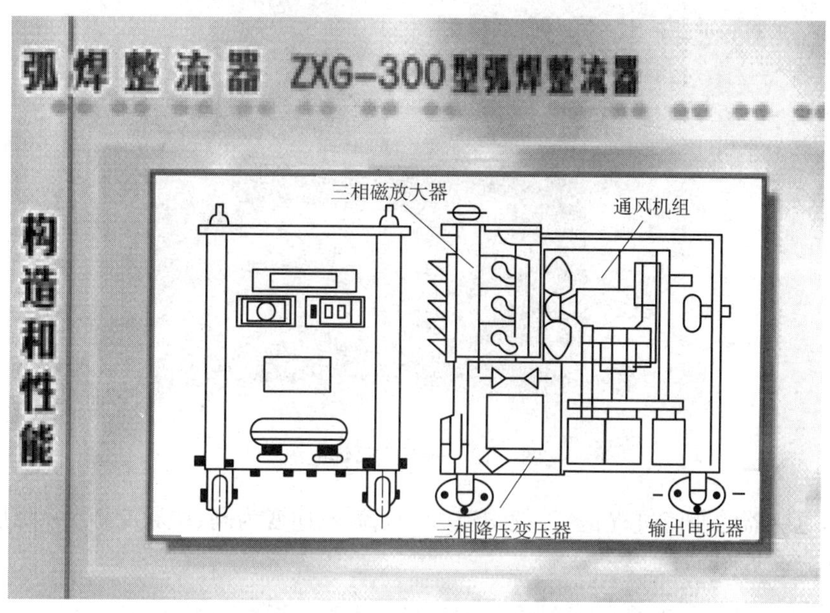

图 1-11(b) 弧焊整流器结构示意图

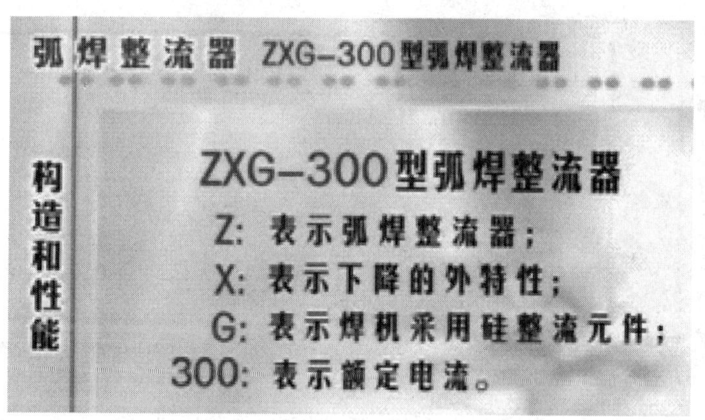

图 1-11c 弧焊整流器的型号解析

2)焊接电流的调节。

使用调节面板上的焊接电流控制器,沿顺时针方向转时,焊接电流增加,沿逆时针方向转动时,焊接电流减小。

(3)逆变式弧焊电源。

见图 1-12。

1)逆变式弧焊电源特点:

①体积小、质量轻:整机重量仅为传统弧焊电源的 1/5～1/10,整机体积只有传统的弧焊电源的 1/3 左右。

②高效节能:效率可达 80% ～ 90%,功率因数可达 0.99,空载损耗极小,比传统弧焊电源节电 1/3 以上。

③改善了弧焊工艺性能。

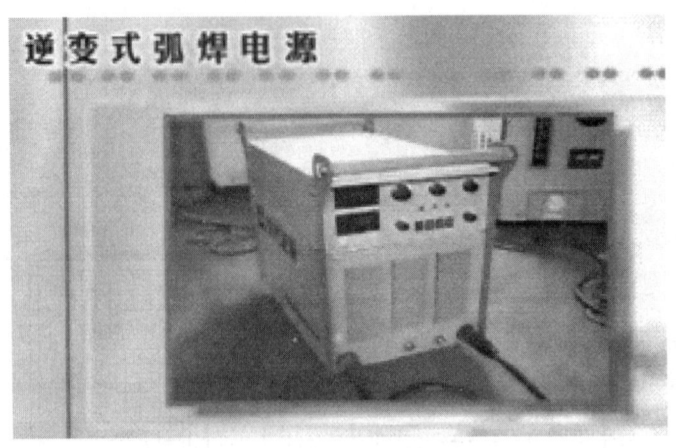

图 1-12　逆变式弧焊电源

2)弧焊逆变器的变流过程是:工频交流 → 直流→ 逆变为高、中频交流 → 降压→ 交流→再次变成直流。见图 1-13。

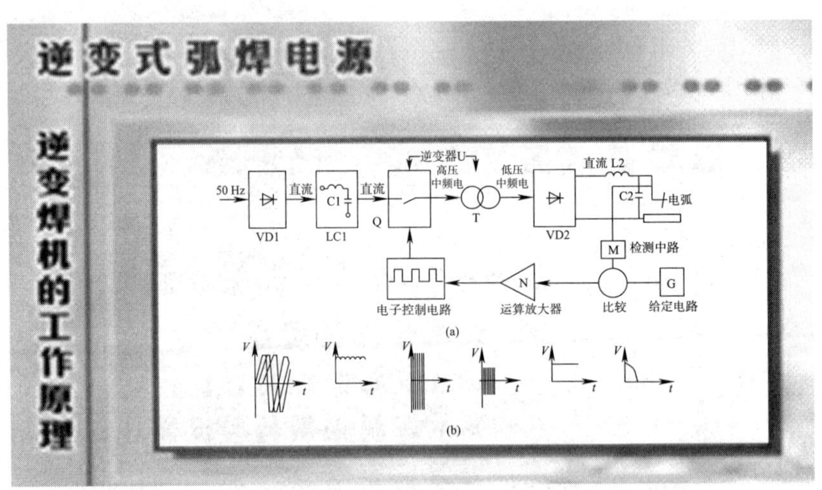

图 1-13　逆变式弧焊电源的工作原理

(4)焊条电弧焊电源使用及维护保养:

弧焊电源是供电设备,在使用过程中一是要注意操作者的安全,不要发生触电事故;二是要注意弧焊电源的正常运行和维护保养,不应发生损坏弧焊电源的事故。为了正确使用弧焊电源,应注意如下几个方面:

1)必须将弧焊电源平稳地安放在通风良好、干燥的地方,不准靠近高热及易燃易爆危险的环境,要注意对整流式弧焊机硅整流器的保护和冷却。

2)接线和安装应由专门的电工负责,焊工不应自行动手。

3)弧焊电源外壳必须有良的保护接地或保护接零,以防外壳带电。

4)使用弧焊电源前应进行必要的安全检查,检查电源的接线与网路电压是否相符,连接导线的接头是否有松动。

5)应按弧焊电源规定的技术数据使用,接入电源网路的电焊机不允许超负荷使用。

6)弧焊电源工作时不允许有长时间的短路现象,防止在空载状态下焊钳与焊件的短路。

7)经常保持焊接电缆与弧焊电源接线柱的接触良好,注意紧固螺母。

8)调节电流或变换极性接法时,应在空载下进行。

9)露天使用时,要防止灰尘和雨水侵入弧焊电源内部,电焊机受潮,应当用人工方法进行干燥。

10)要保持弧焊电源的清洁,每半年应进行一次电焊机检修保养。

11)工作完毕或临时离开工作场地时,必须及时切断弧焊电源。

3. 焊接电源的极性及应用

因电弧温度有差异,当焊件与焊钳的正、负极接法不同时,其温度也不同。在使用直流弧焊电源时,应考虑选择电源的极性问题,以保证电弧稳定燃烧和焊接质量。电源的极性分正接法和反接法两种,正接法是焊件接电源正极焊钳接电源负极;反接法是焊件接电源负极焊钳接电源正极。

采用直流电源,在使用酸性焊条时,如果焊接厚钢板,可采用直流正接,以获得较大的熔深;而在焊接薄钢板时,则采用直流反接,可防止烧穿。使用碱性焊条时,无论焊接厚板还是薄板均采用直流反接,以减少飞溅和气孔,使电弧稳定燃烧。

二、焊条电弧焊的工具及防护用品

1. 焊条电弧焊的工具

(1)焊钳:是用来夹持焊条并传导焊接电流进行焊接的工具。见图1-14。

对焊钳有如下要求:

1)焊钳必须有良好的绝缘性与隔热能力。

2)焊钳的导电部分采用紫铜材料制成,保证有良好的导电性。与焊接电缆连接应简便可靠,接触良好。

3)焊钳夹紧焊条应牢固,更换焊条方便,并且质量轻,便于操作,安全性高。常用焊钳有300 A、500 A两种规格。

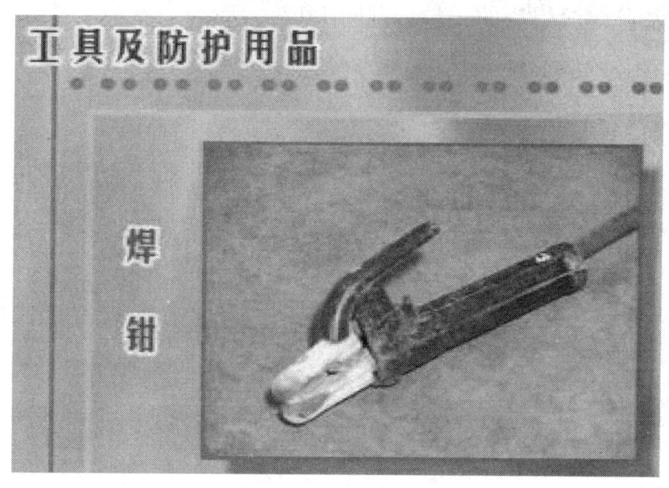

图1-14　焊钳

(2)地线夹:保证焊机输出导线与焊件的可靠连接。见图 1-15。

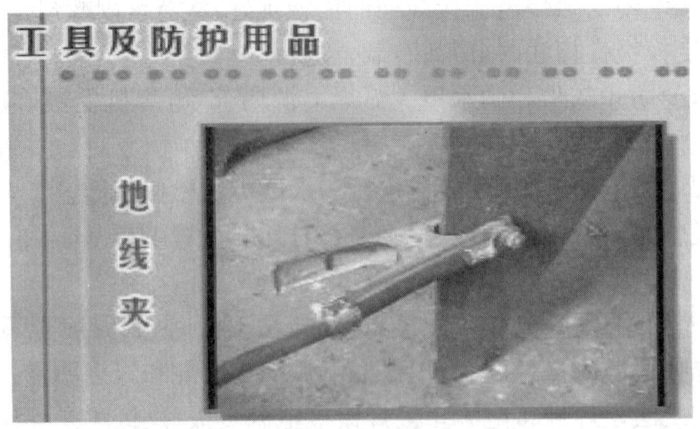

图 1-15 地线夹

(3)焊接电缆:是用来传导焊接电流的导线。见图 1-16。

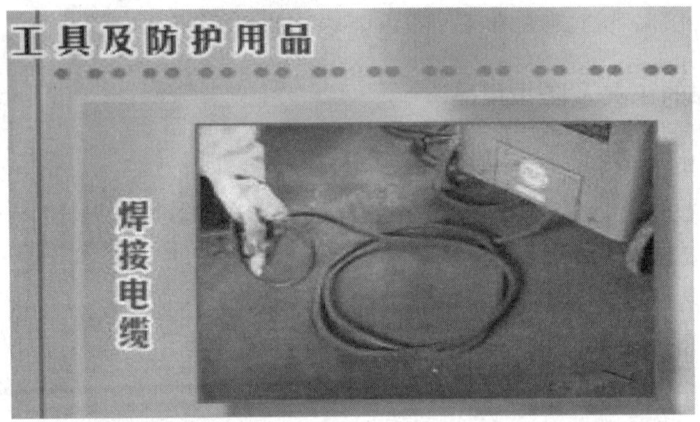

图 1-16 焊接电缆

(4)敲渣锤:是清除焊缝焊渣的工具。见图 1-17。

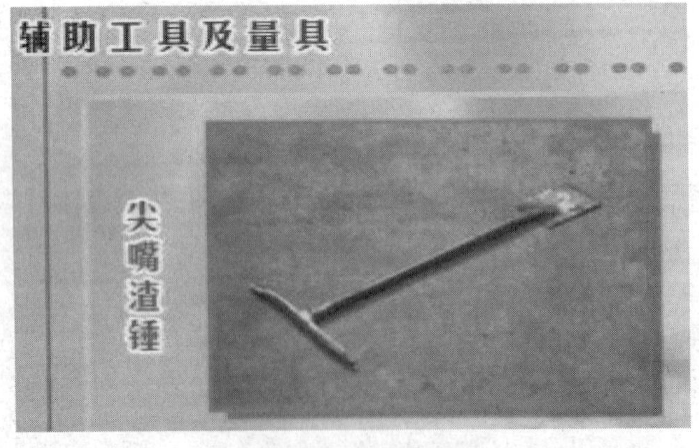

图 1-17 敲渣锤

(5)錾子:是用来清除夹渣、铲除飞溅、去除焊接缺陷的工具。见图 1-18。

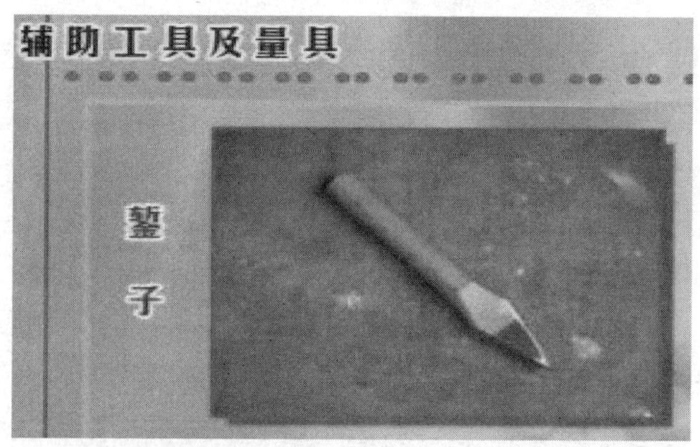

图 1-18 錾子

(6)钢丝刷:用来清除焊件表面的铁锈、氧化皮等,清除焊缝坡口及多层焊焊缝时,适宜使用窄条钢丝刷。见图 1-19。

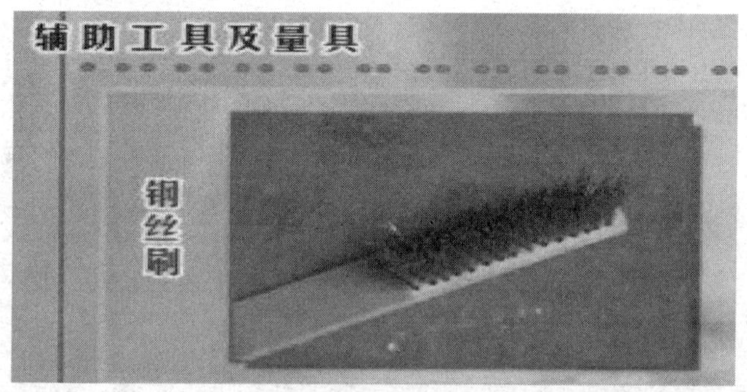

图 1-19 钢丝刷

(7)焊条保温桶:焊条从烘干箱内取出后放在保温桶内继续保温,以保持焊条药皮在使用过程中的干燥度。见图 1-20。

图 1-20 焊条保温桶

(8)焊缝测量器:用以测量焊件焊前的坡口角度、装配间隙、错位及焊后对接焊缝余高、焊缝宽度和角焊缝的焊脚尺寸的量规。见图 1-21。

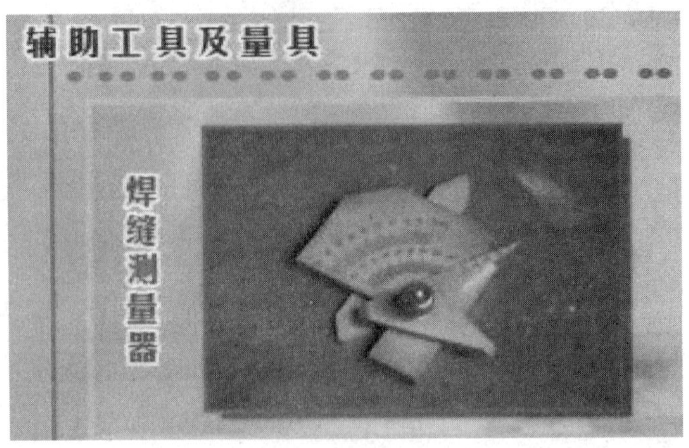

图 1-21　焊缝测量器

(9)电动磨头:用于管状焊件坡口内外两侧除锈。见图 1-22。

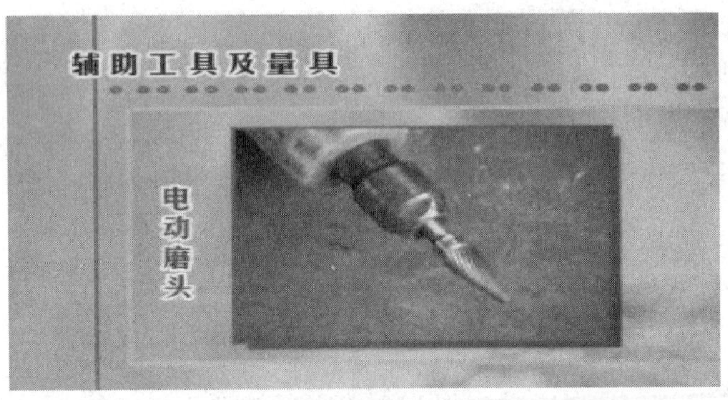

图 1-22　电动磨头

(10)角向磨光机:用于焊接前的坡口钝边磨削、焊件表面的除锈、焊接接头的磨削、多层焊时层间缺陷的磨削及一些焊缝表面缺陷等的磨削工作。见图 1-23。

图 1-23　角向磨光机

2. 防护用品

(1)面罩:是为防止焊接时产生的飞溅、弧光、电弧高温及其他辐射对焊工面部及颈部损伤的一种遮蔽工具,有手持式和头盔式两种。见图 1-24。

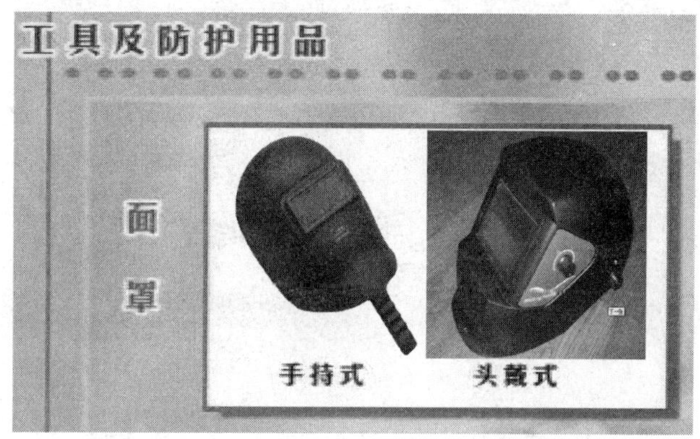

图 1-24 面罩

(2)黑玻璃:可起到减弱电弧光,过滤红外线和紫外线的作用。按亮度深浅不同分为 6 个型号,号数越大,色泽越深,应根据年龄和视力选用,常用的是 9 号黑玻璃。见图 1-25。

图 1-25 黑玻璃

(3)工作服:是防止弧光及飞溅物灼伤人体的防护用品。见图 1-26。

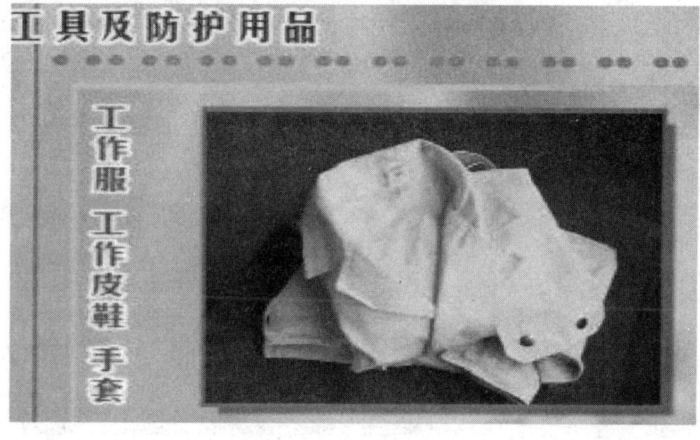

图 1-26 工作服

(4)工作鞋:应具有绝缘、抗热、不易燃烧、耐磨损、防滑、防触电的性能。见图 1-27。

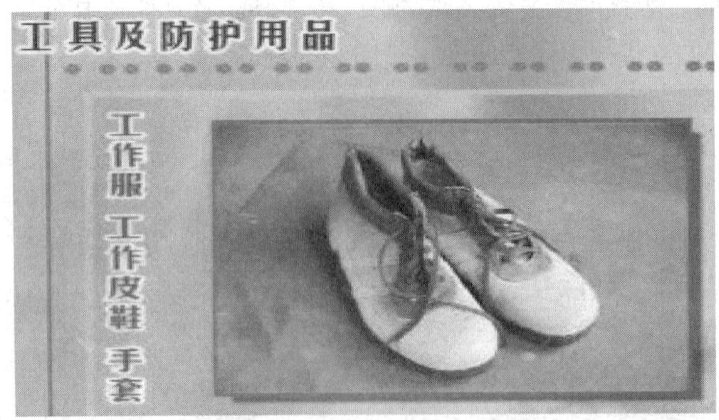

图 1-27 工作鞋

(5)焊工手套:是防止焊工手臂不受损伤和防止触电的专用护具。见图 1-28。

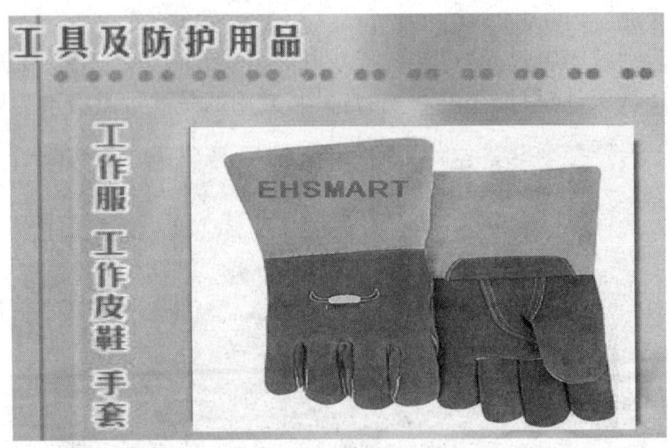

图 1-28 焊工手套

(6)防光眼镜:是清渣时防止焊渣溅入眼睛,并能防止周围弧光灼伤眼睛的防护物品。见图 1-29。

图 1-29 防光眼镜

三、焊条的组成及分类

1. 焊条的组成

焊条:涂有药皮的供焊条电弧焊用的熔化电极,由焊芯和药皮组成。见图 1-30。

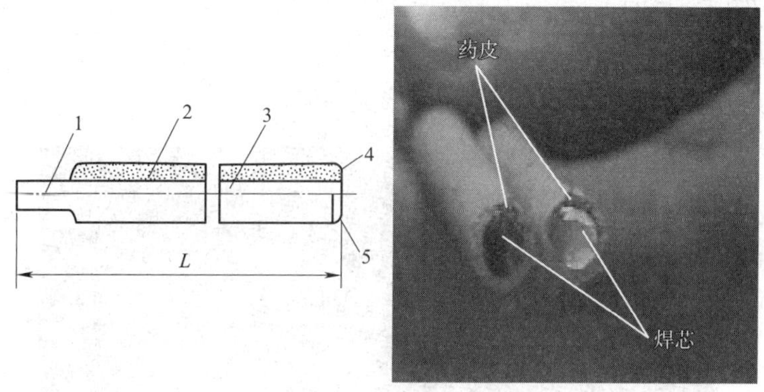

图 1-30 焊条结构示意图

1—夹持端;2—药皮;3—焊芯;4—引弧端;5—引弧剂

(1)药皮的作用:见图 1-31。

1)稳弧作用:焊条药皮中含有稳弧的物质同,具有保证电弧易引燃和燃烧稳定等特点。

2)机械保护作用:焊条药皮熔化后产生大量的气体笼罩着电弧区和熔池,把熔化金属与空气隔绝开,保护熔化金属。

3)冶金处理作用:药皮中加有脱氧剂,通过熔渣与熔化金属的化学反应,可减少氧、硫等有害物质对焊缝金属的危害,使焊缝金属获得良好的力学性能。

4)渗合金作用:由于电弧的高温作用,焊缝金属中所含的某些合金元素被烧损,这样会使焊缝的力学性能降低。通过焊条药皮中加入铁合金或纯合金元素等,使之随着药皮的熔化而过渡到焊缝金属中去,以弥补合金元素被烧损和提高焊缝金属的力学性能等。

5)改善焊条的工艺性能:熔渣冷却后,在高温焊缝表面上形成渣壳,可防止焊缝表面金属不被氧化并减缓焊缝的冷却速度,改善焊缝的成形。

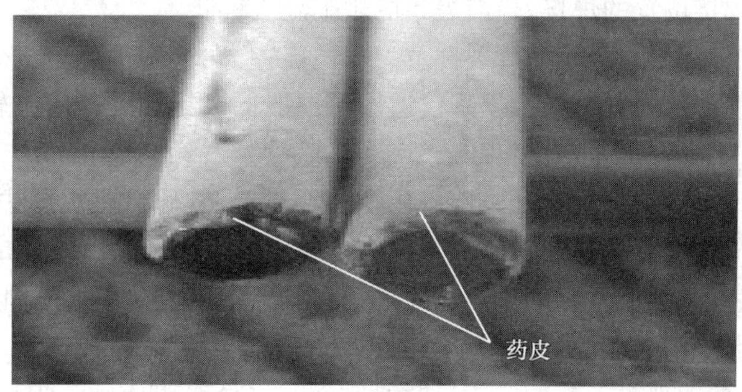

图 1-31 药皮

常用的结构钢焊条药皮类型为钛钙型和低氢钠型,生产中用的 E4303 型为钛钙型属酸性焊条,交直流两用。特点是引弧容易,电弧稳定,脱渣性好,对铁锈、油污、水分不敏感,焊接时飞溅少，烟尘少。可用于一般的钢结构焊接；E5015 型为低氢钠型属碱性焊条，采用直流反接。特点是脱渣性较差，对铁锈、油污、水分敏感，焊接时飞溅较大，烟尘多。焊缝金属的塑性、冲击韧性和抗裂性能较好，用于对焊接质量要求较高的钢结构焊接。

常用的焊条直径为 2.5 mm　3.2 mm　4.0 mm　5.0 mm 四种。

(2)焊芯的作用。见图 1-32。

1)是传导焊接电流，产生电弧。

2)是作为填充金属与液体母材金属熔合形成焊缝。

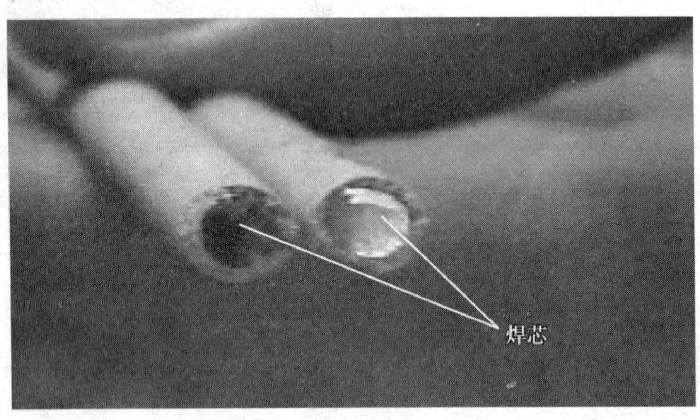

图 1-32　焊芯

2. 焊条的分类

根据用途分为：碳钢焊条、低合金钢焊条、不锈钢焊条、铬及铬钼耐热钢焊条、低温钢焊条、堆焊焊条、铝及铝合金焊条、镍及镍合金焊条、铜及铜合金焊条、铸铁焊条、特殊用途焊条。

焊条按药皮熔化后的熔渣特性分为两大类：酸性焊条、碱性焊条。

酸性焊条：其熔渣的成分主要是酸性氧化物，其工艺性好，容易引弧，电弧稳定，飞溅小，脱渣性好，焊缝成形美观，容易掌握施焊技术。由于熔渣含有大量酸性氧化物，焊接时易放出氧，因而对工件的铁锈、油污等不敏感，焊接时产生的有害气体少，酸性焊条可采用交流、直流焊接电源，适用于各种焊接位置的焊接，焊前焊条的烘干温度较低。

酸性焊条的缺点是焊缝金属的抗裂性及力学性能差，尤其是焊缝金属的塑性和韧性均低于碱性焊条形成的焊缝。因此，酸性焊条仅适用于一般低碳钢和强度等级较低的普通低合金结构的焊接。

碱性焊条：其熔渣的成分主要是碱性氧化物和氟化钙，其优点是焊缝中含氧量较少，合金元素很少氧化，焊缝金属合金化效果好。碱性焊条药皮中碱性氧化物较多，故脱氧、脱硫、脱磷的能力比酸性焊条强。焊缝金属的力学性能，尤其是塑性、韧性和抗裂性能都比酸性焊条好。所以这类焊条适用于合金钢和重要碳钢结构焊接。

碱性焊条的主要缺点是工艺性差，对油污、铁锈及水分等较敏感。焊接时工艺不当，容易产生气孔。焊接时电弧稳定性差，不加稳弧剂时只能采用直流电源焊接。

3. 焊条型号的编制

(1)碳钢焊条型号的编制方法实例。见图 1-33。

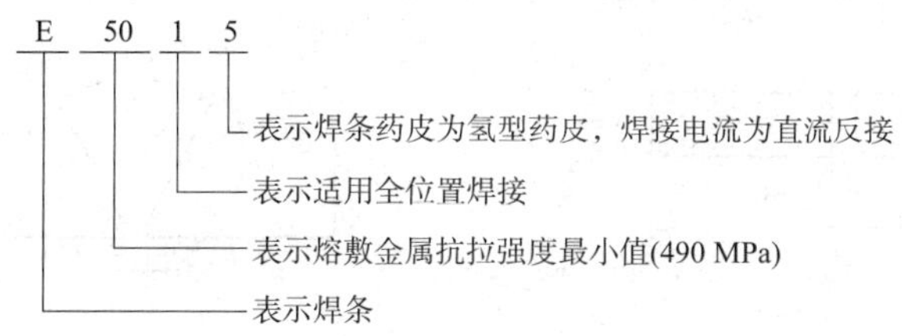

图 1-33　碳钢焊条型号的编制方法实例

(2)低合金钢焊条型号的编制方法。见图 1-34。

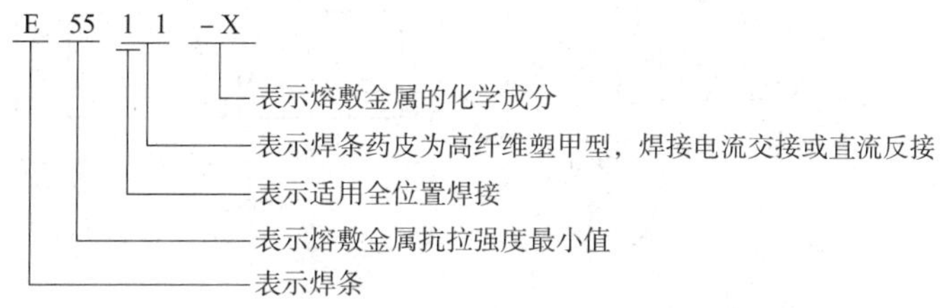

图 1-34　低合金钢焊条型号的编制方法实例

四、焊接接头及组成形式

1. 焊接接头形式

用焊接方法连接的接头称为焊接接头(简称接头),它主要起连接和传递力的作用。焊接接头由焊缝、熔合区和热影响区三部分组成。

焊接接头的基本形式可分为:对接接头、T 型接头、角接接头、搭接接头四种。有时焊接结构中还有一些其他类型的接头形式,如十字接头、端接接头、卷边接头、套管接头、斜对接接头等。

(1)对接接头。

对接接头:两焊件表面构成大于或等于 135°、小于或等于 180°夹角的接头。对接接头从受力的角度看是比较理想的接头形式,受力状况好、应力集中程度较小、材料消耗较少。但对焊件边缘加工及装配要求较高。见图 1-35。

图 1-35　对接接头

1)开坡口的对接接头。

对接接头是各种焊接结构中采用最多的一类接头形式。对接接头常用的坡口形式有 I 形、V 形、X 形、U 形坡口等。见图 1-36。

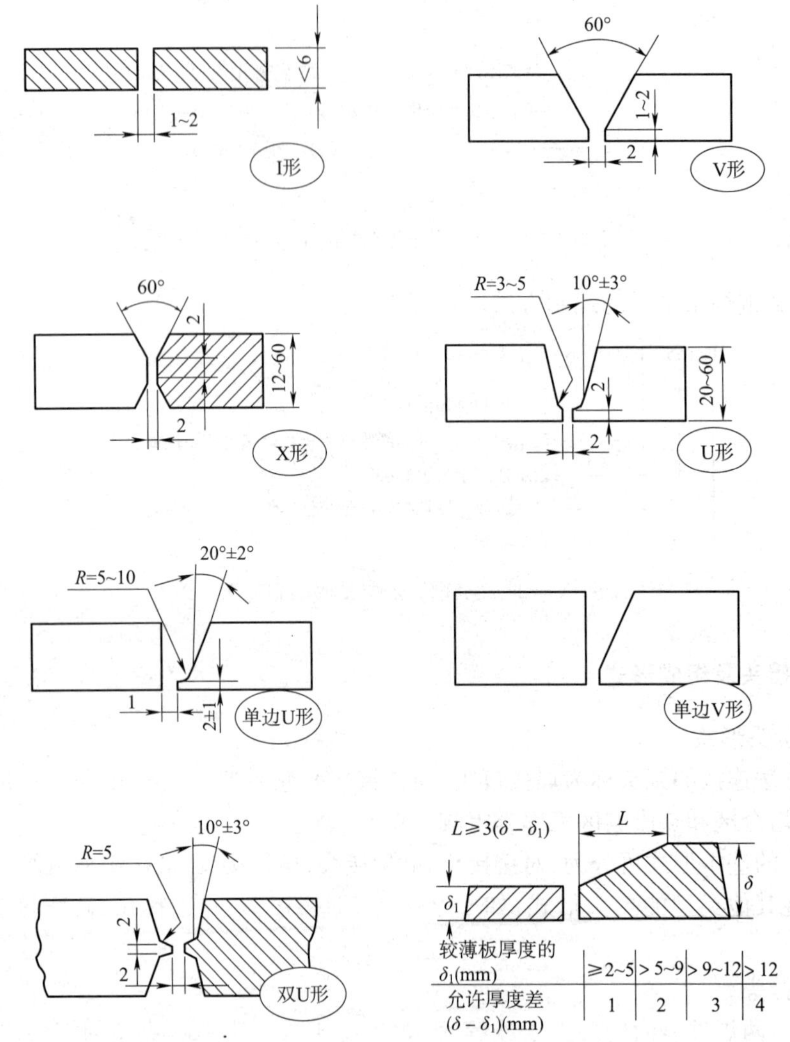

较薄板厚度的 δ_1(mm)	≥2~5	>5~9	>9~12	>12
允许厚度差 $(\delta-\delta_1)$(mm)	1	2	3	4

图 1-36　对接接头的坡口分类形式(单位:mm)

开坡口就是用机械、火焰或电弧等加工坡口的过程。将接头开成一定角度叫坡口角度,其目的是为了保证电弧能深入接头根部,使接头根部焊透,以便于清除熔渣获得较好的焊缝成形,而且坡口能起到调节焊缝金属中母材和填充金属比例的作用。

2)焊接坡口的几何尺寸。见图 1-37(a)、图 1-37(b)、图 1-37(c)。

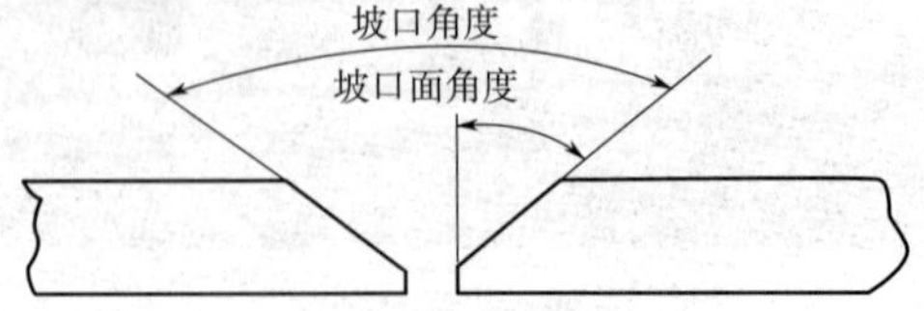

图 1-37(a)　焊接坡口的几何尺寸

坡口面角度:待加工坡口端面与坡口面之间的夹角。

坡口角度:两坡口面之间的夹角。

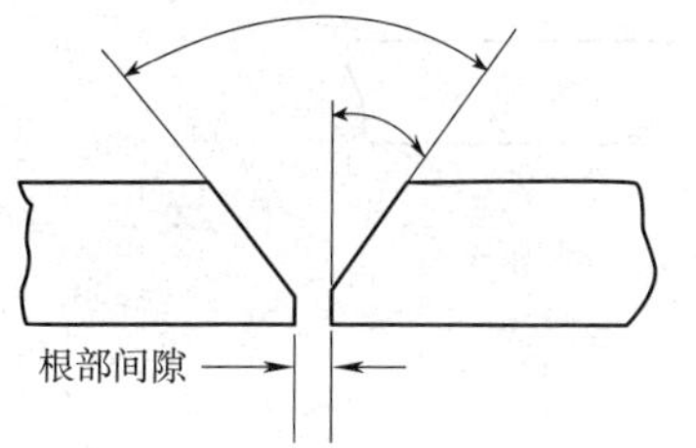

图1-37(b) 焊接坡口的几何尺寸

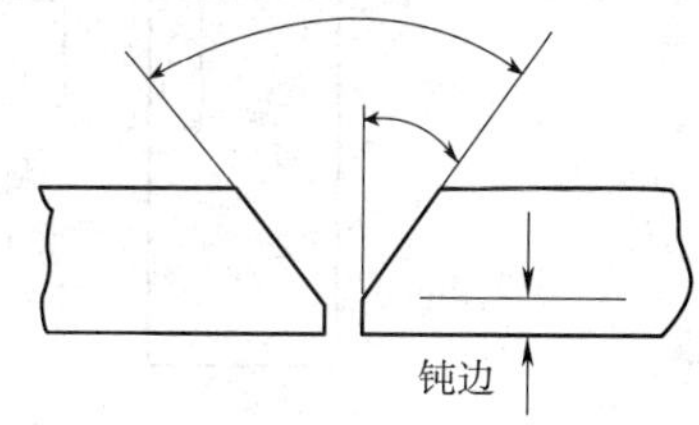

图1-37(c) 焊接坡口的几何尺寸

根部间隙:焊前在接头根部之间预留的空隙。其作用在于打底焊时保证根部焊透。

钝边:焊件开坡口时,沿焊件接头坡口根部的端面直边部分。其作用是防止根部烧穿。

(2)T 形接头及坡口形式。

1)T 形接头:一个焊件的端面与另一个焊件表面构成直角或近似直角的接头。是一种典型的电弧焊接接头,能承受各个方向的力和力矩。见图 1-38。

图 1-38 T 形接头

2)T 形接头及坡口形式。见图 1-39。

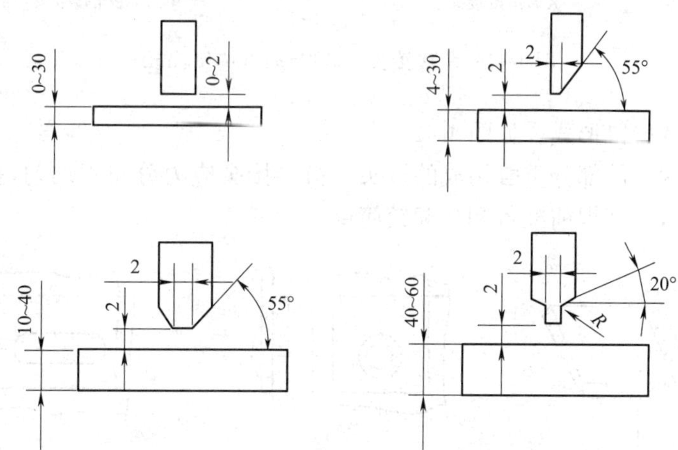

图 1-39 T 接接头及坡口形式(单位:mm)

(3)角接接头及坡口形式。见图 1-40。

1)角接接头:是两焊件端部构成大于 30°,小于 135°夹角的接头。

2)应用:角接接头一般用于不重要的焊接结构中。角接接头一般不开坡口,如需要也可根据焊件厚度开带钝边单边 V 形坡口、Y 形坡口及带钝边双单边 V 形坡口等。

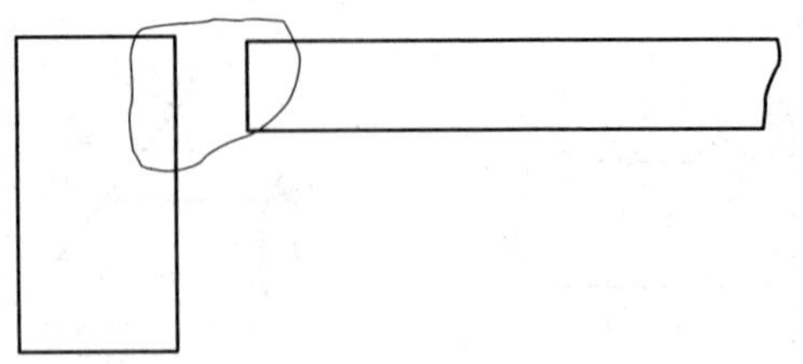

图 1-40 角接接头

3)角接接头及坡口形式。见图 1-41。

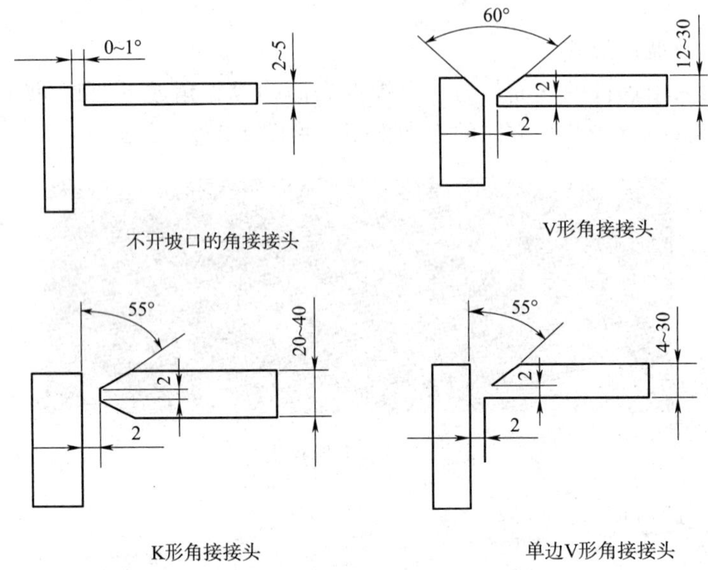

图 1-41 角接接头及坡口形式(单位:mm)

(4)搭接接头及坡口形式。见图 1-42。

搭接接头:是两焊件部分重叠构成的接头。搭接接头应力分布不均匀,疲劳强度较低,不是理想的接头形式,但其焊前准备和装配较简单。

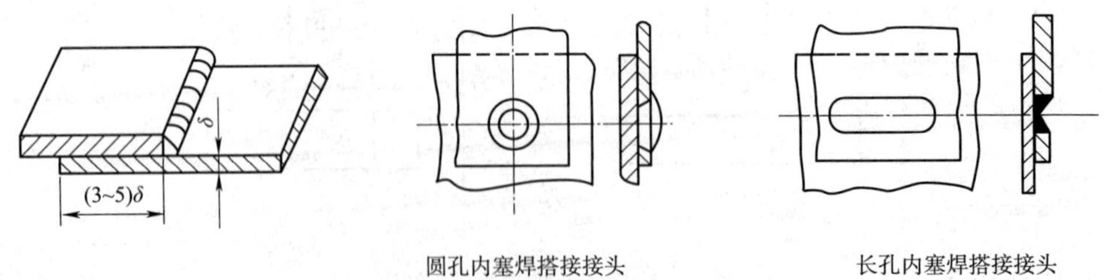

图 1-42 搭接接头及坡口形式

(5)其他接头及坡口形式。见图 1-43。

2. 焊缝形式

焊缝是焊件经焊接后所形成的结合部分,焊缝按不同分类的方法可分为下列几种形式:

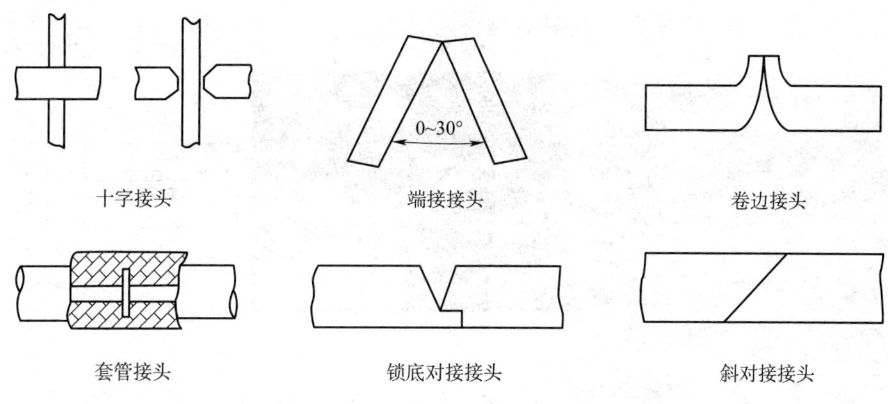

图 1-43 其他接头及坡口形式

(1)按焊缝在空间位置的不同可分为平焊缝、立焊缝、横焊缝、仰焊缝四种形式。见图 1-44(a)。

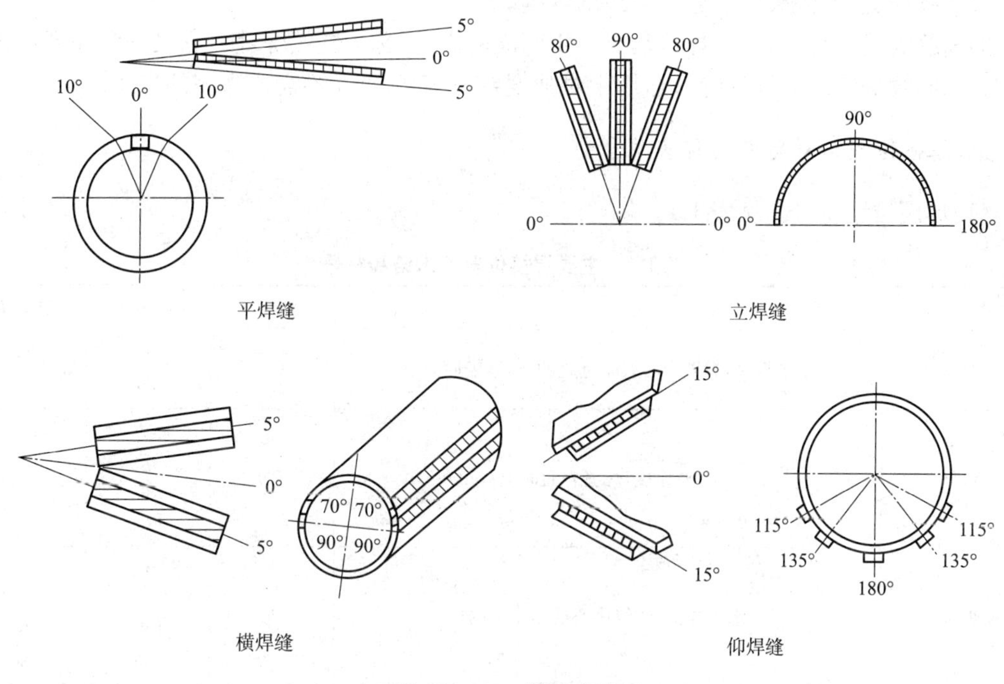

图 1-44(a) 焊缝形式

(2)按焊缝结合形式不同可分为对接焊缝、角焊缝及塞焊缝三种形式。见图 1-44(b)。

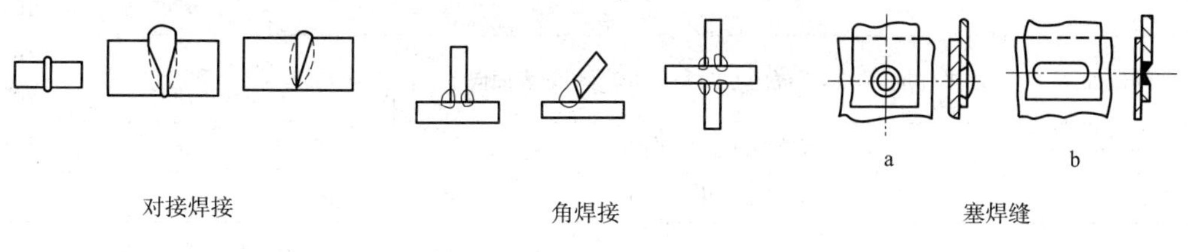

图 1-44(b) 焊缝形式

(3)按焊缝断续情况可分为。见图 1-44(c)。

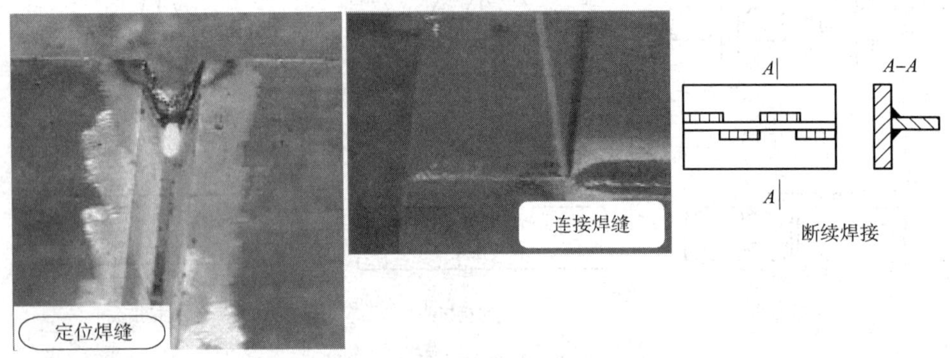

图 1-44(c) 焊缝形式

1)定位焊缝:焊前为装配和固定焊件接头的位置而焊接的短焊缝。

2)连续焊缝:沿接头全长连续焊接的焊缝。

3)断续焊缝:沿接头全长焊接具有一定间隔的焊缝,称为断续焊缝。它又分为并列断续焊缝和交错断续焊缝。断续焊缝只适用于对强度要求不高,以及不需要密闭的焊接结构。

五、焊接位置符号与焊接方法代号

(1)焊接位置符号。见表 1-1。

表 1-1 主要焊接位置的术语和符号

术 语	说 明	符号	倾角 S	转角 R
平焊位置	水平焊接,焊缝中心线是垂直的,焊缝表面向上	PA	0° 180°	90° 90°
平角焊位置	水平焊接,焊缝表面向上	PB	0° 0° 180° 180°	45° 135° 45° 135°
横焊位置	水平焊接,焊缝中心线是水平的	PC	0° 0° 180° 180°	0° 180° 0° 180°
仰角焊位置	水平焊接,仰视,焊缝表面向下	PD	0° 0° 180° 180°	225° 315° 225° 315°
仰焊位置	水平焊接,仰视,焊缝中心线是垂直的,焊缝表面向下	PE	0° 180°	270° 270°
向上立焊位置	焊接方向由下向上	PF	90°	—
向下立焊位置	焊接方向由上向下	PG	270°	—

(2)焊接方法代号。各种焊接方法的代号用阿拉伯数字来表示,见表 1-2。

表 1-2　各种焊接方法的代号

序号	焊接方法	代号	序号	焊接方法	代号
1	焊条电弧焊	111	8	非熔化级气体保护焊	14
2	埋弧焊	12	9	TIG 焊：钨极惰性气体保护焊（含熔化级氩弧焊）	141
3	丝级埋弧焊	121	10	氧燃气焊	31
4	带级埋弧焊	122	11	氧乙炔焊	311
5	熔化级气体保护焊	13	12	超声波焊	41
6	MIG 焊：熔化级惰性气体保护焊（含熔化级氩弧焊）	131	13	摩擦焊	42
7	MAG 焊：熔化级非惰性气体保护焊（含 CO_2 气体保护焊）	135	14	电渣焊	72
			15	螺柱电弧焊	781

六、焊工安全生产知识

焊接过程中产生的有害因素严重危害着焊工及其他人员的健康与生命安全，同时也会给国家财产带来损失。在实际施工操作时，必须进行有效的防护。下面简单介绍几种常见的焊接有害因素的危害与防护措施。

1. 安全用电常识

(1)安全电流：一般场合为 30 mA；潮湿环境场合为 10 mA，水下环境为 5 mA。

(2)安全电压：一般场合为 36 V；潮湿环境场合为 12 V，水下环境为 2.5 V。

2. 电流对人体的伤害

电流对人体的危害有电击、电伤和电磁场生理伤害 3 种类型。

(1)电击是指电流通过人体内部，破坏心脏、肺部或神经系统的功能，通常称为触电。绝大部分触电事故是由电击造成的。最危险的触电危险从手到脚。

(2)电伤是指电对人体外部造成局部伤害，即由电流的热效应、化学效应、机械效应对人体外部组织或器官的伤害，如电灼伤、金属溅伤、电烙印。

(3)电磁场生理伤害是指在高频电磁场作用下，使人产生头晕、乏力、记忆力减退。

3. 焊机安全技术特点及预防触电措施

(1)焊接切割设备的安装、检查和修理必须由持证电工来完成，焊工不得自行检查和修理焊接切割设备。

(2)电焊机外壳及不带电的金属构件一定要按相关规定进行保护接地（或接零），接地、接零电阻值应小于 4 Ω。每台焊机应设独立的接地、接零线，其接点应用螺丝压紧。

(3)每台电焊机须设专用断路开关，并有与焊机相匹配的过流保护装置；一次线与电源接点不宜用插销连接，其长度不得大于 5 m，且须双层绝缘。

(4)电焊机二次侧接地线需接长使用时，应保证搭接面积，接点处用绝缘胶带包裹好，接点不宜超过两处；严禁使用管道、轨道及建筑物的金属结构或其他金属物体串接起来作为地线使用。

(5)电焊机的一次、二次接线端应有防护罩，且一次接线端需用绝缘带包裹严密；二次接线端必须使用线卡子压接牢固。

(6)电焊机应放置在干燥和通风的地方(水冷式除外),露天使用时其下方应防潮且高于周围地面;上方应设防雨棚和有防砸措施。

(7)当有临时任务需要较长的电源线时,应沿墙或立柱用瓷瓶隔离布设,其高度必须距离地面 2.5 m 以上,不允许将一次电源线拖在地面上。焊接电缆要横过马路时,必须采取保护套等保护措施。

(8)带电体之间、带电体与其他物体之间都要保持一定的安全距离。

(9)登高焊接时还要注意勿与高压电网距离过近,不能将作业用电缆缠绕在身上或搭在肩上,电缆线应系在脚手架及其他设施上,以免踩踏导致绝缘层破损。

(10)推拉电源闸刀,要戴绝缘手套,人要站在侧面,以防电弧火花灼烧脸部。一旦发生触电事故,则要立即切断电源,进行现场急救。

(11)在金属结构内或潮湿环境中焊接时,焊工应穿戴经耐电压 5 000 V 试验合格的绝缘鞋;在有积水的地面上焊接时、焊工应穿经耐电压 6 000 V 试验合格的绝缘鞋。脚下垫绝缘橡胶垫、焊工出汗后,潮湿的衣服及身体不得靠在焊件上。

4. 触电急救。

人体触电倒地,可能出现假死现象。此时,如果进行及时、有效的抢救,往往会使触电者脱离生命危险。据统计资料表明,从触电后在 1 min 内开始救治的,90%会有好的效果;从触电后 6 min 开始救治的,10%有好的效果;触电后 12 min 以后才开始救治的,生还的可能性就很小了,由此可见及时、有效的现场抢救是非常必要的。当发现有人触电后,应尽快地使触电者脱离电源。

(1)实施使触电者脱离电源操作的要点:

1)对于用什么方法切断电源,其原则是迅速、安全、可靠。

2)救护人需尽快地穿戴好绝缘保护用品,单手接触触电者衣、物,防止自身触电,扩大事故。

3)当触电者位于高位时,应采取措施预防触电者在脱离电源后落地摔伤或摔死。

4)在夜间抢救触电者时,断电后要迅速解决照明,以便于触电者救治工作的进行。

5)救护人员不得采用金属和其他潮湿的物品作为救护工具。

(2)两种触电急救具体措施:

1)触电电源在 1 000 V 以下:

①电源开关在触电者附近时,应迅速切断电源开关,同时有人在切断的电源旁看守,防止有人意外开通,造成二次触电。

②若电源开关距离较远,无法使触电者迅速脱离电源,可用绝缘可靠的电工钳剪断电源线,或使用绝缘板(如干燥的木板)插入触电者的身体下面隔离电源通路。

③若电源线搭在触电者的身上,可用干燥木棒、干燥结实的塑料棒、干燥结实的竹杆等物挑开电源导线,使触电者脱离电源。

④若电源线压在触电者的身下,触电者的衣服是干燥的,可用一只手抓住触电者衣服,把触电者拖离触电电源,或用干燥绝缘的绳索套在触电者身体某一部位,用绳索拉动触电者身体,使之脱离电源。

⑤救护人员不得接触触电者皮肤、在参与使触电者脱离电源的救助过程中,要用一只手操作,防止自身触电。

2)触电电源在 1 000 V 以上:

①立即通知有关部门停电。

②用安全方法使触电线路短路,迫使自动保护装置动作,断开电源。

③ 拉闸断电时,要戴绝缘手套,穿绝缘胶鞋,用专用绝缘工具拉开电源开关。

④在没有确认触电者身上的高压线是否有电时,救护者不得进人断线落地点 8~10 m 的范围内,防止跨步电压触电。

⑤进入高压线触电者触电地点时,救护人员应穿绝缘靴。

⑥触电者脱离带电导体后应迅速将其移出距触电地点 8~10 m 之外立即开始触电抢救。当触电电源确实断电后,可以在触电原地点挑开断线后,就地施行急救。

(3)触电现场救治措施:

按触电者伤势情况对症救治:

1)触电者未失去知觉、神志清醒,但是心慌气短、四肢无力时,应让他不要走动、保持安静休息,派人严密观察,同时请医生前来现场或用救护车送往医院救治。

2)触电者已经失去知觉,但呼吸和心跳尚存,应该解开他的衣扣,舒适的平卧,周围不要围人,尽量使空气流通,寒冷季节注意保温,同时,立即请医生来现场救治或用医院救护车将触电者送往医院救治。此间若发现触电者呼吸困难或心跳失常,应立即进行人工呼吸或胸外挤压。

3)当触电者出现呼吸和心跳都停止时,应该立即对触电者施行心肺复苏法就地抢救,即通畅气道,口对口(鼻)人工呼吸,胸外按压。

4)对失去知觉的触电者进行抢救,通常需要较长的时间,救护者需耐心进行。只有当触电者面色好转后,口唇变红,瞳孔缩小,心跳和呼吸逐步恢复正常后,才可暂停数秒钟进行观察,如果还不能维持正常心跳和呼吸时,则应该继续实施抢救。将触电者送往医院的途中、抢救工作也不能停止。

5. 电弧辐射

(1)电弧辐射的危害。

电弧辐射主要产生可见光、红外线和紫外线三种射线,而不会产生对人体危害较大的 X 射线。其中,波长在 180~320 nm 的紫外线具有强烈的生物学作用,可以被皮肤深部组织真皮吸收,可能造成严重灼伤。

电弧辐射所发出的可见光线的光度,比人眼能正常承受的光线光度要强上万倍。这样强烈的可见光,将对视网膜产生烧灼,造成眩辉性视网膜炎。此时将感觉眼睛疼痛,视觉模糊,有中心暗点,一段时间后才能恢复。如长期反复作用,将逐渐使视力减退。

电弧辐射所发出的红外线对眼睛的损伤是一个慢性过程。眼睛的晶状体长期吸收过量的红外线后,将使其弹性变差,调节困难,使视力减退。严重者还将使晶体状混浊,损害视力。焊工一天工作后,如自觉双眼发热,大多是吸收了过量的红外线所致。

电弧辐射所发出的紫外线照射人眼后,易导致角膜和结膜发炎,产生"电光性眼炎",属急性病症,使两眼刺痛、眼睑红肿痉挛、流泪、怕见亮光,症状可持续 1~2 天,休息和治疗后,将逐渐好转。

(2)电弧辐射的防护措施。

1)在焊接作业区严禁直视电弧,焊工在焊接时必须使用镶有品质合格的焊接滤光片的面罩。

2)施焊时,焊工应穿着标准规定的防护服,施焊场地应用围屏或挡板与周围隔离,且必须有较强的照明。

3)增强个人防护意识,注意眼睛的适当休息,在使用焊接滤光片时要检查其产品合格证及对紫外线和红外线滤光性能的检验证书,拒绝使用无证的焊接滤光片。

6. 高频电磁场

(1)高频电磁场的危害。

在非熔化极氩弧焊和等离子弧焊时,为了迅速引燃电弧,需由高频振荡器来激发引弧,故存在高频电磁场。人体长期在高频电磁场的作用下,会引起神经衰弱及植物神经功能紊乱,严重时会使血压不正常等。

(2)高频电磁场的防护措施。

1)减少高频电的作用时间。

2)在不影响使用的情况下,降低振荡器频率。

3)保持工件良好地接地,能大大降低高频电流,接地点距工件越近,情况越能得到改善。

4)屏蔽把线及软线。

7. 粉尘及有害气体

(1)粉尘及有害气体的危害。

焊接电弧的高温将使金属剧烈蒸发,焊条和母材在焊接时也会产生各种金属气体和烟雾,它们在空气中冷凝并氧化成粉尘;电弧产生的辐射作用会使空气中的氧和氮产生臭氧和氮的氧化物等有害气体。

粉尘与有害气体的多少与焊接工艺、参数及保护气体成分有关。例如,用碱性焊条焊接时产生的有害气体比酸性焊条高;气体保护焊时,保护气体在电弧高温作用下能离解出对人体有影响的气体。焊接粉尘和有害气体如果超过一定的浓度,工人在这种条件下长期工作,对健康的短期影响表现为呼吸道的刺激、咳嗽、胸闷、金属蒸气所致的低热以及急性流感症状等;长期的影响是肺部的铁质沉着病症及良性瘤,形成尘肺病、焊工金属热等职业病。

(2)粉尘及有害气体的保护措施。

1)在工艺方面采用无烟或少烟尘的焊接工艺;开发和使用低尘低毒的焊接材料;提高焊接机械化和自动化程度。

2)采取有效的通风排烟措施。

3)应用电焊烟尘离子荷电就地抑制技术。

4)加强个人防护,佩戴防尘防毒面具、口罩等。

8. 噪声

(1)噪声的危害。

在焊接生产现场会出现不同的噪声源,如对坡口的打磨、装配时锤击焊缝修整、等离子切割等,在生产现场,操作人员在噪声 90 dB 时工作 8 h 就会对听觉和神经系统有害。

噪声对人体的影响是多方面的。首先是对听觉器官,强烈的噪声可以引起视觉障碍、噪声性外伤、耳聋等症状。此外,噪声对中枢神经系统和血管系统也有不良作用,可引起血压升高,心跳过速,还会使人厌倦、烦躁等。

(2)噪声的防护措施。

1)采用低噪声工艺及设备。如采用热切割代替机械剪切;采用电弧气刨、热切割坡口代替铲坡口;采用整流、逆变电源代替旋转直流电焊机等。

2)采取隔声措施。对分散布置的噪声设备,宜采用隔声罩;对集中布置的高噪声设备,宜采用隔声间;对难以采用隔声罩或隔声间的某些高噪声设备,宜在声源附近或受声处设置隔声屏障。

3)采取吸声、降噪措施,降低室内混响声。

4)操作者应佩戴隔声耳罩或隔声耳塞等个人防护器具。

9. 电离辐射

(1)电离辐射的危害。

焊接实训教室内的电离辐射主要来源于无损检测中所用的放射性同位素、放射源、X光机、氩弧焊与等离子弧焊钍钨棒电极中的钍、真空电子束焊时的X射线。当人体受到的射线辐射剂量不超过允许值时,不会对人体产生危害。但是,人体长期受到超过允许剂量的照射,会引起眼睛的晶状体和皮肤损伤。如长期接受较高能量的X射线照射,则可出现神经衰弱和白细胞下降等症状。

(2)射线的防护措施。

1)时间防护。在可能的情况下,尽量减少接触射线的时间。

2)距离防护。射线剂量率与距离的平方成正比,增大距离可显著降低剂量率。

3)屏蔽防护。利用各种屏蔽物吸收射线。

4)个人防护。佩戴防护用具,如防护头盔、工作服、手套等,并经常进行清洗。

进行任务操作

任务一：引弧

<table>
<tr><td colspan="2">任务一</td><td>引　弧</td><td>课时</td><td></td></tr>
<tr><td colspan="2">教学目标</td><td colspan="3">1. 掌握巩固电弧焊设备、常用工具的使用方法。
2. 掌握焊条电弧焊引弧的基本姿势、方法、技能和技巧。
3. 达到位置准确、熟练的引弧技术。</td></tr>
<tr><td rowspan="2">教材分析</td><td>重点</td><td colspan="3">1. 掌握焊条电弧焊引弧的基本姿势、方法、技能和技巧。
2. 达到位置准确、熟练的引弧技术。</td></tr>
<tr><td>难点</td><td colspan="3">位置准确、成功率高。</td></tr>
<tr><td colspan="5">教具：焊件、焊机、焊条、焊钳、焊帽、敲渣锤、钢丝刷、石笔等。</td></tr>
<tr><td colspan="3">教学方法：讲解、分析、演示、提问、训练、指导。</td><td>课型</td><td></td></tr>
<tr><td colspan="5">加工工件示意图：引弧的两种基本方法：划擦法、敲击法。
2~4 mm　　2~4 mm
划擦法　　敲击法</td></tr>
<tr><td colspan="3">教学过程</td><td>第一次</td><td>第二次</td></tr>
<tr><td colspan="3">[组织教学]：
1. 组织学生有序进入实训教室。
2. 点名、填表、查明未到学生原因。
3. 工装检查及安全、节约、材料工具整理意识强调。
4. 强调实习纪律卫生（上下课时间等）、学风、学法、爱岗敬业等。
[复习提问]：焊接电弧产生和维持的条件有哪些？
答：气体电离和阴极电子发射。

引　弧

1. 引弧的基本概念：
所谓引弧就是引燃焊接电弧的过程。
2. 引弧操作的空间位置：
平焊位。由于焊件处在俯焊位置，与其他焊接位置相比操作比较容易，它是板件其他各种位置和管状各种位置焊接操作的基础。
[提问]：板状工件对接时，根据焊条与焊缝之间的空间位置，即焊条熔滴向焊缝的过渡方向，焊条电弧焊的焊接位置可分为哪四种？
答：平、横、立、仰
3. 引弧方法：
根据引弧过程及技术动作分为：
(1)划擦法：(演示)
(2)敲击法：(演示)
(3)接触法：(演示)</td><td></td><td></td></tr>
</table>

续上表

教学过程	第一次	第二次

(4)联合法:(演示)

4. 不同引弧法的实际应用:

(1)划擦法:一般用于新焊条。

(2)敲击法:一般用于冷的半截焊条或空间狭小时。

(3)接触法:一般用于焊条头有较高温度时,特别适应装配时的连续焊点的点固焊。

(4)联合法:一般用于某种引弧法不能马上实现引着弧,而立即改换其他引弧法的一种方法。

5. 不同引弧法的焊条角度和运动轨迹:(画图讲解演示)

(1)划擦法:

焊条角度 65°~85°,划→焊条头抬高 10~15 mm→压低 2~4 mm→原地焊→2~3 s→手腕向内侧速扭使电弧熄灭。

(2)敲击法:

焊条角度 85°~90°,敲击→焊条头抬高 10~15 mm→压低 2~4 mm→原地焊→2~3 s→手腕向内侧速扭使电弧熄灭。

(3)接触法:

焊条角度 85°~90°,直接接触→焊条头抬高 5~6 mm→压低 2~4 mm→原地焊→2~3 s→手腕向内侧速扭使电弧熄灭。

[训练课题]:定点引弧

[示范演示与讲解]:

1. 操作准备:

(1)工件:δ8 mm 碳钢焊板。(工位有)

(2)钢丝刷除锈。

(3)划线格。

(4)电流的选择:大与小的关系。初定为 120 A。

2. 引弧最基本的步骤动作:

(1)穿好工作服戴好工作帽及电焊手套;

(2)准备好工件、焊条及辅助工具;

(3)清理干净工件表面的油污、水锈(以避免产生气孔和夹渣等缺陷);

(4)检查焊钳及各接线处是否良好;

(5)点检无误后合闸、启动焊机、并调节所需焊接电流;

(6)把地线与工件支架相连接,把工件平放到支架上;

(7)从焊条筒中取出焊条,用拇指按下焊钳弯臂打开焊钳,把焊条夹持端放到焊钳口凹槽中,松开焊钳弯臂;

(8)右手握住焊钳,左手持焊帽;

(9)找准引弧处手保持稳定,用焊帽遮住面部,准备引弧。

3. 练习两种引弧方法:

(1)划擦法:先将焊条对准焊件,其焊条角度在 65°~85°,将焊条像划火柴似的在焊件表面轻微划动一下,即可引燃电弧,然后迅速将焊条提起约 10~15 mm,而后压低 2~4 mm,并保持稳定燃烧 3~4 s。见图 1-45。

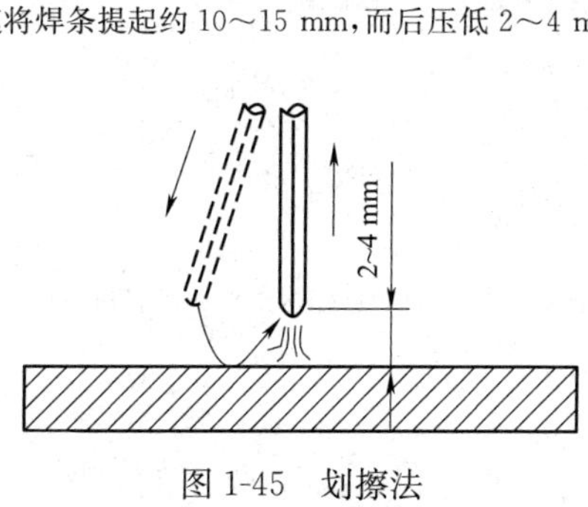

2~4 mm

图 1-45　划擦法

续上表

<table>
<tr><th>教学过程</th><th>第一次</th><th>第二次</th></tr>
<tr><td>(2)敲击法:将焊条末端对准焊件,其焊条角度为85°～90°,然后手腕下弯,使焊条轻微碰一下焊件,再迅速将焊条提起10～15 mm,而后压低2～4 mm,手腕托稳焊钳,保持电弧稳定燃烧3～4 s。见图1-46。
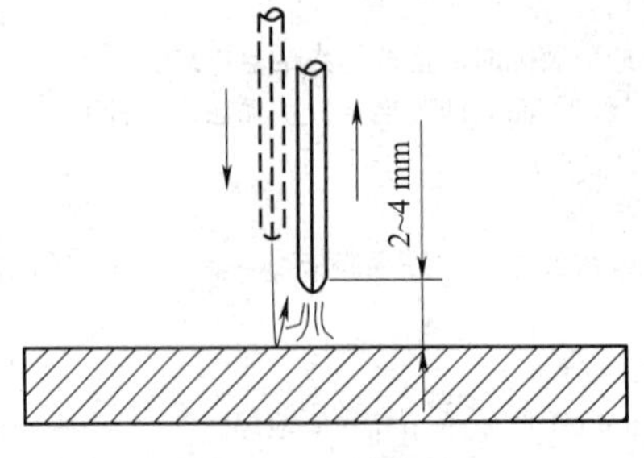

图1-46　敲击法
(3)电弧的熄灭:将手腕向内用力快速扭转,即可熄灭电弧。
4. 操作注意事项:
(1)引弧中焊条与焊件接触后提起速度要适当,太快难以引弧。太慢焊条和焊件粘在一起。见图1-47。
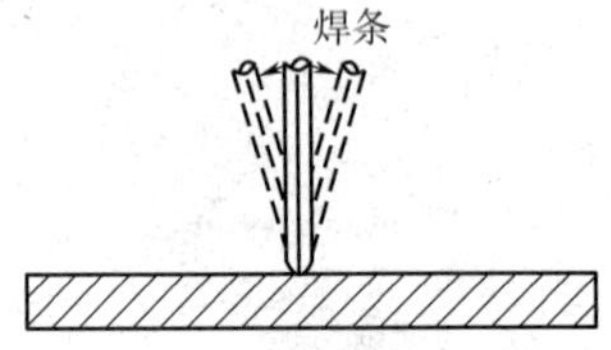

图1-47　引弧
(2)引弧中如果焊条与焊件粘在一起,可将焊条左右晃动几下,即可脱离。千万不要生拉硬拽。
若左右晃动若不能取下焊条时,焊条会发热应立即将焊钳从焊条上取下,以防短路时间太长,烧坏焊机。
(3)防止弧光打眼。
(4)防止敲渣时熔渣飞溅伤眼:方法是先用焊帽遮挡,敲渣的位置和方向要正确,一是要从焊缝的根部(边缘)入锤,二是方向冲外。
[任务分配技术要求]:
1. 分组对应工位。
2. 做好操作前的准备。
3. 轮流大循环操作。
4. 掌握接触法后,尽量采用焊条头引弧。(冷焊条能真正提高引弧技术)
5. 努力提高引弧的准确性和成功率。
[巡回指导及示范]:
1. 个别指导与小组指导相结合。
2. 培养发现典型。
[结束指导及点评]:
1. 各工位工具、把线、材料整理的规范程度及安全文明生产习惯、操作中出现的普遍和个别问题。
2. 纪律、学风上的问题。
3. 整理工位、工具、材料,打扫实训教室卫生。</td><td></td><td></td></tr>
</table>

续上表

教学过程	第一次	第二次
［布置实习报告］： ［教学后记］：		

任务二：平敷焊（直线运条法）

<table>
<tr><td colspan="2">任务二</td><td colspan="2">平敷焊（直线运条法）</td><td>课时</td><td></td></tr>
<tr><td colspan="2">教学目标</td><td colspan="4">1. 了解平焊的基本形式、焊接特点、在实际工作及焊接结构中的地位和应用。
2. 掌握平焊的基本操作姿势、方法、体验焊接过程和焊接冶金过程，认识熔池形状，分清熔池和熔渣。
3. 掌握平焊的直线形运条方法，达到姿势正确，运条规范、准确、自如熟练。
4. 能根据实际情况正确选择调整焊接工艺参数。</td></tr>
<tr><td rowspan="2">教材分析</td><td>重点</td><td colspan="4">1. 掌握平焊的直线形运条方法，达到姿势正确，运条规范、准确、自如熟练。
2. 体验焊接过程和焊接冶金过程，认识熔池形状，分清熔池和熔渣。
3. 能根据实际情况正确选择调整焊接工艺参数。</td></tr>
<tr><td>难点</td><td colspan="4">运条规范、准确、自如熟练。认识熔池形状，分清熔池和熔渣。</td></tr>
<tr><td colspan="6">教具：焊件式样、焊条、焊钳、焊机等。</td></tr>
<tr><td colspan="4">教学方法：讲解、示范、训练、巡回指导。</td><td>课型</td><td></td></tr>
<tr><td colspan="6">加工工件示意图：
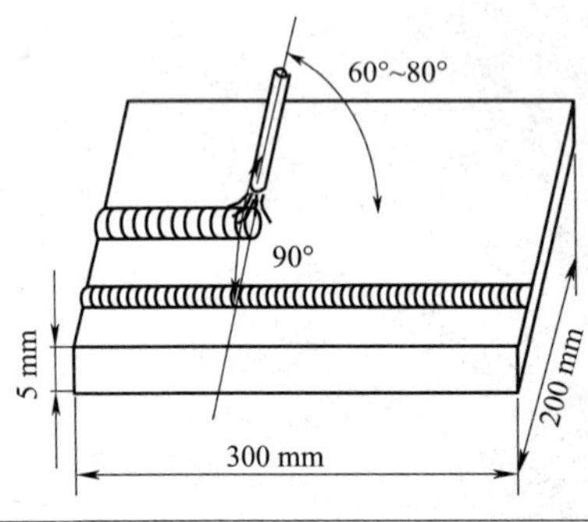

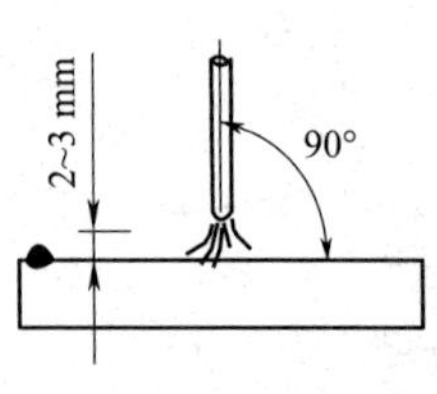
</td></tr>
<tr><td colspan="4">教学过程</td><td>第一次</td><td>第二次</td></tr>
<tr><td colspan="4">[组织教学]：
1. 组织学生有序进入实训教室。
2. 点名、填表、查明未到学生原因。
3. 工装检查及安全、节约、材料工具整理意识强调。
4. 强调实习纪律卫生（上下课时间等）、学风、学法、爱岗敬业等。
[复习提问]：
1. 我们学习了四种不同的引弧方法，引弧技术的高低应体现在哪几方面？
答：引弧的准确性、熟练性、成功率。
2. 什么是焊接工艺参数？包括哪些内容？
答：焊条的性质和规格、焊接电流（电压）、运条方法、焊条角度、电弧长度、焊接速度、焊接层数等。
平敷焊（直线运条法）
1. 平敷焊的基本概念：在平焊位置上在工件表面堆敷焊道的一种操作方法。
应用和目的：因工件或结构磨损时的补焊；为平对接焊打基础；节约材料。
2. 展示工件：平焊的空间位置。
3. 平焊的特点：
平焊时，由于焊件处在俯焊位置，与其他焊接位置相比操作比较容易，它是板件其他各种位置和管状各种位置焊接操作的基础。
(1)焊条与工件的空间位置是上下位置，焊条头的熔滴自上而下的过渡，熔滴过渡受重力的影响，很容易过渡到熔池，熔池铁水也会自动自然扩散，故易采用较大的焊条直径和焊接电流，是即能保证焊接效率又能提高焊接质量的最好位置。</td><td></td><td></td></tr>
</table>

续上表

教学过程	第一次	第二次

(2)焊缝即美观又不易出现焊接缺陷。

4. 平焊的应用：

根据平焊的特点，在生产中要尽量采用使焊缝处在平焊的位置进行焊接，以提高焊接质量和工作效率。

5. 任务训练：平敷焊直线运条法

(1)给定材料：废板　低碳钢板 厚 8 mm。

(2)技术要求：缝宽 5～7 mm；高 1～2 mm。

6. 焊接工艺参数(见表 1-3)：

表 1-3　焊接工艺参数

焊条	运条方法	电流	层数	角度、速度
E4303 Φ3.2	直线形	120～125A	1	见图 1-48 匀速

7. 直线形运条焊条的运动方向：两个方向和速度以及它们的关系。见图 1-48。

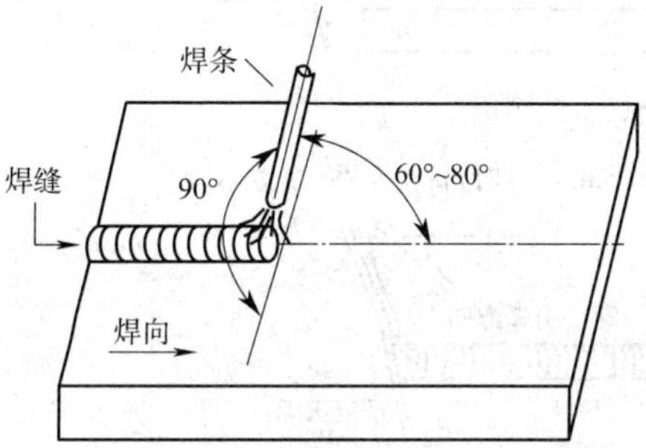

图 1-48　运动方向

[焊前准备]：

1. 场地：整洁、整齐、无杂物。

2. 材料：指定的材料，不得使用非指定的材料，矫正、除锈、划线。

3. 设备工具：检查焊帽、焊钳、把线、焊接支架、引弧板。

4. 思想：对所讲内容是否听明白，特别是工艺参数。

[操作要领及示范操作]：

(组织形式：一次性，边示范边讲解)

1. 工件的固定方法及位置、高度。

2. 平对接焊基本姿势：蹲姿。

3. 焊条的夹持为 90°，短焊条为 120°，以便克服角度发生的错误。

4. 起头：由于起焊时焊件温度偏低，易产生熔合不良和夹渣等缺陷，故起头、接头时运用预热法施焊。方法是，在起焊端以前 15 mm 左右，引燃电弧，并将电弧拉长 10～15 mm，对焊缝起焊处进行预热 2～3 s，然后压低电弧向前施焊。见图 1-49。

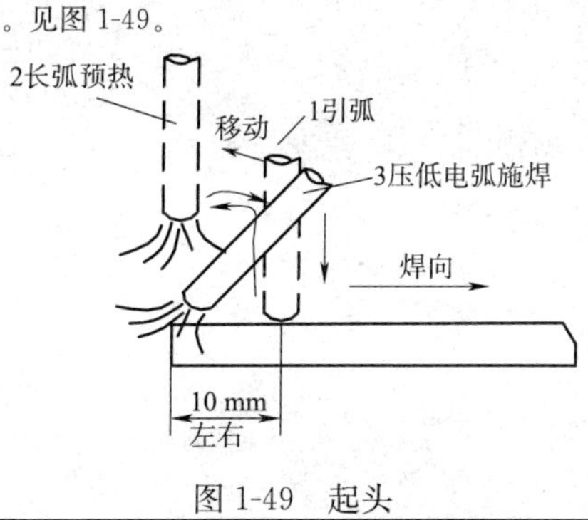

图 1-49　起头

续上表

教学过程	第一次	第二次

5. 焊接操作：

保持正确的焊条角度：焊条的对中角度为 90°，焊条与焊接方向的夹角为 60°～70°，焊接速度要均匀，运条手法要平稳。向前施焊的速度必须均匀、电弧长度一致，即向下送进的速度等于焊条溶化的速度。

6. 严密监视焊条头与焊道的相对位置，克服跑偏，同时更要学会观察熔池状态和形状，早日分清铁水和熔渣等。

7. 接头：(首先清理掉原弧坑处的熔渣)在原弧坑前方 10～15 mm 处引弧，拉长电弧并快速将电弧移到原弧坑的上方，以 10～15 mm 长的电弧预热 1～2 s，在原弧处压低电弧，转入正常焊接。见图 1-50。

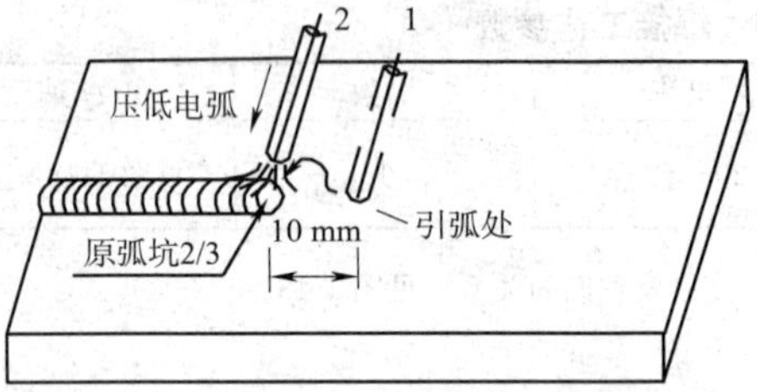

图 1-50　接头

8. 收尾：由于上部温度已很高，在距尾部 5～10 mm 左右时，就要采用灭弧法收尾。见图 1-51。

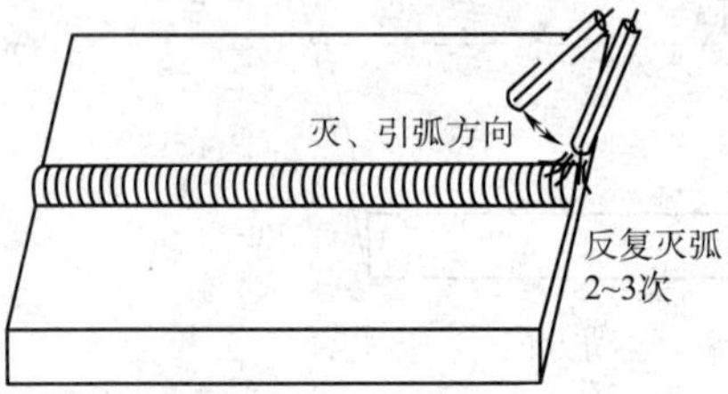

图 1-51　收尾

[操作特别注意事项]：

1. 初学者易出现焊条送进速度慢于焊条熔化速度而导致长电弧焊接现象，造成焊缝成形不美观且两侧飞溅严重。

2. 易出现焊条前进速度过快现象，而导致焊缝低而窄，且熔合不良，焊条前进速度时快时慢现象，而导致焊缝宽度和熔深不一致。

3. 强化焊条操作角度

强化运条：正常焊接阶段焊条的三个基本运动。

即：沿焊条中心线向熔池送进；沿焊接方向移动；横向摆动。

4. 强化常用收尾方法：

(1)划圈收尾法：适用于厚板。

(2)反复断弧收尾法：适用于薄板。

(3)回焊收尾法：适用于碱性焊条，中、厚板。

5. 强化常用运条方法：

(1)直线形运条法，用于不开坡口平对接焊，多层多道焊。

(2)直线往复形，用于薄板或对口间隙较大焊缝。

(3)锯齿形，应用较广，多用于中板、厚板焊接。

(4)月牙形，用于对焊缝余高较高焊缝。

(5)斜三角形，用于平角焊。

(6)三角形，用于立角焊。

(7)圆圈形，用于厚焊件平焊缝。

(8)斜圆圈形，用于厚板平角焊。

续上表

教学过程	第一次	第二次
[任务分配]： 1. 每人先焊一道焊缝，大循环轮流操作。 2. 每个工位内练习时必须保持 3～4 人，否则视违纪。 3. 采用引弧板，绝对禁止在焊接支架上引弧。 [巡回指导及示范]： 1. 个别指导与小组指导相结合。 2. 培养发现典型。 [结束指导及点评]： 1. 肯定技术上的成绩，分析存在的问题。 2. 纪律、学风上的问题。 [布置实习报告]： [教学后记]：		

任务三:I形坡口对接平焊

<table>
<tr><td colspan="2">任务三</td><td>I形坡口对接平焊</td><td>课时</td><td></td></tr>
<tr><td colspan="2">教学目标</td><td colspan="3">1. 掌握平焊的锯齿形运条方法,达到姿势正确,运条规范、准确、自如熟练。
2. 能根据实际情况正确选择调整焊接工艺参数。
3. 强化能根据焊缝成形自我判断焊接缺陷的能力。
4. 基本能达到自我解决焊接缺陷的能力,进一步提高焊接水平。</td></tr>
<tr><td rowspan="2">教材分析</td><td>重点</td><td colspan="3">1. 掌握平焊的锯齿形运条方法,达到姿势正确,运条规范、准确、自如熟练。
2. 能根据实际情况正确选择调整焊接工艺参数。
3. 强化能根据焊缝成形自我判断焊接缺陷的能力。
4. 基本能达到自我解决焊接缺陷的能力,进一步提高焊接水平。</td></tr>
<tr><td>难点</td><td colspan="3">运条规范、准确、自如熟练。认识熔池形状,分清熔池和熔渣。</td></tr>
<tr><td colspan="5">教具:焊件式样、焊条、焊钳、焊机等。</td></tr>
<tr><td colspan="3">教学方法:讲解、示范、训练、巡回指导。</td><td>课型</td><td></td></tr>
<tr><td colspan="5">加工工件示意图:
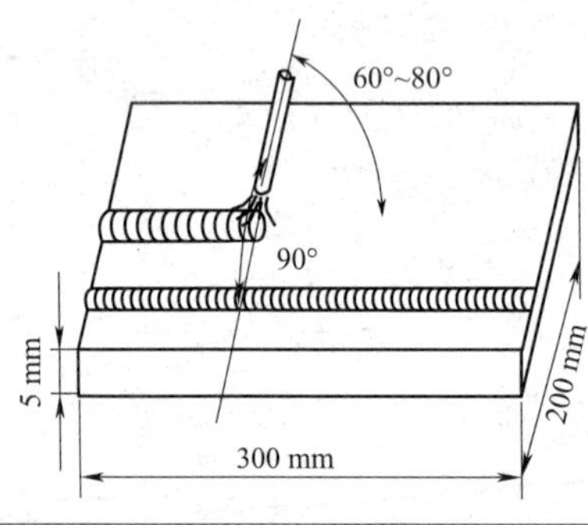

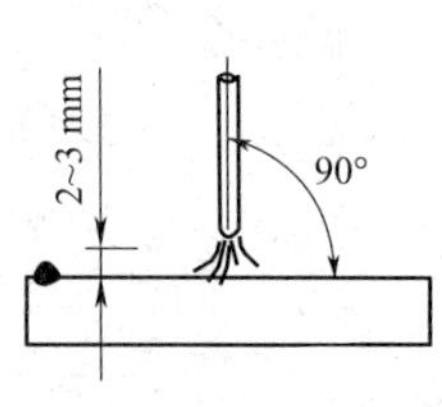
</td></tr>
<tr><td colspan="3">教学过程</td><td>第一次</td><td>第二次</td></tr>
<tr><td colspan="3">[组织教学]:
1. 组织学生有序进入实训教室。
2. 点名、填表、查明未到学生原因。
3. 工装检查及安全、节约、材料工具整理意识强调。
4. 强调实习纪律卫生(上下课时间等)、学风、学法、爱岗敬业等。
[复习提问]:
1. 直线形运条法焊条有几个基本动作?
答:有两个基本动作。
2. 直线形运条法焊逢如何起头?接头?收尾?
3. 我们学习的焊条基本动作中除直线形运条法用的外还有哪一种?

I形坡口对接平焊

1. 展示工件:让学生观看焊缝,并与直线形的进行对比,回答从成形上有何不同?
2. 锯齿形运条法:
这种运条方法焊接时,焊条做锯齿形连续摆动及向前移动,并在两边稍停片刻,摆动的目的是为了得到必要的焊缝宽度,以获得较好的焊缝成形。这种方法在生产中应用广泛,多用于厚板对接焊。
3. 主要技术要求:
(1)给定材料:低碳钢板 300 mm×125 mm×10 mm 2块,
材质:Q235 用剪板机或气割下料。
(2)技术要求:缝宽 10~12 mm;高 1~2 mm。</td><td></td><td></td></tr>
</table>

续上表

教学过程	第一次	第二次

4. 焊前装配定位焊:

(1)工件清理:用角向打磨机把试板两边 20~30mm 范围内油、锈等清除干净,见金属光泽。

(2)装配定位焊:其目的是把两块试板装配成合乎焊接技术要求的 I 形接口的试板。始焊端为 1 mm,终焊端为 2 mm,用焊条在试板两端进行定位焊,定位焊缝长度为 10~15 mm,要求与正式焊缝相同。

5. 焊接工艺参数(见表 1-4):

表 1-4 焊接工艺参数

焊条	运条方法	电流	层数	速度
E4303 Φ4	锯齿形	120~125 A	1	中间适中、两侧停留

[焊前准备]:

1. 场地:整洁、整齐、无杂物。
2. 材料:指定的材料,不得使用非指定的材料,矫正、除锈、划线。
3. 设备工具:检查焊帽、焊钳、把线、焊接支架、引弧板。
4. 思想:对所讲内容是否听明白,特别是工艺参数。

[操作要领及示范操作]:

(组织形式:一次性,边示范边讲解)

1. 工件的固定方法及位置、高度,保证与地面平行。
2. 基本姿势:蹲姿,有依托法,焊钳正握法,握住焊钳中部。
3. 焊条的夹持为 90°,短焊条为 120°,以便克服角度发生的错误。
4. 锯齿形运条焊条的角度:

焊条的对中角度为 90°,焊条与焊接方向的夹角为 60°~80°,焊接速度要均匀,运条手法要平稳。见图 1-52。

图 1-52 角度

5. 起头:由于起焊时焊件温度偏低,易产生熔合不良和夹渣等缺陷,故起头、接头时运用预热法施焊。方法是,在起焊端以前 15 mm 左右,引燃电弧,并将电弧拉长 10~15 mm,对焊缝起焊处进行预热 2~3 s,然后在工件起端压低电弧并做横向摆动向前施焊,一般焊条横向摆动宽度 6~8 mm。见图 1-53。

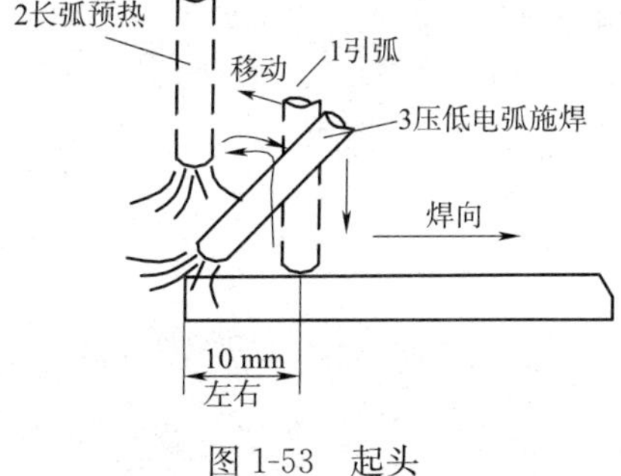

图 1-53 起头

续上表

教学过程	第一次	第二次
6. 正常焊接：保持正确的焊条角度、电弧长度一致，即向下送进的速度等于焊条溶化的速度，保证焊条横摆幅度一致（保持两焊条宽），摆动向前排列要密集，两侧停留且时间相等，以保证焊缝整齐，两侧与母材熔合良好，焊波细腻美观。 7. 收弧：焊条烧尽需要更换焊条或停弧时，熄弧前焊条作画圈动作后熄灭电弧，以保证弧坑的完整性，便于接头。 8. 接头：（首先清理掉原弧坑处的熔渣）在原弧坑前方 10～15 mm 处引弧，拉长电弧并快速将电弧移到原弧坑的上方，以 10～15 mm 长的电弧预热 1～2 s 后，在原弧 2/3 处压低电弧到横摆幅度的一侧处，焊条第一次做弧形横摆确保与原弧坑吻合，再直摆 2～3 次出弧坑转入正常焊接。见图 1-54。 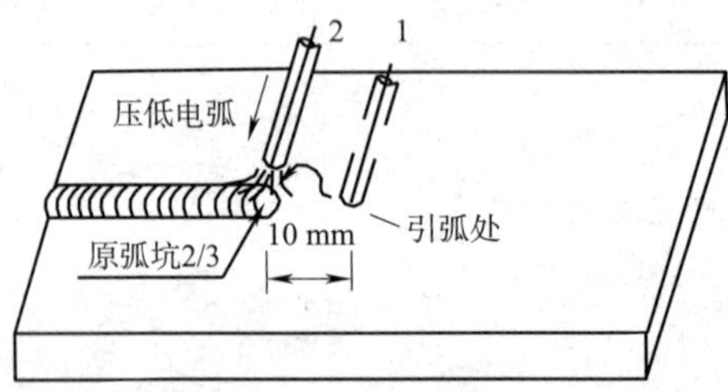 图 1-54　接头 9. 收尾：由于工件温度已很高，摆动到距尾部 5～6 mm 左右时，就要采用间断灭弧法，快速给熔池 2～3 滴铁水，填满弧坑熄弧。见图 1-55。 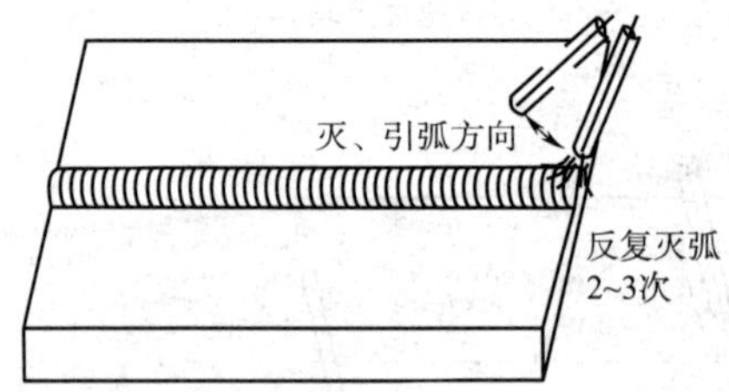 图 1-55　收尾 [操作特别注意事项]： 1. 初学者易出现焊条送横摆过宽现象而导致焊缝过宽、焊波粗大、熔合不良等。 2. 易出现横摆前进幅度过大现象，而导致焊缝两侧不整齐，局部缺少填充金属、咬边，严重者焊缝成蛇形。 [任务分配]： 1. 每人先焊一道焊缝，大循环轮流操作。 2. 每个工位内练习时必须保持 3～4 人，否则视违纪。 3. 采用引弧板，绝对禁止在焊接支架上引弧。 [巡回指导及示范]： 1. 个别指导与小组指导相结合。 2. 培养发现典型。 [结束指导及点评]： 1. 肯定技术上的成绩，分析存在的问题。 2. 强调纪律、学风上的问题。		

续上表

教学过程	第一次	第二次
[布置实习报告]： [教学后记]：		

任务四:T形接头平角焊

<table>
<tr><td>任务四</td><td colspan="2">T形接头平角焊</td><td>课时</td><td></td></tr>
<tr><td>教学
目标</td><td colspan="4">1. 了解平角焊的基本形式、焊接特点、在实际工作及焊接结构中的地位和应用。
2. 掌握平角焊件的装配组对操作。
3. 掌握平角焊的直线形运条方法及斜圆环运条方法,达到姿势正确,运条规范、准确、自如熟练。
4. 能根据实际情况正确选择调整焊接工艺参数。</td></tr>
<tr><td rowspan="2">教材分析</td><td>重点</td><td colspan="3">1. 掌握平角焊的直线形运条方法及斜圆环运条方法,达到姿势正确,运条规范、准确、自如熟练。
2. 体验焊接过程和焊接冶金过程,认识熔池形状,分清熔池和熔渣。
3. 能根据实际情况正确选择调整焊接工艺参数。</td></tr>
<tr><td>难点</td><td colspan="3">运条规范、准确、自如熟练,焊缝成形美观,不偏角。</td></tr>
<tr><td colspan="5">教具:焊件式样、焊条、焊钳、焊机等。</td></tr>
<tr><td colspan="3">教学方法:讲解、示范、训练、巡回指导。</td><td>课型</td><td></td></tr>
<tr><td colspan="5">加工工件示意图:
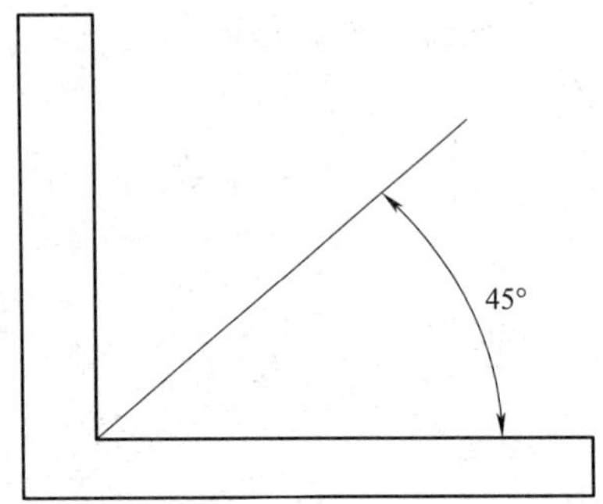</td></tr>
<tr><td colspan="3">教学过程</td><td>第一次</td><td>第二次</td></tr>
<tr><td colspan="3">[组织教学]:
1. 组织学生有序进入实训教室。
2. 点名、填表、查明未到学生原因。
3. 工装检查及安全、节约、材料工具整理意识强调。
4. 强调实习纪律卫生(上下课时间等)、学风、学法、爱岗敬业等。
[复习提问]:
1. 平对焊时有哪几种运条方法?
答:直线形运条法、直线往复运条法、锯齿形运条法。
2. 什么是焊接工艺参数?包括哪些内容?
答:焊条的性质和规格、焊接电流(电压)、运条方法、焊条角度、电弧长度、焊接速度、焊接层数等。

T形接头平角焊

1. T形接头平角焊:T形接头平角焊时,易产生焊脚下偏、未焊透、咬边、夹渣等缺陷。操作时应根据板厚调整焊条角度,两板厚度不同时,电弧应偏向厚板一边,使两板的温度均匀。
2. 展示工件:平焊的空间位置。
3. 装配及定位焊:
装配及定位焊的目的把两块试板装配成合乎焊接技术要求的T形接头的试件。
4. 工件清理:用角向打磨机把试板两边20～30 mm范围内油、锈等清除干净,见金属光泽。
5. 装配间隙:为了加大角缝熔深,在装配时将立板与底板之间预留1～2 mm间隙。用90°角尺靠着立板进行定位焊接,对定位焊缝的要求与正式焊缝一样。</td><td></td><td></td></tr>
</table>

续上表

教学过程	第一次	第二次

6. 任务训练:

(1)给定材料:低碳钢板 300 mm×125 mm×8 mm。

(2)技术要求:缝宽 5~7 mm;高 1~2 mm。

T 形接头角焊有三种焊接方式:单层焊、多层焊、多层多道焊。选用哪种方式取决于接头的焊脚尺寸,见表 1-5。

7. 焊接工艺参数:

表 1-5 焊接工艺参数

焊接方式	单层焊	多层焊	多层多道焊
焊脚最小尺寸	<8 mm	8~10 mm	>10 mm

T 形接头角焊焊脚尺寸与钢板厚度的关系见表 1-6。

表 1-6 角焊缝钢板与焊脚尺寸(mm)

钢板厚度	8~9	9~12	12~16	16~20	20~24
焊脚最小尺寸	4	5	6	8	10

[焊前准备]:

1. 场地:整洁、整齐、无杂物。
2. 材料:指定的材料,不得使用非指定的材料,矫正、除锈、划线。
3. 设备工具:检查焊帽、焊钳、把线、焊接支架、引弧板。
4. 思想:对所讲内容是否听明白,特别是工艺参数。

[操作要领及示范操作]:

(组织形式:一次性,边示范边讲解)

1. 工件的固定方法及位置、高度。
2. 平角焊基本姿势:蹲姿。
3. 焊条的夹持为 90°,短焊条为 120°,以便克服角度发生的错误。
4. 焊条角度:当两板等厚时,电弧热量分布应均匀,焊条角度与立板及横板夹角为 45°。当两板不等厚时,电弧的热量应偏向较厚板,焊条角度见图 1-56。

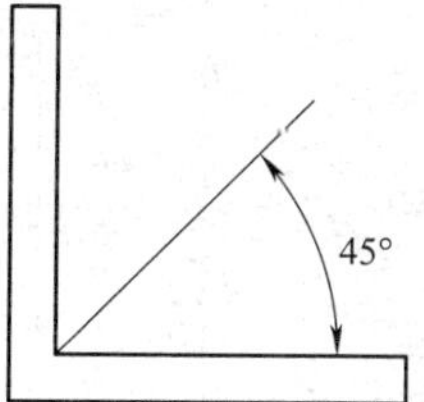

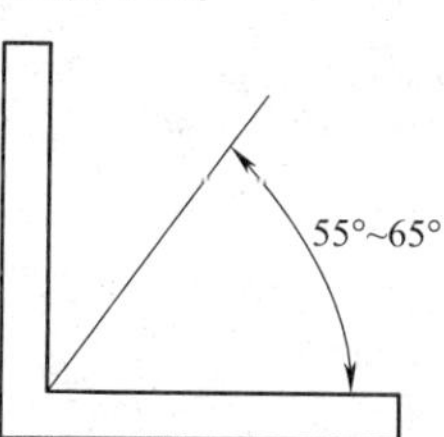

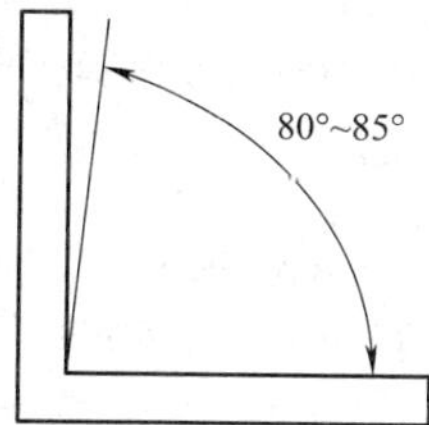

图 1-56 焊条角度

两板不等厚焊条角度:焊条与焊接方向夹角为 65°~80°,夹角过小,会造成根部熔深不足;夹角过大,熔渣容易流到电弧前方形成夹渣。见图 1-57。

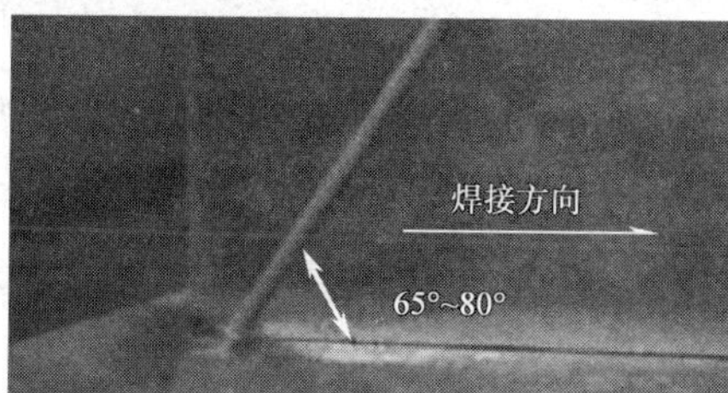

图 1-57 焊接操作

续上表

教学过程	第一次	第二次

5. 运条方法:见图 1-58。

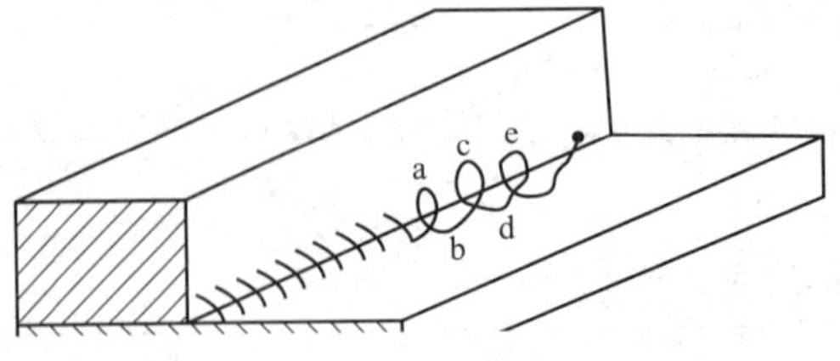

图 1-58 运条方法

当焊脚尺寸≤5 mm 时,应采用短弧直线型运条法焊接。

当焊脚尺寸在 5～8 mm 时,应采用斜圆圈型运条法焊接,见图 1-58:a→b 点运条速度稍慢些,确保熔化金属与横板熔合良好。b→c 点运条速度稍快些,防止熔化金属下淌,并在 c 处稍做停留,保证熔化金属与立板熔合良好。c→d 点运条速度又要稍慢些,确保熔化金属与横板熔合良好,确保 T 形接头顶角根部焊透。

6. 焊缝清理见图 1-59。

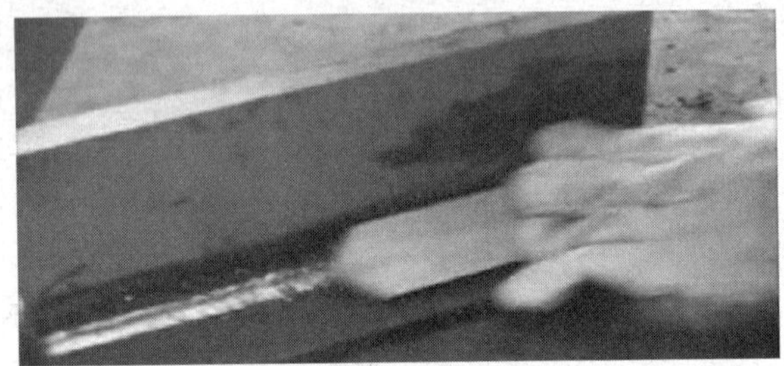

图 1-59 焊缝清理

(1)焊完焊缝后用敲渣锤清理焊渣。

(2)用钢丝刷进一步将焊渣、飞溅物清理干净。

(3)焊缝处于原始状态,交付专职检验前不得对各种焊接缺陷进行修补。

焊缝质量检验:

焊脚尺寸 K 值:6～8 mm;

未焊透≤1 mm;咬边:≤0.5 mm,连续长度:≤100 mm;

焊缝接头不良缺口深度:≤0.5 mm;角焊缝厚度不足:≤1 mm;

角焊缝焊脚不对称:≤2 a+1.5 a(a 为设计焊缝有效厚度)

不允许有夹渣、裂纹、电弧擦伤、焊瘤。

[操作特别注意事项]:

1. 易出现焊角偏下现象。注意控制好焊条角度。
2. 焊条施焊到焊缝末端时,易出现磁偏吹现象,应将焊条向焊缝起始端方向倾斜,控制好焊缝成形。
3. 强化焊条操作角度。
4. 强化常用收尾方法:

A. 划圈收尾法:适用于厚板。

B. 反复断弧收尾法:适用于薄板。

[任务分配]:

1. 每人先焊一道焊缝,大循环轮流操作。
2. 每个工位内练习时必须保持 3～4 人,否则视违纪。
3. 采用引弧板,绝对禁止在焊接支架上引弧。

续上表

教学过程	第一次	第二次
[巡回指导及示范]: 1. 个别指导与小组指导相结合。 2. 培养发现典型。 [结束指导及点评]: 1. 肯定技术上的成绩,分析存在的问题。 2. 纪律、学风上的问题。 [布置实习报告]: [教学后记]:		

任务五：T 形接头立角焊

<table>
<tr><td colspan="2">任务五</td><td>T 形接头立角焊</td><td>课时</td><td></td></tr>
<tr><td colspan="2">教学目标</td><td colspan="3">1. 了解立角焊的基本形式、焊接特点、在实际工作及焊接结构中的地位和应用。
2. 掌握立角焊件的装配组对操作。
3. 掌握平角焊的小月牙形运条方法及锯齿运条方法，达到姿势正确，运条规范、准确、自如熟练。
4. 能根据实际情况正确选择调整焊接工艺参数。</td></tr>
<tr><td rowspan="2">教材分析</td><td>重点</td><td colspan="3">1. 掌握小月牙形运条方法及技能技巧，达到姿势正确，运条规范、准确、自如熟练。
2. 能根据熔池状态正确选择接弧位置、时机、焊接时间。</td></tr>
<tr><td>难点</td><td colspan="3">运条规范、准确、自如熟练。根据熔池状态灵活调整运条的能力和经验。</td></tr>
<tr><td colspan="5">教具：焊件式样、焊条、焊钳、焊机等。</td></tr>
<tr><td colspan="3">教学方法：讲解、示范、巡回指导。</td><td>课型</td><td></td></tr>
<tr><td colspan="5">加工工件示意图：
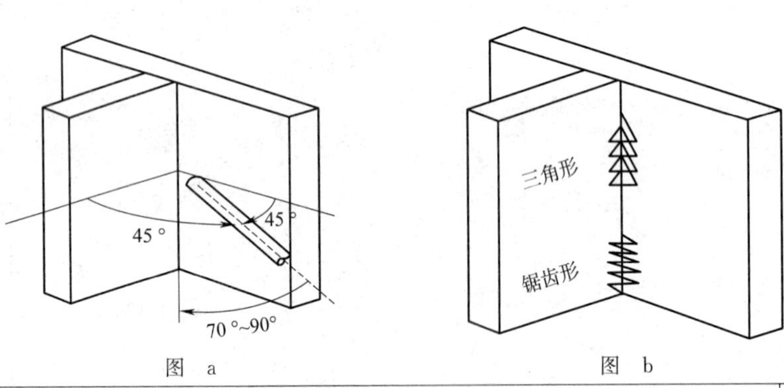

图　a　　　　图　b</td></tr>
<tr><td colspan="3">教学过程</td><td>第一次</td><td>第二次</td></tr>
<tr><td colspan="3">［组织教学］：
1. 组织学生有序进入实训教室。
2. 点名、填表、查明未到学生原因。
3. 工装检查及安全、节约、材料工具整理意识强调。
4. 强调实习纪律卫生（上下课时间等）、学风、学法、爱岗敬业等。
［复习提问］：
1. T 形接头角焊有三种焊接方式？
答：单层焊、多层焊、多层多道焊。
2. 当焊脚尺寸小于 6 mm 时焊缝采用哪种焊接方式？焊脚尺寸为 6～8 mm 时焊缝采用哪种焊接方式？焊脚尺寸大于 8 mm 时焊缝采用哪种焊接方式？
答：①单层焊；②多层焊；③多层多道焊。

T 形接头立角焊

1. 展示工件：立焊的空间位置。
2. 立焊焊缝的外观形态特点：
立角焊：即 T 型接头或角接接头的焊件处于立焊位置的焊接操作。
立角焊的焊接技术分为由上向下和由下向上两种操作方法，但生产中常用的是由下向上的焊接操作。
板角接试件的立角焊，由于试件垂直固定，焊接操作在垂直方向进行。焊接时，溶滴和熔池中的熔化金属由于受重力的作用很容易下趟，使焊缝成形困难。底层焊缝容易出现未焊透，外层焊缝容易出现两侧与母材熔合不良和咬边的缺陷。施焊时要选择较小的焊条直径和焊接电流，采用短弧和合适的运条方法焊接。</td><td></td><td></td></tr>
</table>

续上表

教学过程	第一次	第二次

3. 焊前准备:
(1)工件:低碳钢板 300 mm×100 mm×10 mm　　2 块,
材质:Q235　　用剪板机或气割下料。
(2)号料→校正→除锈→装配点固→焊接。
(3)焊条:E4303　ϕ3.2 mm。
(4)设备、场地、辅助工具:钢丝刷、锉刀、敲渣锤、錾子等。
4. 焊前装配定位焊:
(1)工件清理:用角向打磨机把试板两边 20～30 mm 范围内油、锈等清除干净,见金属光泽。
(2)装配定位焊:其目的是把两块试板装配成合乎焊接技术要求的 T 形接口的试板。
(3)装配间隙:为了加大角缝熔深,在装配时将立板与底板之间预留 1～2 mm 间隙。有 90°角尺靠着立板进行定位焊接,对定位焊缝的要求与正式焊缝一样。
5. 焊接规范的选择(见表 1-7):

表 1-7　焊接规范的选择

焊　　条	材料厚度(mm)	电流(A)	层　　数	焊角 K(mm)
E4303 Φ3.2	8～14	90～110	1	5
			2	8～10
			3	12

焊接时,溶滴和熔池金属由于受重力的作用下趟,为了使熔池体积较小,控制熔池温度不致过高,达到防止产生焊接缺陷的目的。焊角小于 6 mm 时采用单层焊,大于 6 mm 时用多层焊。并配以合适的工艺参数。
[操作要领及示范操作]:
(组织形式:一次性,边示范边讲解)
1. 工件的夹持及固定方法及位置、高度。
2. 立角焊基本姿势、操作中用便于握焊钳的右手操作。
3. 焊条的夹持为 120°,通常为正握,有依托或无依托,利用手腕的灵活性摆动焊条。
4. 焊接操作:
(1)起头:由于起焊时焊件温度偏低,易产生熔合不良和夹渣等缺陷,故起头、接头时要用稍长的电弧对起焊处进行预热,然后恢复正常弧长进行焊接。
(2)短弧焊:采用短弧焊接(小于焊条直径),避免因电弧过长所造成的溶滴下淌和严重飞溅。
(3)焊条角度:当两板等厚时,电弧热量分布应均匀,焊条角度与立板及横板夹角为 45°。焊条与焊缝中心线向下倾斜角度为 70°～85°。见图 1-60。

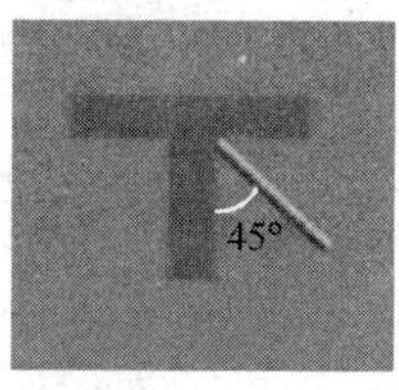

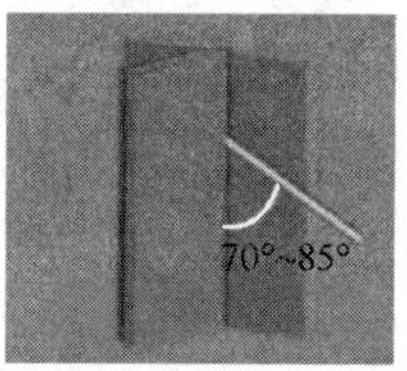

图 1-60　焊条角度

(4)运条方法:第一层焊缝可采用跳弧或小三角形运条焊接,第二层可采用月牙形或锯齿形运条方法,施焊时运条要平稳均匀,焊接电弧应在焊缝两侧稍作停留,使熔化金属能填满焊缝两侧边缘部分,从而避免咬边缺陷的产生。T 形接头焊接的关键是控制好熔池金属的温度、形状和大小。
5. 焊接过程:要控制熔池的温度与熔池的形状,发现熔池温度过高时应立即抬起焊条或者熄灭电弧,时熔池温度降低到暗红色时,迅速在熔池的 2/3 处引弧焊接。

续上表

教学过程	第一次	第二次
6. 接头的方法： (1)热接法：在熔池还没有完全冷却且呈红热状态时，即在熔池的下边缘引弧，稍作横向摆动填满弧坑后进行正常焊接。 (2)冷接法：接头时，在弧坑前 10 mm 处引弧，将电弧移到原弧坑 2/3 处，用长弧预热，同时增加焊条与焊缝垂线之间的夹角(90°)，待熔池温度上升，填满弧坑后进行正常焊接。 7. 焊缝清理： (1)焊完焊缝后用敲渣锤清理焊渣。 (2)用钢丝刷进一步将焊渣、飞溅物清理干净。 (3)焊缝处于原始状态，交付专职检验前不得对各种焊接缺陷进行修补。 8. 焊缝质量检验： 焊脚尺寸应符合要求，焊件厚度相同时，焊角应对称分布；未焊透≤1 mm；咬边：≤0.5 mm；接头处无脱节和增高现象，焊缝接头不良缺口深度：≤0.5 mm；角焊缝厚度不足：≤1 mm；角焊缝焊脚不对称：≤$2a+1.5a$(a 为设计焊缝有效厚度)；不允许有夹渣、裂纹、电弧擦伤、焊瘤。 [任务分配]： 1. 每人先焊一道焊缝，大循环轮流操作，然后清理背面，进行立敷焊，方法同前。 2. 每个工位内练习时必须保持 3～4 人，否则视违纪。 3. 采用引弧板，绝对禁止在焊接支架上引弧。 [巡回指导及示范]： 1. 个别指导与小组指导相结合。 2. 培养发现典型。 [结束指导及点评]： 1. 肯定技术上的成绩，分析存在的问题。 2. 纪律、学风上的问题。 3. 整理工位、工具、材料，打扫实训教室卫生。 [布置实习报告]： [教学后记]：		

任务六:I形坡口对接立焊

<table>
<tr><td colspan="2">任务六</td><td>I形坡口对接立焊</td><td>课时</td><td></td></tr>
<tr><td colspan="2">教学目标</td><td colspan="3">1. 了解立对接焊的基本形式、工件装配方法技巧、较薄板材料的焊接特点。
2. 掌握灭弧摆动运条方法及技能技巧,达到姿势正确,运条规范、准确、自如熟练。
3. 能根据熔池状态正确选择接弧位置、时机、焊接时间。
4. 能根据实际情况正确选择调整焊接工艺参数。</td></tr>
<tr><td rowspan="2">教材分析</td><td>重点</td><td colspan="3">1. 掌握灭弧摆动运条方法及技能技巧,达到姿势正确,运条规范、准确、自如熟练。
2. 能根据熔池状态正确选择接弧位置、时机、焊接时间。</td></tr>
<tr><td>难点</td><td colspan="3">运条规范、准确、自如熟练。根据熔池状态灵活调整运条的能力和经验。</td></tr>
<tr><td colspan="5">教具:焊件式样、焊条、焊钳、焊机等。</td></tr>
<tr><td colspan="3">教学方法:讲解、示范、巡回指导。</td><td>课型</td><td></td></tr>
<tr><td colspan="5">加工工件示意图:
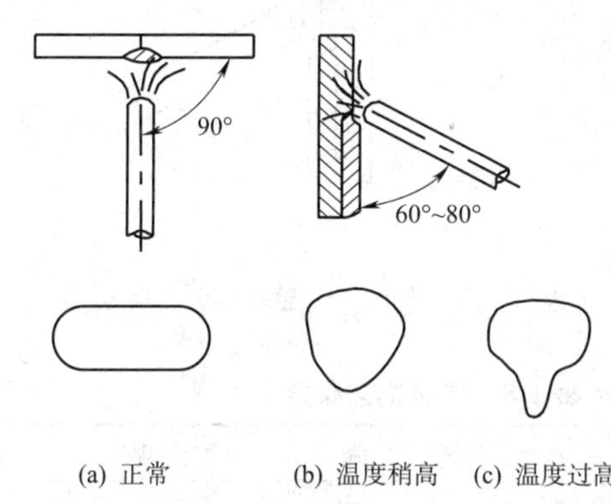

(a) 正常 (b) 温度稍高 (c) 温度过高</td></tr>
<tr><td colspan="3">教学过程</td><td>第一次</td><td>第二次</td></tr>
<tr><td colspan="3">[组织教学]:
1. 组织学生有序进入实训教室。
2. 点名、填表、查明未到学生原因。
3. 工装检查及安全、节约、材料工具整理意识强调。
4. 强调实习纪律卫生(上下课时间等)、学风、学法、爱岗敬业等。
[复习提问]:
1. 立角焊时焊条摆动有何特点?
2. 立角焊操作时有哪些困难、应如何克服?

I形坡口对接立焊

1. 展示工件:立焊的空间位置。
2. 立焊焊缝的外观形态特点:
立焊是焊接垂直平面上垂直方向的焊缝。由于在重力的作用下,焊条熔化所形成的焊滴和熔池中的熔化金属要往下淌,就会使焊缝成形困难,从而影响焊缝质量。因此,立焊时应选用较小直径的焊条和焊接电流,使熔池尽可能小,并选用合适的焊条角度,利用电弧吹力阻止液态金属流出熔池,立焊应采用短弧焊接。
3. 焊前准备:
(1)工件:低碳钢板 300 mm×125 mm×10 mm 2块,
材质:Q235 用剪板机或气割下料。
(2)号料→校正→除锈→装配点固→焊接。</td><td></td><td></td></tr>
</table>

续上表

教学过程	第一次	第二次

(3)焊条:E4303 ϕ3.2 mm。

(4)设备、场地、辅助工具:钢丝刷、锉刀、敲渣锤、錾子等。

4. 焊前装配定位焊:

(1)工件清理:用角向打磨机把试板两边 20～30 mm 范围内油、锈等清除干净,见金属光泽。

(2)装配定位焊:其目的是把两块试板装配成合乎焊接技术要求的I形接口的试板。始焊端为 1 mm,终焊端为 2 mm,用焊条在试板两端进行定位焊,定位焊缝长度为 10～15 mm,要求与正式焊缝相同。

5. 操作方法及要领:

(1)为便于操作和观察熔池,焊钳握法为正握法,焊钳钳口与焊条夹角为 120°。

(2)要采用正确的焊条角度,一般焊条处于两焊件接口而与两焊件垂直(夹角 90°)且与焊缝成 60°～80°夹角。以此借电弧向斜上方的吹力托住熔池,见图 1-61。

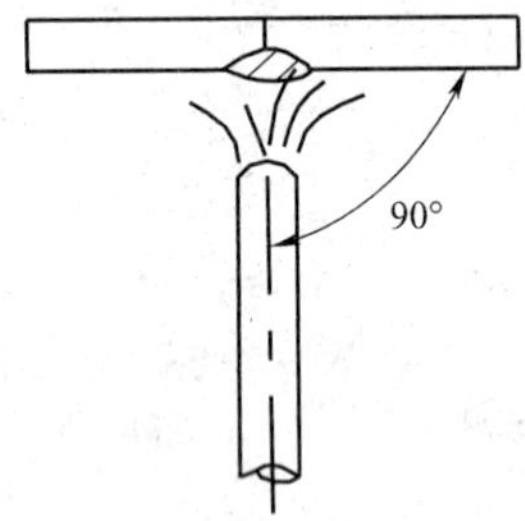

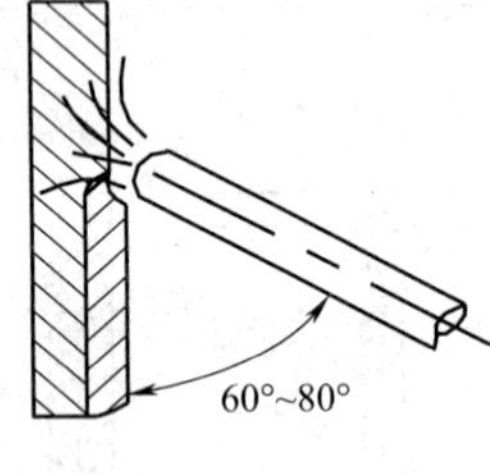

图 1-61 操作方法

6. 焊接工艺参数(见表 1-8):

表 1-8 焊接工艺参数

焊 条	运条方法	电 流	层 数	角 度
E4303 Φ3.2	锯齿形或月牙形摆动法	95～110A	1	见图 1-61

[操作要领及示范操作]:

(组织形式:一次性,边示范边讲解)

1. 工件的夹持及固定方法及位置、高度。

2. 立对接焊基本姿势、操作中用便于握焊钳的右手操作。

3. 焊条的夹持为 120°,通常为正握,有依托或无依托,利用手腕的灵活性摆动焊条。

4. 起头:由于起焊时焊件温度偏低,易产生熔合不良和夹渣等缺陷,故起头、接头时运用预热法施焊。方法是:在起焊端以上 15 mm 左右,用划擦法由上至下引燃电弧,并将电弧拉长 3～6 mm,对焊缝起焊处进行预热,然后压低电弧连摆 2～3 次,以达到良好熔合后转入正常焊接。

5. 正常焊接:

焊条角度:焊条对中位置为 90°。焊条向下倾斜与试板垂直面夹角为 60°～80°,使电弧的吹力托信熔化的金属,防止下滴。

运条方法:电弧作小幅月牙形摆动,I形接头对接立焊一次焊接成形,要求焊工在操作时电弧长度要短些,运条速度要均匀,运条手法要平稳,防止液态熔池金属下坠成形焊瘤,熔池的形状始终要成椭圆形,并且保持大小一致。

6. 接头:(首先清理掉原弧坑处的熔渣)在原弧坑上方 15 mm 处引弧,拉长电弧对原弧坑预热,在原弧坑 1/3 或 2/3 处压低电弧,转入正常焊接。见图 1-62。

7. 焊接中要注意控制熔池温度,当发现熔池呈扁平椭圆形,见图 1-63(a),说明熔池温度合适。若发现熔池的下方出现鼓肚变圆时,见图 1-63(b),说明熔池温度已稍高,应立即调整运条方法,即焊条在坡口两侧停留时间增加,加快中间过渡速度,并尽量缩短电弧长度。若不能把熔池恢复到偏平状态,而且鼓肚有增大时,见图 1-63(c),则说明熔池温度已过高,应立即灭弧,给熔池冷却时间,待熔池温度下降后再继续焊接。

续上表

教学过程	第一次	第二次

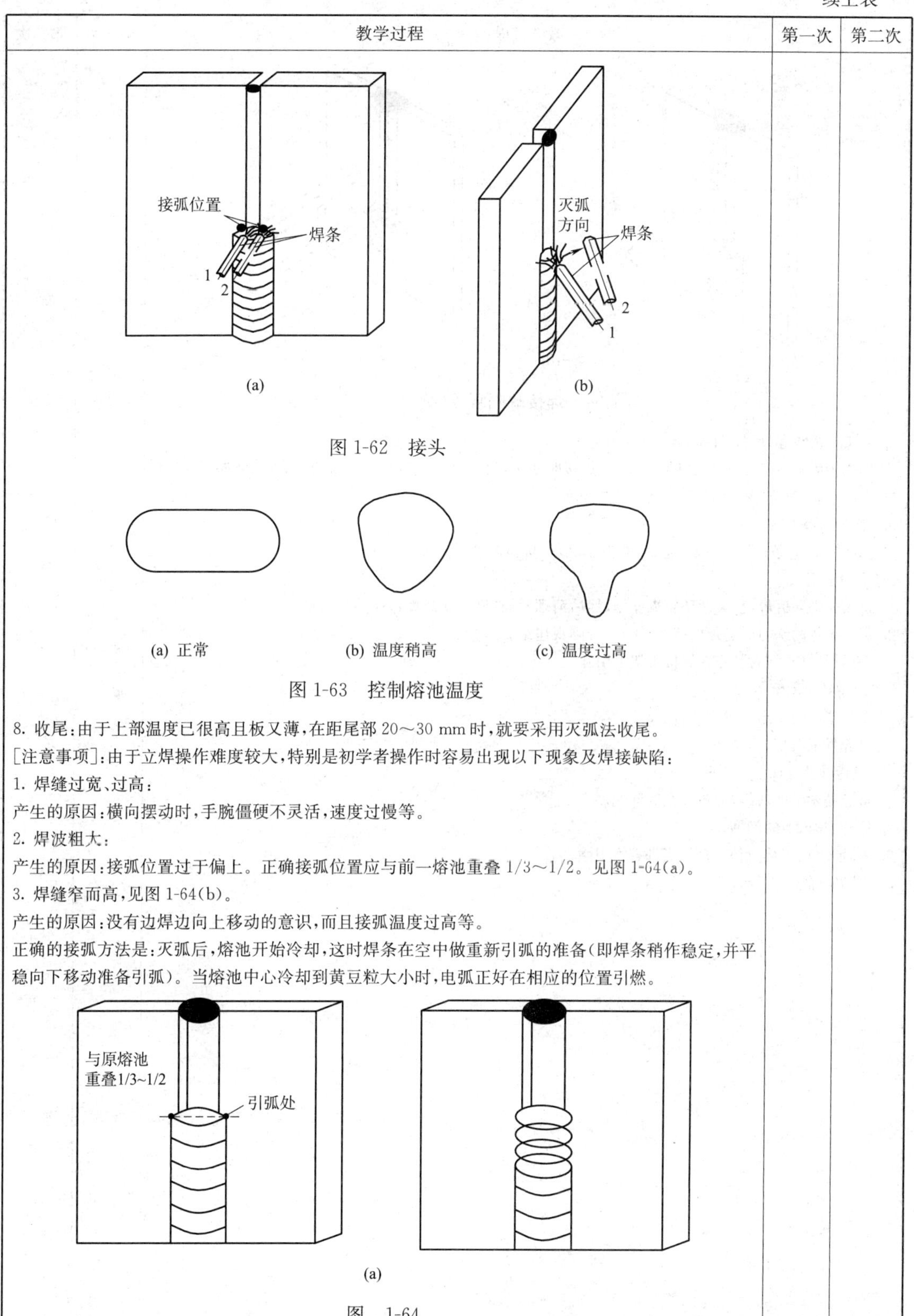

图 1-62　接头

图 1-63　控制熔池温度

8. 收尾:由于上部温度已很高且板又薄,在距尾部 20～30 mm 时,就要采用灭弧法收尾。

[注意事项]:由于立焊操作难度较大,特别是初学者操作时容易出现以下现象及焊接缺陷:

1. 焊缝过宽、过高:

产生的原因:横向摆动时,手腕僵硬不灵活,速度过慢等。

2. 焊波粗大:

产生的原因:接弧位置过于偏上。正确接弧位置应与前一熔池重叠 1/3～1/2。见图 1-64(a)。

3. 焊缝窄而高,见图 1-64(b)。

产生的原因:没有边焊边向上移动的意识,而且接弧温度过高等。

正确的接弧方法是:灭弧后,熔池开始冷却,这时焊条在空中做重新引弧的准备(即焊条稍作稳定,并平稳向下移动准备引弧)。当熔池中心冷却到黄豆粒大小时,电弧正好在相应的位置引燃。

图　1-64

续上表

教学过程	第一次	第二次
(b) 图 1-64 焊接缺陷现象(续) 4. 接头及正常焊接时产生夹渣: 产生的原因:运条没有规律、热量不集中、焊接时间短(每一个焊接过程)、电流过小、不会观察熔池、不能根据熔池状态的变化调整运条等。 5. 烧穿和焊瘤: 产生的原因:运条过慢、无向上意识、断弧不利落、接弧温度过高等。 [任务分配]: 1. 每人先焊一道焊缝,大循环轮流操作,然后清理背面,进行立敷焊,方法同前。 2. 每个工位内练习时必须保持 3～4 人,否则视违纪。 3. 采用引弧板,绝对禁止在焊接支架上引弧。 [巡回指导及示范]: 1. 个别指导与小组指导相结合。 2. 培养发现典型。 [结束指导及点评]: 1. 肯定技术上的成绩,分析存在的问题。 2. 纪律、学风上的问题。 3. 整理工位、工具、材料,打扫实训教室卫生。 [布置实习报告]: [教学后记]:		

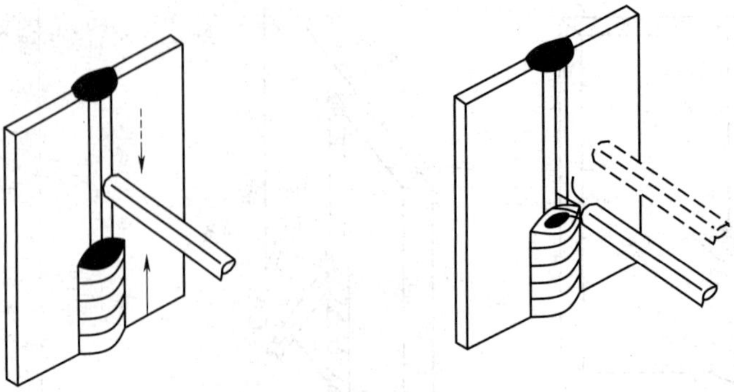

任务七:I形坡口对接横焊

<table>
<tr><td colspan="2">任务七</td><td>I形坡口对接横焊</td><td>课时</td><td></td></tr>
<tr><td colspan="2">教学
目标</td><td colspan="3">1. 了解横焊多道焊的基本形式、焊接基本方法特点及适用范围。
2. 掌握多道焊的方法及技能技巧,达到姿势正确,运条规范、准确、自如熟练。
3. 能根据前一焊道的上边缘,准确选择焊接位置、合理的焊接速度。
4. 能根据实际情况正确选择调整焊接工艺参数。</td></tr>
<tr><td rowspan="2">教材分析</td><td>重点</td><td colspan="3">1. 掌握多道焊的方法及技能技巧,达到姿势正确,运条规范、准确、自如熟练。
2. 能根据前一焊道的上边缘,准确选择焊接位置、合理的焊接速度。</td></tr>
<tr><td>难点</td><td colspan="3">运条规范、准确、自如熟练。根据熔池状态灵活调整运条的能力和经验。</td></tr>
<tr><td colspan="5">教具:焊件式样、焊条、焊钳、焊机等。</td></tr>
<tr><td colspan="3">教学方法:讲解、示范、巡回指导。</td><td>课型</td><td></td></tr>
<tr><td colspan="5">加工工件示意图:</td></tr>
<tr><td colspan="3">教学过程</td><td>第一次</td><td>第二次</td></tr>
<tr><td colspan="3">[组织教学]:
1. 组织学生有序进入实训教室。
2. 点名、填表、查明未到学生原因。
3. 工装检查及安全、节约、材料工具整理意识强调。
4. 强调实习纪律卫生(上下课时间等)、学风、学法、爱岗敬业等。
[复习提问]:
进行立对接焊锯齿形运条施焊时,要得到满意的焊缝质量,操作的关键要领有哪些?
答:合适正确的操作姿势、正确的焊条角度、电弧长度、合理的焊接速度等。

I形坡口对接横焊

1. 展示工件:横焊缝的基本样式。
2. 分析横焊缝的外观形态特点:
横焊是焊接垂直或倾斜平面上水平方向的焊缝。横焊时,由于重力作用,熔化金属容易下趟而产生各种缺陷,由此采用短弧焊接,并且选用较细的焊条和较小的焊接电流及适当的运条手法。
3. 焊前准备:
(1)工件:低碳钢板 300 mm×125 mm×10 mm　　2 块,
材质:Q235　　用剪板机或气割下料。
(2)号料→校正→除锈→装配点固→焊接。
(3)焊条:E4303　ϕ3.2 mm。
(4)设备、场地、辅助工具:钢丝刷、锉刀、敲渣锤、錾子等。
4. 焊前装配定位焊:
(1)工件清理:用角向打磨机把试板两边 20～30 mm 范围内油、锈等清除干净,见金属光泽。</td><td></td><td></td></tr>
</table>

续上表

<table>
<tr><th>教学过程</th><th>第一次</th><th>第二次</th></tr>
<tr><td>

(2)装配定位焊:其目的是把两块试板装配成合乎焊接技术要求的I形接口的试板。始焊端为1 mm,终焊端为2 mm,用焊条在试板两端进行定位焊,定位焊缝长度为10～15 mm,要求与正式焊缝相同。

5. 焊接工艺参数(见表1-9):

表1-9 焊接工艺参数

焊　　条	运条方法	电　　流	层　　数	角度、速度
E4303 Φ3.2	短弧直线形	95～115A	1	见图1-65运条均匀

[操作要领及示范操作]:

(组织形式:一次性,边示范边讲解)

1. 工件的夹持及固定方法及位置、高度。

2. 横焊基本姿势、操作中用便于握焊钳的右手操作。

3. 焊条的夹持为120°,通常为正握,有依托或无依托,利用手腕的灵活性摆动焊条。

4. 一道起头:由于起焊时焊件温度偏低,易产生熔合不良和夹渣等缺陷,故起头、接头时运用预热法施焊。方法是:将装配好的试板装在架子上进行焊接,施焊时采用直线运条法,焊条在焊缝前10 mm进行启弧,拉长电弧至定位焊缝处,压低电弧,稍作停留,形成熔池和熔孔后,开始正常进行焊接。施焊时要保持一定的弧长,焊条沿焊缝方向做不摆动的平移。

焊条角度:焊条向下倾斜与水平面夹角成75°～80°,使电弧吹力托住熔化金属防止上滴。I形坡口的横焊是一次焊接成形。当焊至焊缝末端时,用断弧法熄弧。见图1-65。

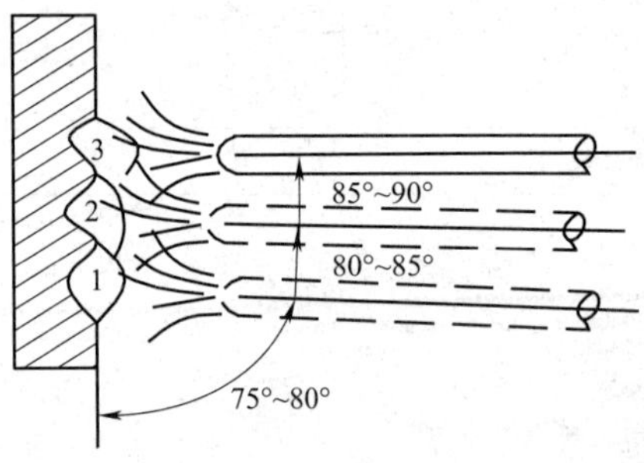

图1-65　焊条角度

5. 正常焊接:直线形连弧法并保持正确的焊条角度、均匀的速度、正常的电弧长度、向前施焊,严密监视熔池形状,及时调整运条角度、施焊速度、必要时采取推拨渣方法(同前)。

6. 接头:(首先清理掉原弧坑处的熔渣)在原弧坑上方15 mm处引弧,拉长电弧对原弧坑预热,在原弧坑1/3或2/3处压低电弧,转入正常焊接。

7. 收尾:由于上部温度已很高且板又薄,在距尾部10～20 mm时,就要采用灭弧法收尾。

8. 第二道起头:采用自下而上的焊道排列方法,不必对第一道及第二道焊缝敲渣,必须做到从起头开始就要使焊条直径的底边正好与第一道上边缘对齐(或叫重叠)向前施焊,起头要领与第一道起头相似。

9. 第二道正常焊接:第二道焊好的关键在于是否能看到第一道的上边缘,并能使焊条直径的底边正好与第一道上边缘对齐进行向前施焊,其焊条角度略增大,速度与第一道相近或略快一点儿。第三道或第四道焊法相同。

当焊至焊缝末端处如果发生磁偏吹现象,应及时调整焊条角度,向相反方向倾斜75°～80°。

[任务分配]:

1. 每人先焊打底焊道焊缝,而后2、3道大循环轮流操作。

2. 每个工位内练习时必须保持3～4人,否则视违纪。

3. 采用引弧板,绝对禁止在焊接支架上引弧。

</td><td></td><td></td></tr>
</table>

续上表

教学过程	第一次	第二次
[巡回指导及示范]: 1. 个别指导与小组指导相结合。 2. 培养发现典型。 [结束指导及点评]: 1. 肯定技术上的成绩,分析存在的问题。 2. 纪律、学风上的问题。 3. 整理工位、工具、材料,打扫实训教室卫生。 [布置实习报告]: [教学后记]:		

任务八:T 形接头仰角焊

<table>
<tr><td>任务八</td><td colspan="2">T 形接头仰角焊</td><td>课时</td><td></td></tr>
<tr><td>教学
目标</td><td colspan="4">1. 掌握 T 字接头仰角焊前准备事项。
2. 掌握仰角焊各种运条方法,达到姿势正确,运条规范、准确、自如熟练。
3. 能根据实际情况正确选择调整焊接工艺参数。</td></tr>
<tr><td rowspan="2">教材分析</td><td>重点</td><td colspan="3">1. 掌握仰角焊运条方法,达到姿势正确,运条规范、准确、自如熟练。
2. 能根据实际情况正确选择调整焊接工艺参数。</td></tr>
<tr><td>难点</td><td colspan="3">运条规范、准确、自如熟练。根据熔池状态灵活调整运条的能力和经验。</td></tr>
<tr><td colspan="5">教具:焊件式样、焊条、焊钳、焊机等。</td></tr>
<tr><td colspan="3">教学方法:讲解、示范、巡回指导。</td><td>课型</td><td></td></tr>
<tr><td colspan="5">加工工件示意图:仰角焊不同板厚的运条方法。
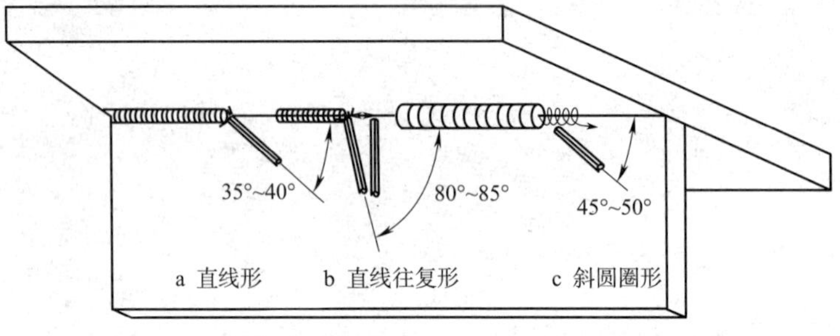
</td></tr>
<tr><td colspan="3">教学过程</td><td>第一次</td><td>第二次</td></tr>
<tr><td colspan="3">[组织教学]:
1. 组织学生有序进入实训教室。
2. 点名、填表、查明未到学生原因。
3. 工装检查及安全、节约、材料工具整理意识强调。
4. 强调实习纪律卫生(上下课时间等)、学风、学法、爱岗敬业等。
[复习提问]:
1. 进行横焊时,要得到满意的焊缝质量,操作的关键要领有哪些?你认为操作过程有哪些难点?
2. 横焊时,有哪些运条方法?

T 形接头仰角焊

1. 展示工件:板对接仰角焊缝的基本样式。
2. 分析仰角焊缝的外观形态特点。
仰角焊:即 T 型接头或角接接头的焊件处于仰焊位置的焊接操作。
由于熔池位置在焊件下面,熔池金属也受自身重力作用下坠,铁水和熔渣不易分离,操作时熔池情况不易观察,焊工劳动强度较大,控制运条不当时易产生夹渣、偏角等诸多缺陷,焊缝成形不好。
当焊角小于 8 mm 时,采用单层焊,当焊角大于 8 mm 时,采用多层多道焊,焊条角度和运条方法。
3. 焊前准备:
(1)工件:低碳钢板 300 mm×100 mm×10 mm　2 块。
(2)号料→校正→除锈→(两板要求相对垂直)→焊接。
(3)焊条:E4303　ϕ3.2 mm。
(4)设备、场地、辅助工具:钢丝刷、锉刀、敲渣锤、錾子等。</td><td></td><td></td></tr>
</table>

续上表

<table>
<tr><th>教学过程</th><th>第一次</th><th>第二次</th></tr>
<tr><td>

4. 焊接工艺参数(见表 1-10)：

表 1-10　焊接工艺参数

焊条	运条方法	电流	层数	角度、速度
E4303 Φ3.2	直线形或斜圆圈形运条法	90～100 A	2	见图 1-66 均匀

[操作要领及示范操作]：
(组织形式：一次性，边示范边讲解)
1.(工件装配点固同平角焊)工件的夹持及固定方法及位置、高度。
2. 仰角焊基本姿势、操作中用便于握焊钳的右手操作。
3. 焊条的夹持为 120°，通常为正握，有依托或无依托，利用手腕的灵活性摆动焊条。
4. 起头：由于起焊时焊件温度偏低，易产生熔合不良和夹渣等缺陷，故起头、接头时运用预热法施焊。方法是，在起焊的线端以前 15 mm 左右，用直击法或擦划法引燃电弧，并将电弧拉长 3～6 mm，对焊缝起焊处进行充分的预热，若预热不当造成起头处焊肉较高，可采用电弧切割方法，将其割平，然后压低电弧转入正常焊接。
5. 焊接操作：
T 形接头的仰角焊，采用多层焊时，第一层采用直线形运条法，第二层采用斜圆圈形运条法，焊条与焊接方向的夹角为 70°～80°。见图 1-66。

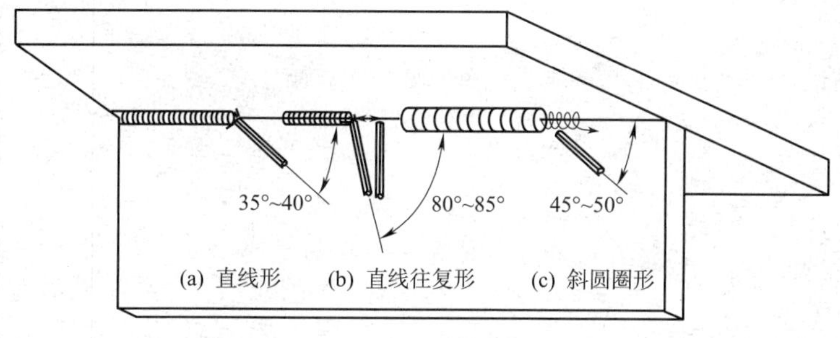

图 1-66　焊接操作

6. 接头：(首先清理掉原弧坑处的熔渣)在原弧坑上方 15 mm 处引弧，拉长电弧对原弧坑充分预热，在原弧坑 1/3 或 2/3 处压低电弧，转入正常焊接。
7. 收尾：由于上部温度已很高，在距尾部 5～10 mm 时，就要采用灭弧法收尾。
8. 起头和接头在预热过程中、很容易出现熔渣与铁水混在一起和熔渣越前现象，这时应将焊条与上板夹角减小，以增大电弧吹力，这时千万不能灭弧，如起焊处已过高或产生焊瘤应用电弧将其割掉。
[安全注意事项]：要做好防护，尽量靠近焊缝施焊。
[任务分配]：
1. 每人先焊一道焊缝，大循环轮流操作。
2. 每个工位内练习时必须保持 3～4 人，否则视违纪。
3. 采用引弧板，绝对禁止在焊接支架上引弧。
[巡回指导及示范]：
1. 个别指导与小组指导相结合。
2. 培养发现典型。
[结束指导及点评]：
1. 肯定技术上的成绩，分析存在的问题。
2. 纪律、学风上的问题。
3. 整理工位、工具、材料，打扫实训教室卫生。

</td><td></td><td></td></tr>
</table>

续上表

教学过程	第一次	第二次
[布置实习报告]: [教学后记]:		

任务九:I形坡口对接仰焊

<table>
<tr><td colspan="2">任务九</td><td colspan="2">I形坡口对接仰焊</td><td>课时</td><td></td></tr>
<tr><td colspan="2">教学目标</td><td colspan="4">1. 了解仰对接焊的基本形式、焊接特点、在实际工作及焊接结构中的地位和应用。
2. 掌握仰对接焊的基本操作姿势、方法。
3. 掌握仰对接焊的锯齿形运条方法,达到姿势正确,运条规范、准确、自如熟练。
4. 能根据实际情况正确选择调整焊接工艺参数。</td></tr>
<tr><td rowspan="2">教材分析</td><td>重点</td><td colspan="4">1. 掌握仰对接焊的基本操作姿势、方法。
2. 掌握仰对接焊的锯齿形运条方法,达到姿势正确,运条规范、准确、自如熟练。</td></tr>
<tr><td>难点</td><td colspan="4">运条规范、准确、自如熟练。根据熔池状态灵活调整运条的能力和经验。</td></tr>
<tr><td colspan="6">教具:焊件式样、焊条、焊钳、焊机等。</td></tr>
<tr><td colspan="4">教学方法:讲解、示范、巡回指导。</td><td>课型</td><td></td></tr>
<tr><td colspan="6">加工工件示意图: 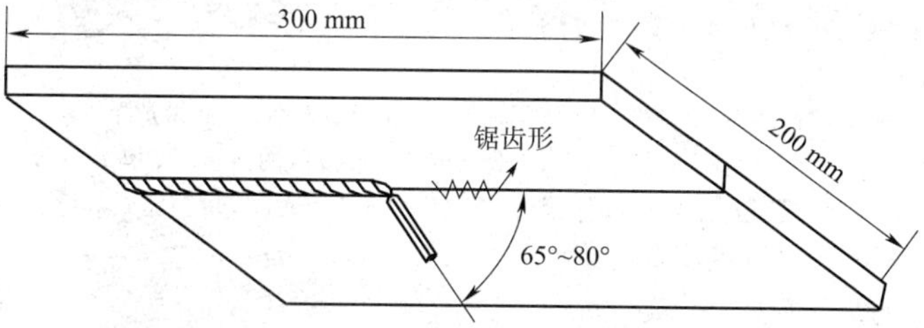
300 mm
200 mm
锯齿形
65°~80°</td></tr>
<tr><td colspan="4">教学过程</td><td>第一次</td><td>第二次</td></tr>
<tr><td colspan="4">[组织教学]:
1. 组织学生有序进入实训教室。
2. 点名、填表、查明未到学生原因。
3. 工装检查及安全、节约、材料工具整理意识强调。
4. 强调实习纪律卫生(上下课时间等)、学风、学法、爱岗敬业等。
[复习提问]:
1. 板状材料对接焊时,根据焊缝所在空间位置,可分为哪几种操作位置的焊缝?
答:平、横、立、仰。
2. 平焊时常见的运条方法有哪些?
答:直线、直线往复、锯齿形。
3. 根据焊接运条方法的表现形式看,其大类分为哪两种形式?
答:连弧、灭弧。

I形坡口对接仰焊

1. 展示工件:仰焊的空间位置。
2. 仰焊焊缝的外观形态特点:
仰焊是四种基本焊接位置中最困难的一种焊接。由于熔池位置在焊件下面,焊条熔滴金属的重力会阻碍熔滴过度,熔池金属也受自身重力作用下坠,铁水和熔渣不易分离,操作时熔池情况不易观察,还很快产生疲劳,控制运条不当时易产生夹渣等诸多缺陷,焊缝成形不好,熔池体积越大温度越高,正面焊道出现焊瘤,焊道成形困难。同厚度材料使用的电流比平焊小15%~20%,焊接效率很低。因此,必须苦练基本功和更大的毅力才能掌握。焊接时需要更多的劳动与安全防护。
仰焊注意事项:(1)短弧焊接;(2)运条节奏要得当;(3)反握焊钳;(4)操作姿势。</td><td></td><td></td></tr>
</table>

续上表

教学过程	第一次	第二次

3. 仰焊的由来与发生：无法变动焊缝的空间位置（尽量使焊缝为平焊），如生产、生活中的某些焊接结构。

4. 仰焊的应用：

(1)无法变动焊缝的空间位置的立焊焊位结构（板材的对接、角接等）。

(2)管子水平固定焊中的仰焊焊位。

5. 焊接操作：

(1)掌握仰对接焊的基本方法、技能、技巧。

(2)节约成本。

6. 焊前准备：

(1)工件：低碳钢板 300 mm×125 mm×10 mm　　2 块，

材质：Q235　　用剪板机或气割下料。

(2)号料→校正→除锈→装配点固→焊接。

(3)焊条：E4303　ϕ3.2 mm。

(4)设备、场地、辅助工具：钢丝刷、锉刀、敲渣锤、錾子等。

7. 焊前装配定位焊：

(1)工件清理：用角向打磨机把试板两边 20～30 mm 范围内油、锈等清除干净，见金属光泽。

(2)装配定位焊：其目的是把两块试板装配成合乎焊接技术要求的 I 形接口的试板。始焊端为 1 mm，终焊端为 2 mm，用焊条在试板两端进行定位焊，定位焊缝长度为 10～15 mm，要求与正式焊缝相同。

技术要求：焊缝宽度为 8～10 mm；焊缝高度为 1～2 mm。

8. 焊接工艺参数（见表 1-11）：

表 1-11　焊接工艺参数

焊条	运条方法	电流	层数	角度、速度
E4303 Φ3.2	锯齿形运条法	80～90 A	1	见图 1-67 运条较快

9. 锯齿连灭结合操作要点：

(1)摆动时必须做到中间过渡稍快，两侧稍停。

(2)发现熔池形状变长及钢板表面被电弧烧出凹坑大于 0.5 mm 时，立刻灭弧，当熔池冷却到黄豆粒左右，使电弧正好引燃，转连灭结合正常操作。

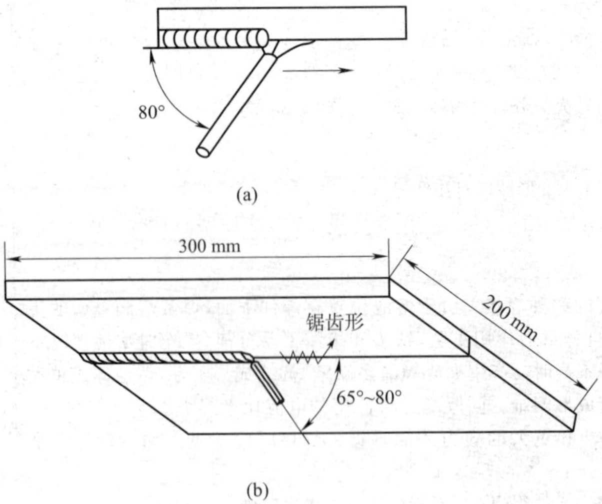

80°

(a)

300 mm

200 mm

锯齿形

65°~80°

(b)

图 1-67　焊条角度

续上表

教学过程	第一次	第二次
[焊前准备]: 1. 场地:整洁、整齐、无杂物。 2. 材料:指定的材料,不得使用非指定的材料,矫正、除锈、划线。 3. 设备工具:检查焊帽、焊钳、把线、焊接支架、引弧板。 4. 思想:对所讲内容是否听明白,特别是工艺参数。 [操作要领及示范操作]: (组织形式:一次性,边示范边讲解) 1. 工件的夹持及固定方法及位置、高度。 2. 仰焊基本姿势:蹲姿、站姿两种。操作中用便于握焊钳的右手操作。 3. 焊条的夹持为 120°,通常为正握,有依托或无依托,一般利用手腕的灵活性摆动焊条。 4. 起头:由于起焊时焊件温度偏低,易产生熔合不良和夹渣等缺陷,故起头、接头时运用预热法施焊。方法是,在起焊端以上 15 mm 左右,用划擦法由上至下引燃电弧,并将电弧拉长 3~6 mm,对焊缝起焊处进行预热,然后压低电弧连摆转入正常焊接。 5. 焊接操作: 保持正确的焊条角度(见图 1-67)、在保证熔合前提下,施焊速度尽量快一些并保持均匀的速度、压低电弧长度、向前施焊,严密监视熔池形状,当熔池混合不清时,应降低向前施焊速度;铁水下坠过高或母材被电弧挖出坑时,应迅速加快向前施焊速度或灭一下弧,及时调整运条方法和速度。 当熔池混合不清或铁水下坠过高时,及时调整运条的横摆和向前施焊速度。总体要求横摆速度要中间稍快、两侧有稍停。 6. 接头:(首先清理掉原弧坑处的熔渣)在原弧坑上方 15 mm 处引弧,拉长电弧对原弧坑预热,在原弧坑 1/3 或 2/3 处压低电弧,转入正常焊接。 7. 收尾:由于上部温度已很高,在距尾部 10~20 mm 时,就要采用灭弧法收尾。 [任务分配]: 1. 每人先焊一道焊缝,大循环轮流操作。 2. 每个工位内练习时必须保持 3~4 人,否则视违纪。 3. 采用引弧板,绝对禁止在焊接支架上引弧。 [巡回指导及示范]: 1. 个别指导与小组指导相结合。 2. 培养发现典型。 [结束指导及点评]: 1. 肯定技术上的成绩,分析存在的问题。 2. 纪律、学风上的问题。 3. 整理工位、工具、材料,打扫实训教室卫生。 [布置实习报告]: [教学后记]:		

任务十:V形坡口对接平焊

<table>
<tr><td colspan="2">任务十</td><td>V形坡口对接平焊</td><td>课时</td><td></td></tr>
<tr><td colspan="2">教学目标</td><td colspan="3">1. 掌握V形坡口对接平焊单面焊双面成形的操作方法。
2. 能根据实际情况正确选择调整焊接工艺参数。
3. 能正确装配组对V形坡口板件。
4. 强化能根据焊缝成形自我判断焊接缺陷的能力。
5. 基本能达到自我解决焊接缺陷的能力,提高焊接水平。</td></tr>
<tr><td rowspan="2">教材分析</td><td>重点</td><td colspan="3">1. 能正确装配组对V形坡口板件。
2. 强化能根据焊缝成形自我判断焊接缺陷的能力。
3. 基本能达到自我解决焊接缺陷的能力,进一步提高焊接水平。</td></tr>
<tr><td>难点</td><td colspan="3">掌握V形坡口对接平焊单面焊双面成形的操作方法。</td></tr>
<tr><td colspan="5">教具:焊件式样、焊条、焊钳、焊机等。</td></tr>
<tr><td colspan="3">教学方法:讲解、示范、训练、巡回指导。</td><td>课型</td><td></td></tr>
<tr><td colspan="5">加工工件示意图:
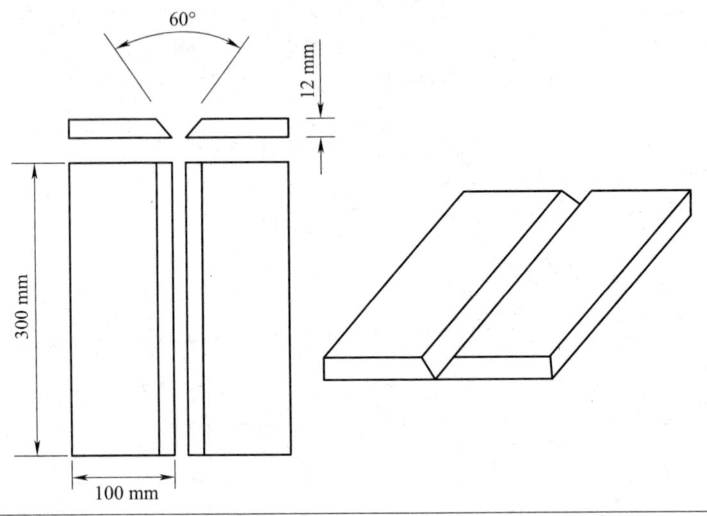
</td></tr>
<tr><td colspan="3">教学过程</td><td>第一次</td><td>第二次</td></tr>
<tr><td colspan="3">[组织教学]:
1. 组织学生有序进入实训教室。
2. 点名、填表、查明未到学生原因。
3. 工装检查及安全、节约、材料工具整理意识强调。
4. 强调实习纪律卫生(上下课时间等)、学风、学法、爱岗敬业等。
[复习提问]:
1. 仰焊注意事项有哪些?
答:①短弧焊接;②运条节奏要得当;③反握焊钳;④操作姿势。
2. 仰对接焊有几种运条方法?

V形坡口对接平焊

1. 展示工件:让学生观看坡口焊缝,并与I形板件进行对比,回答从成形上有何不同?
2. 平焊单面焊双面成形打底层焊接时,熔孔不易观察和控制,在电弧吹力的熔化金属的重力作用下,使焊道背面容易产生超高或焊瘤等缺陷,因此平焊技术的掌握仍然具有一定的难度。</td><td></td><td></td></tr>
</table>

续上表

教学过程	第一次	第二次

坡口:根据设计或工艺需要,在焊件的待焊部位加工并装配成的一定几何形状的沟槽。

开坡口目的:为了保证电弧能深入接头根部,使根部焊透并便于清渣,以获得较好的成形,而且坡口还能起到调节焊缝金属中母材金属与填充金属比例的作用。

坡口的选择原则:

(1)保证焊接质量。

(2)便于焊接施工:

对于不能翻转或内径较小的容器,为避免仰焊工作和便于采用单面焊双面成形的工艺方法,宜采用 V 形或 U 形坡口。

(3)坡口加工简单。

(4)坡口的断面面积尽可能小,可以降低焊接材料的消耗,减少焊接工作量并节省电能。

(5)便于控制焊接变形。

3. 焊前装配定位焊:

(1)给定材料:低碳钢板 300 mm×100 mm×12 mm　　2 块,

材质:Q235　　用刨床或气割下料。

(2)工件清理:用角向打磨机把试板两边 20～30 mm 范围内油、锈等清除干净,见金属光泽。

(3)装配定位焊:其目的是把两块试板装配成合乎焊接技术要求的 V 形坡口的试板。装配间隙为始焊端 3.2 mm,终焊端 4 mm,钝边为 1～1.5 mm,点固焊为两点,距焊件两端 20 mm 处,定位焊长度为 10～15 mm。见图 1-68。

图 1-68　装配定位焊

4. 反变形:平板对接装配时,为了保证焊后没有角变形,因此平板要预置反变形,试板定位焊后,应将试板的变形角向相反的方向做成 3°～4°,并做到两面平齐。见图 1-69。

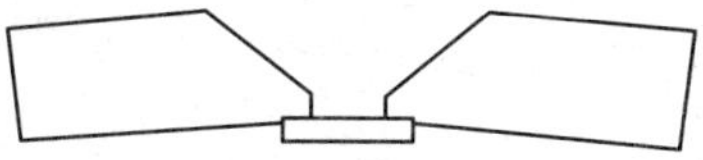

图 1-69　预留反变形 3°～4°

5. 焊接工艺参数(见表 1-2):

表 1-12　焊接工艺参数

焊层	焊条	电流范围(A)	电压范围(V)	焊接速度(mm/min)	焊接走向
1	E5015 Φ3.2	80～90	22～24	80～90	从左向右
2	E5015 Φ4.0	160～175	22～26	190～270	从左向右
3		160～175	22～26	190～270	从左向右
4		150～165	22～24	190～270	从左向右

续上表

教学过程	第一次	第二次

[焊前准备]：

1. 场地：整洁、整齐、无杂物。
2. 材料：指定的材料，不得使用非指定的材料，矫正、除锈、划线。
3. 设备工具：检查焊帽、焊钳、把线、焊接支架、引弧板。
4. 思想：对所讲内容是否听明白，特别是工艺参数。

[操作要领及示范操作]：

（组织形式：一次性，边示范边讲解）

1. 打底层：焊条直径：$\Phi3.2$ mm　　焊接电流：80～90 A

焊条角度：焊条对中角度为 90°、与焊接方向夹角 70°～ 80°，见图 1-70。

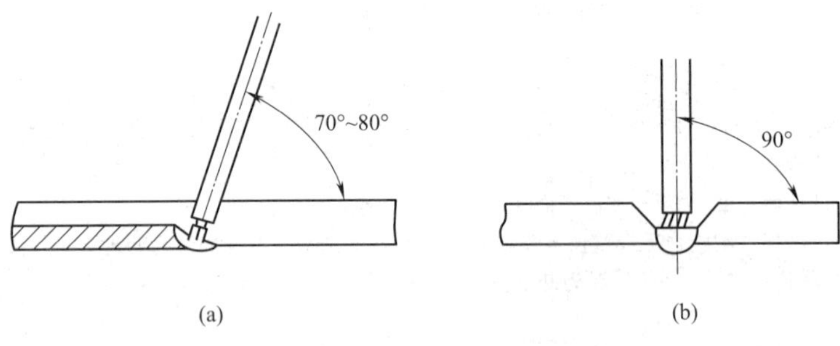

图 1-70　打底层焊接

(1)打底层时操作要点：

控制引弧位置：从焊件左端定位焊缝处开始引弧，电弧引燃后，稍作停顿预热，然后横向摆动向右施焊，待电弧达到定位焊缝右侧前沿时，将焊条下压并稍作停顿，以便形成熔孔。

(2)控制熔孔大小：熔孔大小决定背面焊缝的宽度和余高，若熔孔太小，焊根熔合不好，背弯时易开裂；若熔孔太大则背面焊道既高又宽很不好看，而且容易烧穿，通常熔孔直径比间隙大 1～2 mm 为好。若发现熔孔过大，可稍加快焊接速度和摆动频率，减小焊条与焊件的夹角：若熔孔太小，则可减慢焊接速度和摆动频率，加大焊条与焊件间的夹角。见图 1-71。

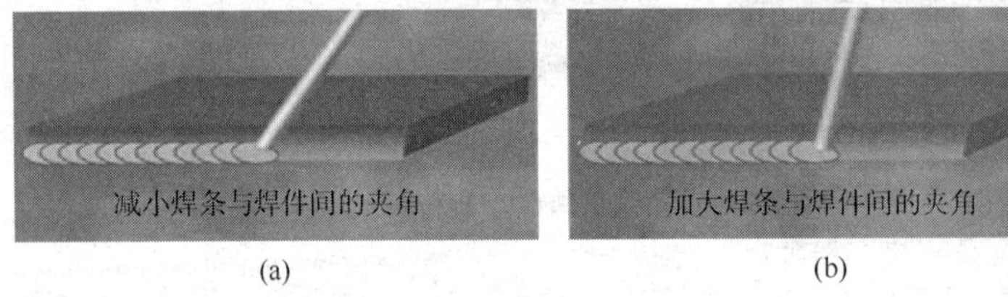

图 1-71　控制熔孔大小

(3)控制铁水和熔渣的流动方向：电弧永远要在铁水的前面，利用电弧和药皮熔化时产生的气体的定向吹力，将铁水吹向熔池的后方，这样既能保证熔深，又能保证熔渣与铁水分离，减少夹渣和气孔产生的可能性。

(4)控制坡口两侧的熔合情况：焊接过程中随时要观察坡口面的熔合情况，必须清楚地看见坡口面熔化并与焊条熔敷金属混合形成熔池，熔池边缘要与两侧坡口顺熔合在一起才行，最好在熔池前方有一个小坑，但随时能被铁水填满，否则熔合不好。

2. 填充层操作要点：焊条直径：$\Phi4$ mm　焊接电流：160～175 A；焊条角度同打底层。

填充焊时应注意事项：

(1)控制好焊道两侧熔合情况：填充焊时，焊条摆幅加大，在坡口两侧停留时间比打底焊时稍长些，必须保证坡口两侧有一定的熔深，并使填充焊道稍向下凹。

续上表

教学过程	第一次	第二次
(2)控制好最后一道填充焊缝的高度和位置：填充焊缝的高度应低于母材约 0.5～1.5 mm，最好呈凹形，要注意不能熔化坡口两侧的棱边，便于盖面层焊接时能够看清坡口，为盖面层焊接打下基础。焊填充焊道时，焊条的摆幅逐层加大，但要注意不能太大，千万不能让熔池边缘超出坡口面上方的棱边，便于盖面层焊接时能看清坡口，为盖面层焊接打好基础。 3. 盖面层操作要点： 焊条直径：Φ4 mm　　焊接电流：150～165 A 盖面层施焊时的焊条角度、运条方法及接头方法与填充层相同，但盖面层施焊时焊条摆动的幅度要比填充层大。摆动时要注意摆动幅度一致，运条速度均匀，同时注意观察坡口两侧熔化情况。施焊时在坡口两侧稍作停顿，使焊缝两侧边缘熔合良好，避免产生咬边，以得到优质的盖面焊缝。 焊条的摆动幅度由熔池的边沿确定，焊接时必须注意保证熔池边沿不得超过焊件表面坡口棱边2 mm，否则焊缝超宽。 4. 焊接质量检验： (1)焊缝外形尺寸：焊缝余高 0～4 mm，余高差≤3 mm，焊缝宽度比坡口每侧增宽 0.5～2.5 mm，焊缝宽度差≤3 mm。 (2)焊缝咬边深度≤0.5 mm；焊缝两侧咬边累计总长不超过焊缝有效长度范围内的 50 mm。 (3)未焊透深度≤1.5 mm，累计总长不超过焊缝有效长度的 26 mm。 (4)背面凹坑≤2 mm，累计总长不超过焊缝有效长度的 26 mm。 (5)试件焊后变形的角度≤3°，焊件的错边量≤1.2 mm。 (6)焊缝的表面是原始状态，不允许有加工活补焊，返修焊等。 (7)焊缝表面不得有裂纹、未熔合、夹渣、气孔和焊瘤等缺陷。 (8)试件表面清洁，无电弧擦伤。 [任务分配]： 1. 每人先焊一道焊缝，大循环轮流操作。 2. 每个工位内练习时必须保持 3～4 人，否则视违纪。 3. 采用引弧板，绝对禁止在焊接支架上引弧。 [巡回指导及示范]： 1. 个别指导与小组指导相结合。 2. 培养发现典型。 [结束指导及点评]： 1. 肯定技术上的成绩，分析存在的问题。 2. 强调纪律、学风上的问题。 [布置实习报告]： [教学后记]：		

任务十一:V形坡口对接立焊

<table>
<tr><td>任务十一</td><td colspan="2">V形坡口对接立焊</td><td>课时</td><td></td></tr>
<tr><td>教学目标</td><td colspan="4">1. 掌握V形坡口对接立焊单面焊双面成形的操作方法。
2. 能根据实际情况正确选择调整焊接工艺参数。
3. 正确的操作手法及姿势,对焊接电弧及金属熔滴的控制,达到比较熟练的程度。
4. 强化能根据焊缝成形自我判断焊接缺陷的能力。</td></tr>
<tr><td rowspan="2">教材分析</td><td>重点</td><td colspan="3">1. 能正确装配组对V形坡口板件。
2. 强化能根据焊缝成形自我判断焊接缺陷的能力。
3. 基本能达到自我解决焊接缺陷的能力,进一步提高焊接水平。</td></tr>
<tr><td>难点</td><td colspan="3">掌握V形坡口对接立焊单面焊双面成形的操作方法。</td></tr>
<tr><td colspan="5">教具:焊件式样、焊条、焊钳、焊机等。</td></tr>
<tr><td colspan="3">教学方法:讲解、示范、训练、巡回指导。</td><td>课型</td><td></td></tr>
<tr><td colspan="5">加工工件示意图:</td></tr>
<tr><td colspan="3">教学过程</td><td>第一次</td><td>第二次</td></tr>
<tr><td colspan="3">[组织教学]:
1. 组织学生有序进入实训教室。
2. 点名、填表、查明未到学生原因。
3. 工装检查及安全、节约、材料工具整理意识强调。
4. 强调实习纪律卫生(上下课时间等)、学风、学法、爱岗敬业等。
[复习提问]:
1. 什么是坡口?它的作用以及目的是什么?
2. 单面焊双面成形有哪三个焊接层?

V形坡口对接立焊

1. 展示工件:让学生观看V形坡口对接立焊试板,并与I形板件进行对比,回答从成形上有何不同?
2. 焊接特点:
V形坡口立对接双面焊焊接技术与6 mm板立焊相比较操作方法较好掌握,熔池温度较好控制,但由于焊件较厚,需采用多层多道焊,故给焊接操作带来一定困难,特别是打底焊,若掌握不好会出现多种焊接缺陷,如夹渣、焊瘤、咬边、未焊透、烧穿、焊缝出现尖角等。
3. 焊前装配定位焊:
(1)给定材料:低碳钢板 300 mm×100 mm×12 mm　　2块,
材质:Q235　　用刨床或气割下料。
(2)工件清理:用角向打磨机把试板两边20~30 mm范围内油、锈等清除干净,见金属光泽。
(3)装配定位焊:其目的是把两块试板装配成合乎焊接技术要求的V形坡口的试板。装配间隙为始焊端2.5 mm,终焊端3.2 mm,钝边为1~1.5 mm,点固焊为两点,在焊件两端处,定位焊长度为10~15 mm。见图1-72。</td><td></td><td></td></tr>
</table>

续上表

教学过程	第一次	第二次

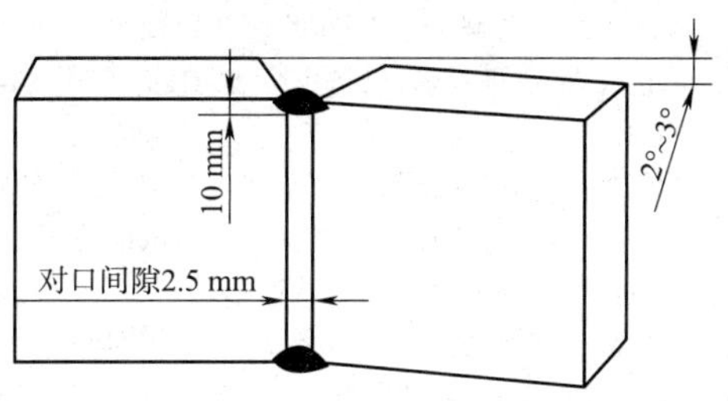

图 1-72　装配定位焊

4. 反变形：平板对接装配时，为了保证焊后没有角变形，因此平板要预置反变形，试板定位焊后，应将试板的变形角向相反的方向做成 3°～4°，并做到两面平齐。见图 1-73。

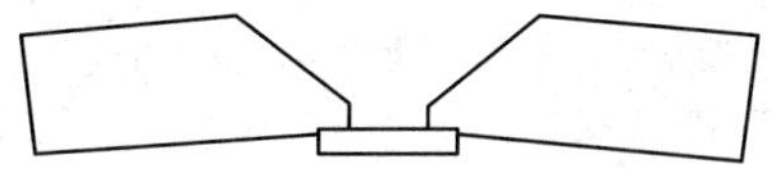

图 1-73　预留反变形 3°～4°

5. 焊接工艺参数(见表 1-13)：

表 1-13　焊接工艺参数

焊层	焊条	电流范围(A)	电压范围(V)	焊接速度(mm/min)
1	E5015 Φ3. 2	90～100	22～24	60～70
2		100～120	22～24	130～150
3		100～110	22～24	100～110

6. 焊接顺序及焊道分布，见图 1-74。

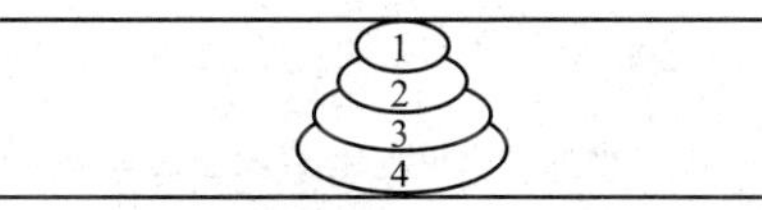

第一层：打底层
第二、三层：填充层
第四层：盖面层

图 1-74　焊接顺序及焊道分布

[焊前准备]：

1. 场地：整洁、整齐、无杂物。
2. 材料：指定的材料，不得使用非指定的材料，矫正、除锈、划线。
3. 设备工具：检查焊帽、焊钳、把线、焊接支架、引弧板。
4. 思想：对所讲内容是否听明白，特别是工艺参数。

[操作要领及示范操作]：

(组织形式：一次性，边示范边讲解)

1. 打底层：

V 形坡口底部较窄，为获得良好焊缝质量，应选用直径为 3. 2 mm 焊条，电流 90～100 A，焊条角度与焊缝成 70°～80°，运条方法运条采用挑弧微摆法或灭弧微摆法。

焊接时采用短弧，注意对熔池形状、大小的控制，防止烧穿、夹渣，防止焊道中间凸形。在定位焊缝上端部引弧，焊条与试板的下倾角定为 75°～80°，与焊缝左右两边夹角为 90°。当焊至定位焊缝尾部时，应

续上表

教学过程	第一次	第二次
稍作停顿进行预热，将焊条向坡口根部压一下，在熔池前方打开一个小孔(称熔孔)。此时听见电弧穿过间隙发出清脆的“哗、哗”声，表示根部已熔透。这时，应立即灭弧，以防止熔池温度过高使熔化的铁水下坠，使焊缝正面、背面形成焊瘤。 (1)控制熔孔大小和形状：打底焊操作时，要控制熔池形状、大小始终如一，形状应为椭圆形，熔池前端始终应有一个深入母材两侧约 0.5～1.0 mm 的熔孔。当熔孔过大时，应减小焊条与试板的下行角，让电弧多压住熔池少在坡口上停留；当熔孔过小时，应压低电弧增大焊条与试板的下倾角度。注意听电弧击穿坡口根部发出的“噗噗”声，如果没有这种声音就是没焊透。一般保持焊条末端离焊件底平面约 1.5～2.0 mm 为宜，使每一个熔池与前一个熔池搭接 2/3 左右，保持电弧的 1/3 部分在试件背面燃烧，以加热和击穿坡口根部。 (2)接头分为热接头和冷接头两种： 1)热接头：当熔池还处在红热状态时，在熔池下方约 15 mm 坡口引弧，并做横向摆动焊到收弧处，使熔池温度逐步升高，然后将焊条沿着预先做好的熔孔向坡口根部压一下，同时使焊条与试板的下倾角度增加到约 90°。此时听到“哗、哗”的声音。然后，稍作停顿，再恢复正常焊接。停顿时间要合适。若时间过长，根部背面容易形成焊瘤；若时间过短，则不易接上接头或背面容易形成内凹。要特别注意：这种接头方法要求换焊条动作越快越好。 2)冷接头：当熔池已经冷却，最好是用角向砂轮或錾子将焊道收弧处打磨成长约 10 mm 斜坡。在斜坡处引弧并预热。当焊至斜坡最低处时，将焊条沿预作的熔孔向坡口根部压一下，听到“哗、哗”的声音后，稍作停顿后恢复焊条正常角度继续焊接。 (3)打底层焊缝厚度： 坡口背面 1～1.5 mm，正面厚度约为 3 mm。 2. 填充焊： 焊前应对底层焊进行彻底清理，对于高低不平处应进行修整后再焊，否则会影响下一道焊缝质量。 调整焊接工艺参数，焊接电流 100～120 A，运条方法与打底焊相同，但摆动幅度要比打底焊宽，焊条横摆频率要高，到坡口两侧停顿时间要稍长，以免焊缝出现中间凸，两侧低，造成夹渣现象。 (1)引弧、接头： 在距焊缝始焊端上方约 10 mm 处引弧后，将电弧迅速移至始焊端施焊。每层始焊及每次接头都应按照这样的方法操作，避免产生缺陷。 (2)运条方法： 采用横向锯齿形或月牙形，焊条与板件的下倾角为 55°～65°，见图 1-75。焊条摆动到两侧坡口边缘时，要稍作停顿，以利于熔合和排渣，防止焊缝两边未熔合或夹渣。填充焊层高度应距母材表面低 1～1.5 mm，并应成凹形，不得熔化坡口棱边线，以利盖面层保持平直。 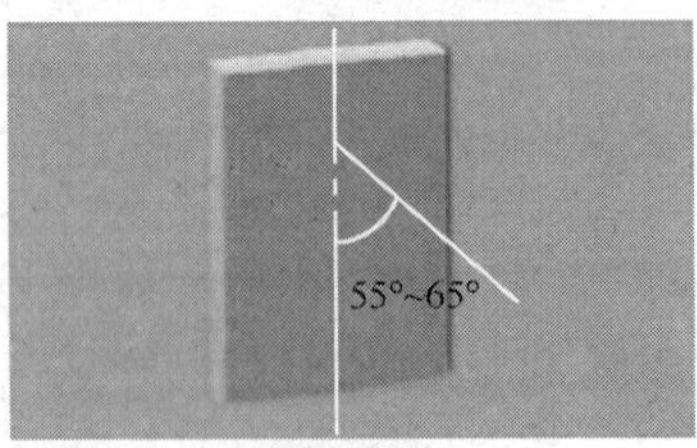 填充层焊接 图 1-75　运条方法 3. 盖面焊： 焊前要彻底清理前一道焊缝及坡口上的焊渣及飞溅。盖面前一道焊缝应低于工件表面 0.5～1.0 mm 为佳，若高出该范围值，盖面时会出现焊缝过高现象，若低于该范围值，盖面时则会出现焊缝过低现象。盖面焊焊接电流应比填充焊要小 10 A 左右，焊条角度应稍大些，见图 1-76。运条至坡口边缘时应尽量压低电弧且稍停片刻，使坡口边缘熔化 1～2 mm，以防咬边中间过渡应稍快，防止中间外凸或产生焊瘤，手的运动一定要稳、准、快，只有这样才能获得良好焊缝。焊接中要采用短弧，有节奏快速左右摆动运条。		

续上表

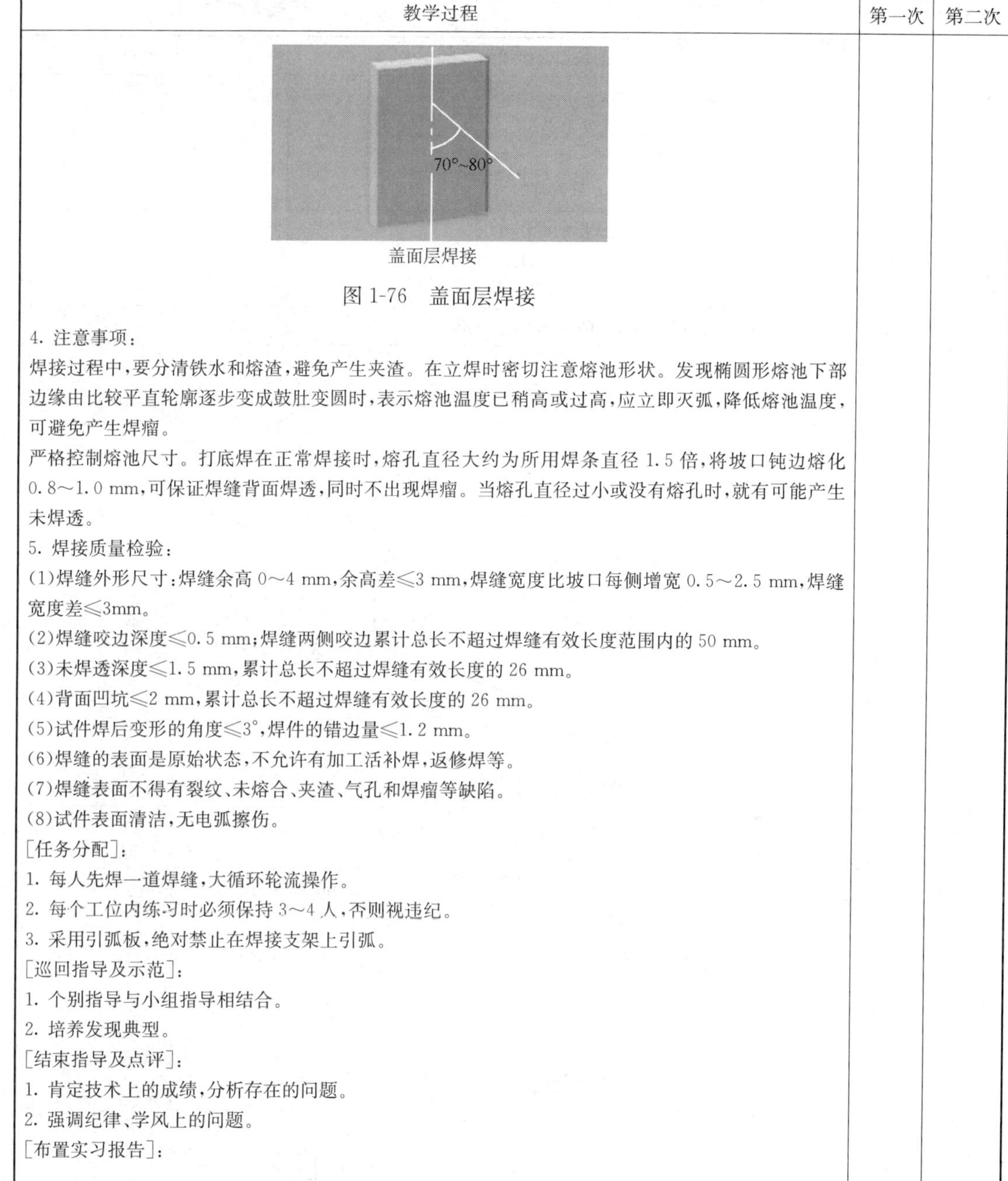

教学过程	第一次	第二次

盖面层焊接

图 1-76　盖面层焊接

4. 注意事项：

焊接过程中，要分清铁水和熔渣，避免产生夹渣。在立焊时密切注意熔池形状。发现椭圆形熔池下部边缘由比较平直轮廓逐步变成鼓肚变圆时，表示熔池温度已稍高或过高，应立即灭弧，降低熔池温度，可避免产生焊瘤。

严格控制熔池尺寸。打底焊在正常焊接时，熔孔直径大约为所用焊条直径 1.5 倍，将坡口钝边熔化 0.8～1.0 mm，可保证焊缝背面焊透，同时不出现焊瘤。当熔孔直径过小或没有熔孔时，就有可能产生未焊透。

5. 焊接质量检验：

(1)焊缝外形尺寸：焊缝余高 0～4 mm，余高差≤3 mm，焊缝宽度比坡口每侧增宽 0.5～2.5 mm，焊缝宽度差≤3mm。

(2)焊缝咬边深度≤0.5 mm；焊缝两侧咬边累计总长不超过焊缝有效长度范围内的 50 mm。

(3)未焊透深度≤1.5 mm，累计总长不超过焊缝有效长度的 26 mm。

(4)背面凹坑≤2 mm，累计总长不超过焊缝有效长度的 26 mm。

(5)试件焊后变形的角度≤3°，焊件的错边量≤1.2 mm。

(6)焊缝的表面是原始状态，不允许有加工活补焊，返修焊等。

(7)焊缝表面不得有裂纹、未熔合、夹渣、气孔和焊瘤等缺陷。

(8)试件表面清洁，无电弧擦伤。

[任务分配]：

1. 每人先焊一道焊缝，大循环轮流操作。
2. 每个工位内练习时必须保持 3～4 人，否则视违纪。
3. 采用引弧板，绝对禁止在焊接支架上引弧。

[巡回指导及示范]：

1. 个别指导与小组指导相结合。
2. 培养发现典型。

[结束指导及点评]：

1. 肯定技术上的成绩，分析存在的问题。
2. 强调纪律、学风上的问题。

[布置实习报告]：

[教学后记]：

任务十二:V 形坡口对接横焊

<table>
<tr><td colspan="2">任务十二</td><td>V 形坡口对接横焊</td><td>课时</td><td></td></tr>
<tr><td colspan="2">教学目标</td><td colspan="3">1. 掌握 V 形坡口对接横焊单面焊双面成形的操作方法。
2. 能根据实际情况正确选择调整焊接工艺参数。
3. 培养学生自我分析焊接质量的能力。
4. 基本能达到自我解决焊接缺陷的能力,提高焊接水平。</td></tr>
<tr><td rowspan="2">教材分析</td><td>重点</td><td colspan="3">1. 掌握 V 形坡口对接横焊单面焊双面成形的操作方法。
2. 强化能根据焊缝成形自我判断焊接缺陷的能力。
3. 基本能达到自我解决焊接缺陷的能力,提高焊接水平。</td></tr>
<tr><td>难点</td><td colspan="3">掌握 V 形坡口对接横焊单面焊双面成形的操作方法。</td></tr>
<tr><td colspan="5">教具:焊件式样、焊条、焊钳、焊机等。</td></tr>
<tr><td colspan="3">教学方法:讲解、示范、训练、巡回指导。</td><td>课型</td><td></td></tr>
<tr><td colspan="5">加工工件示意图:</td></tr>
<tr><td colspan="3">教学过程</td><td>第一次</td><td>第二次</td></tr>
<tr><td colspan="3">[组织教学]:
1. 组织学生有序进入实训教室。
2. 点名、填表、查明未到学生原因。
3. 工装检查及安全、节约、材料工具整理意识强调。
4. 强调实习纪律卫生(上下课时间等)、学风、学法、爱岗敬业等。
[复习提问]:
1. 坡口立焊的焊接工艺参数有哪些?
2. 坡口立焊接头时有几种接头方法?

V 形坡口对接横焊

1. 焊前准备:见图 1-77。
试件材质:Q235
试件规格:300 mm×100 mm×12 mm
焊条型号:E5015
焊条规格(mm):Φ3.2 mm
烘焙 350 ℃～400 ℃,并恒温 2 h,随用随取
坡口形式:V 形坡口 60°±5°
2. 工件清理:为了防止焊接过程中出现气孔,必须重视对焊件的清理工作,焊前清理坡口面及近坡口上、下两侧则 20 mm 范围内的油、氧化物、铁锈等污物,打磨干净至露出金属光泽为宜。

60°
12 mm
图 1-77　坡口角度</td><td></td><td></td></tr>
</table>

续上表

教学过程	第一次	第二次

3. 装配定位焊:其目的是把两块试板装配成合乎焊接技术要求的V形坡口的试板。装配间隙为始焊端3.2 mm,终焊端4 mm,钝边为1～1.5 mm,点固焊为两点,为防止焊接过程中变形。点固时应先点始焊端,再点终端,定位焊长度为10～15 mm。

4. 反变形:平板对接装配时,为了保证焊后没有角变形,因此平板要预置反变形,试板定位焊后,应将试板的变形角向相反的方向做成3°～4°,并做到两面平齐。见图1-78。

图1-78 反变形

5. 焊接工艺参数(见表1-14):

表1-14 焊接工艺参数

焊缝层次	焊接道次	焊条直径(mm)	焊接电流(A)	焊接速度(mm/min)
1	1	3.2	105～115	70～80
2	1		125～135	150～170
3	1		125～135	170～180
	2			160～170
4	1		115～125	180～200
	2			180～200
	3			200～220

[焊接的操作方法]:

1. 打底层的焊接.

(1)在定位点上引弧,引燃后电弧向左外露于焊件外,一部分熔渣向外流时压低电弧向前倾斜焊条向前运动,此时焊条大幅度向前倾,与焊接方向夹角可能只有20°,以防止电弧偏吹而产生夹渣,至间隙处时向里顶,大部分电弧穿过间隙,稍停后轻上下摆动电弧,使熔池与上下坡口熔合后向后灭弧,同时有一个向后拔渣的动作,防止熔渣过多聚集在熔孔处(见图1-79)。此时焊件的温度还较低,易产生缩孔,而且熔渣凝固也快,熔渣凝固后再引弧则易产生夹渣,所以第二点引弧要快,第一点灭弧后立即引第二点,大部分电弧穿过间隙,焊条稍多向里顶,稍停后稍用力上下摆动电弧,使熔池与上直坡口熔合。相同的方法焊完前几公分后,电弧向前偏吹的程度逐渐减弱,焊条和前倾斜程度也减小。当电弧向前偏吹不明显时,焊条与焊接方向的夹角约为80°～85°,与下方度板的夹角同样为70°～80°,引弧位置于熔孔的左上方,稍停后垂直向下运动,稍用力碰下坡口并停留后向后灭弧。上下摆动幅度不要过大,即焊条在间隙根部运动,过宽成型不良甚至夹渣。引弧时间为熔池亮点将要消失时。一部分焊条对准间隙,一部分焊条对准熔孔,大部分电弧位于熔池上,焊接时熔渣一小部分在背面,大部分在前面。熔池金属稍露。收弧采用加点收弧。

(2)打底层焊接的接头方法分为两种:一种是热接法;另一种是冷接法。

接头时最好采用热接法。在距熔孔5 mm处起焊,电弧稍长,向前运动,至间隙处时向里顶同时向后(左)倾斜焊条,这样的话不仅背面可以接好而且正面也不会过高,在不打磨的情况下可顺利地完成下一层道的焊接,大部分电弧穿过间隙稍停后轻向前拖动焊条后向后灭弧焊接至最后时,由于磁场的原因电弧会向焊接反方向偏吹,此时应根据电弧偏吹程度向偏吹方向倾斜焊条。

续上表

教学过程	第一次	第二次
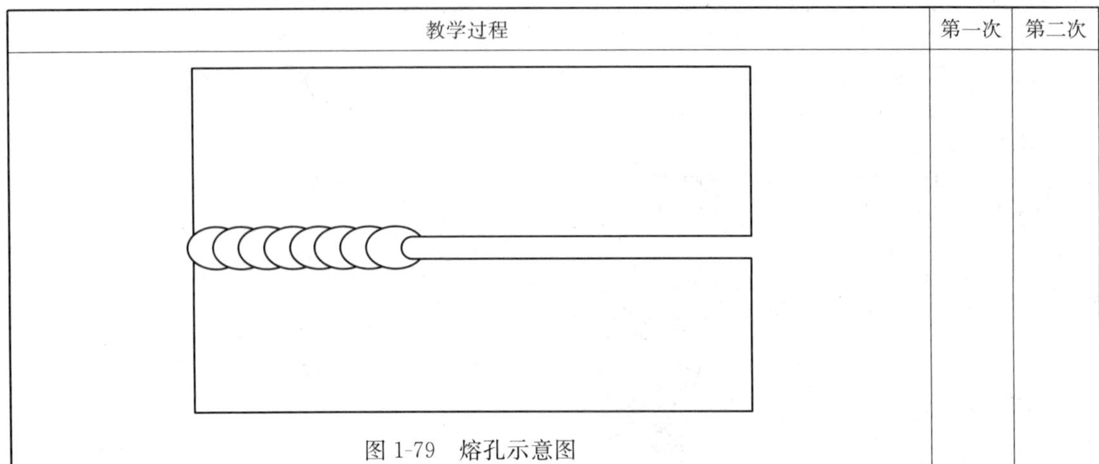 图 1-79　熔孔示意图 (3)易产生的缺陷： 1)夹渣，原因是一两点间距离远，二引弧晚，三摆动幅度大，四是电弧偏吹引起的夹渣。 2)成形不良：中间高，上下两侧有夹角。原因是：电弧穿过间隙量少；电弧运动过慢；焊条向前方倾斜过多；上下两侧停留时间短；电弧过长；焊条碰两侧坡口轻等。 (4)打底层焊接完成后要求底层一要光滑，二要窄，这两点很重要，光滑说明操作得当，下层焊接时不需打磨，这是最关键的，因为下一层焊接时必须用斜圆圈或斜锯齿法，这是学习这两种方法的最佳时机。第二层填充才用多道焊，这就增加了难度。 2. 填充层的焊接： (1)电流 120 A，电弧运动方法为斜圆圈形。见图 1-80。 (2)在坡口内引弧，将电弧拉到起焊处下坡口熔合线处并使一部分电弧外露于焊件，待熔渣向外流时向焊接方向倾斜焊条并向前运动，在此处并没有预热，只是有一个停留，也起到预热的作用。如果拉长电弧进行预热，由于焊件两端磁场的作用会导致电弧严重偏吹，不仅起不到预热的作用反而会影响正常焊接。焊条大幅度向前倾约 3～5 mm，然后压低电弧向上向右运动到起焊处上方熔合线处并稍作停留，待上方充分熔合并填满后再压低电弧以 45°向下运动(向下运动时不可过快)，至下熔合线后焊条再沿下熔合线向前运动几毫米，不停留，然后快速向上运动，随焊接的进行，电弧偏吹程度减小，焊条向前倾斜的程度也渐减小。当焊接至最后方时电弧会向左侧偏吹，同样焊条应向左倾。 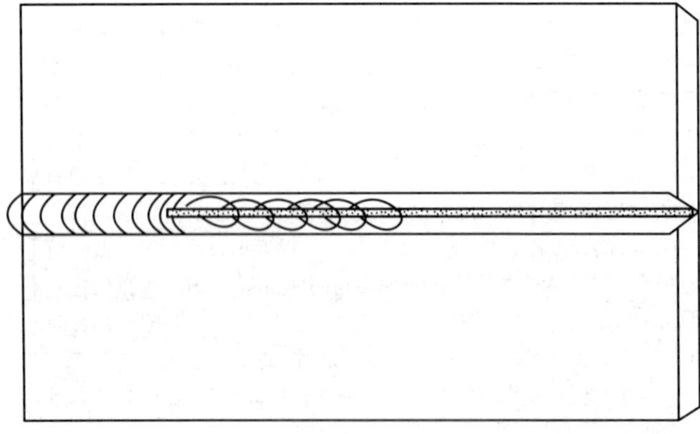 图 1-80　坡口对接横焊时的斜圆圈运条法 (3)焊条角度的变化较多，焊条角度要随熔渣的流动而改变熔渣紧跟电弧，熔渣向哪个方向流焊条向哪个方向倾。见图 1-81。 (4)事实上在熟练后在熔渣要向前或向后流之前改变焊条角度，因为熔渣要流动前体积会及形状会发生变化。在要流还没流动前提前倾斜焊条，这样焊条的角度一直在小幅度变化，而熔渣不能有明显的		

续上表

教学过程	第一次	第二次
变化,从而获得整齐均匀的焊道。焊条角变化是横焊练习的难点之一,对于初学者来说也是较难掌握的一个技巧。二是电弧的位置,焊条运动至下坡口时,约 1/3 电弧位于下坡口上 2/3 焊条位于前一焊层上,这样能使电弧充分熔化下熔合线,这是所有焊接位置当中最为关键的一个问题。三是电弧长度的,都说压低电弧,但多低是关键,在下坡口处以焊条下方药皮轻碰下坡口为益,电弧运动运载让方时向上坡口吹的电弧并不是很低(这只是看到的上方的电弧长度,还有下方的电弧长度看不到),否则成型不良。 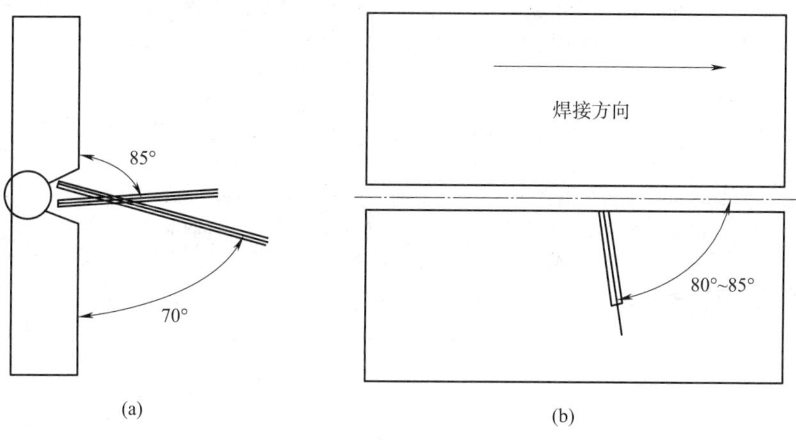 图 1-81 填充时焊条角度 (5)第一层常见问题:一是上侧较低,有夹角。原因是电弧在上侧停留时间短或电弧未运动至最上方或电弧长度不合适。二是下侧有未熔合现象。原因是电弧运动方法错误。电弧向上运动要快,运动至下方时电弧有一个向前拖动的动作,这是运动至关重要,目的是防止熔渣向前淌,否则会阻碍电弧对坡口的熔化。三是焊道中间成型不良。主要原因是焊条角的变化问题。要通过焊条角度的变化来控制熔渣流动不变使熔渣一直紧跟电弧。否则熔渣向后流离电弧过远时则中间高,向前流超前于电弧时焊道会变低甚至会夹渣,圆圈法的电弧运动参照〈电弧运动方法其特点〉。 3. 填充层的第二层焊接: 见图 1-82。 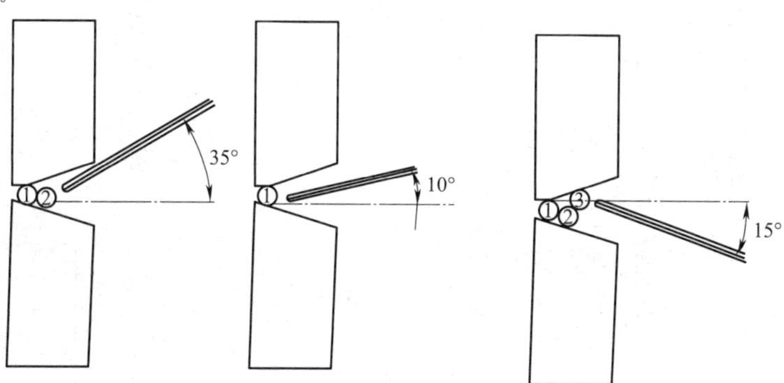 图 1-82 开坡口对接横焊多层多道焊的焊条角度 (1)填充层第一层完后焊道宽度较宽,如果再采用圆圈法或斜锯齿法会由于熔池体积过大而不易控制。所以这一层应采用多道焊。由于并不是很宽所以采用一层两道的方法。 (2)下侧一道的焊接:焊条与下方焊件约 85°,与前方夹角视电弧偏吹及熔渣流动而定。在坡口内起焊,引弧位置要距离开起焊处一定距离,引燃电弧后拉至起焊处,一部分电弧稍外露于焊件,待熔渣稍外流时压低电弧倾斜焊条直线法向前运动,要保证一少部分电弧熔化下熔合线及下坡口,大部分电弧位于前一层焊道上。		

续上表

教学过程	第一次	第二次
(3)最下方一道有两个要点。一是形状要成为一个台阶或近似台阶状，这样能能好的托住上方焊道，也会使这一层能平整；二是给最上方要焊的一道预留好合适的位置上方根部的宽度大约相当于焊条的直径，这样电弧能很方便地将根部熔化。如果过窄则电弧难以伸入至焊道的根部，易产生未熔。过宽时用斜圆圈或斜锯齿会导致熔池体积增大，成型不易控制。 (4)上侧焊道的焊接：根据预位置的大小宽窄深浅选择合适的电弧运动方法。如果根部宽度稍小于焊条直径时采用直线或直线往复法，此法最为简单，如果焊道宽但不深时，采用斜锯齿法，如果宽而深时采用斜圆圈法。如果窄而深采用直线往复法(可以很好地防止根部未熔，未熔是主要缺陷)宽而深且根部窄时采用三角法。 (5)焊接完成后首先要保证上下两面侧无夹角，二要保证平整，以利于下一层的焊接。 填充层的第一二两层是横焊培训的重点。一可以学习各种电弧的运动，二可以学习多层多道焊时的层道安排，第一层都要平整光滑无夹角，这样下一层焊接要简单的多。 第三四层只是中间多出一道还是两道，中间的焊道以直线法为好。有两个要点：除最上方焊道外，一下方第一道都要近似台阶，以利于下一道的焊接；二是上一焊道压至下方焊道花纹的尖处，这样能保证一层焊完后焊层的平整。 最后一层焊接完成后下方距下方焊件坡口边缘约 0.5 至 1 mm，上方为 0.5 mm。 4. 盖面层的焊接： 见图 1-83 和图 1-84。 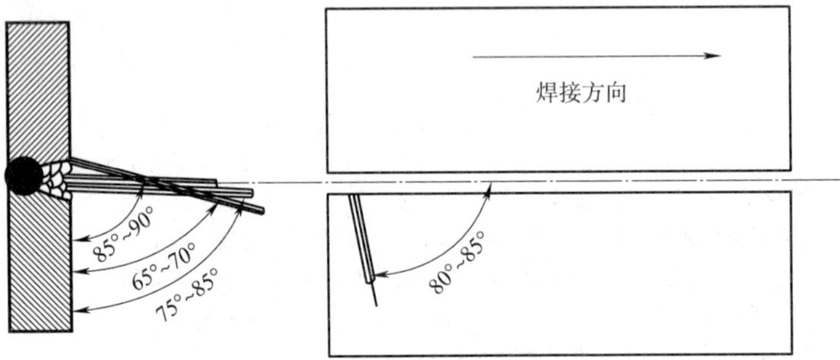 图 1-83 横焊时盖面层的焊条角度 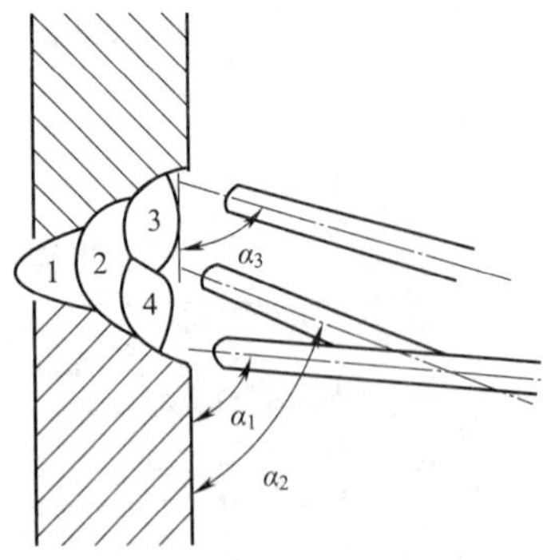 图 1-84 盖面焊时的焊条角度 $\alpha_1=75°\sim85°$；$\alpha_2=70°\sim80°$；$\alpha_3=60°\sim70°$ 最下方一道焊接时焊条稍向下倾，低电弧直线法，焊条与焊接方向的夹角要随熔渣的流动而改变。始终使熔渣紧跟电弧，熔渣不可下淌，以获得与下坡口过渡圆滑的焊道。中间的每一道与前一道的边沿重叠。最上方一道的预留位置不要大，要稍小一些，这样最上方一道可以压低电弧快焊，熔池体积小，成型易控制，不咬边。由于焊接速度快热量输入少又能起到回火焊道的作用。 总之在实践中大多焊工在横焊的多道焊时采用带渣焊，这有个好处：快且平滑，不咬边。但有个前提：大电流热焊。这样会使焊道长时间处于高温状态，导致晶粒粗大，机械性能降低，所以采用清渣焊为好。		

续上表

<table>
<tr><th>教学过程</th><th>第一次</th><th>第二次</th></tr>
<tr><td>5. 焊接质量检验:
(1)焊缝外形尺寸:焊缝余高 0～4 mm,余高差≤3 mm,焊缝宽度比坡口每侧增宽 0.5～2.5 mm,焊缝宽度差≤3 mm。
(2)焊缝咬边深度≤0.5 mm;焊缝两侧咬边累计总长不超过焊缝有效长度范围内的 50 mm。
(3)未焊透深度≤1.5 mm,累计总长不超过焊缝有效长度的 26 mm。
(4)背面凹坑≤2 mm,累计总长不超过焊缝有效长度的 26 mm。
(5)试件焊后变形的角度≤3°,焊件的错边量≤1.2 mm。
(6)焊缝的表面是原始状态,不允许有加工活补焊,返修焊等。
(7)焊缝表面不得有裂纹、未熔合、夹渣、气孔和焊瘤等缺陷。
(8)试件表面清洁,无电弧擦伤。
[任务分配]:
1. 每人先焊一道焊缝,大循环轮流操作。
2. 每个工位内练习时必须保持 3～4 人,否则视违纪。
3. 采用引弧板,绝对禁止在焊接支架上引弧。
[巡回指导及示范]:
1. 个别指导与小组指导相结合。
2. 培养发现典型。
[结束指导及点评]:
1. 肯定技术上的成绩,分析存在的问题。
2. 总结操作中存在的安全问题、设备保养、卫生情况。
[布置实习报告]:

[教学后记]:</td><td></td><td></td></tr>
</table>

任务十三:V 形坡口对接仰焊

<table>
<tr><td colspan="2">任务十三</td><td>V 形坡口对接仰焊</td><td>课时</td><td></td></tr>
<tr><td colspan="2">教学目标</td><td colspan="3">1. 掌握 V 形坡口对接仰焊单面焊双面成形的操作方法。
2. 能根据实际情况正确选择调整焊接工艺参数。
3. 培养学生自我分析焊接质量的能力。
4. 基本能达到自我解决焊接缺陷的能力,提高焊接水平。</td></tr>
<tr><td rowspan="2">教材分析</td><td>重点</td><td colspan="3">1. 掌握 V 形坡口对接仰焊单面焊双面成形的操作方法。
2. 强化能根据焊缝成形自我判断焊接缺陷的能力。
3. 基本能达到自我解决焊接缺陷的能力,进一步提高焊接水平。</td></tr>
<tr><td>难点</td><td colspan="3">掌握 V 形坡口对接仰焊单面焊双面成形的操作方法。</td></tr>
<tr><td colspan="5">教具:焊件式样、焊条、焊钳、焊机等。</td></tr>
<tr><td colspan="3">教学方法:讲解、示范、训练、巡回指导。</td><td>课型</td><td></td></tr>
<tr><td colspan="5">加工工件示意图:
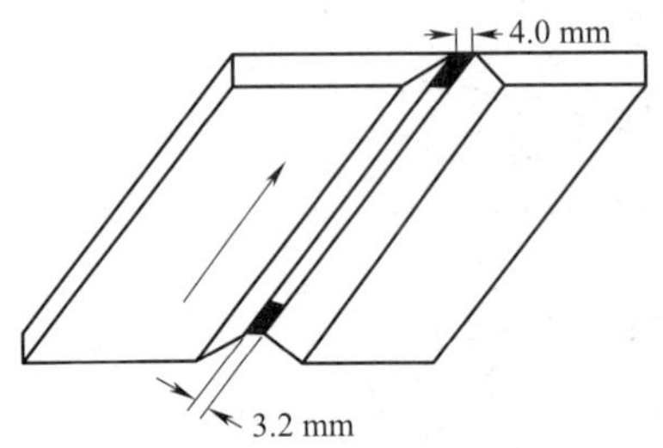
</td></tr>
<tr><td colspan="3">教学过程</td><td>第一次</td><td>第二次</td></tr>
<tr><td colspan="3">[组织教学]:
1. 组织学生有序进入实训教室。
2. 点名、填表、查明未到学生原因。
3. 工装检查及安全、节约、材料工具整理意识强调。
4. 强调实习纪律卫生(上下课时间等)、学风、学法、爱岗敬业等。
[复习提问]:
1. 坡口横焊每层的焊接角度是多少?
2. 坡口横焊的焊接工艺参数包括哪些内容?

V 形坡口对接仰焊

1. 焊前准备:见图 1-85。
试件材质:Q235　　试件规格:300 mm×100 mm×12 mm
焊条型号:E5015　　焊条规格(mm):Φ3.2 mm
烘焙 350 ℃~400 ℃,并恒温 2 h,随用随取
坡口形式:V 形坡口 60°±5°
60°±5°　12 mm
图 1-85　坡口形式
2. 工件清理:为了防止焊接过程中出现气孔,必须重视对焊件的清理工作,焊前清理坡口面及近坡口上、下两侧则 20 mm 范围内的油、氧化物、铁锈等污物,打磨干净至露出金属光泽为宜。</td><td></td><td></td></tr>
</table>

续上表

教学过程	第一次	第二次

3. 装配定位焊:其目的是把两块试板装配成合乎焊接技术要求的 V 形坡口的试板。装配间隙为始焊端 3.2 mm,终焊端 4 mm,钝边为 1~1.5 mm,点固焊为两点,为防止焊接过程中变形。点固时应先点始焊端,再点终端,定位焊长度为 10~15 mm。

4. 反变形:平板对接装配时,为了保证焊后没有角变形,因此平板要预置反变形,试板定位焊后,应将试板的变形角向相反的方向做成 3°~4°,并做到两面平齐。见图 1-86。

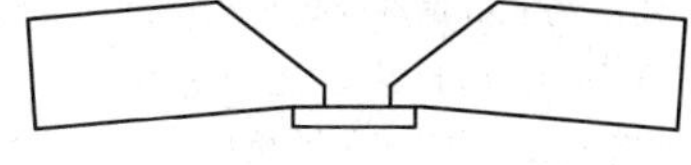

图 1-86 反变形 3°~4°

5. 焊接工艺参数(见表 1-15):

表 1-15 焊接工艺参数

焊接层次	焊接电流(A)	焊条直径(mm)
打底焊(1)	70~80	3.2
填充焊(2、3)	100~120	3.2
盖面焊(4)	100~110	3.2

6. 焊道分布:

见图 1-87。

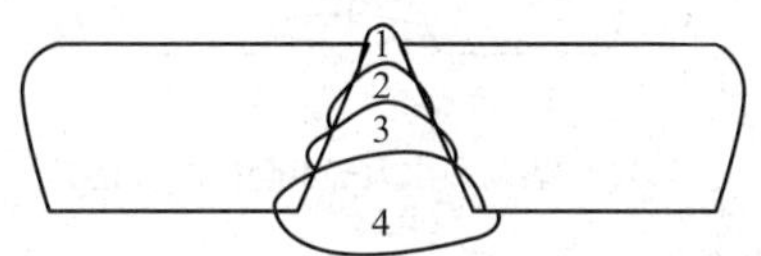

图 1-87 焊道分布

7. 焊接操作:

(1)打底焊:

1)引弧位置:打底焊时在试板小间隙定位焊缝处引弧,停顿预热,焊条拉到坡口间隙处,电弧向上顶送,坡口根部熔化并击穿形成熔孔。

2)运条方式和焊条角度:焊条角度见图 1-88。

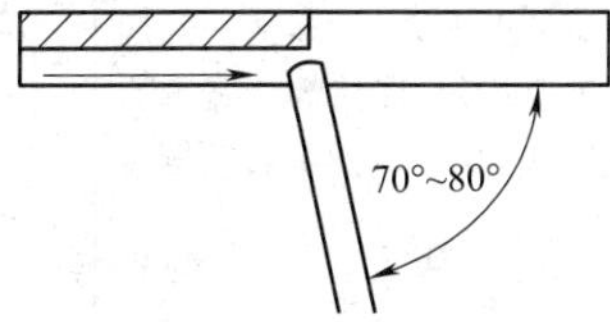

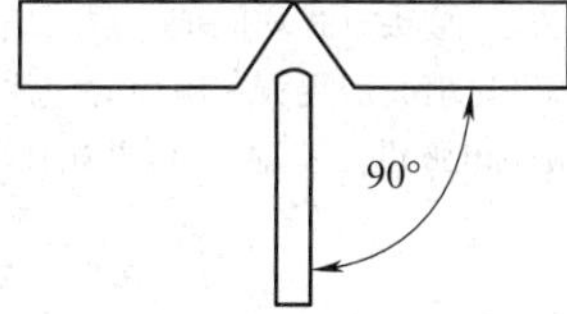

图 1-88 仰焊打底焊条角度

3)打底层断弧焊的三种方法:

①一点击穿法特点:焊缝熔池始终是一个熔池与另一个熔池叠加的集合体,熔池在液态存在时间较长,熔池冶金反应比较充分,不易出现气孔,夹渣缺陷。但是,焊缝熔池不易控制,温度低,容易出现未焊透;温度高,容易产生背面下凹。

②二点击穿法特点:比较容易掌握,熔池的温度也容易控制,钝边熔合良好,但是,由于焊道是两个熔池叠加而成,熔池的反应时间不太充分,使气泡、熔渣上浮受到一定限制,容易出现气孔、夹渣等缺陷。如果熔池的温度能控制在前一个熔池尚未凝固,而对称侧的熔池就已形成,使两个熔池能够充分叠加在一起共同结晶,就能避免产生气孔和夹渣。

③三点击穿法特点:适合根部间隙较大的情况,因为两焊点中间熔化的金属较少,第三滴熔化金属补在

续上表

<table>
<tr><th>教学过程</th><th>第一次</th><th>第二次</th></tr>
<tr><td>两焊点中间是非常必要的。否则,在焊缝熔池凝固前析出气泡时,由于没有较多的熔化金属来愈合孔穴,在焊缝的背面容易出现冷缩孔缺陷。
4)打底层操作要点:断弧法打底,采用短弧焊接,并让电弧始终向上托住熔化的铁水,焊条与焊接方向成70°～80°角度,焊接过程尽量控制熔池的温度。
5)打底层接头要点:
①热接法:当弧坑还处在红热状态时,迅速在距弧坑15～20 mm焊缝斜坡处引弧并焊至收弧处,这时弧坑温度已经升高,迅速将焊条向熔孔压下,听到“噗噗”声后,提起焊条向前正常焊接。
②冷接法:换焊条后,把弧坑处的焊渣清除干净,此时弧坑已冷却,在距弧坑前15～20 mm斜坡上起弧,电弧引燃后,将其引至弧坑处预热,当弧坑有“出汗”现象时,将电弧迅速下压直至听到“噗噗”声,提起焊条继续向前施焊。
(2)填充焊:
1)填充焊施焊前清除前焊缝焊渣、飞溅。
2)焊条角度和运条方法与打底焊相同,摆动幅度大些,横向摆动到拐角处稍作停留。焊第二层填充焊缝时,焊缝中间运条速度要稍快,形成焊缝中部略呈凹形,见图1-89。填充层焊缝厚度应低于母材表面1 mm左右。且焊缝平整或凹形,便于盖面层时看清坡口边缘,为盖面层的施焊打好基础。
3)填充焊接头时,在弧坑前10 mm处引弧,电弧回焊至弧坑处,沿弧坑的形状将弧坑填满,再正常施焊。
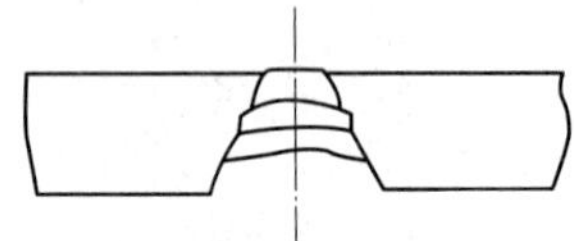
(a) 合格的填充层
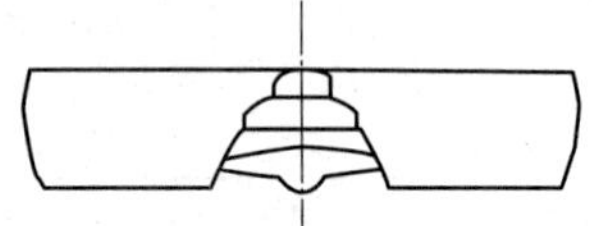
(b) 表面凸出太多不合格的填充层
图1-89 填充焊道的形状
4)填充层操作要点:关键是保证熔合好,焊道表面要平整,填充层施焊前,应将打底层的焊渣和飞溅清理干净,焊缝接头处的焊瘤等条磨平整。焊条角度如上图所示,运条方法采用锯齿形或月牙形横向摆动,焊条从坡口一侧摆至另一侧时应稍快些,防止焊缝形成凸形,焊条摆动到坡口两侧时要稍作停顿,电弧控制短些,保证焊缝与母材熔合良好避免夹渣。
5)焊条角度见图1-89:焊条与焊接方向成85°～90°。
(3)盖面焊:
1)盖面层施焊时,焊条角度、运条方法、接头方式均同填充层。坡口两侧应压低电弧并停顿,从一侧摆到另侧时应稍快些,但焊条摆动幅度比填充层更大。施焊时应注意运条速度要均匀,保持焊缝宽窄均匀一致,焊条摆动到坡口两侧时应将电弧进一步地压低,并稍作停顿,避免咬边,从一侧摆至另一侧时就稍微快些,防止产生焊瘤。
2)接头尽量采用热接法。
8. 焊接质量检验:
(1)焊缝外形尺寸:焊缝余高0～4 mm,余高差≤3 mm,焊缝宽度比坡口每侧增宽0.5～2.5 mm,焊缝宽度差≤3 mm。
(2)焊缝咬边深度≤0.5 mm;焊缝两侧咬边累计总长不超过焊缝有效长度范围内的50 mm。
(3)未焊透深度≤1.5 mm,累计总长不超过焊缝有效长度的26 mm。
(4)背面凹坑≤2 mm,累计总长不超过焊缝有效长度的26 mm。
(5)试件焊后变形的角度≤3°,焊件的错边量≤1.2 mm。
(6)焊缝的表面是原始状态,不允许有加工活补焊,返修焊等。
(7)焊缝表面不得有裂纹、未熔合、夹渣、气孔和焊瘤等缺陷。
(8)试件表面清洁,无电弧擦伤。</td><td></td><td></td></tr>
</table>

续上表

教学过程	第一次	第二次
[任务分配]: 1. 每人先焊一道焊缝,大循环轮流操作。 2. 每个工位内练习时必须保持 3～4 人,否则视违纪。 3. 采用引弧板,绝对禁止在焊接支架上引弧。 [巡回指导及示范]: 1. 个别指导与小组指导相结合。 2. 培养发现典型。 [结束指导及点评]: 1. 肯定技术上的成绩,分析存在的问题。 2. 总结操作中存在的安全问题、设备保养、卫生情况。 [布置实习报告]: [教学后记]:		

任务十四：管对接水平固定敷焊

<table>
<tr><td colspan="2">任务十四</td><td>管对接水平固定敷焊</td><td>课时</td><td></td></tr>
<tr><td colspan="2">教学目标</td><td colspan="3">1. 了解管对接水平固定焊的基本形式、焊接特点、在实际工作及焊接结构中的地位和应用。
2. 掌握管对接水平固定焊的基本操作姿势、方法。
3. 掌握管对接水平固定敷焊的运条方法，达到姿势正确，运条规范、接弧准确、时机恰当、自如熟练。
4. 能根据实际情况正确选择调整焊接工艺参数。</td></tr>
<tr><td rowspan="2">教材分析</td><td>重点</td><td colspan="3">1. 掌握管对接水平固定敷焊的运条方法，达到姿势正确，运条规范、接弧准确、时机恰当、自如熟练。
2. 能根据实际情况正确选择调整焊接工艺参数。</td></tr>
<tr><td>难点</td><td colspan="3">1. 姿势正确，运条规范、接弧准确、时机恰当、自如熟练。
2. 根据熔池状态灵活调整运条的能力和经验。</td></tr>
<tr><td colspan="5">教具：焊件式样、焊条、焊钳、焊机等。</td></tr>
<tr><td colspan="3">教学方法：讲解、示范、巡回指导。</td><td>课型</td><td></td></tr>
<tr><td colspan="5">加工工件示意图：
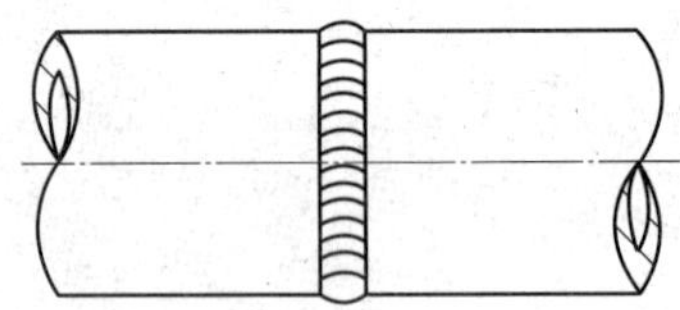</td></tr>
<tr><td colspan="3">教学过程</td><td>第一次</td><td>第二次</td></tr>
<tr><td colspan="3">[组织教学]：
1. 组织学生有序进入实训教室。
2. 点名、填表、查明未到学生原因。
3. 工装检查及安全、节约、材料工具整理意识强调。
4. 强调实习纪律卫生(上下课时间等)、学风、学法、爱岗敬业等。
[复习提问]：
立焊时常见的运条方法有哪些？
答：锯齿形、月牙形、可连弧或灭弧摆动。

管对接水平固定敷焊

1. 展示工件：管子对接水平固定焊的空间位置。水平固定管焊是管口朝向左右，而焊缝呈立向环绕形旋转的焊接方式。
2. 管子对接的焊应用：
(1)用以液体、气体等的输送储存和连接容器。如自来水管线、西气东输工程、发电厂等。
(2)实训教室内自来水管线及暖气管线。
3. 管子对接水平固定焊的基本特点：
水平固定管焊的特点是，同样的焊接电流(也可调)，一个完整的焊缝焊接过程要经过仰焊、斜仰焊、立焊、爬坡、平焊等多种焊接位置，因此，运条方式、焊条角度的变化和焊工的身体位置变化都非常大，俗称“全位置焊”，是管焊中难度最大的焊接位置之一。
固定管焊时，焊条角度和人体位置都要随管缝的焊位而变化，即在运动中进行施焊，特别是小直径薄壁管，散热及传导比较缓慢，加之工程上管线一般都布置在地下、高空、墙角等不利于焊工操作的位置，因此，更增加了固定管焊的操作难度。一般应在掌握板状各焊位或管转动焊技能基础上，进行管的固定焊，特别要指出的是，和板状材料焊接相比，管焊练习或焊接时，首先要确立操作与观察更为小心精细，即接弧更准、节奏稍快、焊时较短、下手要轻的基本指导思想。
4. 技术要求：低碳钢管 $\phi 60$ mm
厚 3～4 mm。焊缝宽度 8～10 mm；高 1～2 mm。</td><td></td><td></td></tr>
</table>

续上表

教学过程	第一次	第二次
5. 焊接工艺参数(见表 1-16):		

表 1-16　焊接工艺参数

焊条	运条方法	电流	层数	角度、速度
E5015 Φ3.2	小锯齿灭连结合	90～100 A	1	见图 1-91 较快

[锯齿灭连结合运条操作要点]:

1. 摆动时必须做到中间过渡稍快,两侧稍停、摆动幅度要窄。
2. 发现熔池形状变长及管表面被电弧烧出凹坑大于 0.5 mm 时,立刻灭弧,当熔池冷却到黄豆粒左右,使电弧正好引燃,转灭连结合正常操作。

[焊前准备]:

1. 场地:整洁、整齐、无杂物。
2. 材料:指定的材料,不得使用非指定的材料,矫正、除锈、划线。
3. 设备工具:检查焊帽、焊钳、把线、焊接支架、引弧板。
4. 思想:对所讲内容是否听明白,特别是工艺参数。

[操作要领及示范操作]:

焊接操作:(组织形式:一次性,边示范边讲解)

1. 工件的夹持及固定方法及位置、高度。
2. 基本姿势:蹲姿、站姿两种。操作中用便于握焊钳的右手操作。
3. 焊条的夹持为 90°～100°,通常为正握,有依托或无依托,一般利用手腕的灵活性摆动焊条。
4. 起头:见图 1-90。

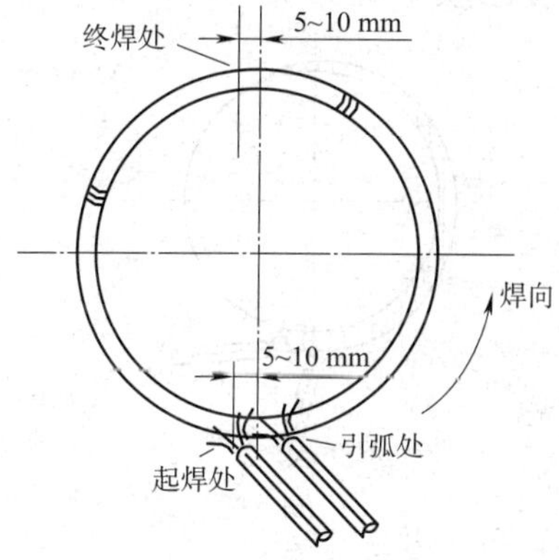

图 1-90　起头

先焊管子的一半,从仰焊开始,由于仰焊本来难度较大,又是起焊处,因此,管全位焊的关键取决于对仰焊及仰立位置的焊接技术,其操作要领如下,由于开始处焊件温度偏低,易产生熔合不良和夹渣等缺陷,故起头、接头时运用预热法施焊。方法是,在起焊的线以前 5～10 mm 左右,用直击法或擦划法引燃电弧,并将电弧拉长 15～20 mm,对焊缝起焊处进行充分的预热(3～4 s),若预热不当造成起头处焊肉较高,可采用电弧切割方法,将其割平,然后压低电弧连续向前摆动 3～4 个往复,当感到温度较高时,立即熄灭电弧,待熔池稍冷却,立即在灭弧处接弧,转入正常的灭弧焊接。

5. 正常焊接:采用连灭弧摆动结合法,焊条角度尽量随管子的曲率变化。见图 1-91。

当焊到仰立位置时,特别要在焊道两侧加停留,以防焊道呈凸状;立焊位及爬坡位时,与一般的立敷焊相似,摆动幅度不宜宽、速度稍快、要有向上的意识;爬坡及平焊位时最宜连灭结合,但摆动幅度更不宜宽,焊至过管中心线 5～10 处拉长电弧熄弧。焊接中,严密监视熔池形状,及时调整运条方法、横摆速度、接弧时机、接弧位置、焊接时间等。

续上表

教学过程	第一次	第二次
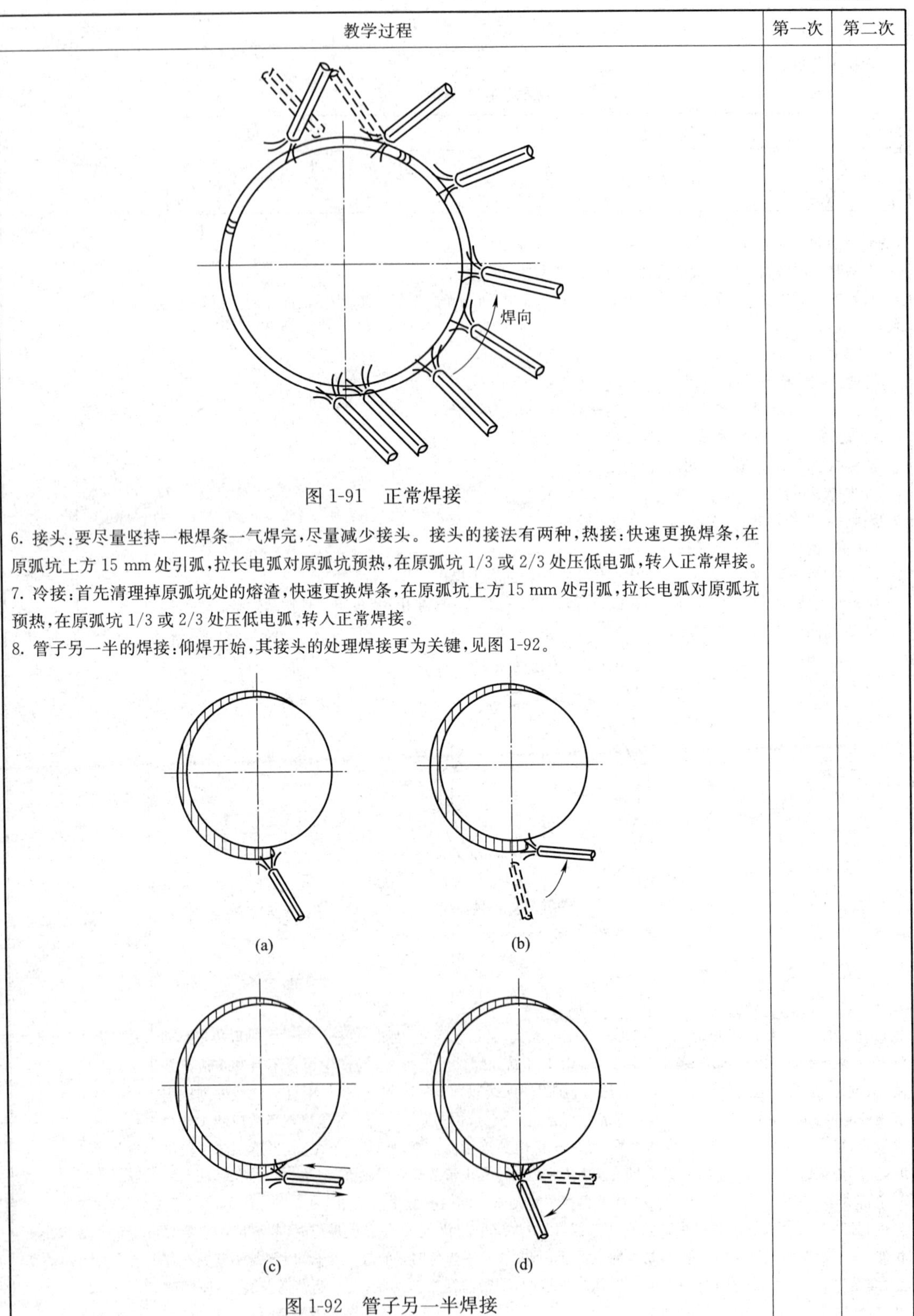 图 1-91　正常焊接 6. 接头：要尽量坚持一根焊条一气焊完，尽量减少接头。接头的接法有两种，热接：快速更换焊条，在原弧坑上方 15 mm 处引弧，拉长电弧对原弧坑预热，在原弧坑 1/3 或 2/3 处压低电弧，转入正常焊接。 7. 冷接：首先清理掉原弧坑处的熔渣，快速更换焊条，在原弧坑上方 15 mm 处引弧，拉长电弧对原弧坑预热，在原弧坑 1/3 或 2/3 处压低电弧，转入正常焊接。 8. 管子另一半的焊接：仰焊开始，其接头的处理焊接更为关键，见图 1-92。 图 1-92　管子另一半焊接		

续上表

教学过程	第一次	第二次
9. 用电弧(或磨光机)割除起焊处过高部分的步骤: 处理合适后,可直接趁热进行焊接,方法同前一半相似,直到平焊位以连灭结合法在越过中心线 5～10 处,用逐步降低频率和焊接时间的灭弧焊在一个不位焊出个铆钉式的漂亮接头。 10. 操作注意事项:敷焊时,焊道很容易跑偏,要划一个清晰的线或周边焊缝作为参照线。 [任务分配]: 1. 每人先焊一道焊缝,大循环轮流操作。 2. 每个工位内练习时必须保持 3～4 人,否则视违纪。 3. 采用引弧板,绝对禁止在焊接支架上引弧。 [巡回指导及示范]: 1. 个别指导与小组指导相结合。 2. 培养发现典型。 [结束指导及点评]: 1. 肯定技术上的成绩,分析存在的问题。 2. 纪律、学风上的问题。 3. 整理工位、工具、材料,打扫实训教室卫生。 [布置实习报告]: [教学后记]:		

任务十五:V 形坡口水平管对接焊

<table>
<tr><td>任务十五</td><td colspan="2">V 形坡口水平管对接焊</td><td>课时</td><td></td></tr>
<tr><td>教学目标</td><td colspan="4">1. 了解 V 形坡口水平管对接焊单面焊双面成型焊的基本形式、焊接特点、在实际工作及焊接结构中的地位和应用。
2. 掌握 V 形坡口水平管对接焊单面焊双面成型焊的基本操作姿势、方法。
3. 掌握 V 形坡口水平管对接焊单面焊双面成型焊的运条方法,达到姿势正确,运条规范、接弧准确、时机恰当、自如熟练。
4. 能根据实际情况正确选择调整焊接工艺参数。</td></tr>
<tr><td rowspan="2">教材分析</td><td>重点</td><td colspan="3">1. 掌握 V 形坡口水平管对接焊单面焊双面成型焊的运条方法,达到姿势正确,运条规范、接弧准确、时机恰当、自如熟练。
2. 能根据实际情况正确选择调整焊接工艺参数。</td></tr>
<tr><td>难点</td><td colspan="3">1. 姿势正确,运条规范、接弧准确、时机恰当、自如熟练。
2. 根据熔池状态灵活调整运条的能力和经验。</td></tr>
<tr><td colspan="5">教具:焊件式样、焊条、焊钳、焊机等。</td></tr>
<tr><td colspan="3">教学方法:讲解、示范、巡回指导。</td><td>课型</td><td></td></tr>
<tr><td colspan="5">加工工件示意图:
90°
焊向
5~10 mm</td></tr>
<tr><td colspan="3">教学过程</td><td>第一次</td><td>第二次</td></tr>
<tr><td colspan="3">[组织教学]:
1. 组织学生有序进入实训教室。
2. 点名、填表、查明未到学生原因。
3. 工装检查及安全、节约、材料工具整理意识强调。
4. 强调实习纪律卫生(上下课时间等)、学风、学法、爱岗敬业等。
[复习提问]:
立焊时常见的运条方法有哪些?
答:锯齿形、月牙形、可连弧或灭弧摆动。
V 形坡口水平管对接焊
1. 展示工件:V 形坡口水平管对接焊的空间位置。水平固定管焊是管口朝向左右,而焊缝呈立向环绕形旋转的焊接方式。
2. 管子对接焊的应用:
(1)用以液体、气体等的输送储存和连接容器。如自来水管线、西气东输工程、发电厂等。
(2)实训教室内自来水管线及暖气管线。
3. 基本操作步骤及要领:
除锈→装配及定位焊 →检查接头是否错口→夹持固定在支架上→调节电流→按仰、立、平焊位顺序进行施焊,从仰焊位向上焊前一半。</td><td></td><td></td></tr>
</table>

续上表

教学过程	第一次	第二次

4. 焊接工艺参数(见表 1-17):

表 1-17 不同壁厚管焊接工艺参数对照表

壁厚(mm)	钝边尺寸(mm)	对口间隙(mm)	运条方法		焊条型号、焊条直径(mm)	焊接电流(A)	层数
<5	0.5~1	1~2	小锯齿灭弧摆动		E5015 2.5 或 3.2	75~90	1
>5	1~2	2~3	打底	直线灭弧或灭弧小摆动	E5015 2.5 或 3.2	80~100	2 以上
			盖面	小锯齿连灭弧结合	E5015 3.2	80~100	

5. 壁厚<5 mm 管的操作要领:

装配及点固焊方法:见图 1-93。

(1)用 2.5 焊条,焊接电流 90~100 A 进行固定焊,焊点 5~10 mm 长,薄而无气孔为宜(收弧时再给弧坑 1~2 滴铁水),焊点数依管径大小等而定,练习或施工时,固定焊点一定要避开仰焊等操作难度大的部位,正确布置焊点及放置焊件的方法。

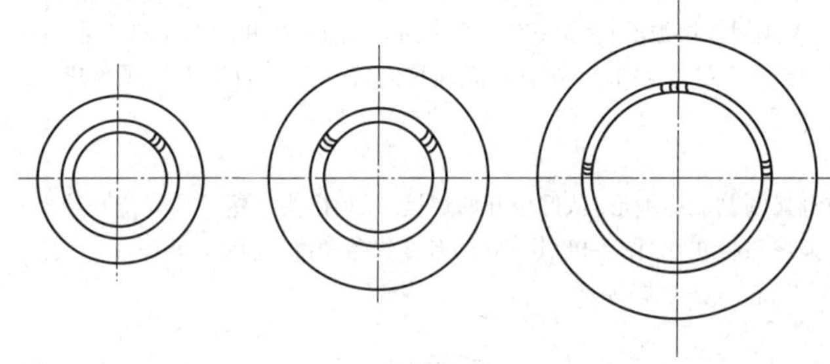

图 1-93 装配及点固焊

(2)起头与焊接:见图 1-94。

1)在引弧处引燃电弧,立即移向起焊处下方长弧预热 2~3 s,压低电弧按预定工艺参数连弧施焊,直到铁水与熔渣分离,立即灭弧,待温度稍降,引弧转入正常施焊。

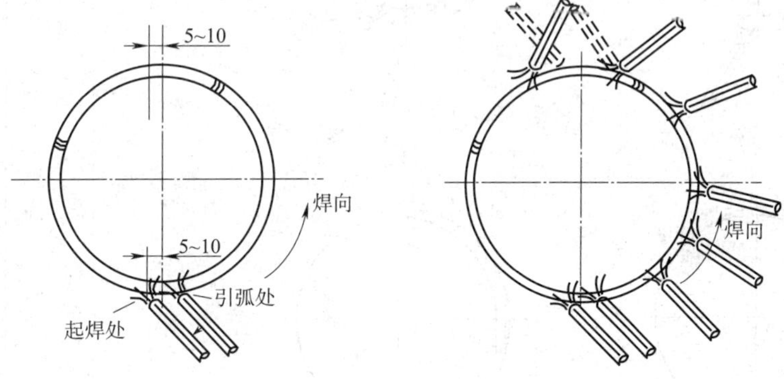

图 1-94 起头与焊接(单位:mm)

2)焊条摆动不宜超出坡口边缘、并在两侧有停顿时间。

3)运条采用小锯齿灭弧法,见图 1-95。根据熔池温度、形状、两侧熔合情况等合理选择接弧位置、接弧时机、时间三者的关系,按一定的节奏,即引弧→焊接→灭弧→引弧……,做到稳、准、活,“稳”就是灭弧后焊条在空中要稍稳定一下,且回焊引弧和焊接过程要稳;“准”就是按人所选定的接弧位置准确的引弧,摆动的宽度和焊接的时间把握的准;“活”就是靠手腕的力量来摆动焊钳和焊条,灵活自如,灭弧利落干净。

续上表

教学过程	第一次	第二次
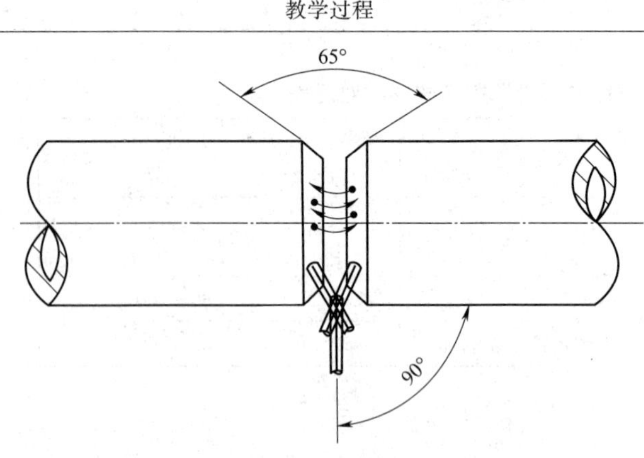 图 1-95　运条方法 4)接弧位置一般应使焊条头与前一熔池重叠 2/3 或 3/3;接弧时机选择前一熔池铁水冷却到黄豆粒大小的“亮点”时,电弧恰好引燃为宜,焊接时间根据熔池温度、形状等灵活把握。 5)当焊条要烧尽,需要灭弧时,必须用灭弧焊在熔池的边缘点 2～3 滴铁水,以防气孔和冷缩孔的产生。 6)接头时,换焊条尽量要快,在接头弧坑的上方约 10 mm 处引弧立即移向接头弧坑的下方长弧预热 2～3 s,而后转入正常焊接。 (3)另一半管焊接: 1)其焊法与前一半相似,用磨光机或电弧削割成缓坡形,从仰位开始焊接,以利接头。然后从仰位开始焊接。用电弧割,见图 1-96(a);用长弧烤热接头,见图 1-96(b);立即改变焊条角度,见图 1-96(c);用长弧及焊条头推吹高处,见图 1-96(d);转入正常焊接。 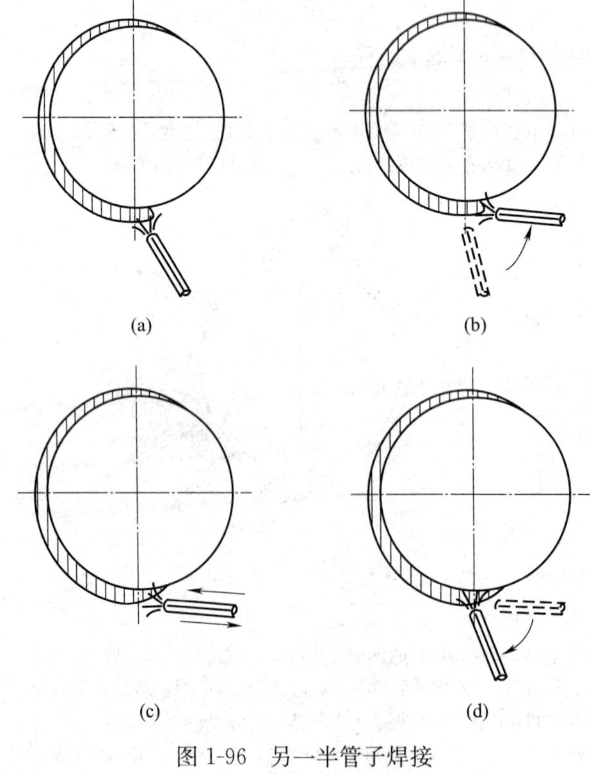 图 1-96　另一半管子焊接		

续上表

<table>
<tr><th>教学过程</th><th>第一次</th><th>第二次</th></tr>
<tr><td>

2)注意事项:操作中,要保持电弧燃烧的连续,切忌灭弧。

(4)仰焊位操作时无论是开始起头,还是接头,由于温度较低,很容易产生夹渣或焊瘤等缺陷,所以,尽可能的保持电弧连续施焊,待温度提升后,根据实际调整运条,转入正常焊接。见图 1-97。

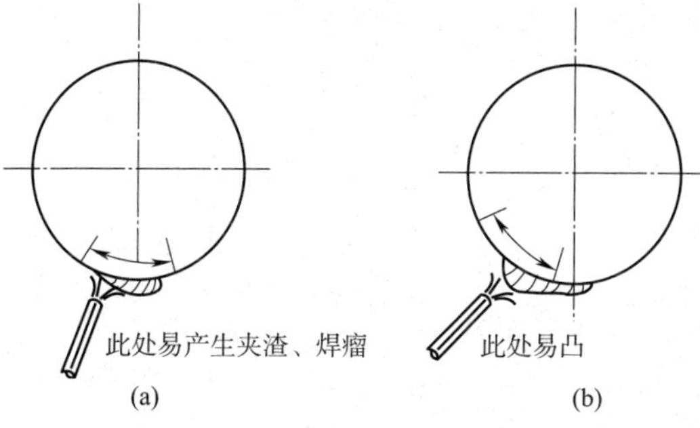

图 1-97　仰焊位

(5)仰立焊位操作时,易产生焊道凸缺陷,所以焊条左右摆动要到位,以防焊缝过渡不圆滑或过高变凸。

(6)焊到爬坡及平焊位时,温度已较高,加之有快焊完的心理作用,不自然的会加快焊接频率(热量输入增大),因此,管子外部易产生焊缝较低或凹陷,内部易下塌或产生焊瘤。操作中要采用连灭弧结合方式,耐心的焊过中心线 5～10 mm,收弧时,用灭弧法再给弧坑 1～2 滴铁水,防止出现弧坑缺陷,焊此处时也可将焊条角度变化,见图 1-98。

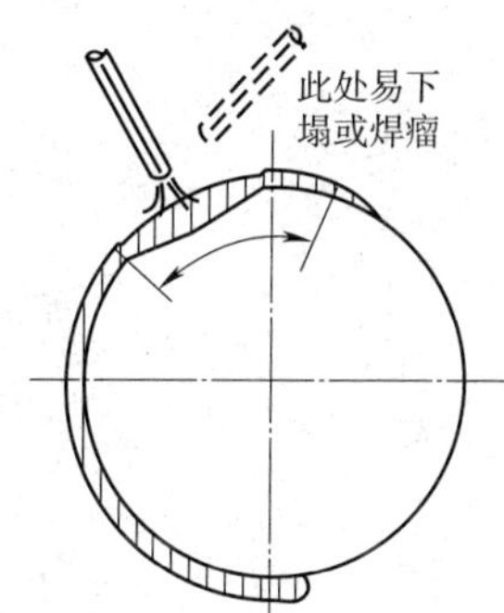

图 1-98　爬坡及平焊位焊接

6. 注意事项:

(1)根据个人习惯,焊钳采用正握和反握均可。

(2)仰焊位熔池不易观察,要多次练习,总结经验才能焊好。

(3)无论哪种焊,盖面平焊(封头焊)收尾时,要和另一头至少重叠 10～15 mm,运条采用连灭弧结合,最后以灭弧焊并逐步降低频率和焊接时间,有耐心的焊出一个漂亮的铆钉形接头。封头焊的焊条角度有两种:细管角度可不变,粗管变成与原来相反的方向。

[任务分配]:

1. 每人先焊一道焊缝,大循环轮流操作。
2. 每个工位内练习时必须保持 3～4 人,否则视违纪。
3. 采用引弧板,绝对禁止在焊接支架上引弧。
4. 焊后自检查焊缝,分析解决存在的问题。

[巡回指导及示范]:

1. 个别指导与小组指导相结合。
2. 培养发现典型。

</td><td></td><td></td></tr>
</table>

续上表

教学过程	第一次	第二次
[结束指导及点评]： 1. 肯定技术上的成绩,分析存在的问题。 2. 纪律、学风上的问题。 3. 整理工位、工具、材料,打扫实训教室卫生。 [布置实习报告]： [教学后记]：		

任务十六:管对接垂直固定敷焊

<table>
<tr><td>任务十六</td><td colspan="2">管对接垂直固定敷焊</td><td>课时</td><td></td></tr>
<tr><td>教学目标</td><td colspan="4">1. 了解管对接垂直固定焊的基本形式、焊接特点、在实际工作及焊接结构中的地位和应用。
2. 掌握管对接垂直固定焊的基本操作姿势、方法。掌握多道焊的方法及技能技巧,达到姿势正确,运条规范、接弧位置准确、时机恰当、自如熟练。
3. 能根据前一焊道的上边缘,准确选择焊接位置、合理的焊接速度。
4. 能根据实际情况正确选择调整焊接工艺参数。</td></tr>
<tr><td rowspan="2">教材分析</td><td>重点</td><td colspan="3">1. 掌握管对接垂直固定敷焊的运条方法,达到姿势正确,运条规范、接弧准确、时机恰当、自如熟练。
2. 能根据前一焊道的上边缘,准确选择焊接位置、合理的焊接速度、焊道的有序排列。
3. 能根据实际情况正确选择调整焊接工艺参数。</td></tr>
<tr><td>难点</td><td colspan="3">1. 焊接中运条随管子曲率焊接移动,并运条规范、接弧准确、时机恰当、合理的焊接速度、焊条角度、自如熟练。
2. 根据熔池状态灵活调整运条的能力和经验。</td></tr>
<tr><td colspan="5">教具:焊件式样、焊条、焊钳、焊机等。</td></tr>
<tr><td colspan="3">教学方法:讲解、示范、巡回指导。</td><td>课型</td><td></td></tr>
<tr><td colspan="5">加工工件示意图:</td></tr>
<tr><td colspan="3">教学过程</td><td>第一次</td><td>第二次</td></tr>
<tr><td colspan="3">[组织教学]:
1. 组织学生有序进入实训教室。
2. 点名、填表、查明未到学生原因。
3. 工装检查及安全、节约、材料工具整理意识强调。
4. 强调实习纪律卫生(上下课时间等)、学风、学法、爱岗敬业等。
[复习提问]:
横焊时常见的运条方法有哪些?
答:直线形、斜锯齿形。

管对接垂直固定敷焊

1. 展示工件:管对接垂直固定焊的空间位置。垂直固定管焊是管口朝向上下,而焊缝呈水平环绕形旋转的焊接方式。也可称为旋转移动的横焊。
2. 管子对接垂直固定焊的应用:
(1)用以液体、气体等的输送储存和连接容器。如自来水管线、西气东输工程、发电厂等。
(2)生产、生活当中的实例。
3. 管子对接垂直固定焊的基本特点:
与板的横焊很相似,但焊条角度和人体位置都要随管缝的焊位而变化,即在运动中进行施焊,因此,难度比板的横焊大,如施焊的位置和速度不当,易使焊道的排列高低不平等缺陷,特别是小直径薄壁管,</td><td></td><td></td></tr>
</table>

续上表

教学过程	第一次	第二次

散热及传导比较缓慢,加之工程上管线一般都布置在地下、高空、墙角等不利于焊工操作的位置,因此,更增加了固定管焊的操作难度。

一般先练习管转动焊,可采用管的辅助转动设备或戴头盔式焊帽一只手转动。

4. 技术要求:低碳钢管 ϕ60 mm,厚 3~4 mm。焊缝宽度 8~10 mm;高 1~2 mm。

5. 焊接工艺参数(见表 1-18):

表 1-18 焊接工艺参数

焊条	运条方法	电流	层数	角度、速度
E5015 Φ3.2	直线形	90~100 A	1 层 3 道	见图 1-99 较快

[焊前准备]:

1. 场地:整洁、整齐、无杂物。
2. 材料:指定的材料,不得使用非指定的材料,矫正、除锈、划线。
3. 设备工具:检查焊帽、焊钳、把线、焊接支架、引弧板。
4. 思想:对所讲内容是否听明白,特别是工艺参数。

[操作要领及示范操作]:

(组织形式:一次性,边示范边讲解)

1. 工件的夹持及固定方法及位置、高度。
2. 基本姿势:蹲姿、站姿两种。操作中用便于握焊钳的右手操作。
3. 焊条的夹持为 120°,通常为正握,有依托或无依托,一般利用手腕的灵活性摆动焊条。
4. 第一道起头:见图 1-99。

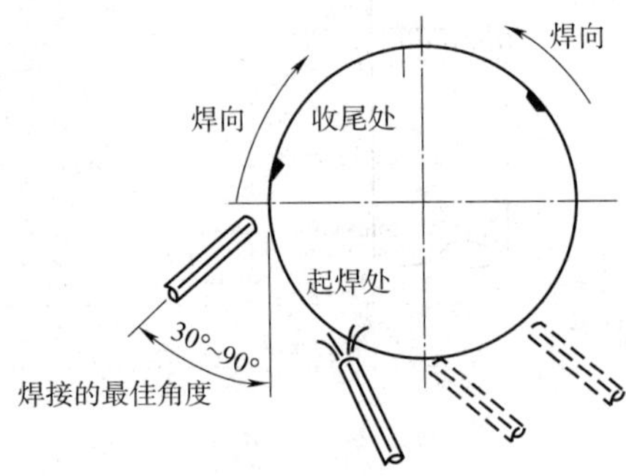

图 1-99 起头

先焊管子的一半,其操作要领如下:由于开始处焊件温度偏低,易产生熔合不良和夹渣等缺陷,故起头、接头时运用预热法施焊。方法是,在线上的某点处用直击法或擦划法引燃电弧 15~20 mm,对焊缝起焊处进行充分的预热,然后压低电弧以直线形连弧向前施焊,其角度见图 1-100,转入正常焊接。

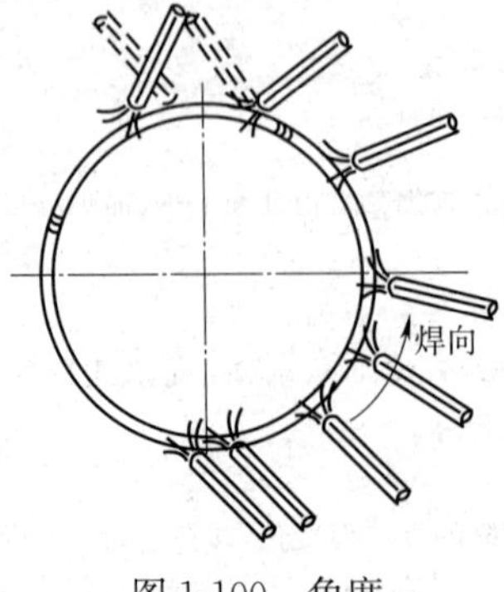

图 1-100 角度

续上表

教学过程	第一次	第二次
5. 正常焊接：直线形连弧法并保持正确的焊条角度(图 1-100)在保证熔合前提下，施焊速度第一道应稍慢一些并保持均匀的速度、正常的电弧长度、向前施焊，严密监视熔池形状，及时调整运条角度、施焊速度、必要时采取推拨渣方法(同横焊)。 6. 接头：(首先清理掉原弧坑处的熔渣)在原弧坑上方 15 mm 处引弧，拉长电弧对原弧坑预热，在原弧坑 1/3 或 2/3 处压低电弧，转入正常焊接。 7. 收尾：由于上部温度已很高且板又薄，在距尾部 10～20 mm 时，就要采用灭弧法收尾。 8. 第二道起头：采用自下而上的焊道排列方法，不必对第一道及第二道焊缝敲渣，必须做到从起头开始就要使焊条直径的底边正好与第一道上边缘对齐(或叫重叠)向前施焊，起头要领与第一道起头相似。 9. 第二道正常焊接：第二道焊好的关键在于是否能看到第一道的上边缘，并能使焊条直径的底边正好与第一道上边缘对齐进行向前施焊，其焊条角度略增大，速度与第一道相近或略快一点儿。第三道或第四道焊法相同。 10. 操作注意事项：敷焊时，焊道很容易跑偏，要划好线再焊接。 [任务分配]： 1. 每人先焊一道完整的焊缝，大循环轮流操作。 2. 每个工位内练习时必须保持 3～4 人，否则视违纪。 3. 采用引弧板，绝对禁止在焊接支架上引弧。 4. 焊后自检查焊缝，分析解决存在的问题。 [巡回指导及示范]： 1. 个别指导与小组指导相结合。 2. 培养发现典型。 [结束指导及点评]： 1. 肯定技术上的成绩，分析存在的问题。 2. 纪律、学风上的问题。 3. 整理工位、工具、材料，打扫实训教室卫生。 [布置实习报告]： [教学后记]：		

任务十七:V形坡口垂直管对接焊

<table>
<tr><td>任务十七</td><td colspan="2">V形坡口垂直管对接焊</td><td>课时</td><td></td></tr>
<tr><td>教学目标</td><td colspan="4">1. 了解V形坡口垂直管对接焊单面焊双面成型焊的基本形式、焊接特点、在实际工作及焊接结构中的地位和应用。
2. 掌握V形坡口垂直管对接焊单面焊双面成型焊的基本操作姿势、方法。掌握打底焊的方法及技能技巧,达到姿势正确,运条规范、接弧位置准确、时机恰当、自如熟练。
3. 掌握盖面多道焊方法,能根据前一焊道的上边缘,准确选择焊接位置、合理的焊接速度。
4. 能根据实际情况正确选择调整焊接工艺参数。</td></tr>
<tr><td rowspan="2">教材分析</td><td>重点</td><td colspan="3">1. 掌握V形坡口垂直管对接焊单面焊双面成型焊的运条方法,达到姿势正确,运条规范、接弧准确、时机恰当、自如熟练。
2. 能根据前一焊道的上边缘,准确选择焊接位置、合理的焊接速度、焊道的有序排列。
3. 能根据实际情况正确选择调整焊接工艺参数。</td></tr>
<tr><td>难点</td><td colspan="3">1. 焊接中运条随管子曲率焊接移动,并运条规范、接弧准确、时机恰当、合理的焊接速度、焊条角度、自如熟练。
2. 根据熔池状态灵活调整运条的能力和经验。</td></tr>
<tr><td colspan="5">教具:焊件式样、焊条、焊钳、焊机等。</td></tr>
<tr><td colspan="3">教学方法:讲解、示范、巡回指导。</td><td>课型</td><td></td></tr>
<tr><td colspan="5">加工工件示意图:
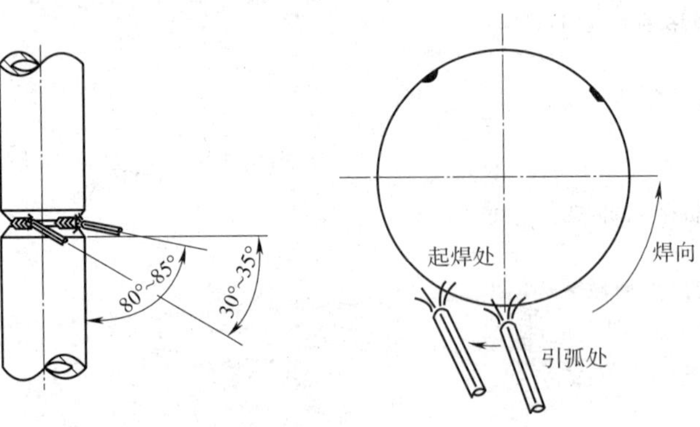</td></tr>
<tr><td colspan="3">教学过程</td><td>第一次</td><td>第二次</td></tr>
<tr><td colspan="3">[组织教学]:
1. 组织学生有序进入实训教室。
2. 点名、填表、查明未到学生原因。
3. 工装检查及安全、节约、材料工具整理意识强调。
4. 强调实习纪律卫生(上下课时间等)、学风、学法、爱岗敬业等。
[复习提问]:
横焊时常见的运条方法有哪些?
答:直线形、斜锯齿形。
V形坡口垂直管对接焊
1. 展示工件:V形坡口垂直管对接焊的空间位置。垂直固定管焊是管口朝向上下,而焊缝呈水平环绕形旋转的焊接方式。也可称为旋转移动的横焊。
2. 管子对接垂直固定焊的基本特点:
与板的横焊很相似,但焊条角度和人体位置都要随管缝的焊位而变化,即在运动中进行施焊,因此,难度比板的横焊大,如施焊的位置和速度不当,易使焊道的排列高低不平等缺陷,特别是小直径薄壁管,散热及传导比较缓慢,加之工程上管线一般都布置在地下、高空、墙角等不利于焊工操作的位置,因此,更增加了固定管焊的操作难度。</td><td></td><td></td></tr>
</table>

续上表

教学过程	第一次	第二次

3. 技术要求:低碳钢管 ϕ60 mm,厚 5 mm。焊缝宽度 8～10 mm;高1～2 mm。
4. 基本操作步骤及要领:
除锈→装配及定位焊 →检查接头是否错口→夹持固定在支架上→调节电流→按一个方向先从管一半开始焊。
5. 焊接工艺参数(见表 1-19):

表 1-19　焊接工艺参数

焊条	对口间隙	运条方法	电流	层数	角度、速度
E5015 Φ3.2	2～3 mm	直线形	90～100 A	2 层	见图 1-101 较快

[焊前准备]:
1. 场地:整洁、整齐、无杂物。
2. 材料:指定的材料,不得使用非指定的材料,矫正、除锈、划线。
3. 设备工具:检查焊帽、焊钳、把线、焊接支架、引弧板。
4. 思想:对所讲内容是否听明白,特别是工艺参数。

[操作要领及示范操作]:
(组织形式:一次性,边示范边讲解)
1. 工件的夹持及固定方法及位置、高度。
2. 基本姿势:蹲姿、站姿两种。操作中用便于握焊钳的右手操作。
3. 焊条的夹持为 120°、弯曲,通常为正握,有依托或无依托,一般利用手腕的灵活性摆动焊条。
4. 打底焊的起头:见图 1-101。

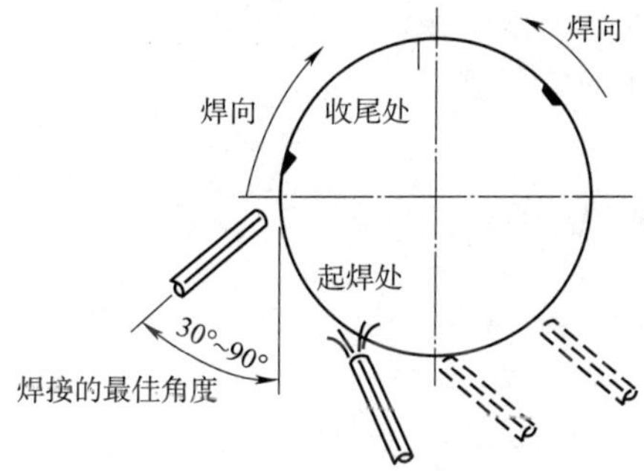

图 1-101　起头

先焊管子的一半,其操作要领如下:由于开始处焊件温度偏低,易产生熔合不良和夹渣等缺陷,故起头、接头时运用预热法施焊。方法是,在线上的某点处用直击法或擦划法引燃电弧 15～20 mm,对焊缝起焊处进行充分的预热,然后压低电弧以直线形连弧向前施焊,其角度如图所示,转入正常焊接。见图 1-102。

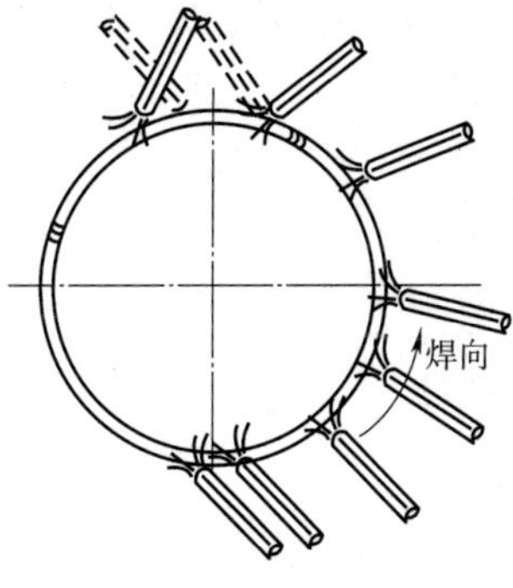

图 1-102　角度

续上表

教学过程	第一次	第二次
5. 正常焊接：直线形连弧法并保持正确的焊条角度(图 1-102)在保证熔合前提下，施焊速度尽量快一些，以保证底层低于管表面，为盖面创造有利条件，保持均匀的速度、正常的电弧长度、向前施焊，严密监视熔池形状，及时调整运条角度、施焊速度、必要时采取推拨渣方法(同横焊)。 6. 接头：(首先清理掉原弧坑处的熔渣)在原弧坑上方 15 mm 处引弧，拉长电弧对原弧坑预热，在原弧坑 1/3 或 2/3 处压低电弧，转入正常焊接。 7. 收尾：因焊向是一个，故要提前将最先起头处用锉刀或磨光机磨出斜坡，以利接头，焊到此处要与之重叠 5～10 mm。 8. 盖面的焊接：沿坡口的下边缘焊出盖面的第一道焊缝，速度应稍慢一些，以防多道焊缝上高下低，其他各道与敷焊方法相同。 [任务分配]： 1. 每人先焊一道完整的焊缝，大循环轮流操作。 2. 每个工位内练习时必须保持 3～4 人，否则视违纪。 3. 采用引弧板，绝对禁止在焊接支架上引弧。 4. 焊后自检查焊缝，分析解决存在的问题。 [巡回指导及示范]： 1. 个别指导与小组指导相结合。 2. 培养发现典型。 [结束指导及点评]： 1. 肯定技术上的成绩，分析存在的问题。 2. 纪律、学风上的问题。 3. 整理工位、工具、材料，打扫实训教室卫生。 [布置实习报告]： [教学后记]：		

任务十八:生产实训——止轮器焊接

<table>
<tr><td colspan="2">任务十八</td><td>生产实训——止轮器焊接</td><td>课时</td><td></td></tr>
<tr><td colspan="2">教学目标</td><td colspan="3">1. 工学结合、联系实际生产工艺流程,使学生掌握焊接结构生产的基本知识和基本技能。培养学生熟练掌握实际焊接生产操作技能。
2. 结合船型焊课题,施焊止轮器产品,保质保量完成生产任务。
3. 了解止轮器各零件的尺寸、形状。</td></tr>
<tr><td rowspan="2">教材分析</td><td>重点</td><td colspan="3">1. 工艺文件的识读。
2. 各零件按照图纸要求装配的顺序。
3. 焊后要进行白检及修补焊接缺陷。</td></tr>
<tr><td>难点</td><td colspan="3">生产安全意识、产品质量意识、团队合作意识、精益生产意识都要培养贯穿产品生产过程当中。</td></tr>
<tr><td colspan="5">教具:工件式样、焊条、焊钳、焊机、角磨机等。</td></tr>
<tr><td colspan="3">教学方法:讲解、示范、巡回指导。</td><td>课型</td><td></td></tr>
<tr><td colspan="5">加工工件示意图:
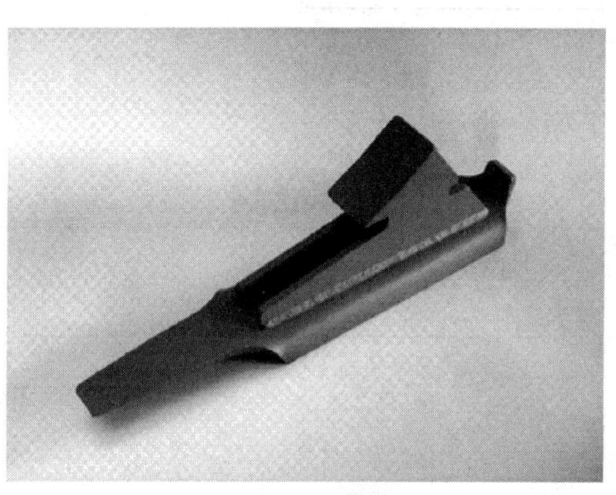</td></tr>
<tr><td colspan="3">教学过程</td><td>第一次</td><td>第二次</td></tr>
<tr><td colspan="3">[组织教学]:
1. 组织学生有序进入实训教室。
2. 点名、填表、查明未到学生原因。
3. 工装检查及安全、节约、材料工具整理意识强调。
4. 强调实习纪律卫生(上下课时间等)、学风、学法、爱岗敬业等。
[复习提问]:
1. 平对接焊的运条方法有几种?
2. 角磨机的安全使用规范有哪些?

止轮器焊接

一、止轮器
止轮器是机车产品当中的一种小型焊接结构件。主要应用于机车到达机务段时,在停车以及驻车过程中为防止出现溜车前行造成的不安全因素而采用的产品。每台机车上配备两个止轮器,到站后,司务人员直接把止轮器放置在机车轮毂与钢轨接触面上,以起到防止溜车的作用。
止轮器的构造:止轮器的构造主要由底座、筋板、弯板、支板组成。主要焊接方法为船形焊。
(1)底座:见图 1-103。
(2)筋板:见图 1-104。</td><td></td><td></td></tr>
</table>

续上表

教学过程	第一次	第二次
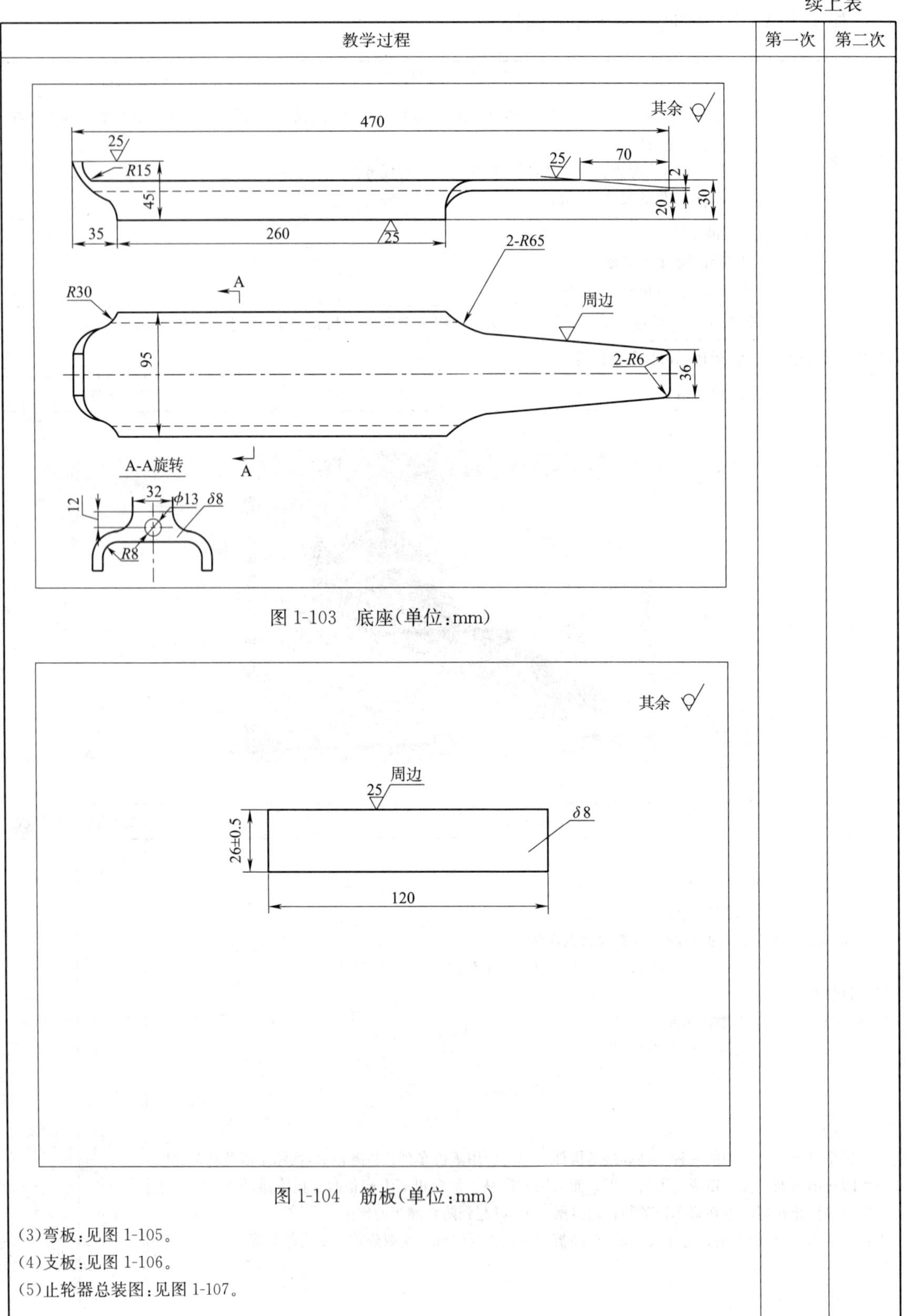 图 1-103　底座(单位:mm) 图 1-104　筋板(单位:mm) (3)弯板:见图 1-105。 (4)支板:见图 1-106。 (5)止轮器总装图:见图 1-107。		

续上表

教学过程	第一次	第二次
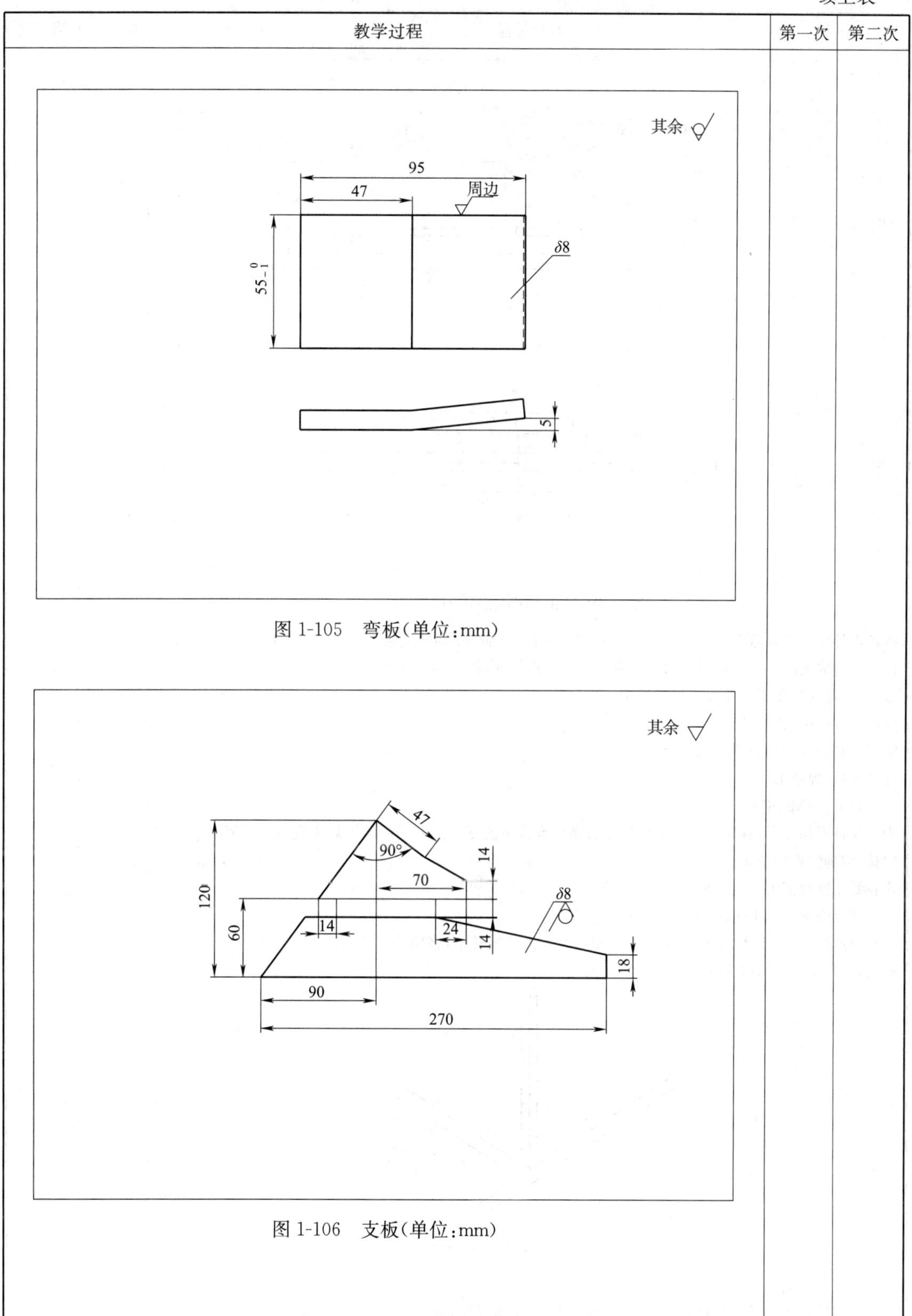		

图 1-105　弯板（单位：mm）

图 1-106　支板（单位：mm）

续上表

教学过程	第一次	第二次

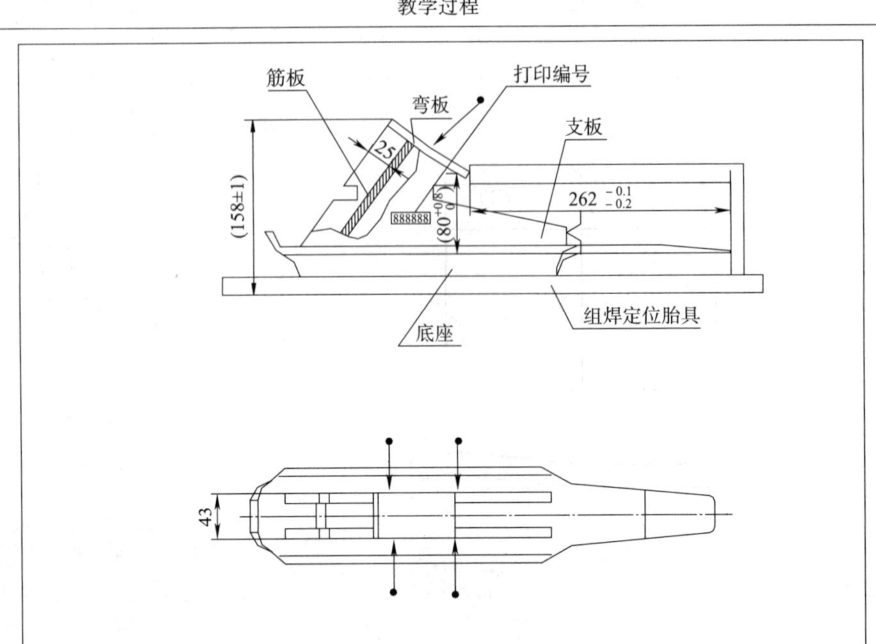

图 1-107　止轮器(单位:mm)

将各零件按图纸要求装配后,在焊接时由于结构件尺寸较小,焊缝交集处较多,尤其在筋板与弯板、支板处易造成夹渣、未熔合等焊接缺陷,应注意保证焊接质量。

二、止轮器的焊接工艺及焊接操作步骤

生产实训工件:止轮器产品

实习工具:刨锤、角磨机、扁铲

焊接材料:焊条 E4303　ϕ4

产品材质:16Mn 钢板

为了保证产品质量,在实际生产中在现场有条件允许下应尽可能的采用船形焊来完成"T"字形结构的焊接,以确保焊接质量。

止轮器主要焊接方法为船形焊。

1. 船形焊的特点及应用:

(1)船形焊:"T"字形结构工件,通过变位机(胎具)的变换转动,将所施焊的工件底板与水平面成 45°的夹角,这种位置的焊接方法称为船形焊。见图 1-108。

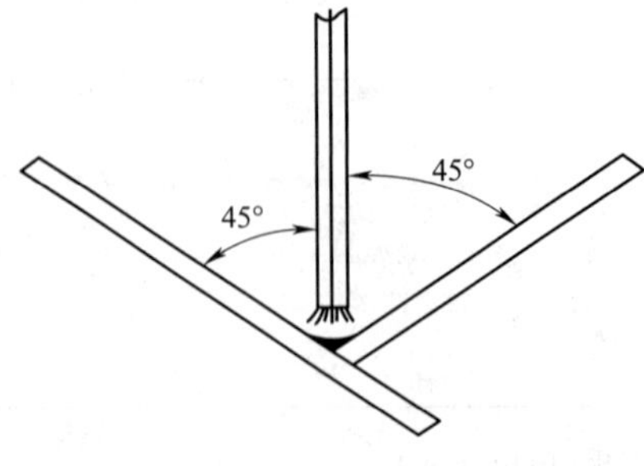

图 1-108　船形焊示意图

(2)特点及应用:

1)由于焊缝位置结构的特点,可选用大直径焊条、大的焊接电流以获得较大的焊脚尺寸。

续上表

教学过程	第一次	第二次
2)能克服平角焊时易产生咬边和焊脚不均匀的缺陷,见图 1-109。 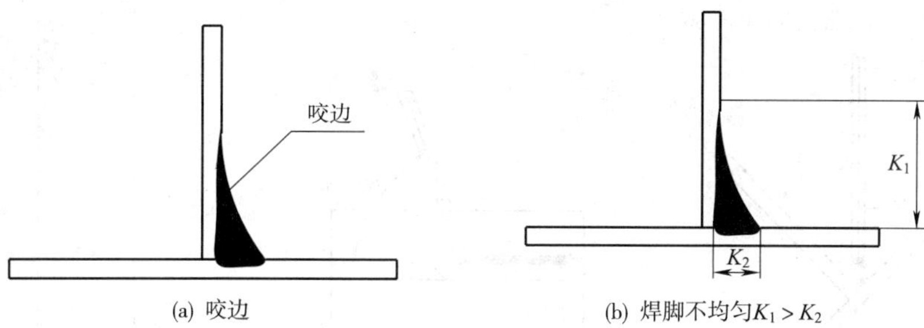 图 1-109　船形焊特点 3)可采用开坡口的平对接焊操作方法,生产效率得到很大的提高。 4)便于生产者操作。 2. 船形焊的操作方法: (1)本课题结合产品工件“止轮器”焊接来完成,见图 1-110。 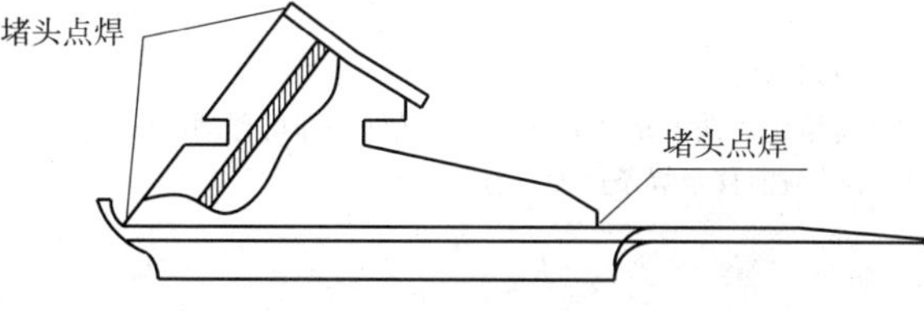 图 1-110　船形焊操作方法 (2)焊接工艺参数的选择: 止轮器在施焊中先由胎具组对,然后转到船型焊位置上施焊,以达到完成焊接任务。根据以上焊缝位置,我们将选用平角焊和平对接焊的焊接工艺参数。 1)焊条直径的选择: 止轮器选用的钢板为 12 mm 厚,且整体工件较小,构造复杂,焊角尺寸为 $K=6$ mm,这样可选用 $\phi4$ E4303 焊条来施焊。 2)焊接电流的选择: 根据止轮器的板厚和选用的焊条直径,我们可根据经验公式 $I_n=k\times d$,焊条 k 一般为(35～55)的固定值,取 $k=40$ 左右的值,这样焊接电流选择 $I_n=160$(A)即可。 3)焊接速度: 止轮器的焊接速度一般选用平对接(坡口平对接焊的填充层)焊缝即可。但根据船型焊的结构特点,一般是将焊条触到角结构中匀速的拖着焊条沿焊接方向移动即可,但要保证熔敷金属与两立板熔合良好,无起棱、咬边现象发生。见图 1-111。  图 1-111　止轮器焊接 4)焊接层数: 根据焊接尺寸 $K=6$ mm,可选 $\phi4$ mm 焊条施焊一层即可达到尺寸要求。 ①焊条角度:见图 1-112。		

续上表

教学过程	第一次	第二次
图 1-112(a)焊条角度:焊条与水平面各成 45°的夹角。 图 1-112(b)焊条角度:焊条与焊接方向呈 60°～80°。 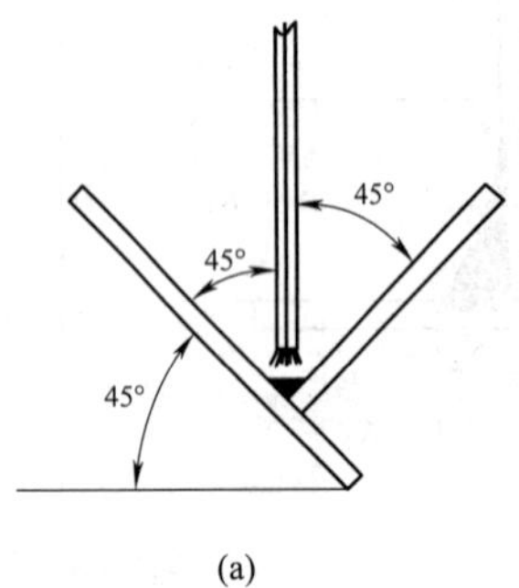 (a) 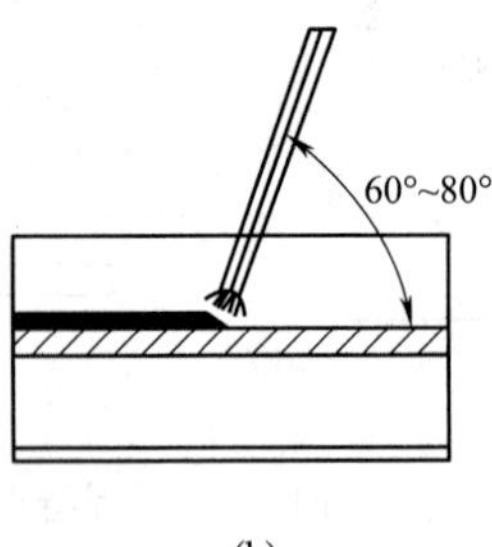 (b) 图 1-112　焊条角度 ②运条方法: 施焊止轮器时,可选用直线运条法即可。 三、施焊中需注意的几个问题 1. 焊前检查焊件组对质量,发现问题及时汇报处理。 2. 角结构中的交叉焊缝施焊时,焊速放慢,将熔化的铁水充分填满焊缝交叉处后即可移动电弧。 3. 施焊过程中要正确掌握焊条角度,以防止熔渣前移至焊条前面,造成夹渣。 4. 弧坑要填满。 5. 焊件的堵头要焊满,然后再清渣打磨。 四、止轮器焊接质量要求 1. 焊缝尺寸: 角焊缝 $K=6$ mm 2. 焊缝质量要求: 1)焊缝表面无咬边、夹渣、起棱等焊接缺陷。 2)对接焊缝直,无弯曲现象。 3)焊缝尺寸一致,防止超差。 4)焊缝清渣彻底,打磨后交验,合格后允许生产下一个工件。 3. 焊接工时: 施焊(包括清渣、打磨)时间限定为 1.5 小时/个。 五、生产实习人员安排 每个止轮器产品配备三名施焊学生,形成一个生产小组,施焊、清渣、打磨直到完成焊接任务交验合格。 六、安全操作注意事项 1. 要求每位同学穿戴好劳动防护用具。 2. 一切生产实习操作都必须在实习教师指导下进行。 3. 正确使用止轮器施焊的胎具,将工件固定好。 4. 安全使用角磨机,并要求必须带护目镜。 [巡回指导]: 1. 实习教师演示施焊止轮器的过程,并结合实际讲介施焊方法。 2. 观察指导学生从事止轮器产品施焊,发现问题及时纠正解决。 3. 安全操作检查。 [结束指导及点评]: 1. 肯定技术上的成绩,分析存在的产品质量问题。 2. 纪律、学风上的问题。 3. 整理工位、工具、材料,打扫实训教室卫生。		

续上表

教学过程	第一次	第二次
[布置实习报告]: [教学后记]:		

任务十九:生产实训——电机支座焊接

<table>
<tr><td>任务十九</td><td colspan="2">生产实训——电机支座焊接</td><td>课时</td><td></td></tr>
<tr><td>教学目标</td><td colspan="4">1. 工学结合、联系实际生产工艺流程,使学生掌握焊接结构生产的基本知识和基本技能。培养学生熟练掌握实际焊接生产操作技能。
2. 结合船形焊课题,施焊电机支座产品,保质保量完成生产任务。
3. 了解电机支座各零件的尺寸、形状。</td></tr>
<tr><td rowspan="2">教材分析</td><td>重点</td><td colspan="3">1. 工艺文件的识读。
2. 各零件按照图纸要求装配的顺序。
3. 焊后要进行自检及修补焊接缺陷。</td></tr>
<tr><td>难点</td><td colspan="3">生产安全意识、产品质量意识、团队合作意识、精益生产意识都要培养贯穿产品生产过程当中。</td></tr>
<tr><td colspan="5">教具:工件式样、焊条、焊钳、焊机、角磨机等。</td></tr>
<tr><td colspan="3">教学方法:讲解、示范、巡回指导。</td><td>课型</td><td></td></tr>
<tr><td colspan="5">加工工件示意图:
</td></tr>
<tr><td colspan="3">教学过程</td><td>第一次</td><td>第二次</td></tr>
<tr><td colspan="3">[组织教学]:
1. 组织学生有序进入实训教室。
2. 点名、填表、查明未到学生原因。
3. 工装检查及安全、节约、材料工具整理意识强调。
4. 强调实习纪律卫生(上下课时间等)、学风、学法、爱岗敬业等。
[复习提问]:
1. 止轮器采用哪种焊接方法施焊?
2. 止轮器产品的检验要求有哪些?

电机支座焊接

一、电机支座
电机支座是机车产品中的一种焊接结构件,应用于电机安装当中的底座装配支撑。
为了使学生熟练掌握焊接结构件的制造工艺流程,现以电机支座的焊接制造为主线,展开对焊接结构整个制造工艺流程的介绍。
1. 电机支座的构造:
电机支座的构造主要由底板、筋板 1、筋板 2、筋板 3、顶板组成。主要焊接方法为船形焊。</td><td></td><td></td></tr>
</table>

续上表

教学过程	第一次	第二次

(1)底板:见图 1-113。

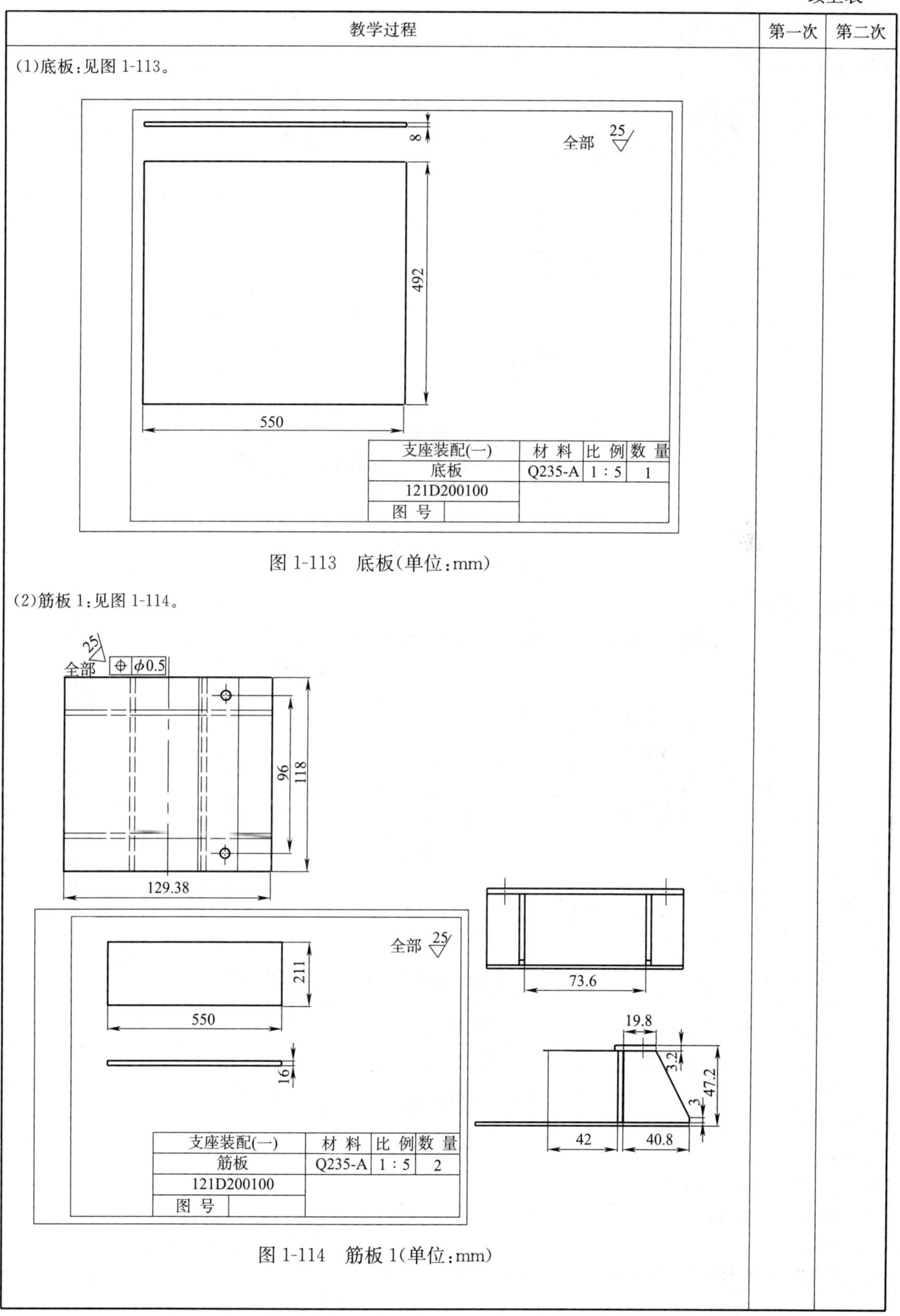

图 1-113　底板(单位:mm)

(2)筋板 1:见图 1-114。

图 1-114　筋板 1(单位:mm)

续上表

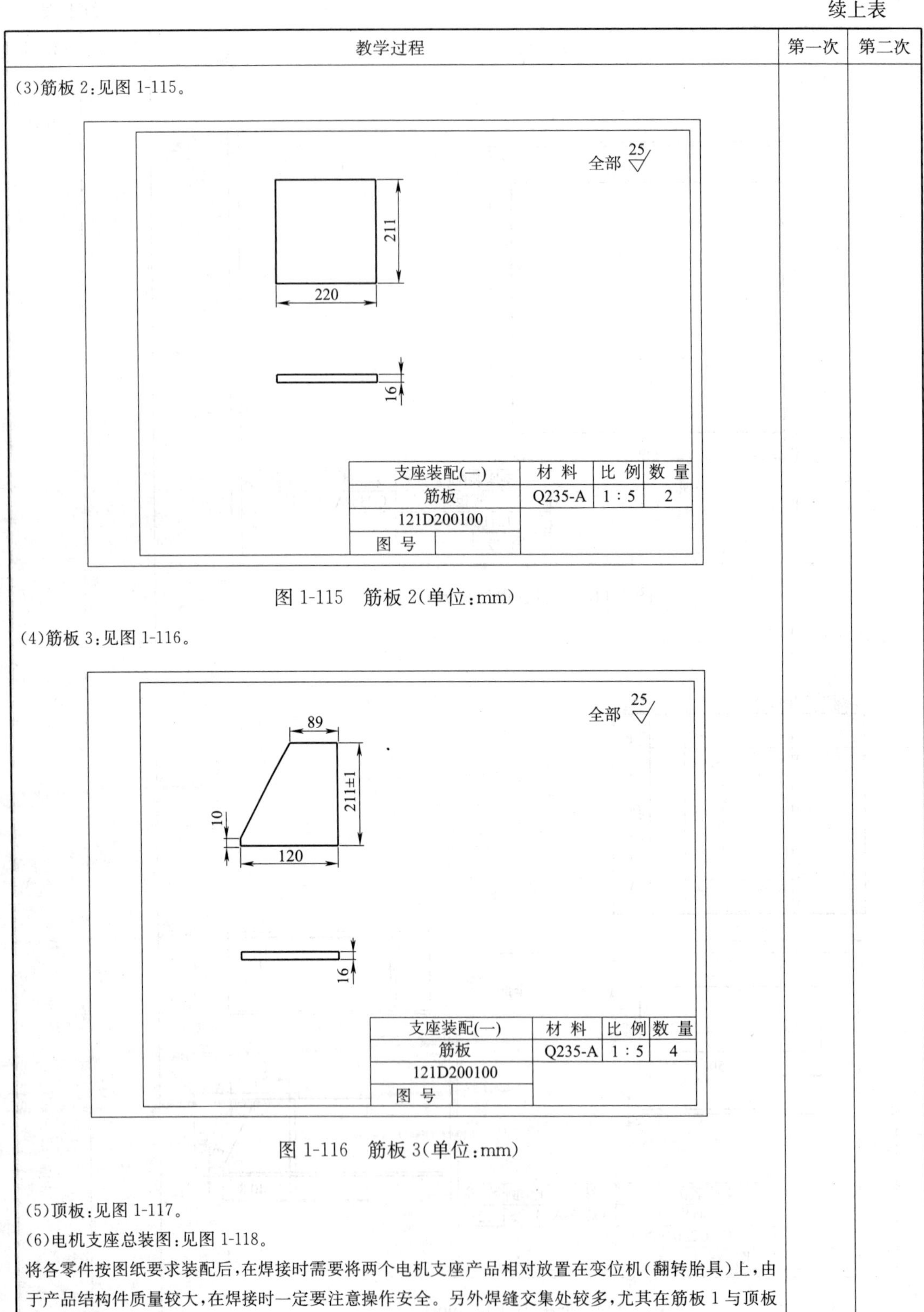

教学过程	第一次	第二次

(3)筋板 2:见图 1-115。

图 1-115　筋板 2(单位:mm)

(4)筋板 3:见图 1-116。

图 1-116　筋板 3(单位:mm)

(5)顶板:见图 1-117。

(6)电机支座总装图:见图 1-118。

将各零件按图纸要求装配后,在焊接时需要将两个电机支座产品相对放置在变位机(翻转胎具)上,由于产品结构件质量较大,在焊接时一定要注意操作安全。另外焊缝交集处较多,尤其在筋板 1 与顶板连接处易造成夹渣、未熔合等焊接缺陷,应注意保证焊接质量。

续上表

教学过程	第一次	第二次

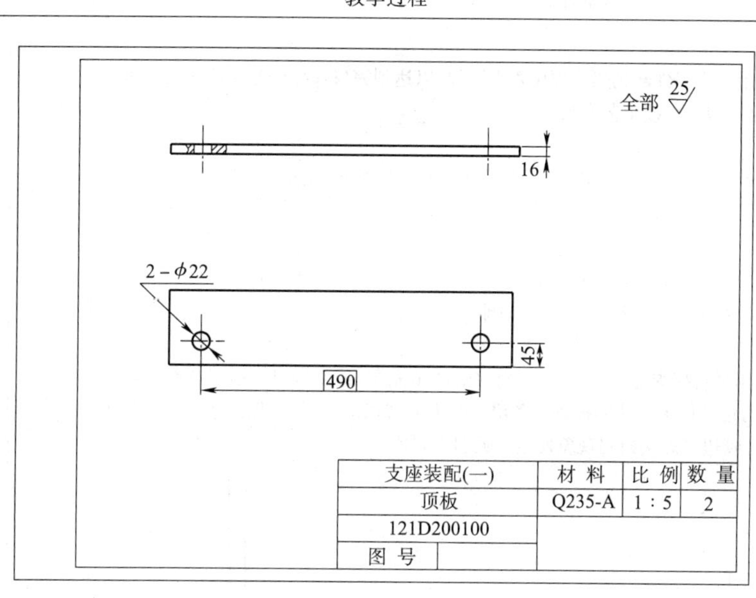

图 1-117　顶板(单位：mm)

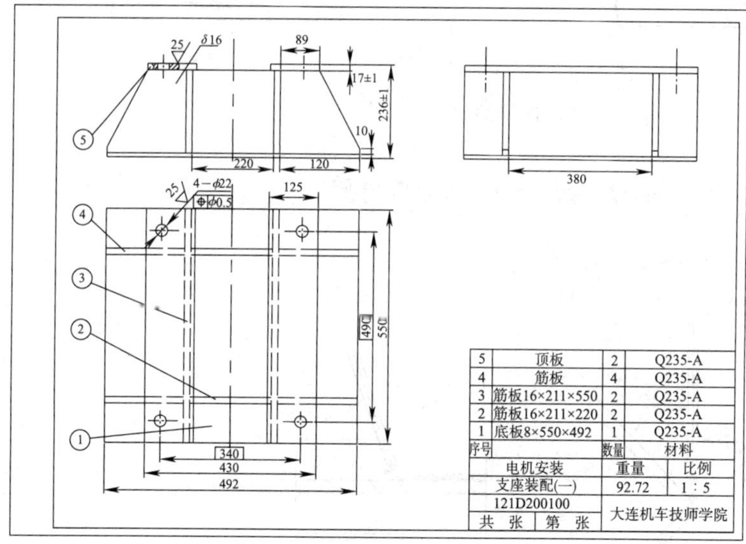

图 1-118　电机支座(单位：mm)

二、电机支座的焊接工艺及焊接操作步骤

生产实训工件：电机支座产品

实习工具及设备：刨锤、角磨机、扁铲、矫正机构、吊车等

焊接材料：焊条 E4303　φ5

产品材质：16Mn 钢板

为了保证产品质量在实际生产中，在现场有条件允许下应尽可能的采用船形焊来完成“T”字形结构的焊接，以确保焊接质量。

电机支座主要焊接方法为船形焊与平对接焊。

续上表

<table>
<tr><th>教学过程</th><th>第一次</th><th>第二次</th></tr>
<tr><td>焊接工艺参数的选择：
电机支座在施焊中利用变位胎具将焊件转到船形焊位置上施焊，以达到完成焊接任务。根据以上图纸焊缝的位置，我们将选用平对接焊的焊接工艺参数。
(1)焊条直径的选择：
电机支座选用的钢板为16 mm厚，且整体工件较大，焊角尺寸为$K=7\sim8$ mm，这样可选用$\phi5$　E4303焊条来施焊。
(2)焊接电流的选择：
根据电机支座的板厚和选用的焊条直径，我们可根据经验公式$I_n=k\times d$，焊条k一般为(35～55)的固定值，取$k=45$左右的值，这样焊接电流选择$I_n=220$(A)即可。
(3)焊接速度：
电机支座的焊接速度一般选用平对接焊缝(V形坡口平对接焊的填充层)速度即可。但根据船形焊的结构特点，一般是将焊条触到角结构中匀速的拖着焊条沿焊接方向移动即可，但要保证熔敷金属与两立板熔合良好，无焊瘤、下塌、咬边等焊接缺陷现象发生。见图1-119。
焊瘤　焊瘤　下塌　咬边
(a)　(b)　(c)
图1-119　焊接缺陷
(4)焊接层数：
根据焊接尺寸$K=7\sim8$ mm，可选$\phi5$ mm焊条施焊一层即可达到尺寸要求。
1)焊条角度：见图1-121。
图1-120(a)焊条角度：焊条与水平面各成45°的夹角。
图1-120(b)焊条角度：焊条与焊接方向呈60°～80°。
45°　45°　45°　60°~80°
(a)　(b)
图1-120　焊条角度
2)运条方法：
施焊电机支座时，最外侧两面可选用锯齿形或月牙形运条法，其余焊缝基本采用船形焊运条法。
三、施焊中需注意的几个问题
1. 角结构中的交叉焊缝施焊时，焊速放慢，将熔化的铁水充分填满焊缝交叉处后即可移动电弧。
2. 施焊过程中要正确掌握焊条角度，以防止熔渣前移至焊条前面，造成夹渣。
3. 每道焊缝弧坑都要填满。</td><td></td><td></td></tr>
</table>

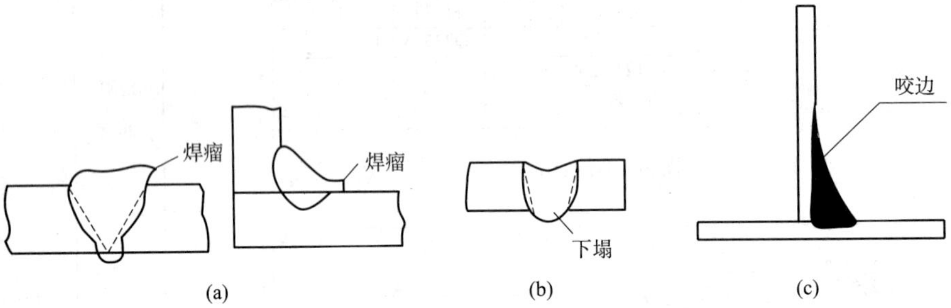

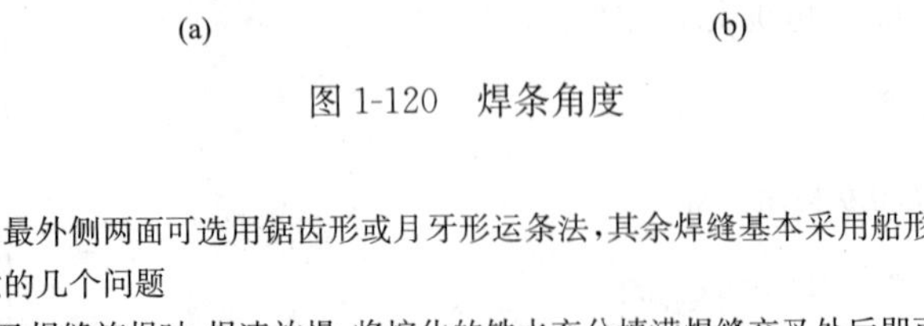

续上表

<table>
<tr><th>教学过程</th><th>第一次</th><th>第二次</th></tr>
<tr><td>4. 盖板下方的焊缝不要漏焊,可选用适当的焊条长度来完成焊接。
5. 将焊件放置船形焊转位胎具上固定,保证角焊缝呈船形焊状态放置。
四、电机支座焊接质量要求
1. 焊缝尺寸:$K=7\sim8$ mm
2. 焊缝质量要求:
(1)焊缝表面无咬边、夹渣、起棱等焊接缺陷。
(2)对接焊缝直,无弯曲现象。
(3)焊缝尺寸一致,防止超差。
(4)焊缝清渣彻底。
(5)焊后交验,合格后允许下胎打磨工件。
3. 焊接工时:
施焊时间限定为 2 小时/个(包括清渣、打磨等工序时间)。
五、生产实习人员安排
每个电机支座转位胎具上面配备两名施焊学生,并配备两名学生参与产品工件施焊后的清渣、打磨、矫正工序,四名学生形成一个生产小组,共同完成焊接产品结构件的生产任务。
六、安全操作注意事项
1. 要求每位同学穿戴好劳动防护用具。
2. 一切生产实习操作都必须在实习教师指导下进行。
3. 正确使用电机支座施焊的胎具,产品工件应用定位元件装配牢固。
4. 吊车设备有专人负责使用。
5. 安全使用角磨机,戴护目镜进行操作。
[巡回指导]:
1. 实习教师演示施焊电机支座的过程,并结合实际讲介施焊方法。
2. 观察指导学生从事电机支座产品施焊,发现问题及时纠正解决。
3. 安全操作检查。
[结束指导及点评]:
1. 肯定技术上的成绩,分析存在的产品质量问题。
2. 纪律、学风上的问题。
3. 整理工位、工具、材料,打扫实训教室卫生。
[布置实习报告]:

[教学后记]:</td><td></td><td></td></tr>
</table>

模块二:气　　割

学习相关知识

一、气割原理及工艺参数

1. 气割的基本原理

气割是利用气体火焰的热能将钢件切割处预热到一定温度,喷出高速切割氧流使其燃烧,以实现金属切割的方法(图 2-1)。

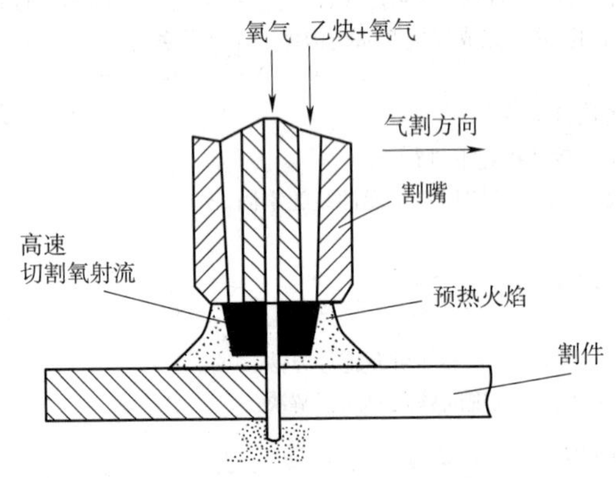

图 2-1　气割基本原理

2. 气割使用的气体

(1)氧气:

气焊气割工作中,氧气是一种助燃气体,它与可燃性气体按一定比例混合燃烧后,其火焰的温度会明显提高,如氧气与乙炔气混合后,火焰的温度可达 3 000～3 300℃,对快速加热物体十分有利。

工业中用的氧气是由空气中制取的,按质量可分为两个等级,一级品氧气纯度不低于 99.2%,二级品氧气纯度不低于 98.5%,纯度越高,对确保气焊气割质量越有利。

(2)可燃气体:

目前气焊气割中使用的可燃性气体很多,如乙炔气、液化石油气、丙烯气、天然气等。

1)乙炔气:

乙炔气在常温下为气态,有臭味,比空气轻,与氧气混合燃烧后其火焰温度要比氧气与其他几种气体混合燃烧后的温度高,因此对物体加热的速度比较快。

2)液化石油气:

液化石油气是裂化石油时的副产品,其成分是各种碳氢化合物。由于液化石油气在 0.8～1.5 MPa 压力下能成为液体,因此,一般情况下液化石油气是以液体状态被储存在钢瓶中使用的。

3)丙烯气:

丙烯气的主要成份是丙烯,通过人工添加一些化学物质,使其与氧气混合燃烧后的火焰温度比天然气、液化石油气的火焰温度高的多。又由于成本低,因此目前这种气体在气焊气割工作中使用的很广泛。

(3)氧气切割的过程:

氧气切割包括预热、燃烧、吹渣三个过程。

1)气割开始时,先用预热火焰将起割处的金属预热到燃烧温度即:燃点(图 2-2(a))。

2)向被加热到燃点的金属喷射切割氧,使金属在纯氧中剧烈地燃烧(图 2-2(b))。

3)金属氧化燃烧后,生成熔渣并放出大量的热,熔渣被切割氧吹掉,所产生的热量和预热火焰的热量,将下层金属加热到燃点,这样继续下去就将金属逐渐地割穿,随着割炬的移动就割出了所需的形状和尺寸(图 2-2(c))。

(a)

(b)

(c)

图 2-2　氧气切割过程

(4)氧气切割的条件:

金属材料切割应具备以下五个条件,才能用氧气切割,即:

1)金属材料的燃点应低于熔点。

2)金属氧化物的熔点应低于金属的熔点。

3)金属的导热性要差。

4)金属燃烧时应是放热反应。

5)金属中含阻碍切割过程进行和提高淬硬性的成分及杂质要少。

(5)常用金属材料的气割性能:

根据金属材料的切割条件,气割性最好的金属有铁、钛和钒等。低碳钢和普通低合金钢气割性能也很好(图 2-3),是目前氧气气割加工的主要对象。铸铁、高铬钢、不锈钢、高碳钢、铝及铝合金,铜及铜合金均不能采用氧气切割,可用等离子弧切割(图 2-4)。

图 2-3　氧气气割

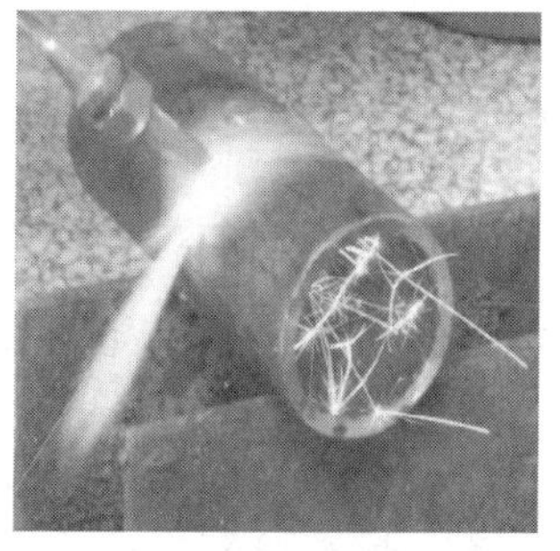

图 2-4　等离子弧切割

3. 气割工艺参数

气割工艺参数主要包括气割氧压力，预热火焰能率，割嘴倾斜角度，割嘴离割件表面的距离，气割速度等。

(1)气割氧压力。

气割氧压力与割件厚度，割嘴大小等因素有关，随割件厚度的增大而增大，或随割嘴代号的增大而增大(图 2-5、图 2-6)。但氧气压力有一定范围，才能保证气割质量。若氧气压力过大(图 2-7)，会使割口过宽及表面粗糙(图 2-8)，氧气消耗量大。若压力过小，割口的氧化铁渣吹不掉，割口上熔渣易粘在一起(图 2-9)，很难清除，还会出现割不透现象(图 2-9)。

图 2-5 割嘴

图 2-6 气割氧压力

图 2-7 压力表

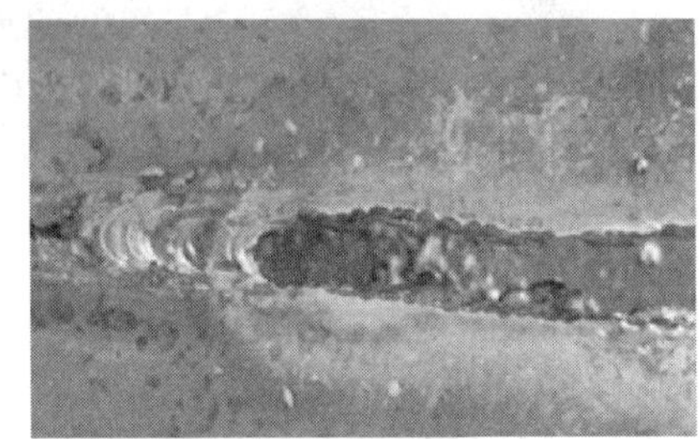

图 2-8 压力过大的现象

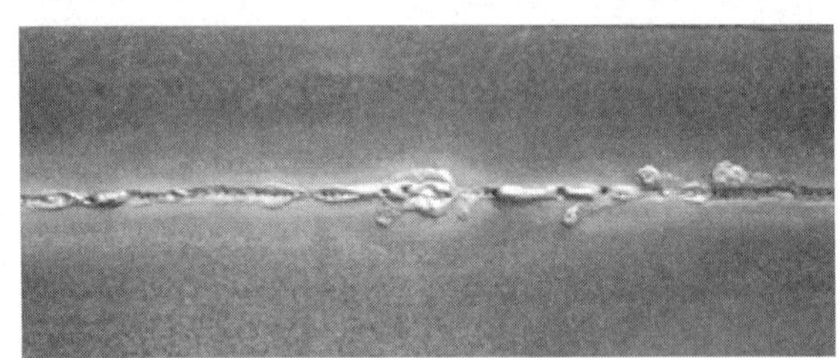

图 2-9 压力过小的现象

当割件厚度小于 50 mm 时，其氧气压力可参照表 2-1 选用。

表 2-1 气割钢板厚度与氧气压力、气割速度的关系

钢板厚度(mm)	氧气压力(MPa)	气割速度(mm/min)
<3	0.2	650～500
4	0.3	550～450
5～10	0.3～0.4	500～350
12～20	0.4～0.5	350～260
20～30	0.5～0.6	280～210
30～50	0.6～0.8	220～170

(2)预热火焰能率。

气割时,预热火焰应采用中性焰(图 2-10)或轻微氧化焰(图 2-11)。

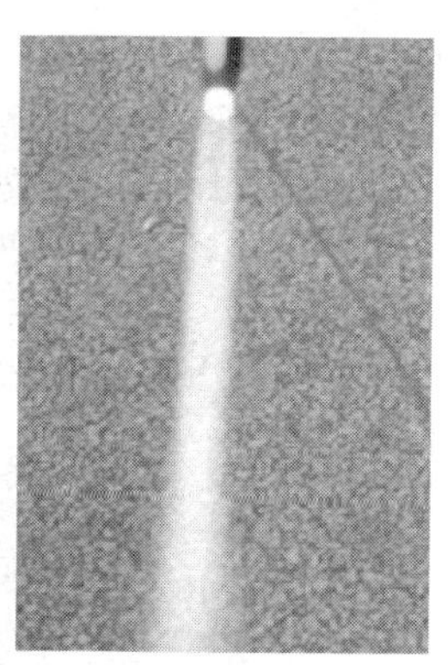

图 2-10　中性焰

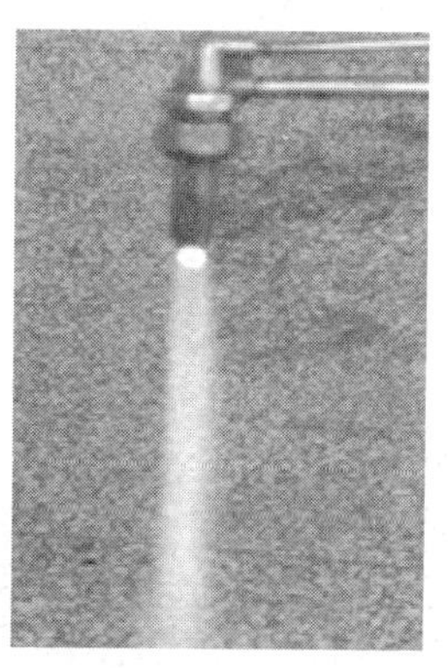

图 2-11　轻微氧化焰

在切割过程中,要注意随时调整预热火焰,防止火焰性质发生变化。预热火焰能率的大小与割件厚度有关。割件越厚,火焰能率应越大,但是在气割厚板时火焰能率大小要适宜,若火焰能率选择过大,会使割缝上边缘产生连续的珠状钢粒(图 2-12),甚至熔化成圆角(图 2-13)。还会造成割件背面粘附的熔渣增多(图 2-14),而影响气割质量。

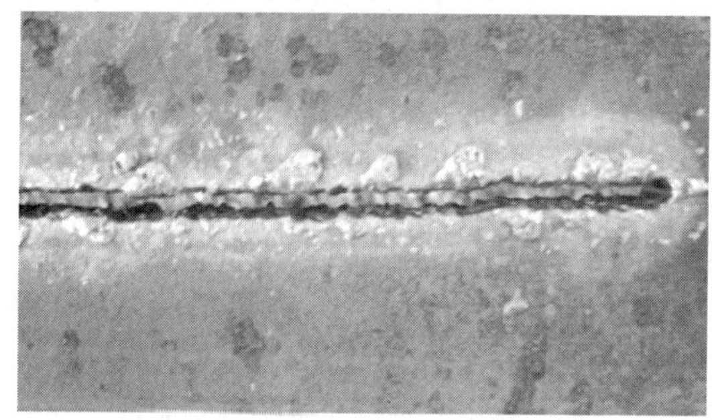

图 2-12　珠状钢粒图

图 2-13　熔化为圆角图

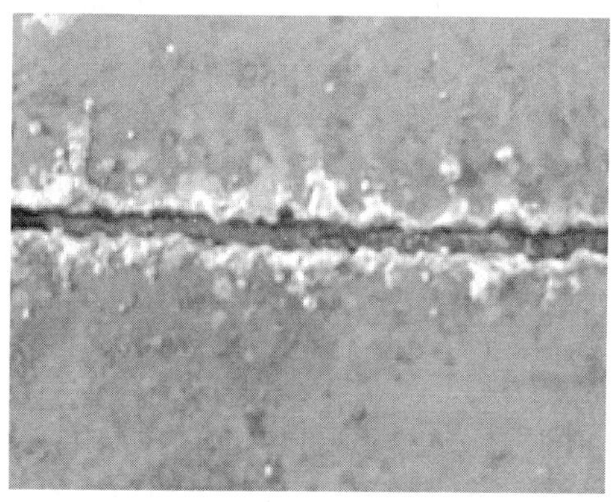

图 2-14　粘附熔渣图

若火焰能率过小时，割件得不到足够的热量，使气割速度减慢，甚至中断气割(图 2-15)。

特别要注意的是不能使用碳化焰(图 2-16)，因为碳化焰有游离状态的碳，会使切口边缘增碳。

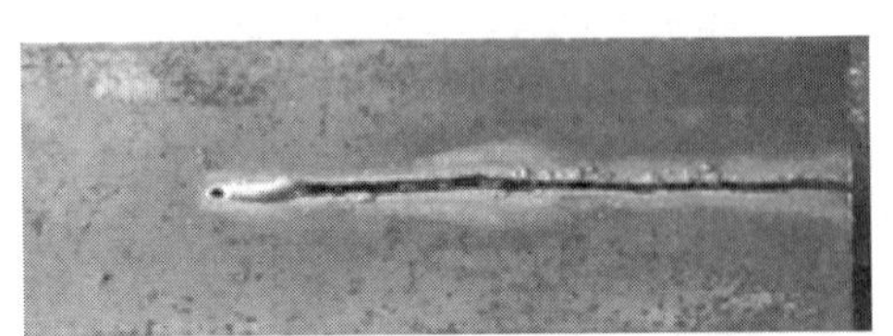

图 2-15　气割中断现象

图 2-16　碳化焰

(3)割嘴倾斜角度。

割嘴沿气割前进方向倾斜的角度称为割嘴与工件的倾斜角(图 2-17、图 2-18)。割嘴的倾角会对气割速度和后拖量产生影响。倾角的大小要根据割件的厚度来定，可参照表 2—2 选用。

图 2-17　割嘴倾斜角度实例图

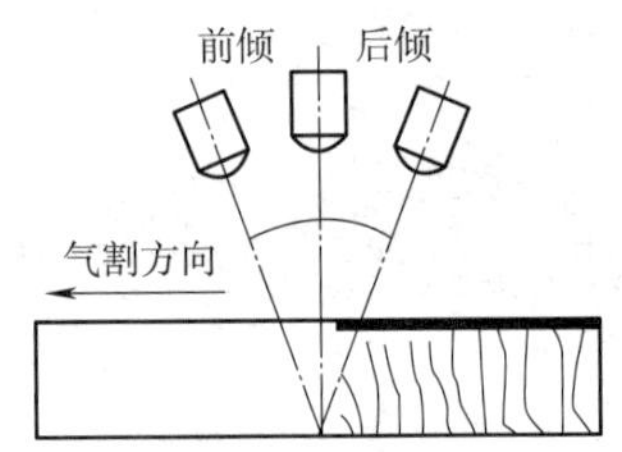

图 2-18　割嘴倾斜角度示意图

表 2-2　割嘴倾角与割件厚度的关系

割件厚度(mm)	<6	6～8	8～30	>30		
倾角方向	后倾	后倾	垂直	起割	正常切割中	停割
				前倾	垂直	后倾
倾斜角	25°～45°	45°～80°	0°	5°～10°	0°	5°～10°

(4)割嘴离割件表面的距离。

根据预热火焰的长度及割件厚度来定。通常火焰焰心距割件表面为 3～5 mm，这样加热条件最好。当割件厚度<18 mm 时，火焰可长些，距离可适当加大(图 2-19)；当割件厚度>18 mm 时，由于气割速度慢，为防止割缝上缘熔化，火焰可短些，距离应适当减小些(图 2-20)。这样可保持气割氧流的挺直度和氧气纯度，能提高气割质量。

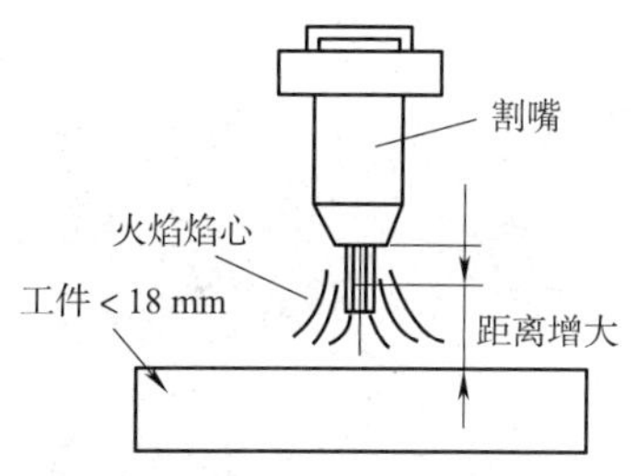

图 2-19　割嘴离割件表面距离加大

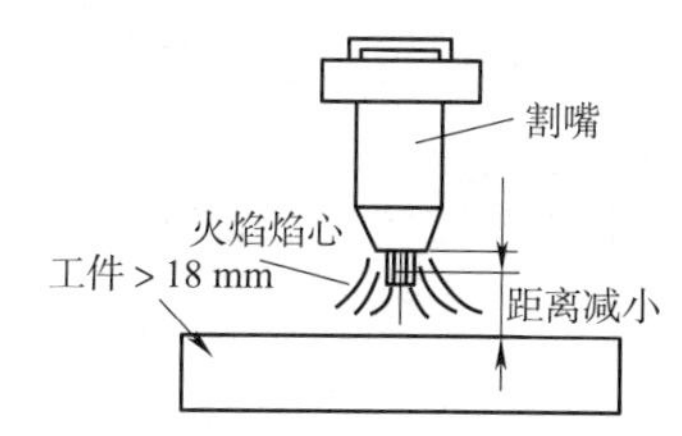

图 2-20　割嘴离割件表面距离减小

(5)气割速度。

气割速度与割件厚度和使用的割嘴形状有关。割件越厚,气割速度越慢;但割速太慢,会使割缝边缘熔化(图 2-21);割件越薄,气割速度越快;但也不能过快,否则,会产生很大后拖量(图 2-22)或割不透现象(图 2-23)。

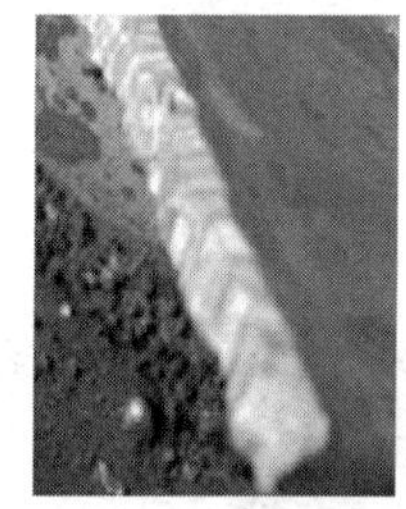

图 2-21　割缝边缘熔化

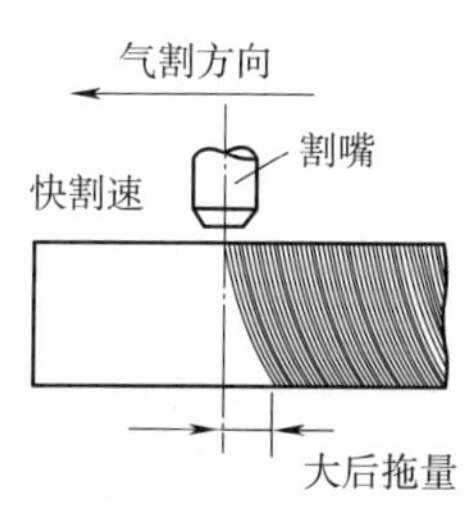

图 2-22　后拖量加大

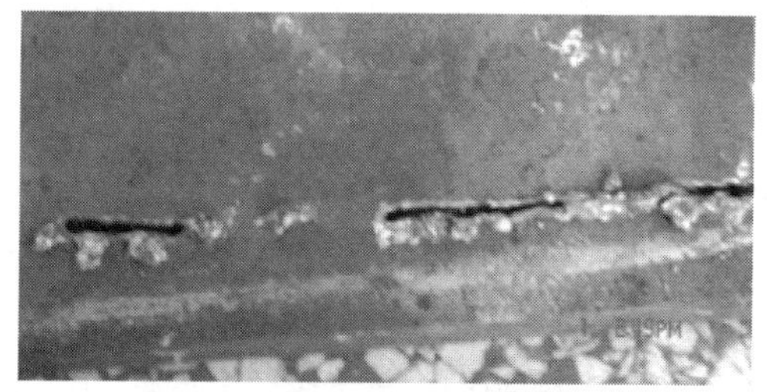

图 2-23　割不透现象

所谓的"后拖量"是指气割面上的切割氧流始、终点在水平面方向上的距离(图 2-24(a))。切割特厚件时,要增加横向摆动来减小后拖量(图 2-24(b))。

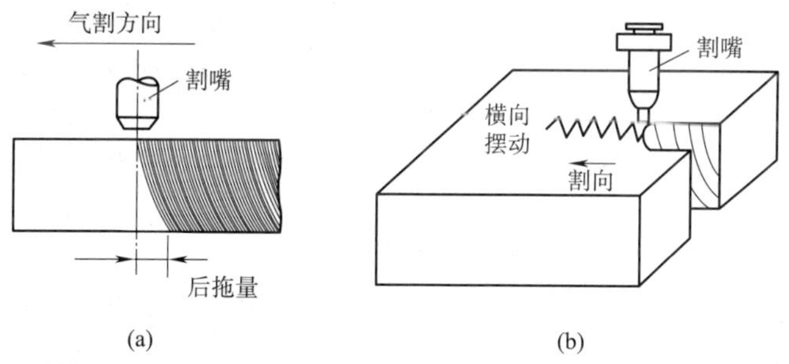

图 2-24　后拖量

气割的后拖量是不可避免的,采用的气割速度应以割缝产生的后拖量较小为原则,气割速度的选择见表 2-1。除以上气割工艺参数外,气割质量的好坏与割件的材质及表面状况(氧化层,涂料层),割缝形状(直线,曲线,坡口等)及操作者的熟练程度等因素有关。

4. 气割顺序的确定

正确的气割顺序应以尽量减少气割件的变形,维护操作者的安全,气割时操作顺手等原则来考虑。

(1)在同一割件上既有直线又有曲线时,则先割直线后割曲线(图 2-25),曲线先割外再割内(图 2-26)。

图 2-25　切割直线、曲线均有割件顺序

图 2-26　切割曲线割件顺序

(2)同一割件上有边缘切割线还有内部切割线时,则先割边缘后割中间(图 2-27)。

(3)由割线围成的同一图形中既有大块,又有小块和孔时,应先割小块,后割大块,最后割孔(图 2-28)。

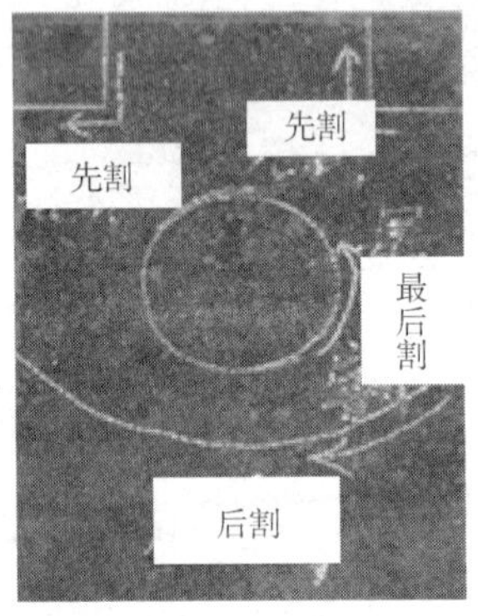

图 2-27　边缘内部切割的顺序

图 2-28　大块、小块和孔的割件切割顺序

(4)同一割件上有直缝,且直缝上又需开槽时,则先割直缝,后割槽(图 2-29)。

(5)割圆弧时,先定好圆中心,割时应保持圆心不变动(图 2-30)。

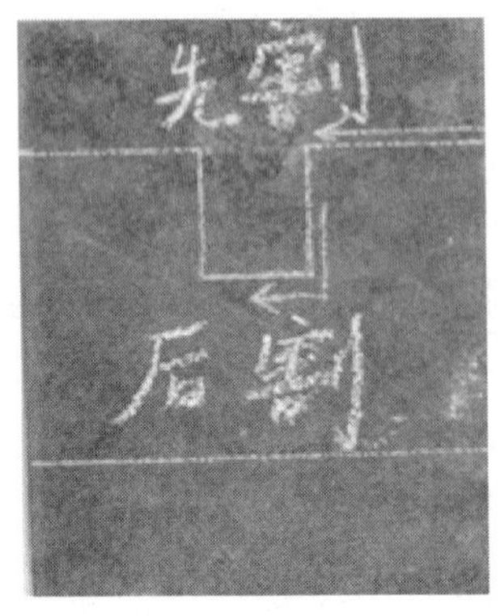

图 2-29　直缝且需开槽割件的切割顺序

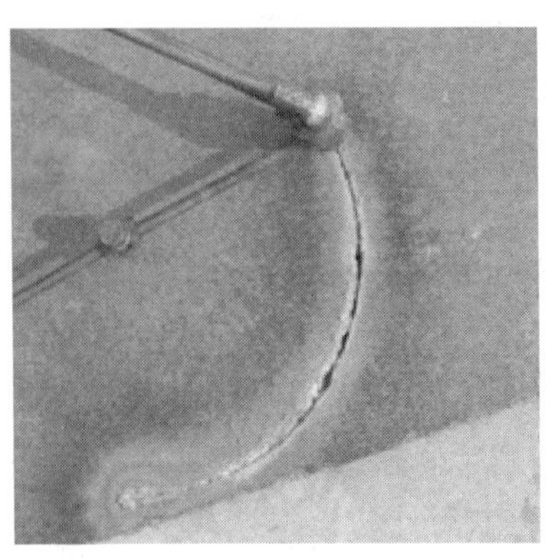

图 2-30　切割圆弧

(6)割件断开的位置最后切割(图 2-31),此时操作者要特别小心,注意安全。

图 2-31　割件断开的切割

二、气割使用的设备和工具

1. 设备

(1)氧气瓶。

氧气瓶是一种储存和运输氧气用的高压压力容器,外形见图 2-32,结构见图 2-33。

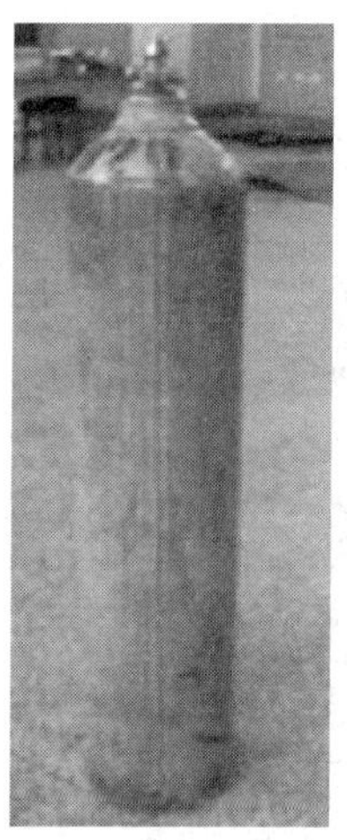

图 2-32　氧气瓶

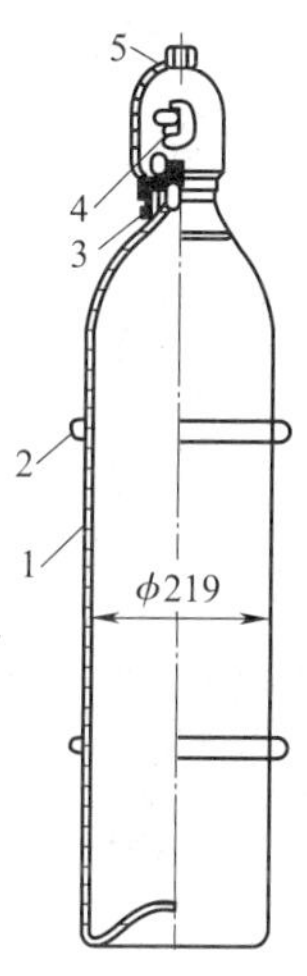

图 2-33　氧气瓶的结构

1—瓶体;2—防震圈;3—瓶箍;4—瓶阀;5—瓶帽

氧气瓶体是用合金钢经热挤压制成的圆筒形无缝容器。瓶的上部有瓶阀(图 2-34)和手轮(图 2-35),用来打开和关闭瓶内氧气以及与氧气减压器连接。氧气瓶的容积为 40 L,在 15 MPa 压力下,可储存 6 m^3 的氧气。根据有关规定,氧气瓶充装的氧气压力不超过 12 MPa(图 2-36)。氧气瓶的外表为天蓝色,并标注有黑色“氧气”字样(图 2-37)。

图 2-34　瓶阀

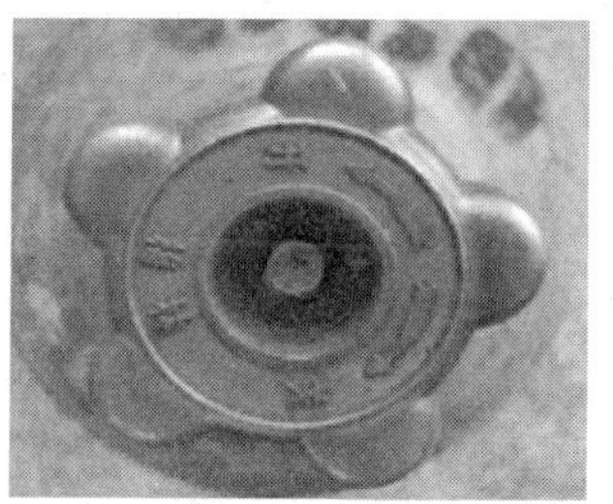

图 2-35　手轮

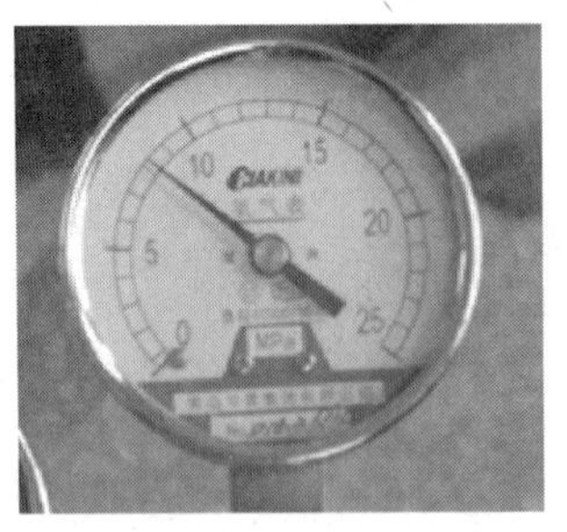

图 2-36 压力表

图 2-37 标注字样

(2)溶解乙炔瓶。

溶解乙炔瓶是一种储存和运输乙炔用的压力容器,外形见图 2-38。由于乙炔的性质与其他气体不同,因此钢瓶在结构上与其他钢瓶差别较大,其结构见图 2-39。乙炔瓶的瓶体是由优质碳素结构或低合金结构钢焊制而成,钢瓶外表喷有白漆,并用红漆标注“乙炔,不可近火”字样(图 2-38)。瓶内最高压力为 1.5 MPa。

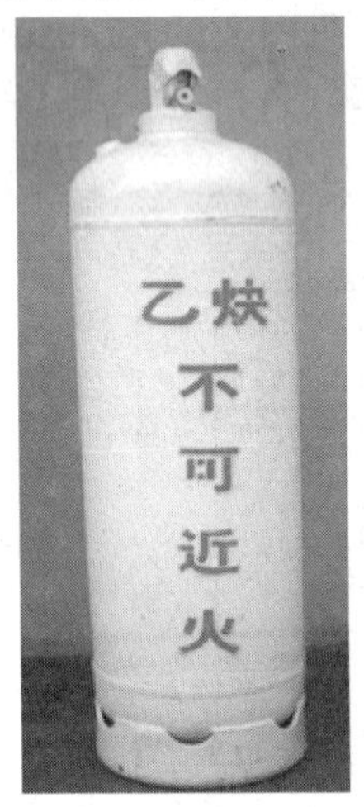

图 2-38 乙炔瓶

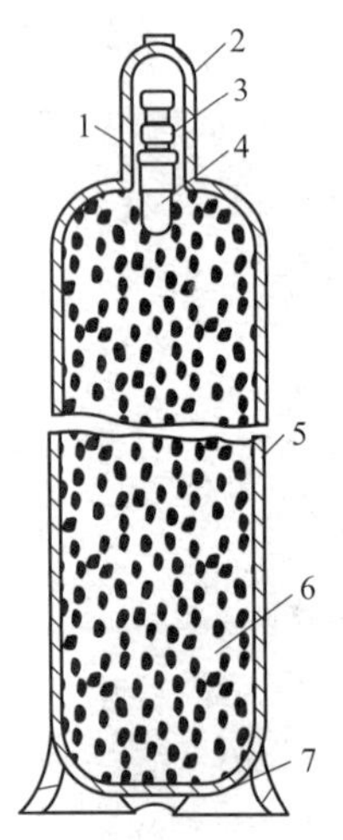

图 2-39 溶解乙炔瓶示意图

1—瓶口;2—瓶帽;3—瓶阀;4—石棉;5—瓶体;6—多孔性填料;7—瓶座

为了能使乙炔稳定而安全的储存在乙炔瓶内,瓶体内装满了多孔性材料,如硅燥土等(图 2-39)中 6。还利用了乙炔能溶解于丙酮的特性,瓶中多孔性材料浸满了丙酮液体,气态乙炔充分熔解到了丙酮液体中,使用时溶解于丙酮内的乙炔就分解出来,而丙酮仍留在瓶中。

(3)液化石油气瓶和丙烯瓶。

气瓶的外形见图 2-40、图 2-41,瓶的上部都有瓶阀等结构,但内部是空的,这是由于这两种气体的易燃易爆性比乙炔差一些,而且在被施加较低的压力就能变成液体,因此很容易以液体形式被储存在钢瓶中。

(4)氧气减压器。

氧气减压器见图 2-42,主要作用有两个,第一个作用是减压和稳压把氧气瓶中高压氧气(15 MPa 以下),转变成气焊气割中能使用的低压氧气(1.5 MPa),第二个作用是指示氧气瓶中的氧气压力和为气焊、气割提供的低压氧的压力。

图 2-40　丙稀气瓶

图 2-41　液化石油气瓶

图 2-42　氧气减压器

常用的氧气减压器是 QD-1 型减压器属单级反作用式减压器,其构造见图 2-43、图 2-44;工作原理见图 2-45。

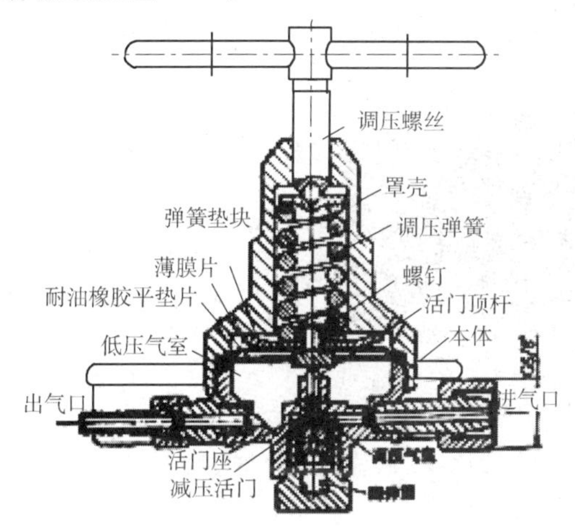

图 2-43　氧气减压器内部构造

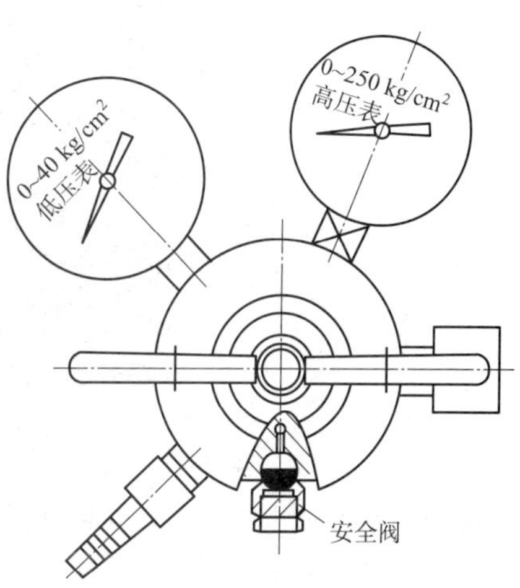

图 2-44　氧气减压器外部构造

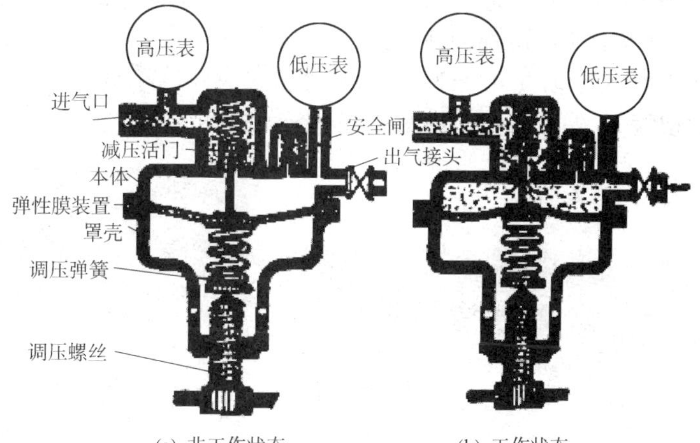

(a) 非工作状态　(b) 工作状态

图 2-45　工作原理

(5)可燃气体减压器。

使用可燃性气体时也需要使用相应的减压器,即乙炔减压器,常用 QD-20 型乙炔减压器,该减压器属于单级式乙炔减压器,供溶解乙炔减压用。外形见图 2-46;液化石油气减压器见图 2-47,丙稀气减压器(图 2-48)。

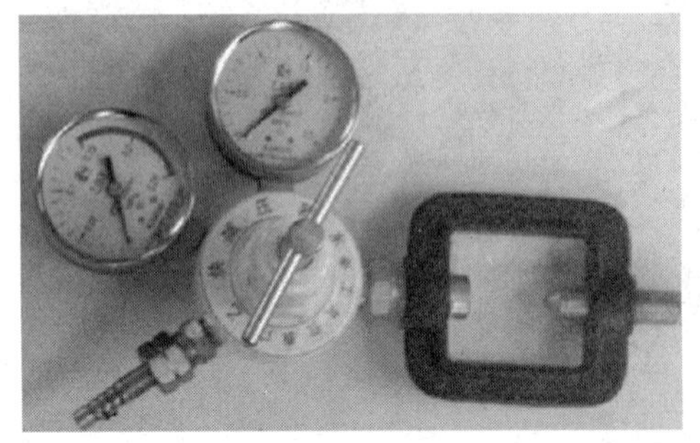

图 2-46 乙炔减压器

图 2-47 液化石油气减压器

图 2-48 丙烯减压器

这些减压器在气焊气割中也起到了两个作用,就是减压、稳压作用。

2. 工具

(1)焊炬。

焊炬在气焊中用于焊接物体,主要作用是把氧气和可燃气体按一定比例混合后,形成具有一定形状的火焰,通过火焰加热物体,最后完成焊接工作。

根据可燃气体压力不同,焊炬可分为低压式、等压式两种,常用的为低压式(又称射吸式),低压式焊炬又分为换嘴式,外形和构造见图 2-49;换管式,外形见图 2-50。

图 2-49 低压焊炬

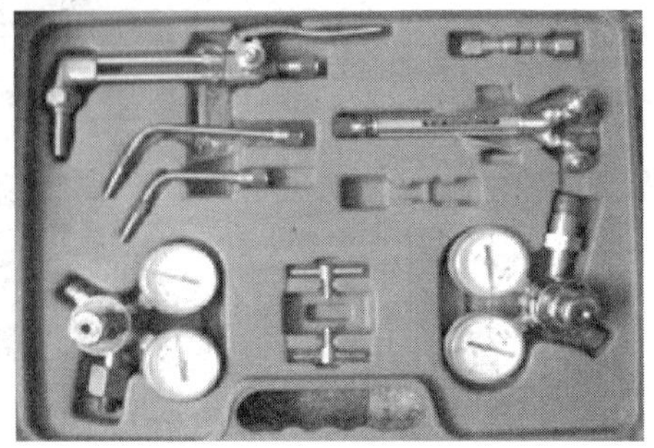

图 2-50 换管式焊炬

(2)割炬。

割炬用来气割物体,割炬在工作中,除了要形成具有一定形状及预热火焰来加热物体外,还需要从割嘴中心喷射出切割氧气流,让已达到熔点温度的物体(碳钢类)在氧气流中燃烧,并利用氧气流的吹力将氧化燃烧后形成的氧化物吹除,最后完成切割。

割炬按可燃气体与氧气混合方式不同可分为射吸式和等压式,常用的为射吸式割炬。外形见图 2-51。

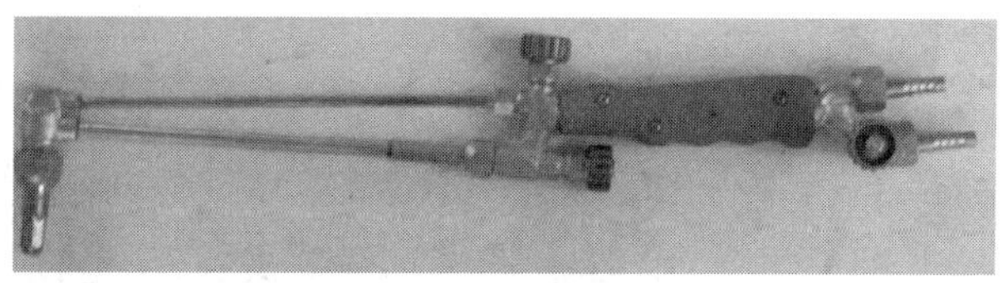

图 2-51　射吸式割炬

3. 辅助工具

(1)胶管。

氧气胶管为黑色,能承受 2 MPa 以下的压力,内径 8 mm。乙炔胶管为红色,能承受 0.5 MPa 以下的压力,内径 10 mm。两种胶管外形见图 2-52。因乙炔胶管和氧气胶管的强度不同,使用中不得相互代用。

(2)胶管接头。

胶管接头(图 2-53),使用在氧气胶管中,用来连接胶管与焊炬和胶管与氧气减压器。由于可燃性气体在气焊气割中的工作压力较低,所以,乙炔胶管与减压器和焊炬、割炬之间均采用插接。

图 2-52　胶管

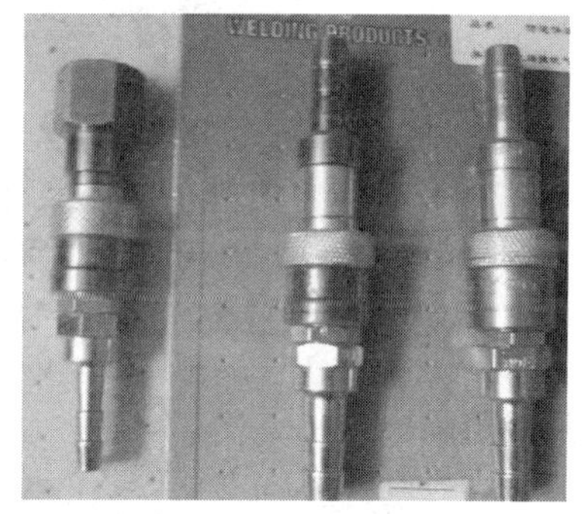

图 2-53　胶管接头

(3)点火枪。

点火枪用来点燃混合气体,形成火焰。标准的点火枪外形(图 2-54),但在实际生产中也可用打火机、火柴(图 2-55)来点燃混合气体。

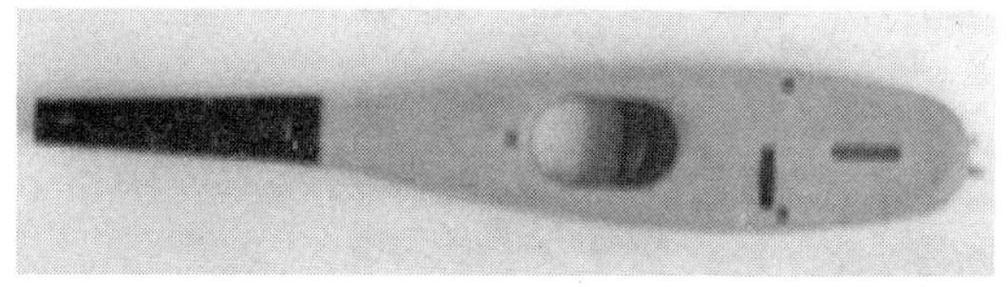

图 2-54　点火枪

图 2-55　打火机

(4)护目镜。

护目镜用来保护眼睛不受火焰光亮的刺激,还能防止飞溅金属物溅入眼中,同时也便于焊工在焊接或切割中观察熔池或割缝的实际情况。

护目镜的外形和色度深浅有很多种,一般是根据个人喜好来选择(图 2-56)。

(5)焊口检测器。

焊口检测器是用于检查焊接接头、坡口、焊缝尺寸的一种多用途工具,外形见图 2-57。

图 2-56 护目镜

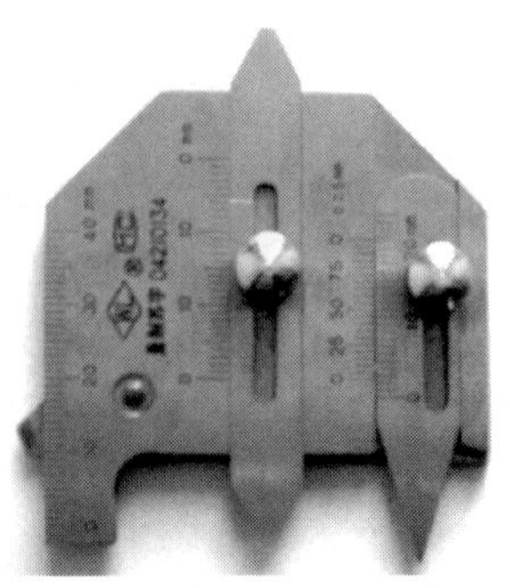

图 2-57 焊口检测器

(6)其他工具。

常用的有扳手、钢丝钳、螺丝刀、通针等(图 2-58)。

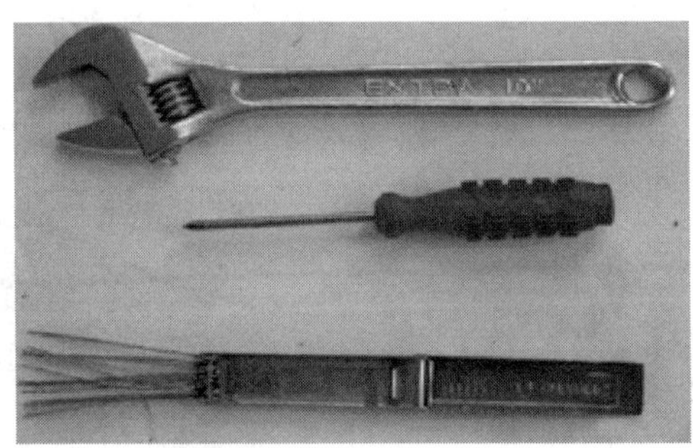

图 2-58 工具

三、气割使用的火焰

氧气与可燃性气体混合的比例不同时,所得到的火焰的性质和构造也不相同,一般情况下,当改变这两种气体的比例时,可以得到中性焰、碳化焰、氧化焰三种火焰(图 2-59),其构造和形状如(图 2-60)。

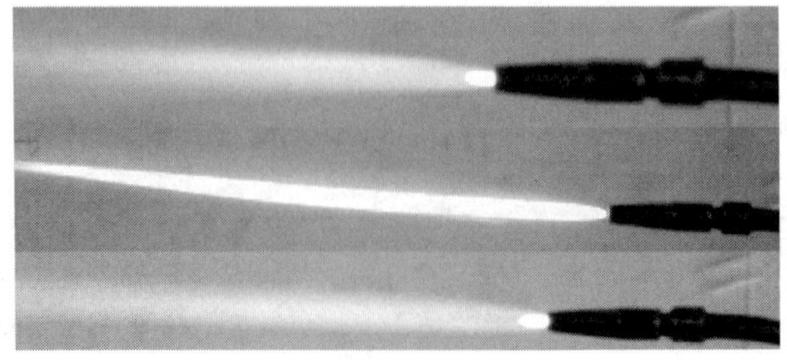

图 2-59 气割火焰

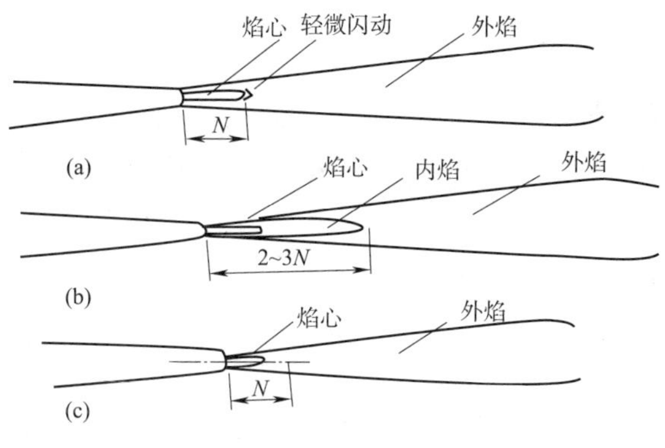

图 2-60　氧乙炔焰的构造

1. 中性焰

当氧气与乙炔的比例为 1～1.2 时,所形成的火焰为中性焰。焰芯的气体为不完全燃烧的气体,内焰中的气体是完全燃烧的气体,而外焰气体的成分则是燃烧后气体如水蒸气,CO_2气等(图 2-60(a))。

2. 碳化焰

火焰为碳化焰时,此时氧气与乙炔的比例小于 1,火焰的温度比中性焰低,焰芯和内焰都含有未完全燃烧的气体,而外焰部分的成分则是完全燃烧后的气体。从焊接角度来看,这种火焰具有还原性,能减轻被焊金属的氧化程度(图 2-60(b))。

3. 氧化焰

氧气与乙炔的比例大于 1.2 时,火焰的内焰(与焰芯重合)和外焰都含有过剩的氧气,整个火焰具有氧化性,火焰的温度要比中性焰和碳化焰高(图 2-60(c))。

中性焰常用于焊接碳钢件,碳化焰用于焊接易氧化的有色金属,氧化焰常用于焊接黄铜,铝钢、镀锌铁皮等。

4. 气割火焰

气割中最常用的火焰是中性焰,主要作用是加热被割工件,但由于割嘴的构造与焊嘴不同所形成的火焰形状也不一样,又由于气割时还需要从割嘴中心部喷射出一束氧气流来燃烧被割金属,因此,当开启割炬的切割氧气阀时,就会在火焰的中心部出现一条白亮的切割氧流线即:风线。

进行任务操作

任务一：气焊气割设备的连接和使用

<table>
<tr><td colspan="2">任务一</td><td>气焊气割设备的连接和使用</td><td>课时</td><td></td></tr>
<tr><td colspan="2">教学目标</td><td colspan="3">1. 掌握气焊、气割设备的安装、拆卸、调试方法。
2. 掌握气焊、气割的火焰点燃的步骤及方法。
3. 火焰调整要求。</td></tr>
<tr><td rowspan="2">教材分析</td><td>重点</td><td colspan="3">1. 掌握气焊、气割设备的安装、拆卸、调试方法。
2. 掌握气焊、气割的火焰点燃的步骤及方法。
3. 火焰调整要求。</td></tr>
<tr><td>难点</td><td colspan="3">1. 掌握气焊、气割设备的安装、拆卸、调试方法。
2. 掌握气焊、气割的火焰点燃的步骤及方法。
3. 火焰调整要求。</td></tr>
<tr><td colspan="5">教具：气焊、气割设备工具、眼镜、通针、扳手、火机等。</td></tr>
<tr><td colspan="3">教学方法：讲解、示范、训练、巡回指导。</td><td>课型</td><td></td></tr>
<tr><td>实习工件示意图</td><td colspan="4">气割设备</td></tr>
<tr><td colspan="3">教学过程</td><td>第一次</td><td>第二次</td></tr>
<tr><td colspan="3">[组织教学]：
1. 组织学生有序进入车间。
2. 点名、填表、查明未到学生原因。
3. 工装检查及安全、节约、材料工具整理意识强调。
4. 强调实习纪律卫生(上下课时间等)、学风、学法、爱岗敬业等。
[复习提问]：
1. 我们通常所说的气焊、气割，是指采用哪种气体？
答：乙炔和氧气。
2. 乙炔和氧气的基本性质有哪些？
答：乙炔：易燃易爆气体，燃点为335℃，与空气混合燃烧的火焰温度为2350℃，而与氧气混合燃烧的火焰温度可达3300℃。
氧气：助燃，无色无味，如果与可燃气体混合就能剧烈燃烧甚至有爆炸的可能。
根据乙炔和氧气的基本性质，发明了能够利用氧乙炔进行焊接和切割的设备，即气焊割设备。下面我们来学习气焊割设备和工具的使用和安全注意事项。

气焊气割设备的连接和使用

一、设备工具的连接
1. 氧气瓶和乙炔瓶的放置：
氧气瓶、乙炔瓶应竖直放置，两者之间相距应大于5 m，距焊、割操作的位置也应大于5 m(图2-61)。</td><td></td><td></td></tr>
</table>

续上表

教学过程	第一次	第二次

图 2-61　设置

2. 安装氧气减压器:

(1)用手或扳手取下瓶帽(图 2-62)。

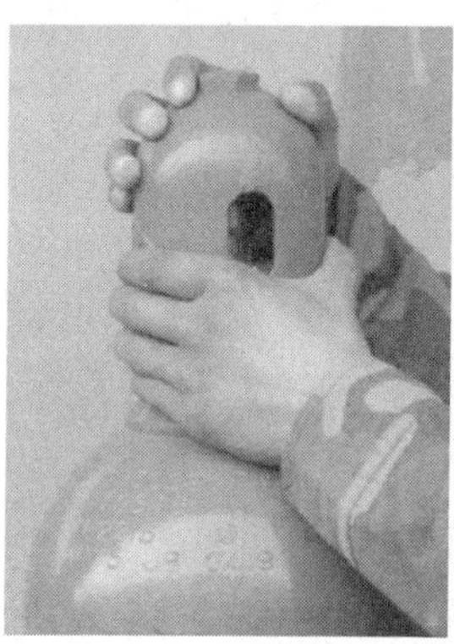

图 2-62　取瓶帽

(2)左手扶住氧气瓶瓶体,右手握住瓶阀上的手轮,先开启一下瓶阀,让氧气从瓶嘴中吹出,以吹掉瓶口内的水分、砂粒等污物(图 2-63)。

(3)左手持氧气减压器,右手持减压器上的连接螺帽(图 2-64),将减压器与氧气瓶嘴之间连接好。再用扳手将螺拇拧紧。

图 2-63　开启瓶阀

图 2-64　连接

(4)左手持氧气胶管的一端,右手握连接螺母,与氧气减压器上的出气口之间拧紧。

续上表

<table>
<tr><th>教学过程</th><th>第一次</th><th>第二次</th></tr>
<tr><td>

3. 安装乙炔减压器：

(1)将减压器的进气口对准乙炔瓶出气口(图 2-65)，顶丝对准瓶嘴的背面，然后用专用扳手旋转顶丝把表上紧(图 2-66)。

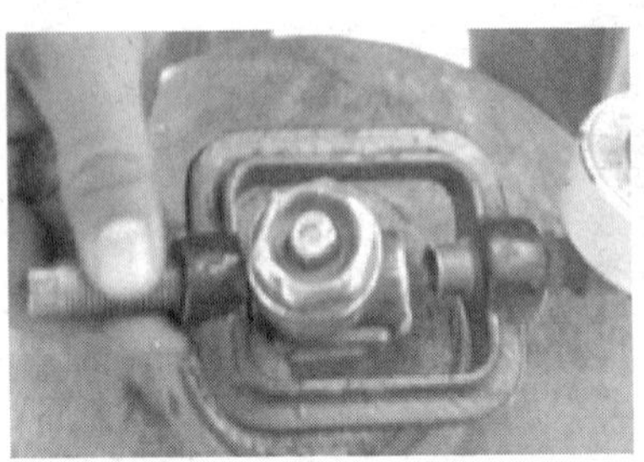

图 2-65 对准气口

图 2-66 旋转顶丝

(2)用专用扳手开启乙炔瓶阀(图 2-67)，此时能见到乙炔高压表上指示出的瓶内压力(图 2-68)。

图 2-67 开启瓶阀

图 2-68 压力表

(3)将乙炔胶管插在乙炔减压器的出气口上(图 2-69)。

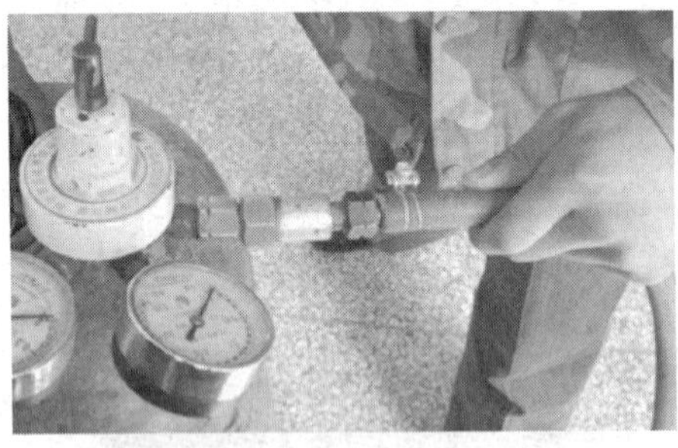

图 2-69 连接

4. 连接焊炬或割炬：

将氧气胶管的另一个螺母与割炬上的氧气接头连接起来(图 2-70)，用扳手拧紧(图 2-71)，防止漏气，再将乙炔胶管插在割炬的乙炔接头上(图 2-72)。

连接焊炬时分别把氧气和乙炔胶管插在焊炬的氧气和乙炔接头上即可(图 2-73)。

二、点火操作

1. 开氧气：

(1)按逆时针方向打开氧气瓶瓶阀(图 2-74)，此时能见到氧气减压器的高压表上有指示，所指示的压力则是氧气瓶内的实际压力(图 2-75)，用肥皂水检查减压器与瓶阀是否漏气。

</td><td></td><td></td></tr>
</table>

续上表

<table>
<tr><th>教学过程</th><th>第一次</th><th>第二次</th></tr>
<tr><td>
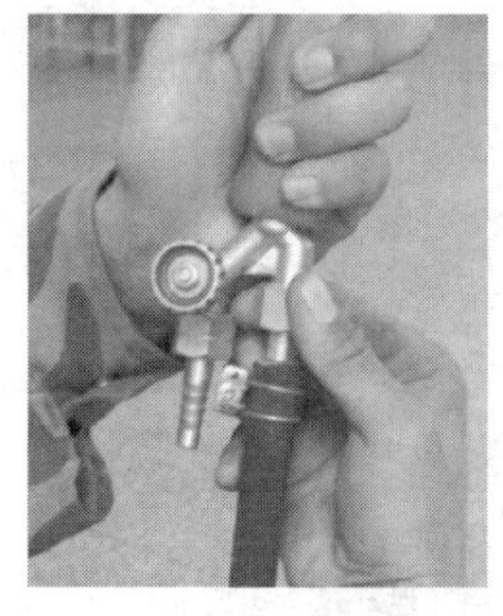
图 2-70　连接氧气接头
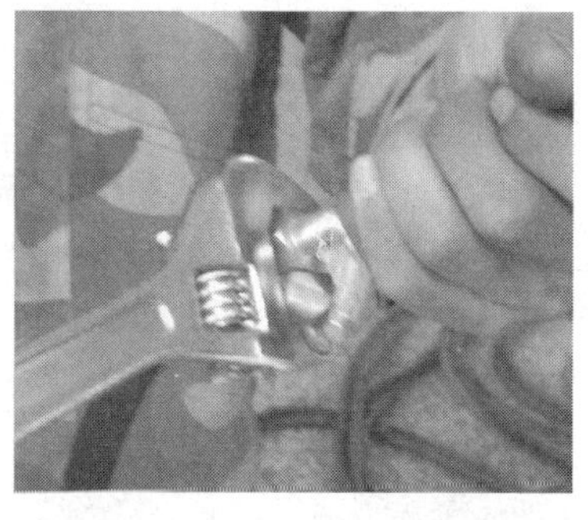
图 2-71　拧紧
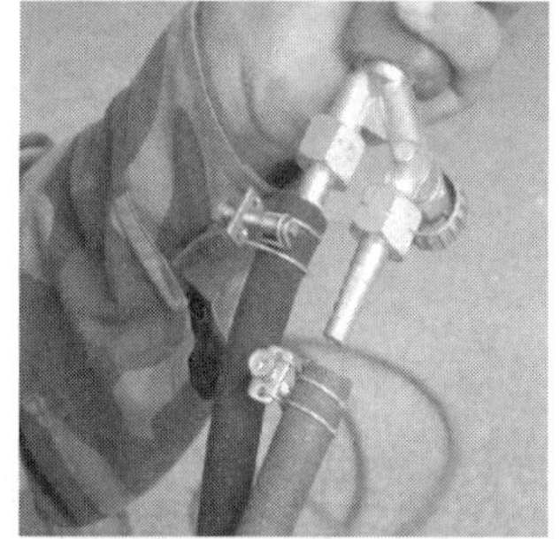
图 2-72　连接乙炔接头
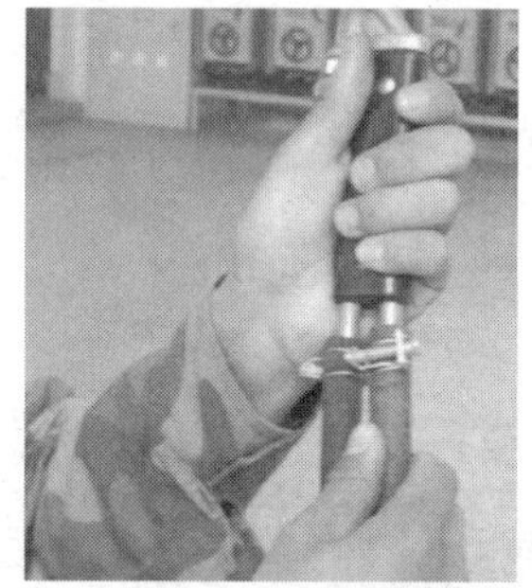
图 2-73　连接焊炬

图 2-74　开启瓶阀
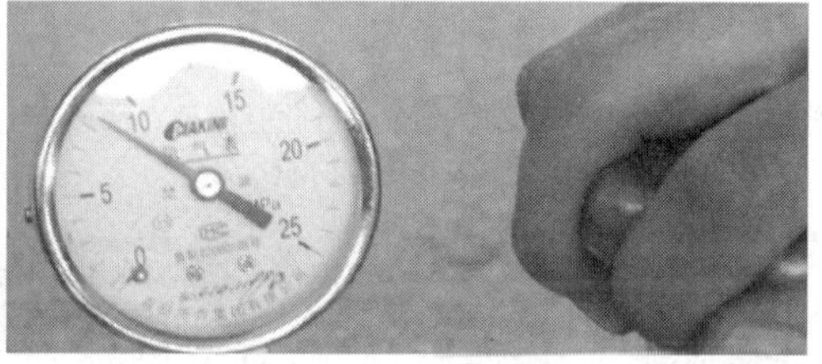
图 2-75　压力表
(2)按顺时针方向旋转调压螺丝(图 2-76),此时调压螺丝会向减压器内部旋进。达到一定深度后,减压器的低压表会指示出减压器向氧气胶管内输送的氧气压力(图 2-77)。

图 2-76　调压

图 2-77　输送
</td><td></td><td></td></tr>
</table>

续上表

<table>
<tr><th>教学过程</th><th>第一次</th><th>第二次</th></tr>
<tr><td>

2. 开乙炔：

(1)用专用扳手按逆时针方向开启乙炔瓶阀(图 2-78)，瓶阀开启后，乙炔减压器的高压表能指示出瓶内乙炔的压力(图 2-79)，用肥皂水检查减压器与瓶阀是否漏气(图 2-80)。

图 2-78　开启瓶阀

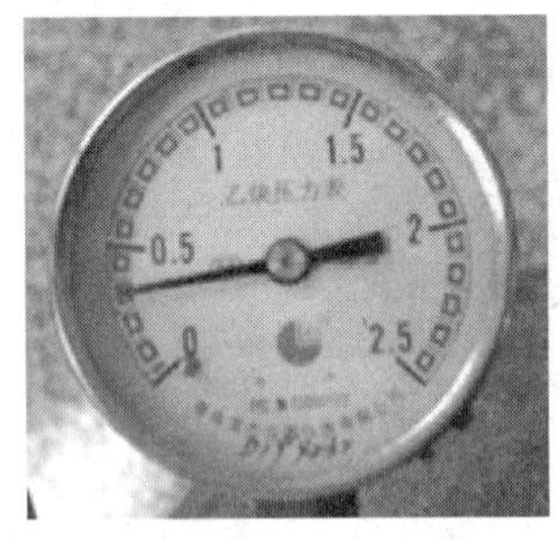

图 2-79　压力表

图 2-80　漏气检查

(2)按顺时针方向旋转乙炔减压器的调压螺丝(图 2-81)，此时能见到低压表上指示出输送到胶管中的乙炔压力(图 2-82)。

图 2-81　调压

图 2-82　输送

3. 点火：

(1)右手握住焊炬的手柄(图 2-83)，左手开启焊炬上的乙炔阀至一定程度(约半圈)，使乙炔从焊嘴处吹出(图 2-84)，再开启氧气阀门少许，准备点火。

(2)左手持点火枪在焊嘴的后方，用点火枪将乙炔—氧混合气点燃(图 2-85)，或用打火机也可将乙炔—氧混合气点燃(图 2-86)。

(3)左手操作焊炬上的乙炔阀手轮，右手的拇指和食指操作氧气阀手轮，通过调节氧气和乙炔的比例，调整出符合要求的火焰。

</td><td></td><td></td></tr>
</table>

续上表

<table>
<tr><th>教学过程</th><th>第一次</th><th>第二次</th></tr>
<tr><td>
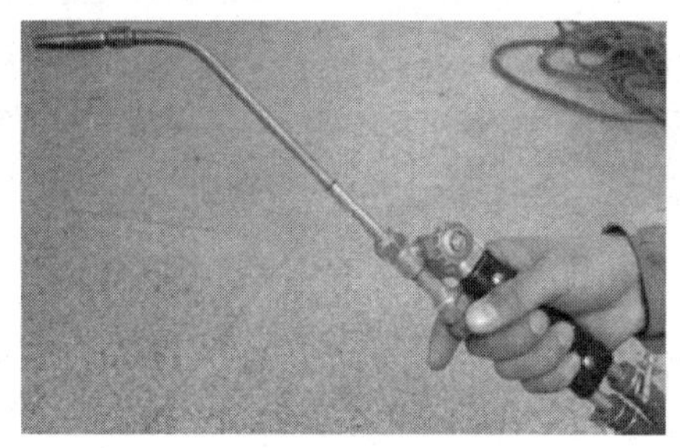
图 2-83　手柄
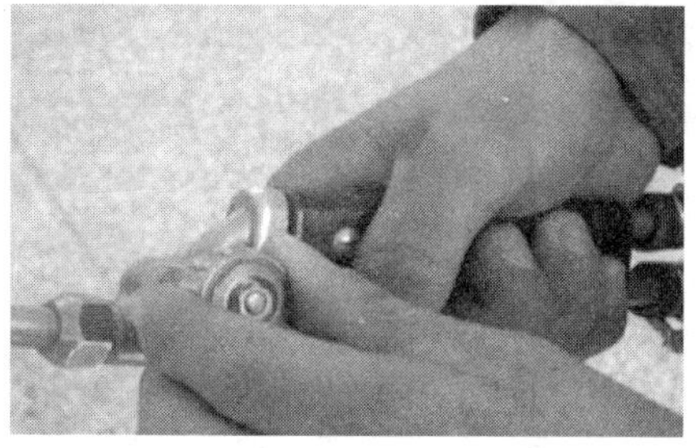
图 2-84　开启乙炔阀
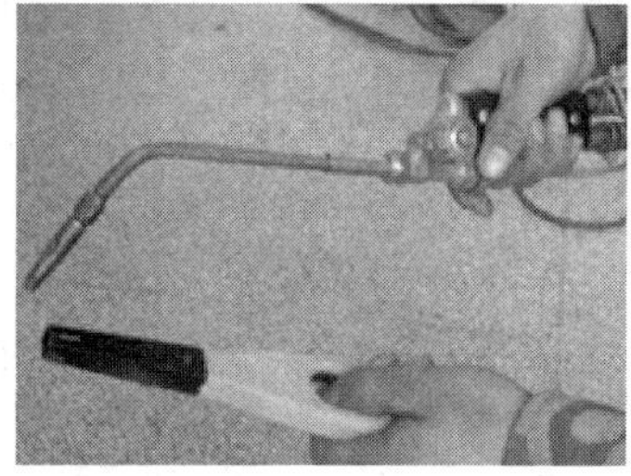
图 2-85　点火枪点燃
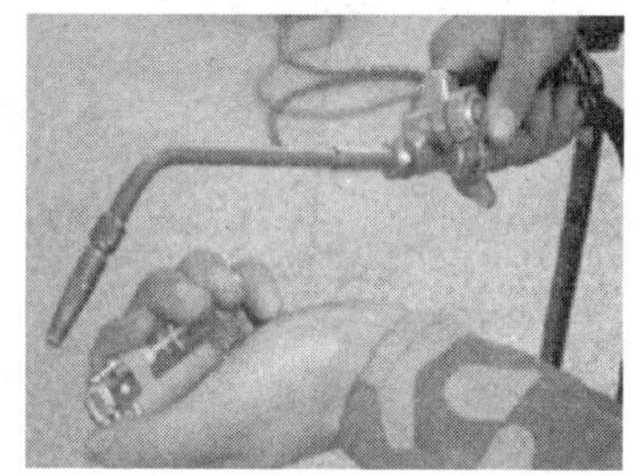
图 2-86　打火机点燃

(4)如果点燃气割火焰，其操作过程与点燃气焊火焰一样，但火焰调整好后还要检查切割氧(风线)的形状是否良好，操作方法是：右手握住割炬手柄，右手食指和拇指握住预热氧手轮(便于随时调整火焰)(图 2-87)，左手食指和拇指握住切割氧手轮，开启切割氧阀后，能见到风线的形状。

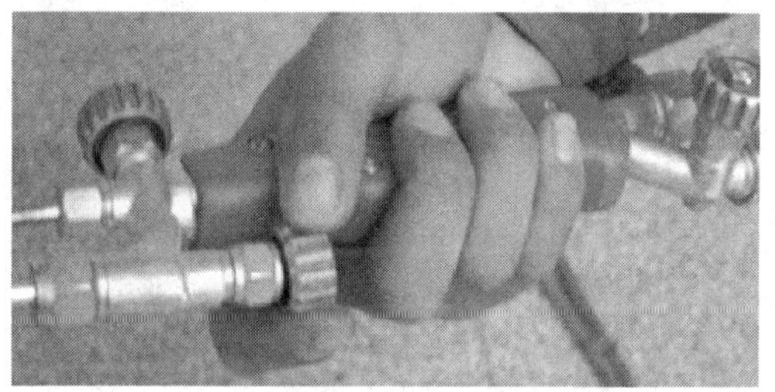
图 2-87　检查切割氧(风线)的形状操作方法

(5)火焰点燃调整好后，可按要求进行气割操作作业。
[任务分配及练习]：气割设备和工具的安装与拆卸
1. 技术要求：顺序正确、姿势和方向正确、动作熟练完整。
2. 每人进行一次完整的安装和拆卸过程，大循环轮流操作。
3. 其余学生认真观察，等待教师的提问。
[巡回指导及示范]：
1. 个别指导与小组指导相结合。
2. 培养发现典型。
[结束指导及点评]：
1. 肯定技术上的成绩，分析存在的问题。
2. 纪律、学风上的问题。
3. 整理工位、工具、材料，打扫车间卫生。
</td><td></td><td></td></tr>
</table>

续上表

教学过程	第一次	第二次
［布置实习报告］： ［教学后记］		

任务二:低碳钢板气割

<table>
<tr><td>任务二</td><td colspan="2">低碳钢板气割</td><td>课时</td><td></td></tr>
<tr><td>教学目标</td><td colspan="4">1. 掌握气割前工件的处理。
2. 能正确选择气割工艺参数。
3. 掌握平板直线气割的操作方法及要领。</td></tr>
<tr><td rowspan="2">教材分析</td><td>重点</td><td colspan="3">1. 掌握平板直线气割的操作方法及要领。
2. 学会分析气割中出现的问题及解决方法。</td></tr>
<tr><td>难点</td><td colspan="3">学会分析气割中出现的问题及解决方法。</td></tr>
<tr><td colspan="5">教具:气割工件、气割设备、眼镜、通针、扳手、火机等。</td></tr>
<tr><td colspan="3">教学方法:讲解、示范、巡回指导。</td><td>课型</td><td>新授课</td></tr>
<tr><td>实习工件示意图</td><td colspan="4">废旧低碳钢板 δ10 mm</td></tr>
<tr><td colspan="3">教学过程</td><td>第一次</td><td>第二次</td></tr>
<tr><td colspan="3">[组织教学]:
1. 组织学生有序进入车间。
2. 点名、填表、查明未到学生原因。
3. 工装检查及安全、节约、材料工具整理意识强调。
4. 强调实习纪律卫生(上下课时间等)、学风、学法、爱岗敬业等。
[安全教育]:
1. 高压气瓶使用安全要求。
2. 防烧伤、烫伤的安全要求。
3. 扁钢的摆放划线及热板的清理及摆放要求。

低碳钢板气割

一、手工气割基本操作
1. 操作准备:
(1)设备:氧气瓶,乙炔瓶,气路(图 2-88);氧气减压器,乙炔减压器(图 2-89)。 

图 2-88　瓶 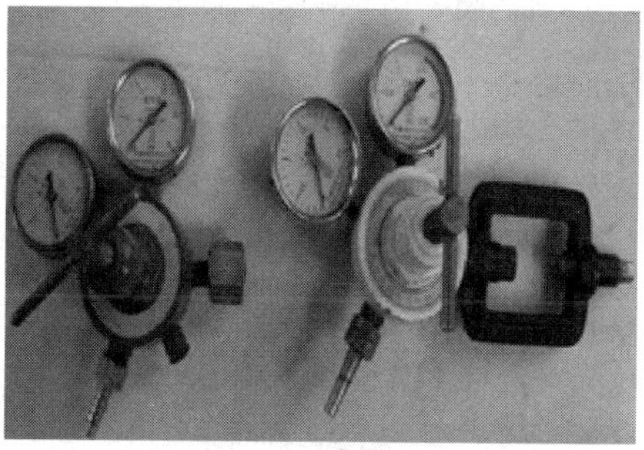　　　　图 2-89　减压器</td><td></td><td></td></tr>
</table>

续上表

教学过程	第一次	第二次
(2)割炬:G01-30 型,1 号环形割嘴(图 2-90)。 (3)工件:低碳钢板宽 60 mm;厚 10 mm(图 2-90)。 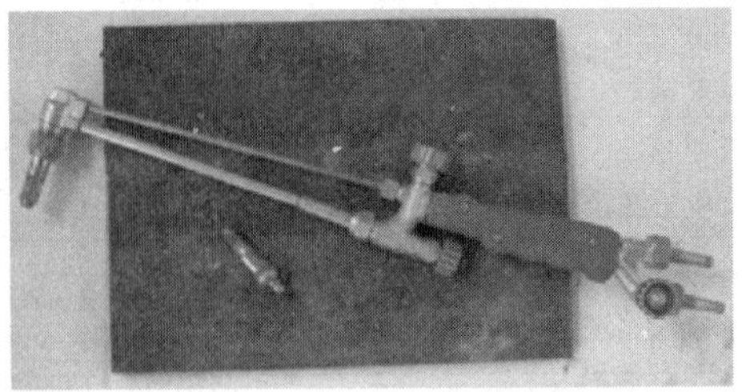 图 2-90　割炬和工件 (4)辅助工具:钢丝刷、锤子、扳手、通针、点火枪、眼镜等(图 2-91)。 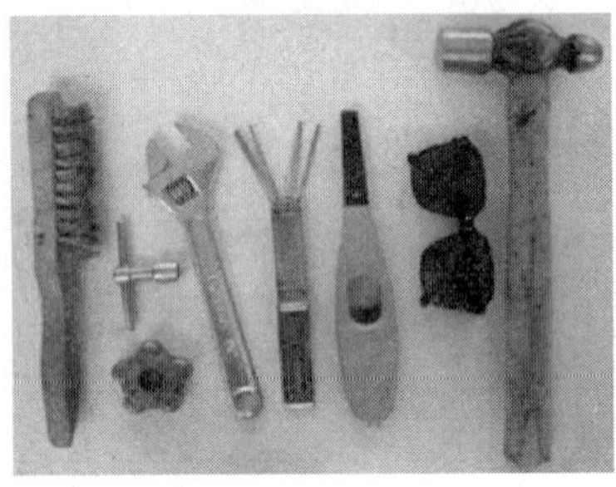 图 2-91　辅助工具 2. 操作方法及要领: (1)割件清理:用钢丝刷把割件表面的铁锈,尘垢等彻底清理干净(图 2-92)。  图 2-92　割件清理 把清理好的割件用耐火砖或专用支架垫空,下面铺一块薄铁板(图 2-93),防止切割时水泥地面炸裂。  图 2-93　放置割件		

续上表

教学过程	第一次	第二次

(2)气割工艺参数见表 2-3。

表 2-3　不同板厚的气割工艺参数对照

板厚(mm)	割炬型号	割嘴型号及切割孔径(mm)	割嘴形状	氧气压力(MPa)	乙炔压力(MPa)	割嘴倾角	割嘴距工件距离(mm)
＜5	G01-30	1 号 0.6	环形	0.2～0.3	0.01～0.06	后倾 25°～45°	3～5
6～10	G01-30	2 号 0.8	环形	0.3～0.4	0.01～0.08	后倾 80°或垂直	3～5
12～20	G01-30	3 号 1.0	环形	0.4～0.5	0.01～0.1	垂直	3～5

(3)点火:点火前先检查一下割炬的射吸力是否正常,方法是拔下乙炔气管(图 2-94);打开混合氧阀门,此时应有氧气从割嘴中吹出(图 2-95);再打开乙炔阀门(图 2-96);用手指按住乙炔进气口(图 2-97);若感觉有吸力,则为正常。然后,关闭所有阀门安装好乙炔胶管(图 2-98)。

点火时,先打开乙炔阀门少许,放掉气路中可能存有的空气,然后打开预热氧阀门少许准备点火。手要避开火焰,防止烧伤,火焰点燃后调整为中性焰或轻微氧化焰。

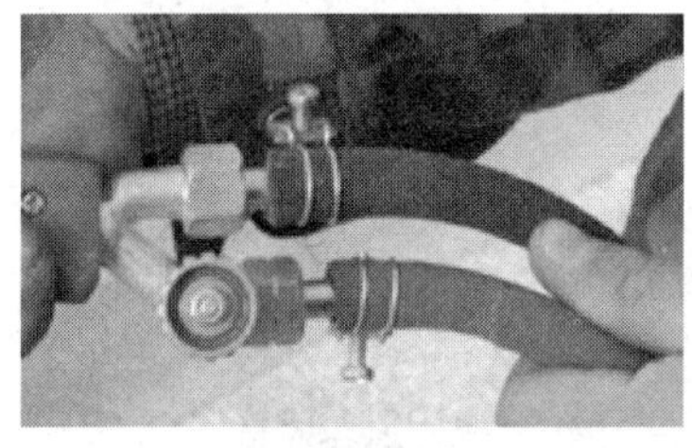

(a)

(b)

图 2-94　拔下乙炔气管

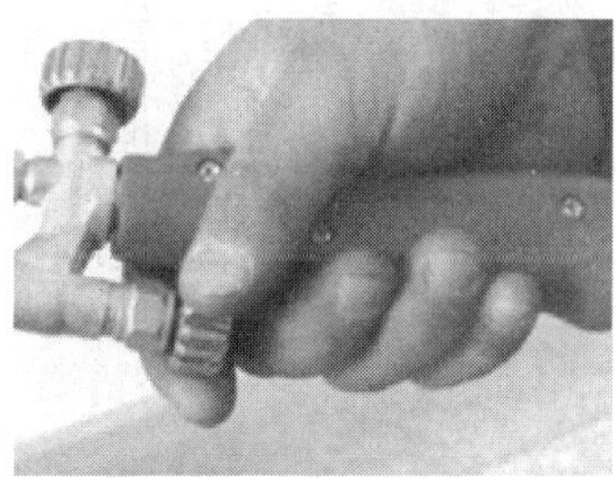

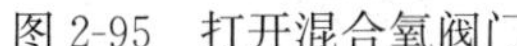

图 2-95　打开混合氧阀门

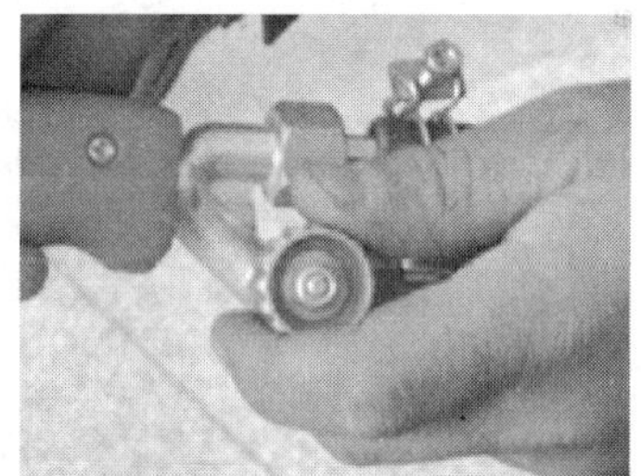

图 2-96　打开乙炔阀门

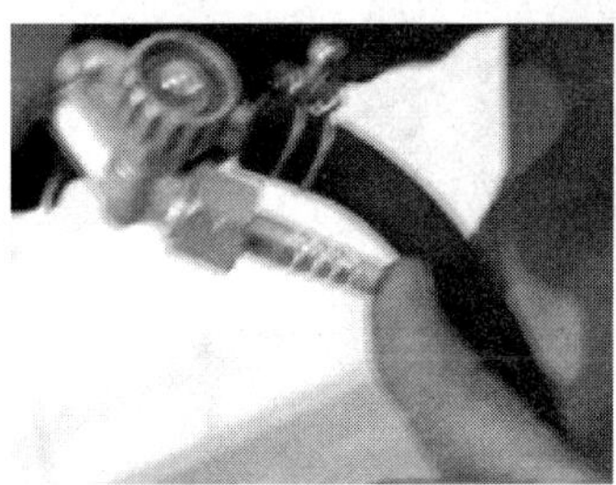

图 2-97　按住乙炔进气口

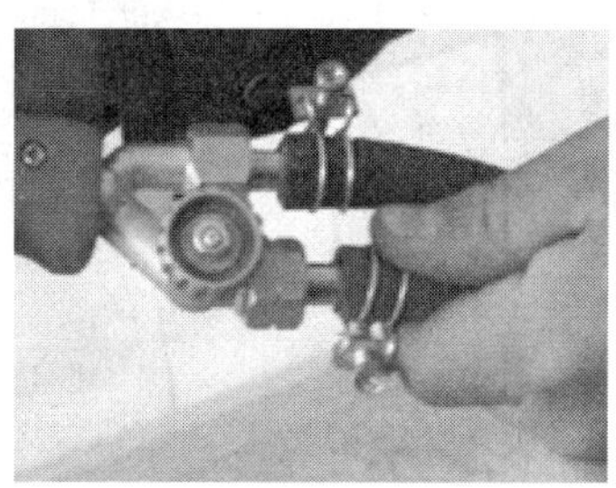

图 2-98　关闭阀门安装乙炔胶管

续上表

<table>
<tr><th>教学过程</th><th>第一次</th><th>第二次</th></tr>
<tr><td>火焰调整好后，再开启切割氧阀门，看火焰中心切割氧流产生的圆柱状风线(图 2-99)是否正常，若风线直而长，并处在火焰中心，说明割嘴良好，否则，应关闭火焰用通针对割嘴喷孔进行修理(图 2-100)后再试。

图 2-99　圆柱状风线
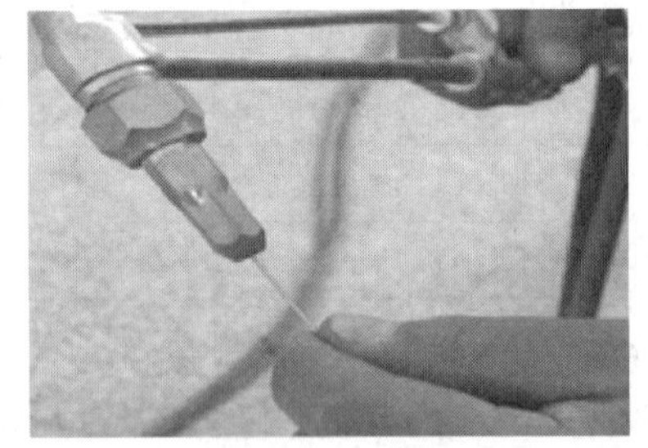
图 2-100　修理
(4)操作姿势：因个人习惯不同操作姿势可以是多种多样的，对初学者可按以下操作姿势练习；手工气割常见的姿势是“抱切法”，即：双脚成八字形蹲在割件一侧，右臂靠右膝盖，左臂悬空在两腿之间。
右手握住割炬手把，并以右手的拇指和食指握住预热氧阀门(图 2-101)，以便随时调整预热火焰。左手的拇指和食指握住切割氧阀门，其余手指平稳地托住混合气管(图 2-102)。
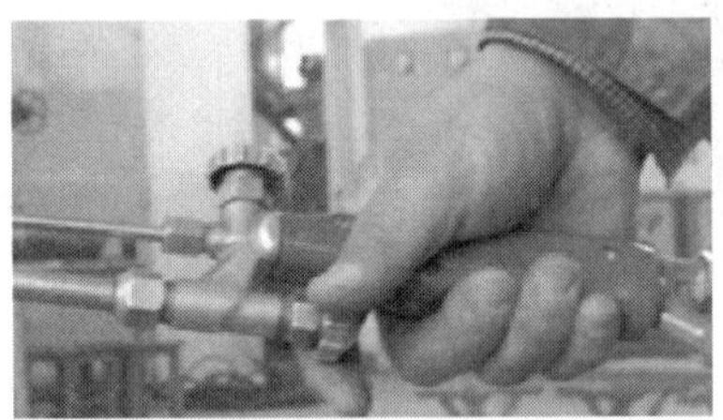
图 2-101　操作姿势(1)
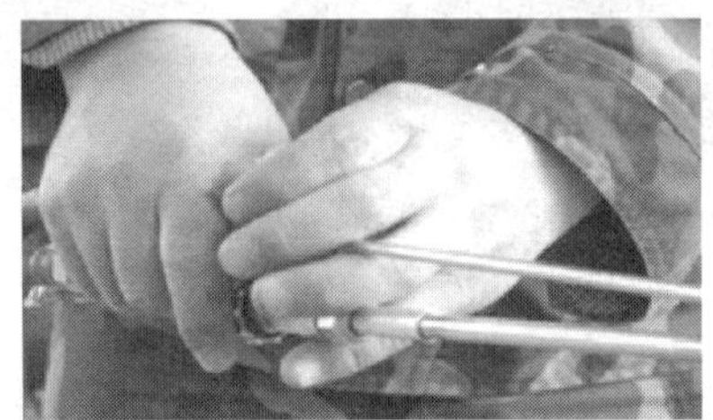
图 2-102　操作姿势(2)
(5)预热：预热位置一般选择在割件的边缘(图 2-103)，保持好割嘴距离；待边缘预热到亮红色时(图 2-104)，便可进行切割。

图 2-103　预热

图 2-104　切割
(6)起割：先将火焰略微移到割件边缘稍外侧(图 2-105)，同时慢慢打开切割氧阀门(图 2-106)并向板内移动，当看到起割点金属被氧气流吹掉时，再增大切割氧气，当割件下面发出“噗噗”的声音并飞出鲜红的氧化铁渣，证明割件已被割透，可根据工件厚度以适当均匀的速度自右向左移动割嘴，形成割缝。</td><td></td><td></td></tr>
</table>

续上表

教学过程	第一次	第二次

图 2-105　移火焰

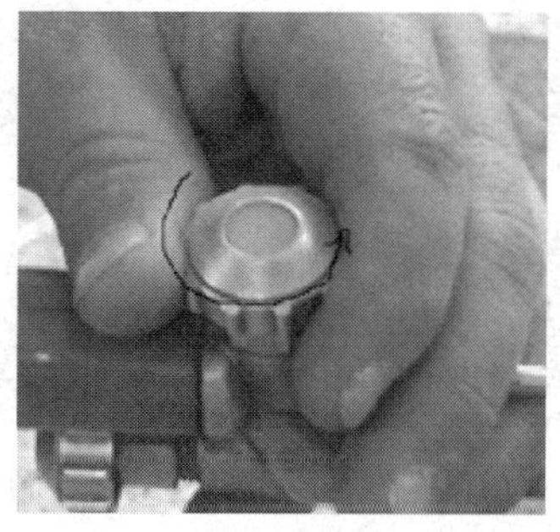

图 2-106　开启阀门

(7)正常切割:起割后割嘴的移动速度要均匀,割嘴与割件距离保持在 5～8 mm 左右(图 2-107),托稳割炬,严格控制割嘴在行走中高低起伏过大(图 2-108),而造成回火。

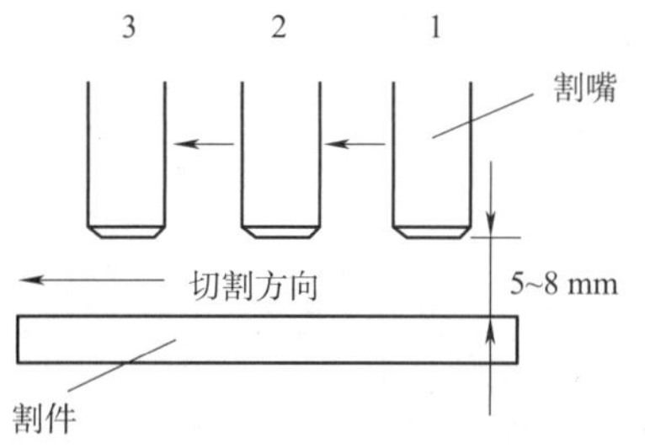

图 2-107　割嘴与割件距离

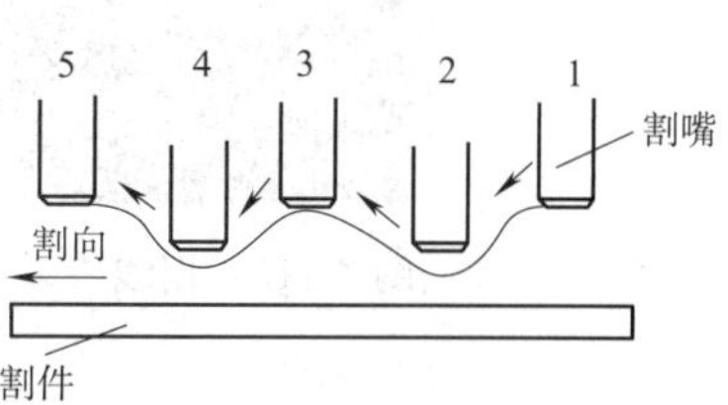

图 2-108　起伏过大

若切割缝较长,要移动身体位置时,应先关闭切割氧阀门(图 2-109),身体位置移动好后,再预热前割缝的末端接着往前切割(图 2-110)。

图 2-109　关闭切割氧阀门

图 2-110　往前切割

切割中,有时因割嘴过热,或割嘴距工件太近,氧化铁渣的飞溅,堵塞割嘴的喷射孔,这时火焰会伴随一声“爆鸣声”而突然熄灭,并发出“吱吱”的火焰倒流声说明发生了回烧或回火现象。此时,应立即关闭切割氧阀门并迅速关闭预热氧阀门和乙炔阀门待割嘴稍冷后再修理割嘴,重新点火进行切割。

(8)停割:气割临近终点时,割嘴沿气割方向后倾一个角度(图 2-111),使割件下部提前割透,使割缝在收尾处较整齐。当切割全部结束时,应迅速关闭切割氧阀门,并将割炬抬起(图 2-112)。

3. 钢板直线气割练习:

工件清理干净后,用石笔按(图 2-113)划线,然后按正确的气割顺序进行直线气割练习。

续上表

<table>
<tr><th>教学过程</th><th>第一次</th><th>第二次</th></tr>
<tr><td>

图 2-111　后倾角度

图 112　抬起割炬
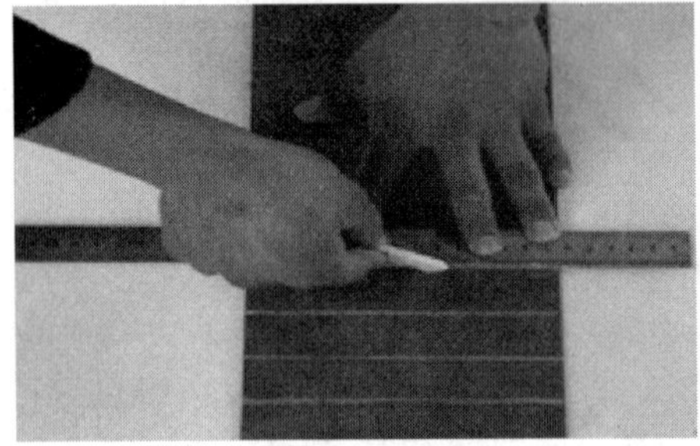
图 2-113　划线
[示范指导]：
6 号扁钢直线气割操作做到边干边讲解。
[任务分配及练习]：
1. 技术要求：顺序正确、姿势和方向正确、动作熟练完整。
2. 每人进行一次完整的安装和拆卸过程，大循环轮流操作。
3. 其余学生认真观察，等待教师的提问。
[巡回指导]：
1. 个别指导与小组指导相结合。
2. 培养发现典型。
[结束指导]：
1. 肯定技术上的成绩，分析存在的问题。
2. 纪律、学风上的问题。
3. 整理工位、工具、材料，打扫车间卫生。
[布置实习报告]
[教学后记]
</td><td></td><td></td></tr>
</table>

模块三：CO_2 气体保护焊

学习相关知识

一、CO_2 气体保护焊的原理及特点

1. CO_2 气体保护焊的原理及分类

(1) CO_2 气体保护焊的原理。

CO_2 气体保护焊是利用 CO_2 作为保护气体的一种熔化极气体保护电弧焊方法，简称 CO_2 焊。这种方法以 CO_2 气体作为保护介质，使电弧及熔池与周围空气隔离，防止空气中氧、氮、氢对熔滴和熔池金属的有害作用，从而获得优良的机械保护性能。

生产中一般是利用专用的焊枪，形成足够的 CO_2 气体保护层，依靠焊丝与焊件之间的电弧热，进行自动或自半动熔化极气体保护焊接。CO_2 焊的原理示意见图 3-1。

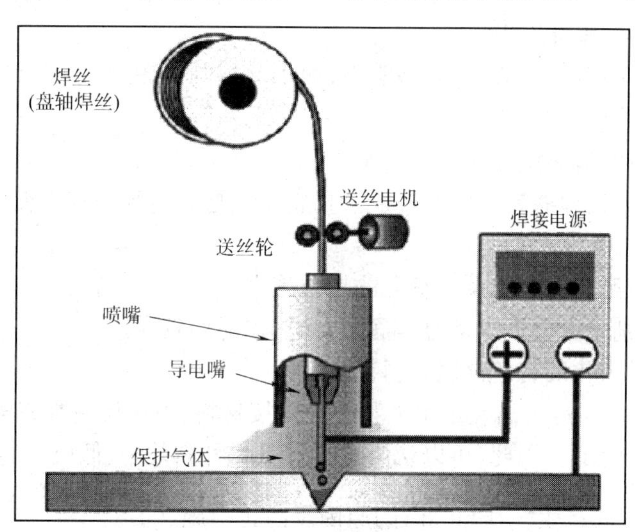

图 3-1　CO_2 气体保护焊接原理示意图

氩气、氦气等惰性气体既不和金属发生化学反应，也不溶于金属，能起到良好的保护作用，而 CO_2 则是一种氧化性气体。特别是在高温作用下具有强烈的氧化性，但 CO_2 气体价格低廉，供应充足。虽然它有强烈的氧化作用，但氧化了的熔化金属可比较容易地脱氧；另一方面较强的氧化性能够抑制焊缝中氢的存在，防止产生氢气孔和裂纹；而且 CO_2 良好的保护作用，还能有效地防止空气中氮对熔滴及熔池金属的有害作用，这一点是很可贵的，因为金属一旦被氮化，便难以使之脱氮。

(2) CO_2 气体保护焊的分类。

CO_2 焊按所用的焊丝直径不同，可分为细丝 CO_2 气体保护焊（焊丝直径≤1.2 mm）及粗丝

CO_2气体保护焊(焊丝直径≥1.6 mm)。由于细丝CO_2焊工艺比较成熟,因此应用最广。

CO_2焊按操作方式不同又可分为CO_2半自动焊和CO_2自动焊. 其主要区别在于:CO_2半自动焊用手工操作焊枪完成电弧热源移动,而送丝、送气等与CO_2自动焊一样,由相应的机械装置来完成。CO_2半自动焊的机动性较大,适用不规则或较短的焊缝焊接;CO_2自动焊主要用于较长的直线焊缝和环形焊缝等焊接。

2. CO_2气体保护焊的特点

(1)CO_2气体保护焊的优点。

1)焊接生产率高。由于CO_2焊的焊接电流密度较大,使焊缝厚度增大,焊丝的熔化率提高,熔敷速度加快。电弧热量利用率较高,以及焊后不需清渣,因此提高了生产率。CO_2焊的生产率比普通的焊条电弧焊高1~4倍。

2)焊接成本低。CO_2气体来源广,价格便宜,而且电能消耗少,故使焊接成本降低。通常CO_2焊的成本只有埋弧焊的40%。焊条电弧焊的37%~42%。

3)焊接变形和焊接应力小。由于电弧加热集中,焊件受热面积小,同时CO_2气流有较强的冷却作用,因此,焊接应力和变形小,特别适宜于薄板焊接。

4)焊接质量高。CO_2焊对铁锈敏感性小,因此焊缝中不宜产生气孔。而且焊缝含氢量低,抗裂性能好。

5)适用范围广。CO_2焊可实现全位置焊接,不仅适用焊接薄板,还常用于中、厚板的焊接,而且也用于磨损零件的修补堆焊。

6)操作性能好。焊后不需清渣,且是明弧,便于掌握与调整,有利于实现机械化和自动化焊接。

(2)CO_2气体保护焊的缺点。

1)飞溅率较大,并且焊缝表面成形较差。金属飞溅是CO_2焊中较为突出的问题,这是主要缺点。

2)很难用交流电源进行焊接及在有风的地方施焊。

3)弧光较强,特别是大电流焊接时,电弧的光热辐射均较强。

4)不能焊接容易氧化的有色金属材料。

CO_2焊的缺点可以通过提高技术水平和改进焊接材料、焊接设备加以解决,而其优点却是其他焊接方法所不能比的。因此,可以认为CO_2焊是一种高效率、低成本的节能焊接方法。

二、CO_2气体保护焊产生气孔与飞溅的原因及防止措施

1. 气孔产生的原因

(1)焊缝金属中产生气孔的根本原因是熔池金属中的气体在冷却结晶过程中来不及逸出造成的。CO_2焊时,熔池表面没有熔渣覆盖,CO_2气流又有冷却作用,因此,结晶较快,容易在焊缝中产生气孔。CO_2焊时可能产生的气孔有以下三种:

1)一氧化碳气孔。

在焊接熔池开始结晶或结晶过程中,熔池中的C和FeO反应生成的CO气体来不及逸出,而形成CO气孔。这类气孔通常出现在焊缝的根部或近表面的部位,且多呈针尖状。

CO气孔产生的主要原因是焊丝中脱氧剂不足,应含有足够的脱氧元素Mn和Si。并严格限制焊丝中的含碳量。CO_2焊时,只要焊丝选择适当,产生CO气孔的可能性不大。

2)氮气孔。

在电弧高温下，熔池金属对 N_2 有很大的溶解度。但当熔池温度下降时，N_2 在液态金属中的溶解度便迅速减小，就会析出大量 N_2，若未能逸出熔池，便生成 N_2 气孔。N_2 气孔常出现在焊缝近表面的部位，呈蜂窝状分布。

氮气孔产生的主要原因是保护气层遭到破坏使大量空气侵入焊接区域。

3)氢气孔。

氢气孔产生的主要原因是，熔池在高温时溶入了大量空气，在结晶过程中又不能充分排出，留在焊缝金属中成为气孔。

氢的来源是焊件，焊丝表面的油污剂铁锈，以及 CO_2 气体中所含的水分。油污为碳氢化合物，铁锈是含结晶水的氧化铁。它们在电弧的高温下都能分解出氢气。氢气在电弧中还会被进一步电离，然后以离子形态很容易熔入熔池。熔池结晶时，由于氢的溶解度陡然下降，析出了氢气如不能排除熔池，则在焊缝金属中形成圆球形气孔。

(2)CO_2 焊的焊接气孔及其防止方法，见表 3-1。

表 3-1 焊接缺陷的原因及其防止方法

焊接缺陷的种类	可能的原因	检查项及其防止办法
气孔	CO_2 气体流量不足	①气体流量是否合适(15～25 L/min) ②气瓶中气压是否>1000 kPa
	空气混入 CO_2 中	气管有无泄漏处
	保护气被风吹走	风速大于 2 m/s 处应采取防风措施
	喷嘴被飞溅颗粒堵塞	去除飞溅(利用飞溅防堵剂或机械清除)
	气体纯度不符合要求	使用合格的 CO_2 气体
	焊接处较脏	不要粘附油、锈、水、脏物和油漆
	喷嘴与母材距离过大	通常为 10～25 mm，根据电流和喷嘴直径进行调整
	焊丝弯曲	使电弧在喷嘴中心燃烧，应将焊丝校直
	卷入空气	在坡口内焊接时，由于焊枪倾斜，气体向一个方向流动，空气容易从相反方向卷入；坏焊缝时气体向一个方向流动，容易卷入空气焊枪应对准环缝的圆心

2. 飞溅产生的原因

(1)飞溅是 CO_2 焊最主要的缺点，严重时甚至要影响焊接过程的正常进行。产生飞溅的主要原因如下：

1)由冶金反应引起的飞溅。

这种飞溅主要由 CO 气体造成的。熔滴过渡时，由于熔滴中的 FeO 与 C 反应产生的气体，在电弧高温下急剧膨胀，使熔滴爆破而引起金属飞溅。

2)由电弧斑点压力而引起的飞溅。

因 CO_2 气体高温分解吸收大量电弧热量，对电弧的冷却作用较强，使电弧电场强度提高，电弧收缩，弧根面积减小，增大了电弧的斑点压力，熔滴在斑点压力的作用下十分不稳定，形成飞溅。用直流正接法时，熔滴受斑点压力大，飞溅也大。

3)短路过渡时由于液态小桥爆断引起的飞溅。

当熔滴与熔池接触时，由熔滴把焊丝与熔池连接起来，形成液体小桥。随着短路电流的增加，使液体小桥金属迅速的加热，最后导致小桥金属发生汽化爆炸，引起飞溅。

4)非轴向熔滴过渡造成的飞溅。

这是在粗滴过渡时由电弧的斥力引起的。熔滴在斑点的压力和弧柱气流压力共同作用下，被推向焊丝末端的一边，并抛到熔池外面，使熔滴形成大颗粒飞溅。

5)当焊接参数选择不当时，也会引起飞溅。

这种飞溅是因焊接电流、电弧电压和回路电感等焊接工艺参数选择不当而引起的。

(2)CO_2焊减少金属飞溅的措施：

1)正确选择焊接参数。

①焊接电流与电弧电压。

CO_2焊时，不同直径的焊丝，其飞溅率和焊接电流之间的关系如图所示。在短路过渡区飞溅率较小细滴过渡区飞溅率也较小，而混合过渡区飞溅率最大。以直径 1.2 mm 焊丝为例，电流小于 150 A 或大于 300 A 时飞溅率都较小，介于两者之间则飞溅率较大。在选择焊接电流时应尽可能避开飞溅率高的混合过渡区。电弧电压则应与焊接电流匹配。见图 3-2。

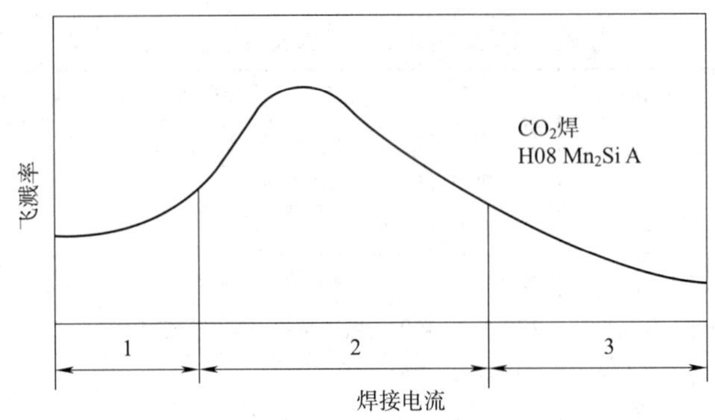

图 3-2　CO_2焊飞溅损失与电流的关系

1—短路过渡区；2—混合过渡区；3—细滴过渡区

②焊丝伸出长度。

一般焊丝伸出长度越长，飞溅率越高。例如直径 1.2 mm 焊丝，丝伸出长度从 20 mm 增至 30 mm，飞溅率约增加 5%。所以在保证不堵塞喷嘴的情况下，应尽可能缩短焊丝伸出长度。

③焊枪角度。

焊枪垂直时飞溅量最少，倾斜角度越大，飞溅越多。焊枪前倾或后倾最好不超过 20°。

2)细滴过渡时在 CO_2 中加入 Ar 气。

CO_2气体的物理性质决定了电弧的斑点压力较大，这是CO_2焊产生飞溅的最主要原因。在CO_2气体中加入 Ar 气后，改变了纯CO_2气体的物理性质。随着 Ar 气比例增大，飞溅逐渐减少，见图 3-3。

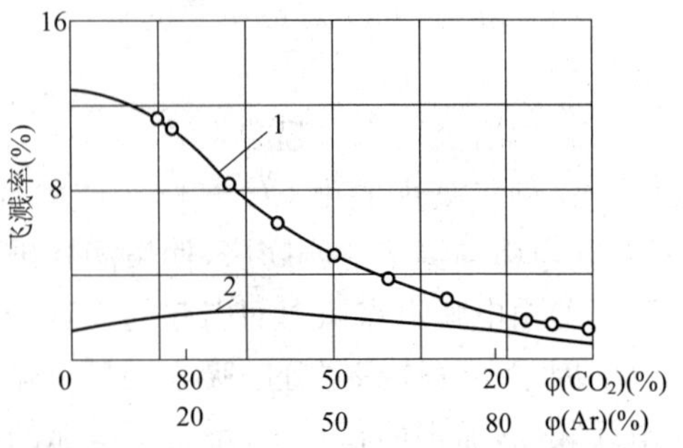

图 3-3　CO_2＋Ar 混合气体中飞溅率

1—细滴直径>0.8 mm；2—细滴直径≤0.8 mm

焊丝直径 1.2 mm；电流 250 A 电弧电压 30 V

由图 3-3 可见，飞溅损失变化最显著的是细滴直径大于 0.8 mm 的飞溅，对直径小于 0.8 mm 的细滴飞溅影响不大。

混合气体的成本虽然比纯 CO_2 气体高，但可从材料损失降低和节省清理飞溅的辅助时间上得到补偿。所以采用 CO_2+Ar 混合气体，总成本还有减低的趋势。另外，CO_2+Ar 混合气体的焊缝金属低温韧性值也比纯 CO_2 气体高。

3)短路过渡时限制金属液体爆断能量。短路过渡 CO_2 焊接时，当熔滴与熔池接触形成短路后，如果短路电流的增长速率过快，使液体金属迅速地加热，造成了热量的聚集，将导致金属液体爆裂而产生飞溅。因此必须设法使短路液体的金属过渡趋于平缓。目前具体的方法有如下几种：

①在焊接回路中串接附加电感。

电感越大，短路电流增长速度越小。焊丝直径不同，串接相同的电感值时，短路电流增长速度不同。焊丝直径粗，短路电流增长速度大；焊丝直径细，短路电流增长速度小。短路电流增长速度应与焊丝的最佳短路频率相适应，细焊丝熔化快，熔滴过渡的周期短，因此需要较大的电流增长速度，要求串接的附加电感值较小。粗焊丝熔化慢，熔滴过渡的周期长，则要求较小的电流增长速度，应串接较大的附加电感。通常，焊接回路内的电感值在 0～0.2 mH 范围内变化时，对短路电流上升速度的影响最明显。因此适当的调整附加电感值，可以有效地减少金属飞溅。这种方法的优点是设备简单，效果明显。缺点是控制不够精确，适量调整不易。因而只能在一定程度上减少飞溅。

②电流切换法。

在每个熔滴过渡过程中，液态金属缩颈达到临界尺寸之前，允许短路电流有较大的自然增长，以产生足够的电磁收缩力。一旦缩颈尺寸达到临界值，便立即进行电流切换，迅速将电流从高值切换到低值，使液态金属缩颈在小电流下爆断。就消除了液态金属爆断产生飞溅的因素。据试验，若将电流从 400 A 降至 30 A，飞溅率可降低至 2%～3%。

③电流波形控制法。

通过控制电流的波形，使金属液桥在较低的电流时断开，液桥断开、电弧再引燃后，立即施加电流脉冲，增加电弧热能，使熔化金属的温度提高。而在将临短路时，再由高值电流改变成低值电流，短路时的电流值较低，但处于高温状态的熔滴形成的短路液桥温度较高，很容易发生流动，再施加很少的能量就能实现金属的过渡与爆断。从而限制了金属液桥爆断的能量，因此能够降低金属飞溅。电流波形控制法的缺点是设备复杂。

4)采用低飞溅率焊丝。

①超低碳焊丝。

在短路过渡或细滴过渡的 CO_2 焊中，采用超低碳的合金钢焊丝，能够减少由 CO 气体引起的飞溅。

②药芯焊丝。

由于熔滴及熔池表面有熔渣覆盖，并且药芯成分中有稳弧剂，因此电弧稳定，飞溅少。通常药芯焊丝 CO_2 焊的飞溅率约为实芯焊丝的三分之一。

③活化处理焊丝。

在焊丝的表面涂有极薄的活化涂料，如 Cs_2CO_3 与 K_2CO_3 的混合物，采用直流正极性焊接。这种稀土金属或碱土金属的化合物能提高焊丝金属发射电子的能力，从而改善 CO_2 电弧的特性，使飞溅大大减少。但由于这种焊丝储存、使用比较困难，所以应用还不广泛。

三、CO_2气体保护焊的焊接材料

CO_2气体保护焊的焊接材料是CO_2气体和焊丝。

1. CO_2气体

CO_2气体是无色、无味和无毒气体。在常温下它的密度为1.98 kg/m^3，约为空气的1.5倍。在常温时很稳定，但在高温时发生分解，至5 000 K时几乎能全部分解。

CO_2有三种形态：固态、液态和气态。其转变的方式比较特殊，气态的CO_2只有受到压缩才能变成液态。常压冷却时，CO_2气体将直接变成固态的于冰。固态的干冰在温度升高时也只能直接变成气态，而不经过液态的转变。但是，固态CO_2不适于在焊接中使用，因为空气中的水分会冷凝在干冰的表面上，使CO_2气体中带有大量的水分。因此，用于CO_2焊的是由瓶装液态CO_2所产生的CO_2气体。

气体在较高压力下能变成液体，液态CO_2的密度随温度有很大变化。当温度低于−11 ℃时比水重，而当温度高于−11 ℃时比水轻。由于CO_2由液态变为气态的沸点很低，为−78.9 ℃，所以工业用CO_2都是使用液态的，常温下它自己就气化。在0 ℃和101.3 kPa（1个大气压）下，1 kg液态CO_2可以气化成509 L的气态CO_2。通常容量为40 L的标准钢瓶内，可以灌入25 kg的液态CO_2，约占钢瓶容积的80%，其余20%左右的空间则充满气化了的CO_2。一瓶液态CO_2可以汽化成12 725 L气体，若焊接时气体流量为15 L/min时，可以连续使用14 h左右。

气瓶的压力与环境温度有关，当温度为0～20 ℃时，瓶中压力为$(4.5～6.8)\times10^6$ Pa（40～60大气压），当环境温度在30 ℃以上时，瓶中压力急剧增加，可达7.4×10^6 Pa（73大气压）以上。所以气瓶不得放在火炉、暖气等热源附近，也不得放在烈日下暴晒，以防发生爆炸。

2. CO_2气体正确操作技术

（1）CO_2气体预热器所使用的电压不得高于36 V，且外壳应接地可靠。工作结束时，立即切断电源和气源。

（2）气瓶应小心轻放，竖立坚固，以防倾倒，气瓶与热源距离应大于3 m，不得靠近火源，勿暴晒。

（3）CO_2气体在焊接电弧高温下会分解生成对人体有害的CO气体，焊接时还排除其他有害气体和烟尘，特别是在容器内施焊，更应加强通风，而且要使用能供给新鲜空气的特殊面罩，容器外应有人监护。

（4）装有液态CO_2的气瓶，满瓶压力约为5～7 MPa，但当遇到外加的热源时，液体便能迅速地蒸发为气体，使瓶内压力升高。受到的热量越大，压力的增高越大，这样就有造成爆炸的危险。因此装有CO_2的钢瓶不能接近热源，同时应采取降温等安全措施，避免气瓶爆炸事故发生。使用CO_2气瓶必须遵守《气瓶安全监察规程》的规定。

（5）气瓶要有防震胶圈，且不使气瓶跌落或受到撞击。瓶内气体不可全部用尽，应留有余压，打开阀门时不应操作过快。

（6）不得擅自更改气瓶的钢印和颜色标记，气瓶使用前应进行安全状况检查，对盛装气体进行确认。气瓶投入使用后，不得对瓶体进行挖补，焊接修理。

（7）气瓶佩戴安全帽，防止摔断瓶阀造成事故。气瓶要定期检验。如发现有严重腐蚀、损伤或对其安全可靠性有怀疑时，应提前进行检验。

(8)瓶内气体不得用尽，必须留有剩余压力。

3. 焊丝

CO_2焊焊丝既是填充金属又是电极，所以焊丝既要保证一定的化学成分和力学性能，又要保证具有良好的导电性和工艺性能。

(1)对焊丝的要求。

1)脱氧剂。焊丝必须含有一定数量的脱氧剂，以防止产生气孔，减少飞溅并提高焊缝金属的力学性能。用于低碳钢和低合金钢 CO_2焊的焊丝，主要的脱氧剂是 Si 和 Mn。其成分含量范围 w(Si)为 0.5%～1%、w(Mn)为 1%～2.5%。Mn、Si 比约为 1.2～2.5，发挥“Si-Mn”联合脱氧的有利作用。

2)焊丝的含碳量要限制在 0.10%以下，并控制硫、磷含量。

3)镀铜为防锈及提高导电性，焊丝表面最好镀铜。但镀铜焊丝的含铜量不能太大，否则会形成低熔共晶体，影响焊缝金属的抗裂能力。要求镀铜焊丝的 w(Cu)不大于 0.5%。

(2)焊丝的化学成分。

这类焊丝采取 Si、Mn 联合脱氧，具有很好的抗气孔能力。Si 和 Mn 元素也起合金化的作用，使焊缝金属具有较高的力学性能。此外，焊丝的 w(C)限制在 0.11%以下，有利于减少焊接时的飞溅。

(3)H08Mn2SiA 焊丝的化学成分及焊缝力学性能见表 3-2、表 3-3。

表 3-2 焊丝化学成分(%)

C	Si	Mn	Cr	Ni	S	P	Cu
≤0.11	0.65～0.95	1.8～2.1	≤0.2	≤0.3	≤0.03	≤0.03	≤0.5

表 3-3 熔敷金属力学性能

α_b(MPa)	A_8(MPa)	δ_5(%)	A_{Kv}(J)常温
≥490	≥372	≥20	≥47

(4)焊丝的型号和牌号。

焊丝分实芯焊丝和药芯焊丝两种。根据最新的国家标准，焊丝用型号表示，已不再用牌号表示。

1)实芯焊丝。

①实芯焊丝的型号。

气体保护焊用碳钢、低合金钢焊丝按化学成分和采用熔化极气体保护焊时熔敷金属的力学性能分类。

焊丝型号的表示方法为 ER××－×，字母“ER”表示焊丝，ER 后同的两位数字表示熔敷金属的抗拉强度最低值，短划“－”后面的字母或数字表示焊丝化学成分分类代号。如还附加其他化学元素时，直接用元素符号表示，并以短划“－”与前面数字分开。GB/T 8110—1995《气体保护电弧焊用碳钢、低合金钢焊丝》采用的是型号表示法，如 ER50-6。

②实芯焊丝牌号。

除了气体保护焊用碳钢及低合金钢焊丝外，实芯焊丝牌号的首位字母“H”表示焊接用实芯焊丝，后面的一位或二位数字表示含碳量，其他合金元素含量的表示方法与钢材的表示方法大致相同。化学元素符号及其后的数字表示该素质近似含量;牌号尾部标有“A”或“E”时,A表示硫、磷含量要求低的优质钢焊丝,“E”表示硫、磷含量要求特别低的特优质钢焊丝。GB/T 8110—1987《二氧化碳气体保护焊用钢焊丝》采用的是牌号表示法,如H08Mn2SiA。

2)药芯焊丝。

①药芯焊丝型号。

药芯焊线根据药芯类型、是否采用保护气体、焊接电流种类以及对单道焊和多道焊的适用性进行分类。

根据GB 10045—88的规定,药芯焊丝型号由焊丝类型代号和焊缝金属的力学性能两部分组成。

第一部分以英文字母“EF”表示药芯焊丝代号。代号后面的第一位数字表示适用的焊接位置:“0”表示用于平焊和横焊,“1”表示用于全位置焊。代号后面的第二位数字或字母为类型代号。

第二部分在短线“—”后用四位数字表示焊缝的力学性能:前两位数字表示抗拉强度最低值;后两位数字表示冲击吸收功,其中第一位数字表示冲击吸收功不小于27 J所对应的试验温度,第二位数字表示冲击吸收功不小于47 J所对应的试验温度。《碳钢药芯焊丝》采用型号表示法,如EF03－5042。GB/T 17493—1998《低合金钢药芯焊丝》采用型号表示法,如E601T1－B3。

注意:同是药芯焊丝,碳钢药芯焊丝和低合金钢药芯焊丝型号表示的规则不同。

实芯焊丝的国内品牌较多,药芯焊丝的国内品牌不多。

②药芯焊丝牌号。

牌号第一个字母“Y”表示药芯焊丝,第二个字母及第一、第二、第三位数字与焊条编制方法相同;牌号“—”后面的数字表示焊接时的保护方法。药芯焊丝有特殊性能和用途时,在牌号后面加注起主要用途的元素或主要用途的字母(一般不超过两个)。

CO_2焊所用的焊丝直径在0.5～5 mm范围内,CO_2半自动焊常用的焊丝有ϕ0.6,ϕ0.8,ϕ1.0,ϕ1.2 mm等几种,CO_2自动焊除上述细焊丝外大多采用ϕ2.0,ϕ2.5,ϕ3.0,ϕ4.0,ϕ5.0 mm的焊丝。

四、CO_2气体保护焊设备以及安装与日常维护

1. CO_2气体保护焊设备

CO_2气体保护焊设备有半自动设备和自动焊设备。其中CO_2半自动焊在生产中应用较广,常用的CO_2半自动焊设备主要由焊接电源、焊枪及送丝系统、CO_2供气系统等部分组成。

(1)焊接电源。

CO_2焊采用交流电源焊接时,电弧不稳定,飞溅较大,所以,必须使用直流电源。通常选用平外特性的弧源整流器。见图3-4。

(2)送丝系统及焊枪。

1)送丝系统。送丝系统由送丝机(包括电动机、减速机、校直机和送丝轮)、送丝软管、焊丝盘等组成,见图3-5。

CO_2半自动焊的焊丝送给为等速送丝,其送丝方式主要有拉丝式、推丝式和推拉式三种。

2）焊枪。焊枪的作用是导电、导丝、导气。按送丝方式可分为推丝式焊枪和拉丝式焊枪；按结构可分为鹅颈式焊枪和手枪式焊枪；按冷却方式可分为空气冷却焊枪和内循环水冷却焊枪。鹅颈式空气冷却焊枪应用最广。见图 3-6。

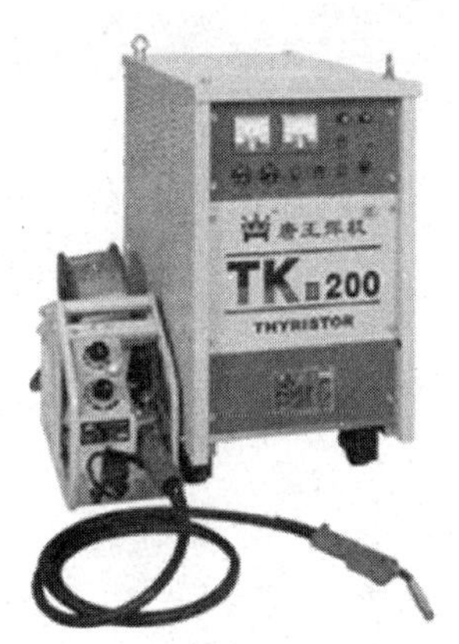

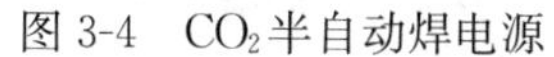

图 3-4　CO_2 半自动焊电源

图 3-5　送丝系统

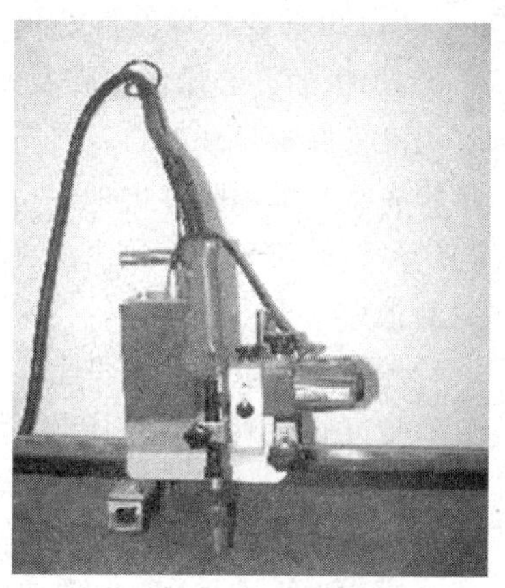

图 3-6　CO_2 焊的应用

3）CO_2 供气系统。

CO_2 的供气系统是由气瓶、预热器、干燥器、减压器、流量计和气阀组成。见图 3-7。

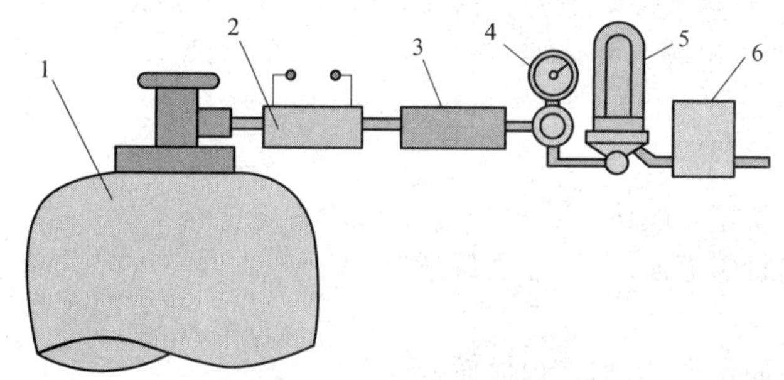

图 3-7　CO_2 供气系统示意图

1—CO_2 钢瓶；2—预热瓶；3—干燥器；4—减压阀；5—流量计；6—电磁气阀

4）控制系统。

CO_2 焊控制系统的作用是对供气、送丝和供电系统实现控制。CO_2 半自动焊的控制程序见图 3-8。

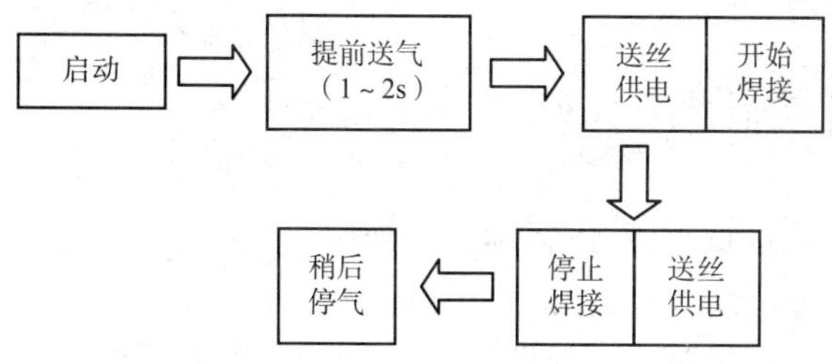

图 3-8　CO_2 半自动焊控制程序方框图

目前，我国定型生产使用较广的 NBC 系列 CO_2 半自动焊机有：NBC-160 型、NBC-250 型、NBC1-300 型、NBC1-500 型等。此外，OTC 公司 XC 系列 CO_2 半自动焊机、唐山松下公司 KR 系列 CO_2 半自动焊机使用也较广。

2. CO_2 气体保护焊设备安装及日常维护

(1)焊机的安装操作步骤及要求。

1)准备好工具和材料。

2)先装好焊枪配件再把焊枪装到送丝机接口上，然后把焊丝安装到送丝盘上，确认焊丝直径与送丝轮槽口型号一致。

3)把焊丝头穿过送丝轮再穿过导管内，并把压紧轮压紧。

4)地线另一端接在工件上。

5)把气管接到 CO_2 减压阀接口上。

6)把 36V CO_2 流量表的电源线插到焊机后板规定的插座上。

7)用一条黄绿双色线与焊机接地标示点相连，另一端与大地可靠连接。

8)查明焊接电源所规定的焊接电压、相数、频率，确保与电网相符再接入电源开关上。

9)安装完毕合上供电开关，再打开焊机的电源开关调整电流到合适位置。

10)准备试机 现在按焊枪开关送丝转动并让焊丝送出焊枪 10 mm 左右，打开减压阀开关调整调节器，让气流量在 5～10 L/h 之间，作业前，应首先设定焊接电流，然后设定焊接电压和焊接速度，还有气体流量后按动焊枪开关移动焊枪可以开始焊接。作业后，应关闭气瓶阀门，关闭焊机开关，最后切断电源开关。

(2) CO_2 焊时使用注意事项。

1)导电嘴。

①长度与喷嘴长度相等或比喷嘴短 2～3 mm 为宜。

②内孔磨损较大时应更换，以保证电弧稳定。

③必须拧紧。

④焊接时保证干伸长度，以保证焊接质量。

2)喷嘴。

①使用时一定要拧紧。

②及时清理飞溅物，但不能用敲击的方法。

③ 保证与导电嘴的同心度，以避免乱流、涡流。

3)焊枪。

严禁用焊枪拖拽送丝机。

4)送丝管。

定期检查送丝阻力，及时清理、除尘。

5)焊接电缆。

①焊接回路中所有连接点牢固，不得虚接和松接。

②加长电缆线时不能盘绕，以防止产生电感。

③保证电缆截面积与焊机最大电流匹配，不能用钢、铁条代替。

6)送丝机。

①送丝轮槽径、焊接电源面板上丝径选择、手柄压力与焊丝直径对应。

②焊接电流符合焊丝直径允许使用电流范围。

③除焊丝铝盘轴外，其他部位不能加油润滑。

7)供气系统。

①使用 CO_2时流量计必须加热，刻度管与水平垂直。

②气体流量根据电流确定，一般在 15～25 L/min 之间。

③气瓶必须垂直固定好，以防摔倒。

④供气管路任何部位不应有气体泄漏现象，以节约气体。

(3)CO_2焊接设备的日常维护。

1)检查焊机输出的接线规范、牢固，而且出线方向向下接近垂直，与水平夹角必须大于 70°。

2)检查电缆连接处的螺钉紧固，螺丝规格为六角螺栓 M10×30，平垫、弹垫齐全，无生锈氧化等不良现象。

3)检查接线处电缆裸露长度小于 10 mm。

4)检查焊机机壳接地牢靠。

5)检查焊机电源、母材接地良好、规范。

6)电源线、焊接电缆与电焊机的接线处屏护罩是否完好。

7)焊机冷却风扇转动是否灵活、正常。

8)电源开关、电源指示灯及调节手柄旋钮是否保持完好，电流表，电压表指针是否灵活、准确。

9)检查 CO_2气有无泄漏。

10)检查 CO_2焊枪与 CO_2送丝装置连接处内六角螺丝是否拧紧，CO_2焊枪是否松动。

11)检查 CO_2送丝装置矫正轮、送丝轮磨损及时更换。

12)经常彻底清洁设备表面油污。

13)每半年对焊机内部用压缩空气(不含水分)清洁一次内部的粉尘(一定要切断电源后再清洁)。

五、CO_2焊常用工具及劳保用品的作用

(1)CO_2焊常用工具。

1)活扳手、斜口钳、尖嘴钳、改锥。

①活扳手、尖嘴钳、改锥是安装气体减压器等设备的主要工具。

②斜口钳主要是切断焊丝的工具。

2)角磨机、内磨机、清渣锤、钢丝刷、钢板锉、扁铲、手锤。

①角向磨光机，它实际上是一种小型电动砂轮机，主要用于打磨坡口和焊缝接头处，如换上同直径钢丝轮，还可以用来除锈。内磨机是专用清理小直径管里面的工具。

②清渣锤和钢丝刷的作用主要是清理焊缝表面，焊缝层间的焊渣及焊件上的铁锈、油污。常用的敲渣锤有 0.5kg、0.7kg、1.5kg 三种，锤的两端常磨成圆锥形或扁铲形。

③扁铲和手锤用于清除焊渣、飞溅物和焊瘤等。

3)焊工检测尺、钢板尺。

①焊工检测尺是焊道检测的专用工具。

②钢板尺是测量焊件尺寸的主要工具。

(2)劳保用品。

劳动防护用品,是指在劳动过程中为保护劳动者安全和健康,由用人单位提供的必需用品。用人单位应指导、督促劳动者在工作时正确使用。

1)眼睛头部的防护:头盔式焊帽、防护眼镜。

①头盔式焊帽:保护焊工的眼、面部避免弧光辐射的伤害;同时,采用环保型改性材料,面罩外壳能有效隔离热辐射的危害。适合各种焊接作业眼、面部防护,能避免红外线白内障、视力减退、"晃眼"、电光眼炎等职业病的危害。还能清晰地观察焊点以达到确保焊接质量的效果。

②防护眼镜:对眼部可能受飞溅伤害的工种使用普通玻璃镜片焊接、切割的准备,清理工作,如打磨焊口,清除焊渣等,应使用镜片不易破碎成片的防渣眼镜。

2)身体的防护:工作服。

①焊工工作服应根据焊接与切割工作的特点选用。

②棉帆布工作服广泛用于一般焊接、切割工作,工作服的颜色为白色。

③气体保护焊在紫外线作用下,有产生臭氧等气体时应选用粗毛呢或皮革等面料制成的工作服,以防焊工在操作中被烫伤或体温增高。

④全位置焊接工作的焊工应配用皮制工作服。

⑤在仰焊操作时,为了防止火星、熔渣从高处溅落到头部和肩上,焊工应在颈部围毛巾,穿着用防燃材料制成的护肩、长袖套、围裙和鞋盖等。

⑥焊工穿用的工作服不应潮湿,工作服的口袋应有袋盖上身应遮住腰部,裤长应罩住鞋面,工作服上不应有破损,孔洞和缝隙,不允许沾有油脂。

⑦焊接与切割作业的工作服,不能用一般合成纤维织物制作。

3)手脚的防护:绝缘鞋、绝缘手套。

①绝缘鞋:

a. 焊工防护鞋应具有绝缘、抗热、不易燃、耐磨损和防滑的性能。

b. 电焊工穿用防护鞋的橡胶鞋底,应经耐电压 5 000 V 的试验合格,如在易燃易爆场合焊接时,鞋底不应有鞋钉,以免产生摩擦火星。

c. 在有积水的地面焊接切割时,焊工应穿用经过耐电压 6 000 V,试验合格的防水橡胶鞋。

②绝缘手套:

a. 焊工手套应选用耐磨、耐辐射热的皮革或棉帆布和皮革合制材料制成,其长度不应小于 300 mm,要缝制结实,焊工不应戴有破损和潮湿的手套。

b. 焊工在可能导电的焊接场所工作时,所用的手套应该用具有绝缘性能的材料(或附加绝缘层)制成,并经耐电压 5 000 V 试验合格后,方能使用。

六、CO_2气体保护焊的安全操作规范

(1)做好焊接人员的培训,做到持证上岗,杜绝无证人员进行焊接作业。

(2)焊接切割设备要有良好的隔离防护装置,伸出箱体外的接线端应用防护罩盖好;有插销孔接头的设备,插销孔的导体应隐蔽在绝缘板平面内。

(3)改变焊接设备接头、转移工作地点、更换保险丝以及焊接设备发生故障需检修时，必须在切断电源后方可进行。推拉闸刀快关时，必须戴绝缘手套，同时头部需偏斜。

(4)焊工在操作时不应穿有铁钉的布鞋。

(5)在光线不足的较暗环境工作，必须使用手提工作灯，一般环境使用照明电压不超过 36 V。在潮湿、金属容器等危险环境，照明灯电压不得超过 12 V。

(6)焊机各个带电部分之间，及其外壳对地之间必须符合绝缘标准的要求，其电阻值均不小于 1 MΩ。

(7)焊机不带电的金属外壳，必须采用保护接零或保护接地的防护措施。

(8)焊机的各个接触点和连接件应牢靠，焊机设备摆放要便于检查维修。

(9)在进行化工及燃料容器和管道的焊接作业时，必须采取切实可靠的防爆、防火和防毒等措施。

(10)CO_2焊电弧光辐射比手工电弧焊强，因此应加强防护。

(11)CO_2焊接时，飞溅较多，尤其是粗丝焊接(直径大于 1.6 mm)更产生大颗粒飞溅，焊工应有完善的防护用具，以防人体灼伤。

(12)CO_2气体在焊接电弧高温下会分解生成对人体有害的 CO 气体，焊接时还排出其他有害气体和烟尘，特别是在容器内施焊，更应加强通风，而且要使用能供给新鲜空气的特殊面罩，容器外应有人监护。

(13)大电流粗焊丝 CO_2气体保护焊接时，应防止焊枪水冷系统漏水破坏绝缘并在焊把前加防护挡板，以免发生触电事故。

进行任务操作

任务一：CO_2气体保护焊焊接参数的选择

<table>
<tr><td>任务一</td><td colspan="3">CO_2气体保护焊焊接参数的选择</td><td>课时</td><td></td></tr>
<tr><td colspan="2">教学目标</td><td colspan="4">1. 了解 CO_2焊的主要焊接参数。
2. 掌握 CO_2焊焊接参数的选择原则。
3. 掌握 CO_2焊焊接参数选择不当会产生何种现象。
4. 体会焊接参数大小不同对焊缝成形及焊接过程的影响。</td></tr>
<tr><td rowspan="2">教材分析</td><td>重点</td><td colspan="4">1. 掌握 CO_2焊焊接参数的选择原则。
2. 掌握 CO_2焊焊接参数选择不当会产生何种现象。
3. 体会焊接参数大小不同对焊缝成形及焊接过程的影响。</td></tr>
<tr><td>难点</td><td colspan="4">1. 掌握 CO_2焊焊接参数的选择原则。
2. 掌握 CO_2焊焊接参数选择不当会产生何种现象。
3. 体会焊接参数大小不同对焊缝成形及焊接过程的影响。</td></tr>
<tr><td colspan="6">教具：焊件式样、焊条、焊钳、焊机等。</td></tr>
<tr><td colspan="4">教学方法：讲解、示范、巡回指导。</td><td>课型</td><td>新授课</td></tr>
<tr><td colspan="6">加工工件示意图： 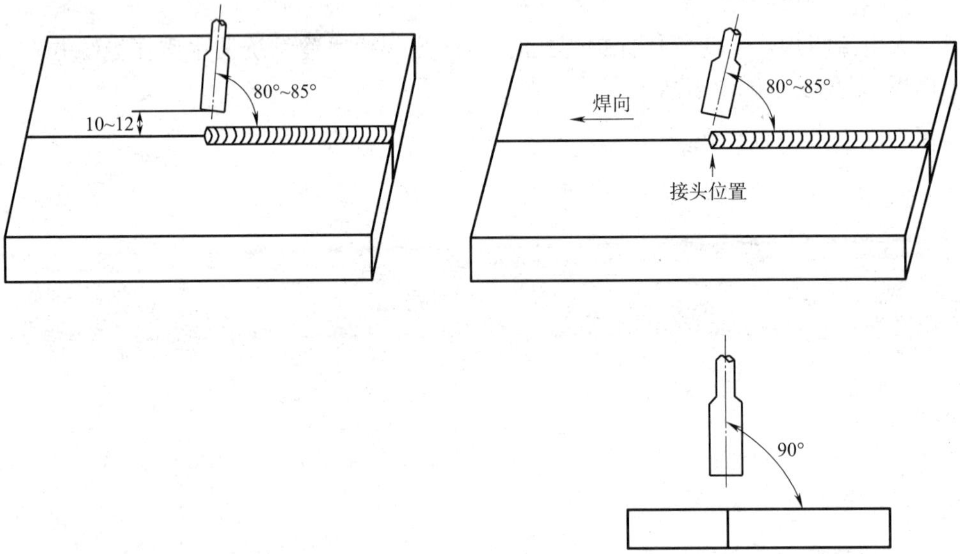
10~12　80°~85°　焊向　80°~85°　接头位置　90°</td></tr>
<tr><td colspan="4">教学过程</td><td>第一次</td><td>第二次</td></tr>
<tr><td colspan="4">[组织教学]：
1. 组织学生有序进入车间。
2. 点名、填表、查明未到学生原因。
[安全教育]：
1. 工装检查及安全、节约、材料工具整理意识强调。
2. 强调实习纪律卫生(上下课时间等)、学风、学法、爱岗敬业等。
[复习提问]：CO_2气体的优、缺点有哪些？
答：优点是：1. 采用明弧焊 熔池及焊位的可见度好、易操作。2. CO_2气体价格低 焊接成本低于其他焊接方法。3. 生产效率高 焊接电流密度大，焊丝熔化速度快、熔敷效率高，无焊渣，生产率高。4. 焊接应力与变形较小 CO_2气体保护焊加热集中，焊件热影响区小，加上气流的保护作用。5. 抗锈能力强 焊</td><td></td><td></td></tr>
</table>

续上表

教学过程	第一次	第二次
缝含氢量低，抗裂性能强。6. 适用范围广 特别适合在固定场所进行焊接结构的装配点固及焊接生产，多用于低碳钢材料的焊接。最佳焊接位置是平角和开坡口的平对接焊。随着逆变技术的发展，适应全位焊的设备以开始大面积推广。 缺点是：飞溅较多，不能焊接易氧化的有色金属，不能野外或大范围的高空作业，焊枪活动半径较小，必须在几乎无风的环境下工作。 CO_2气体保护焊焊接参数的选择 一、主要焊接参数 CO_2气体保护焊的焊接工艺参数不仅影响焊接质量，同时也影响生产效率和生产成本。因此须根据焊件的形状、材质、厚度、焊接位置等情况进行正确地选择。CO_2气体保护焊的主要焊接参数有： 1. 焊丝直径。 2. 焊接电流。 3. 电弧电压。 4. 焊接速度。 5. 焊丝伸出长度。 6. 气体流量。 7. 电源极性。 8. 直流回路电感。 9. 装配间隙与坡口尺寸。 二、焊接工艺参数的选择 1. 焊丝直径。 焊丝直径以焊件的厚度、焊接位置及工作效率进行选择。焊接薄板时采用细丝，随板厚增加，焊丝直径也增加。参考：0.8 焊丝可焊 1.0～2.5 mm 板，1.0 焊丝可焊 2.0～4.0 mm 板，1.2 焊丝可焊 3.0～12 mm 板。 2. 焊接电流。 根据焊件的厚度、坡口形式、焊丝直径、施焊位置及所需的熔滴过渡形式来选择。参考：0.8 焊丝短路过渡（电弧电压 16～22 V）在 50～120 A，颗粒过渡（电弧电压 30～45 V）在 150～250 A。 1.2 焊丝短路过渡（电弧电压 16～22 V）在 90～170 A，颗粒过渡（电弧电压 30～45 V）在 160～300 A。焊接电流对焊缝的成形影响较大，当焊接电流增加时，熔深相应增加，熔宽略有增加。提高焊接电流可以增加焊丝的熔化速度，提高生产率，但焊接电流太大时，会使飞溅增加，并容易产生烧穿及气孔等缺陷。反之，若焊接电流太小，电弧不能稳定，容易产生未焊透，焊缝成形差。 3. 电弧电压。 电弧电压是影响熔滴过渡、飞溅大小、短路频率和焊缝成形的重要因素。当电弧电压增加时，焊缝宽度增加，余高和熔深减少。若焊接电流较小，电弧电压过高时，飞溅增加；电弧电压太低，焊丝容易深入熔池，使电弧不稳。在焊接电流较大，电弧电压过高时，飞溅增加，易产生气孔；电弧电压低则焊缝成形不良。要获得稳定的焊接过程和良好的焊缝成形，电弧电压与焊接电流有良好的匹配。参考：短路过渡焊接时，电弧电压一般在 16～24 V 范围，颗粒过渡时，电弧电压随焊接电流增加而增高，直径 1.2～3.0 mm 焊丝，电弧电压在 25～36 V 范围为佳。（现在用 26～28 V） 4. 焊接速度。 焊接速度对焊缝形状有一定影响，焊速度增加，焊缝宽度、余高和熔深相应减少。若焊接速度太快时，保护性变差，易出现气孔，同时焊缝冷却速度快，接头力学性能降低。若焊速过慢，焊缝宽度增加，熔池变大，热量集中，造成烧穿或焊缝金属金相组织粗大缺陷。生产效率低，焊接变形大。参考：一般半自动焊在 30～60 cm/min。 5. 焊丝伸出长度。 指焊丝伸出导电嘴的长度，伸出过长，焊丝电阻增加，焊接参数减小，焊丝过热而成段熔断，飞溅严重，气体保护减弱，焊缝成形不良；伸出太短，飞溅易粘在喷嘴上，影响气体流通。参考：一般为焊丝直径的 10 倍左右，且不超过 15 mm。		

续上表

教学过程	第一次	第二次
6. 气体流量。 气体流量应根据焊接电流、焊接速度、焊丝伸长、喷嘴直径选择。若气体流量过小，则电弧不稳，保护性差，易出现气孔。过大，会产生涡流，扰乱电弧稳定性，也易出现气孔。参考：细丝为 8～15 L/min；粗丝为 15～25 L/min；一般室内无风时 5～12 L/min；室外 5～20 L/min。 7. 电源极性。 由于熔滴过渡具有非轴向过渡特点，为减少飞溅，保持电弧稳定，采用直流反接。直流正接由于熔深小，焊丝熔化速度快，可用于堆焊。 8. 直流回路电感。 以短路过渡时，影响焊接过程稳定性以及焊缝熔深的主要因素。若电感值太大时，大颗粒飞溅大或焊丝成段炸断，造成息弧或引弧困难；若电感值太小时，小颗粒飞溅大，焊缝边缘不齐。 9. 装配间隙与坡口尺寸。 由于 CO_2焊焊丝直径较细，电流密度大，电弧穿透力强，电弧热量集中，一般对于 12 mm 以下的焊件不开坡口也可焊透，对于必须开坡口的焊件，一般坡口角度可由焊条电弧焊的 60°左右减为 30°～40°，钝边可相应增大 2～3 mm，根部间隙可相应减少 1～2 mm。 除上述一些主要参数外，焊枪倾角、焊接位置等对焊接过程都有影响。总之，应根据焊件的厚度、接头形式及施焊位置等因素来确定焊丝直径和焊接电流，然后确定其他参数。再通过试焊来获取最合适的焊接工艺参数。 三、左向焊法，见图 3-9。锯齿形运枪方法的摆动，见图 3-10。 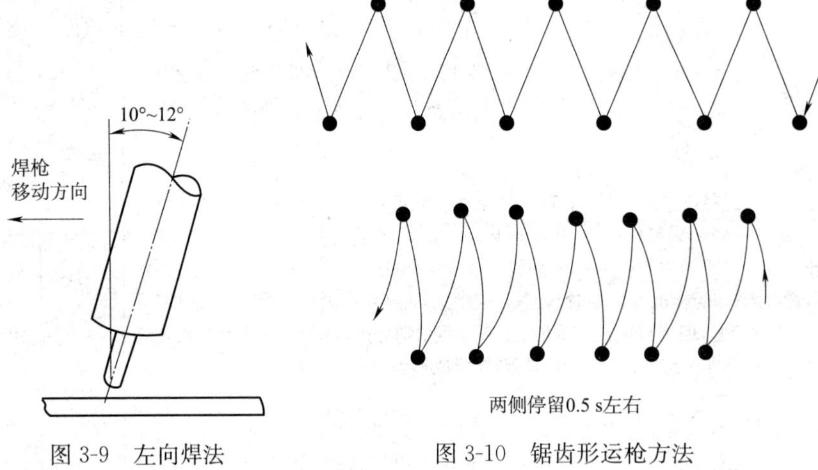 图 3-9　左向焊法　　图 3-10　锯齿形运枪方法 [任务分配]： 1. 每组轮流试焊，来反复体会焊接参数大小不同对焊缝成形及焊接过程的影响。 2. 共同分析解决存在的问题。 3. 学习锯齿形平敷焊，采用左向焊法。 [巡回指导及示范]： 1. 个别指导与小组指导相结合，着重讲解锯齿形动作要领。 2. 培养发现典型。 [结束指导及点评]： 1. 肯定技术上的成绩，分析存在的问题。 2. 纪律、学风上的问题。 3. 整理工位、工具、材料，打扫车间卫生。		

续上表

教学过程	第一次	第二次
［布置实习报告］： ［教学后记］：		

任务二：CO_2气体保护焊——I形平对接焊

<table>
<tr><td colspan="2">任务二</td><td>CO_2气体保护焊——I形平对接焊</td><td>课时</td><td></td></tr>
<tr><td colspan="2">教学目标</td><td colspan="3">1. 巩固CO_2气体保护焊设备的安装、调试方法、常见故障产生的原因及排除方法。
2. 掌握工件的装配方法。
3. 掌握平对接焊的直线形、锯齿形运条方法，达到姿势正确，运条规范、准确、自如熟练。
4. 能根据实际情况正确选择调整焊接工艺参数。</td></tr>
<tr><td rowspan="2">教材分析</td><td>重点</td><td colspan="3">1. 掌握工件的装配方法。
2. 掌握平对接焊的直线形、锯齿形运条方法，达到姿势正确，运条规范、准确、自如熟练。
3. 能根据实际情况正确选择调整焊接工艺参数。</td></tr>
<tr><td>难点</td><td colspan="3">1. 运条规范、准确、自如熟练。根据熔池状态灵活调整运条的能力和经验。
2. 能根据实际情况正确选择调整焊接工艺参数。</td></tr>
<tr><td colspan="5">教具：焊件式样、焊机等。</td></tr>
<tr><td colspan="3">教学方法：讲解、示范、巡回指导。</td><td>课型</td><td>新授课</td></tr>
<tr><td colspan="5">加工工件示意图： 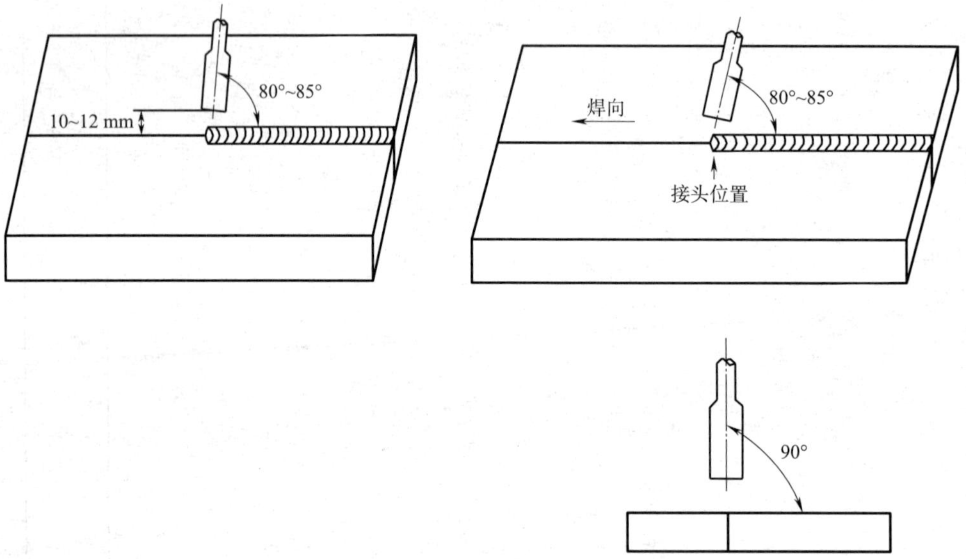
80°~85°
10~12 mm
焊向
80°~85°
接头位置
90°</td></tr>
<tr><td colspan="3">教学过程</td><td>第一次</td><td>第二次</td></tr>
<tr><td colspan="3">[组织教学]：
1. 组织学生有序进入车间。
2. 点名、填表、查明未到学生原因。
3. 工装检查及安全、节约、材料工具整理意识强调。
4. 强调实习纪律卫生(上下课时间等)、学风、学法、爱岗敬业等。
[复习提问]：CO_2气体平焊常用的运条方法有哪些？ 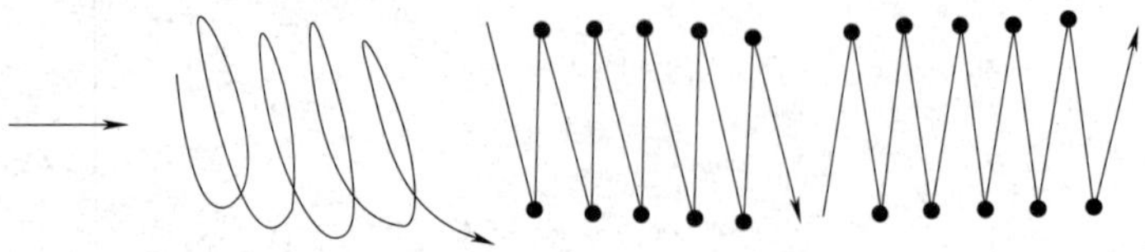
平对焊接</td><td></td><td></td></tr>
</table>

续上表

教学过程	第一次	第二次

[引入新课]：平对接焊

展示工件：

1. 平对接焊缝的基本样式。
2. 分析立焊焊缝的外观形态特点。

CO_2气体保护焊——I 形平对接焊

1. 焊前准备：

(1)场地：整洁、整齐、无杂物。

(2)材料：指定的材料，不得使用非指定的材料，矫正、除锈。

(3)设备工具：安装调试设备、检查套头焊帽、尖嘴钳、防粘膏、地线、焊接支架、引弧板等。

2. 焊接工艺参数(见表 3-4)：

表 3-4　焊接工艺参数

气体流量	运条方法	电流	电压	伸长度	焊枪角度	速度
5～10 L/min	直线及锯齿连弧	180 A	18 V	15～20 mm	90°/80°～85°	均匀较快

[操作要领及示范操作]：

(组织形式：一次性，边示范边讲解)

1. 装配及点固焊：对口间隙 0，其点固焊要领见图 3-11。

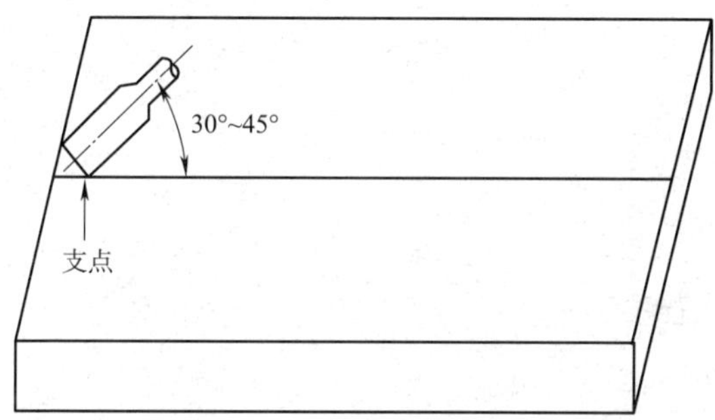

图 3-11　装配及点固焊

2. 工件的夹持及固定方法及位置、高度。
3. 平焊基本姿势：蹲姿、站姿两种。操作中用便于握焊钳的右手操作。
4. 握枪的基本姿势及运枪动作、焊帽的使用方法要正确。
5. 起头：由于 CO_2气体保护焊不同于焊条电弧焊，起焊时无预热过程，故只要焊丝中心对准了焊处或电弧对准焊处，正式焊接就开始了，并且电弧在起头处的停留时间要适当，以免时间过长造成过高。
6. 正常焊接：左向焊、焊枪角度、摆动幅度、速度、焊丝伸长度；严密监视熔池形状及焊道的宽度，运条横摆和向前施焊速度要比焊条电弧焊快。总体要求横摆速度要中间快、两侧有稍停。
7. 收尾：由于温度已很高，在距尾部 5～10 mm 时，就要采用灭弧法收尾。

[任务分配]：

1. 每人先焊一道焊缝，大循环轮流操作。
2. 每个工位内练习时必须保持 3～4 人，否则视违纪。
3. 采用引弧板调试电流，绝对禁止在焊接支架上引弧。
4. 焊后自检查焊缝，分析解决存在的问题。

[巡回指导及示范]：

1. 个别指导与小组指导相结合。

续上表

教学过程	第一次	第二次
2. 培养发现典型。 [结束指导及点评]： 1. 肯定技术上的成绩，分析存在的问题。 2. 纪律、学风上的问题。 3. 整理工位、工具、材料，打扫车间卫生。 [布置实习报告]： [教学后记]：		

任务三：CO_2气体保护焊——平角焊

<table>
<tr><td colspan="2">任务三</td><td colspan="2">CO_2气体保护焊——平角焊</td><td>课时</td><td></td></tr>
<tr><td colspan="2">教学目标</td><td colspan="4">1. 掌握T字接头的装配方法、焊前准备事项。
2. 掌握平角较小焊角的运枪方法，达到姿势正确，操作规范、准确、自如熟练。
3. 能根据实际情况正确选择调整焊接工艺参数。</td></tr>
<tr><td rowspan="2">教材分析</td><td>重点</td><td colspan="4">1. 掌握平角焊运枪方法，达到姿势正确，操作规范、准确、自如熟练。
2. 能根据实际情况正确选择调整焊接工艺参数。</td></tr>
<tr><td>难点</td><td colspan="4">运条规范、准确、自如熟练。根据熔池状态灵活调整运条的能力和经验。</td></tr>
<tr><td colspan="6">教具：焊件式样、焊条、焊钳、焊机等。</td></tr>
<tr><td colspan="3">教学方法：讲解、示范、巡回指导。</td><td></td><td>课型</td><td>新授课</td></tr>
<tr><td colspan="6">加工工件示意图：直线形运条方法
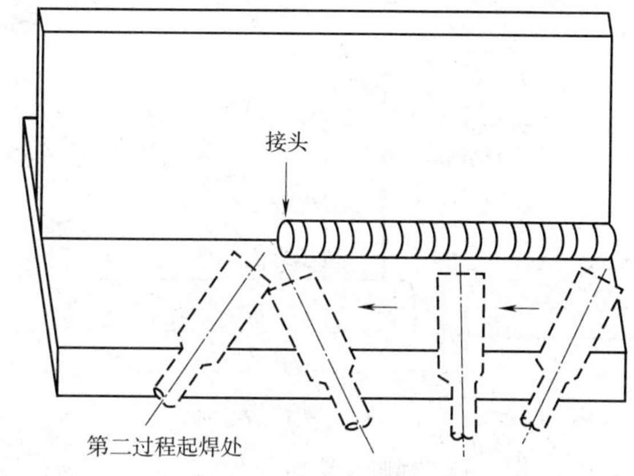
</td></tr>
<tr><td colspan="4">教学过程</td><td>第一次</td><td>第二次</td></tr>
<tr><td colspan="4">[组织教学]：
1. 组织学生有序进入车间。
2. 点名、填表、查明未到学生原因。
3. 工装检查及安全、节约、材料工具整理意识强调。
4. 强调实习纪律卫生(上下课时间等)、学风、学法、爱岗敬业等。
[复习提问]：
1. 进行焊条电弧焊的平角焊时，要得到满意的焊缝质量，操作的关键要领有哪些？你认为操作过程有哪些难点？
答：合适正确的操作姿势、正确的焊条角度、电弧长度、合理的焊接速度等。
2. 进行焊条电弧焊的平角焊时，要得到较小的焊角采用哪些运条方法？要得到较大的焊角采用哪些运条方法？
答：直线形、斜锯齿形或多层多道。

CO_2气体保护焊——平角焊

一、平角焊特点：
1. 易产生立板咬边、未焊透、焊缝下垂等缺陷。见图3-12。
为防止以上缺陷，在操作时，除选择正确的焊接工艺参数外，还要根据板厚和焊脚尺寸来控制焊丝的角度。当两板不等厚时，焊丝倾角要使电弧偏向厚板，使两板受热均匀。当两板等厚时，焊丝与水平板夹</td><td></td><td></td></tr>
</table>

续上表

教学过程	第一次	第二次

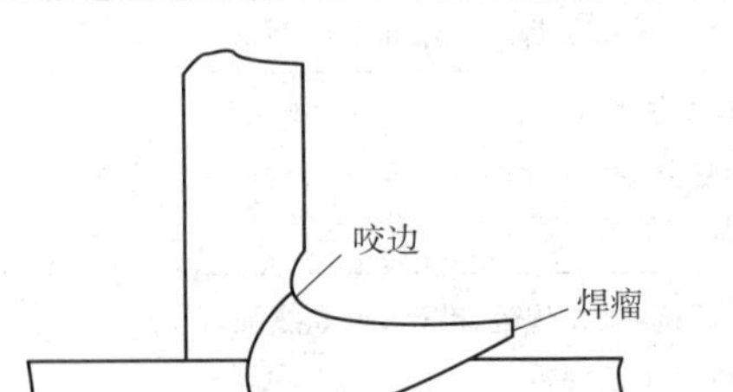

图 3-12 焊接缺陷

角为 40°～45°。当焊脚尺寸在 5 mm 以下时，焊丝指向两板夹角处，见图 3-13(a)。当焊脚尺寸在 5 mm 以上时，可使焊丝距分角线 1～2 mm 处进行焊接，可运用斜锯齿运丝法来获得 5～8 mm 之间的焊脚，见图 3-13(b)。

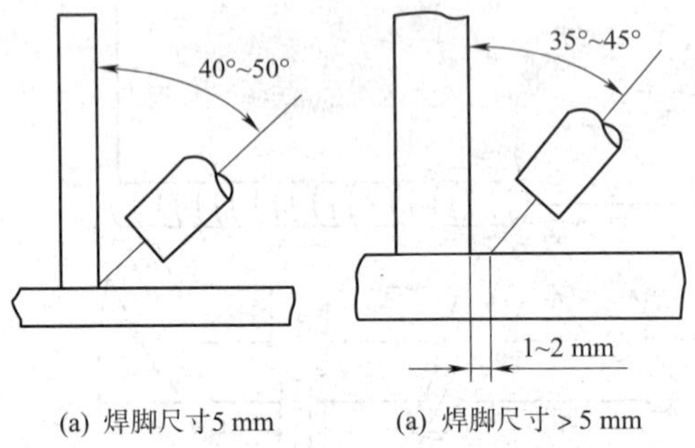

(a) 焊脚尺寸5 mm (a) 焊脚尺寸 > 5 mm

图 3-13 焊脚尺寸

2. 焊脚大、小的焊接方法。

焊脚尺寸小于 8 mm 时，可采用单层焊。小于 5 mm 时采用直线形运丝法。

焊脚尺寸大于 8 mm 时，采用多层焊或多层多道焊，具体操作与手工焊条多层多道焊要领相同。

二、较薄板的 CO_2 平角焊焊接

1. 目的：掌握基本方法、提高技能技巧、积累经验，为厚板焊接打基础。

2. 节约材料。

3. 焊前准备：

(1)场地：整洁、整齐、无杂物。

(2)设备工具：安装调试设备、检查套头焊帽、尖嘴钳、防粘膏、地线、焊接支架、引弧板等。

(3)材料：指定的材料，不得使用非指定的材料，矫正、除锈。

1)工件：低碳钢板 300 mm×50 mm×δ5 mm 2 块。

2)号料→校正→除锈→装配(两板要求相对垂直)→焊接

4. 主要技术要求：焊角高 5～6 mm；且对称。

5. 焊接工艺参数(见表 3-5)：

表 3-5 焊接工艺参数

气体流量	运条方法	电流	电压	伸长度	焊向	焊枪角度	速度
5～10 L/min	直线形	250 A	21 V	15～20 mm	左向	90°/80°～85°	均匀较快

续上表

教学过程	第一次	第二次
三、[操作要领及示范操作]： （组织形式：一次性，边示范边讲解） 1. 工件装配点固方法、位置、高度。见图 3-14。 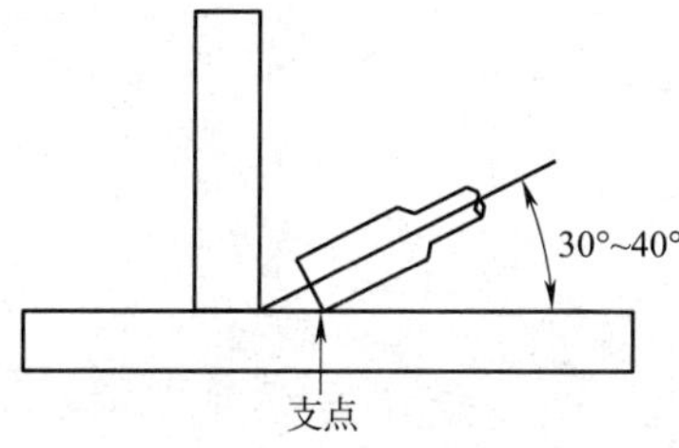 图 3-14　工件装配点固 2. 基本姿式：蹲姿、站姿两种。 3. 握枪的基本姿势及运枪动作、焊帽的使用方法。 4. 焊枪的斜锯齿斜圆圈移动方向及方式，见图 3-15。 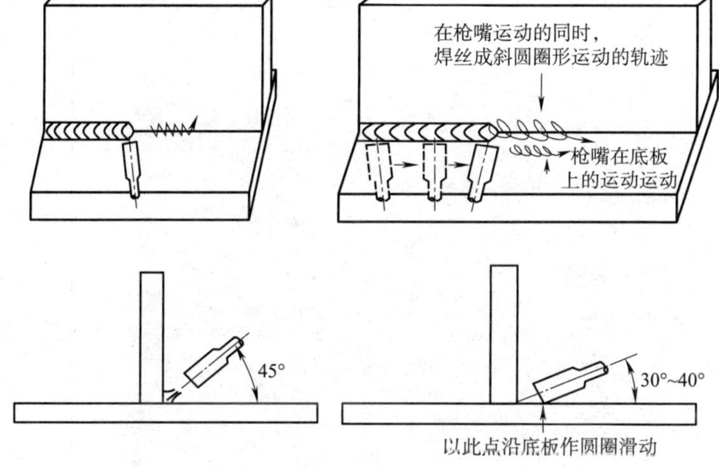 图 3-15　焊枪的移动方向及方式 5. 起头：由于 CO_2 气体保护焊不同于焊条电弧焊，起焊时无预热过程，故只要焊丝中心对准了焊处或电弧对准焊处，正式焊接就开始了，并且电弧在起头处的停留时间要适当，以免时间过长造成过高。 6. 正常焊接：左向焊或右向焊法、焊枪角度、直线匀速运动、焊丝伸长度；严密监视熔池形状及焊道的宽度，向前施焊速度要比焊条电弧焊快，更关键的是焊接中必须要使焊丝始终对准焊角的中心并保持合适的焊枪角度，以保证焊角对称。见图 3-16。 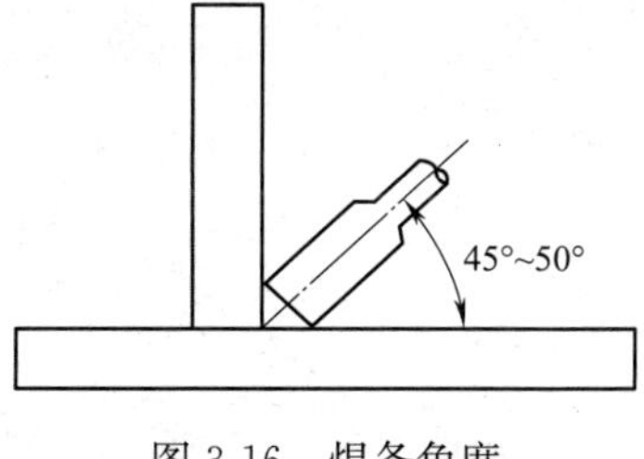 图 3-16　焊条角度		

续上表

教学过程	第一次	第二次
7. 收尾:由于温度已很高,在距尾部 5～10 mm 时,就要采用灭弧法收尾。 四、[安全注意事项]:防电弧打眼、烧伤皮肤、防飞溅烫伤。 五、[任务分配] 1. 每人先焊一道焊缝,大循环轮流操作。 2. 每个工位内练习时必须保持 3～4 人,否则视违纪。 3. 采用引弧板,绝对禁止在焊接支架上引弧。 4. 焊后自检查焊缝,分析解决存在的问题。 六、[巡回指导及示范]: 1. 个别指导与小组指导相结合。 2. 培养发现典型。 七、[结束指导及点评]: 1. 肯定技术上的成绩,分析存在的问题。 2. 纪律、学风上的问题。 3. 整理工位、工具、材料,打扫车间卫生。 [布置实习报告]: [教学后记]:		

任务四：CO_2气体保护焊——立角焊

任务四		CO_2气体保护焊——立角焊	课时	
教学目标		1. 了解立焊的方法应用和焊接特点。 2. 了解焊前准备事项。 3. 能根据实际情况正确选择调整焊接工艺参数。 4. 掌握立角焊向下和向上焊的焊接操作方法。 5. 掌握立角焊缝可能出现的缺陷原因及防止方法。		
教材分析	重点	1. 能根据实际情况正确选择调整焊接工艺参数。 2. 掌握立角焊向下和向上焊的焊接操作方法，达到姿势正确，操作规范、准确、自如熟练。 3. 掌握立角焊缝可能出现的缺陷原因及防止方法。		
	难点	运丝规范、准确、自如熟练。根据熔池状态灵活调整运丝的能力和经验。		
教具：焊件式样、焊丝、头盔焊帽、CO_2焊机、气瓶等。				
教学方法：讲解、示范、巡回指导。			课型	新授课

加工工件示意图：

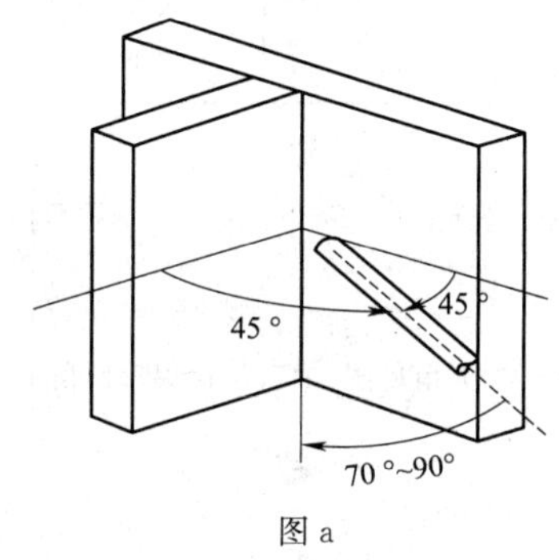

图 a

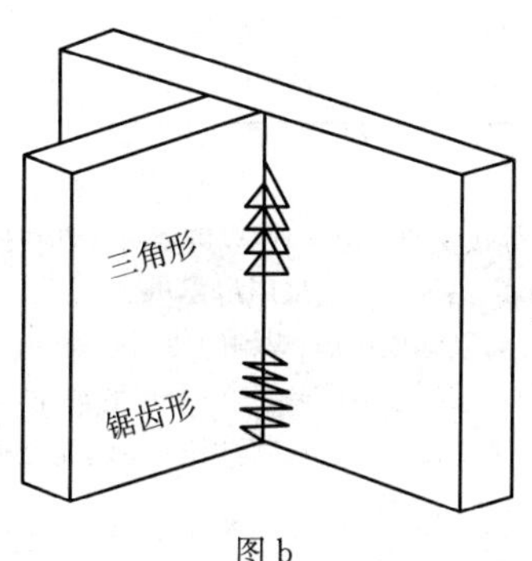

图 b

教学过程	第一次	第二次
[组织教学]： 1. 组织学生有序进入车间。 2. 点名、填考勤表、查明未到学生原因并记录。 [安全教育]： 1. 工服检查及安全、节约、材料工具整理意识强调。 2. 强调实习纪律卫生、学风、学法、爱岗敬业等。 3. 加强 CO_2气体保护焊立焊的防烫、防烧、焊枪保护等措施。 [复习提问]： 1. 平角焊焊接时，我们学习了哪几种焊接方法？ 答：多层多道焊、斜锯齿摆动。 2. 平角焊焊接时，易产生哪些缺陷？应如何防止？ 答：在操作时，除选择正确的焊接工艺参数外，还要根据板厚和焊脚尺寸来控制焊丝的角度。当两板不等厚时，焊丝倾角要使电弧偏向厚板，使两板受热均匀。当两板等厚时，焊丝与水平板夹角为 40°～45°。当焊脚尺寸在 5 mm 以下时，焊丝指向两板夹角处，当焊脚尺寸在 5 mm 以上时，可使焊丝距分角线 1～2 mm 处进行焊接，可运用斜锯齿运丝法来获得 5～8 mm 之间的焊脚。 CO_2气体保护焊——立角焊 一、立焊的焊接方法 根据工件厚度的不同，立焊可以采用向下立焊或向上立焊。前者主要用于薄板，而后者用于厚度大于 6 mm 的工件。		

续上表

教学过程	第一次	第二次

二、立焊特点

易产生咬边,未焊透、焊缝过高、焊瘤、焊缝成形不均匀等缺陷。

三、向下立焊

1. 方法:主要的运丝方法有两种,一为直线式,二为摆动式。

2. 应用:能进行平板对接、T字接头、角接接头的焊接。本节课主要学习立角焊。

3. 焊前准备:

(1)场地:整洁、整齐、无杂物。

(2)设备工具:安装调试设备、检查套头焊帽、尖嘴钳、防粘膏、地线、焊接支架、引弧板等。

(3)材料:指定的材料,不得使用非指定的材料,矫正、除锈。

1)工件:低碳钢板 300 mm×60 mm×6 mm　2块。

2)号料→校正→除锈→装配十字型(三板要求相对垂直)→焊接。

4. 焊接工艺参数:

表 3-6　焊接工艺参数

焊丝直径	气体流量	焊接电流	电弧电压	焊丝伸出长度	焊脚尺寸	运丝方法
ϕ1.2	5～10 L/min	100～110 A	20～22 V	6～8 mm	3～4 mm	直线式
ϕ1.2	5～10 L/min	100～110 A	20～22 V	5～7 mm	7～9 mm	摆动式

5. 操作要领:

(1)T字型接头,焊接支架固定,高度以蹲姿时焊件在操作者面部高度为宜。

(2)基本姿势:蹲姿、站姿两种。采用蹲姿。

(3)握枪的基本姿势及运枪动作、焊帽的使用方法

(4)起头:焊枪指向工件上端并保持70°～80°的夹角,与两侧工件成45°夹角见图3-17,保持焊丝伸长6～8 mm,按下开关引弧,电弧引燃后稍停,待起端融和良好向下移动。

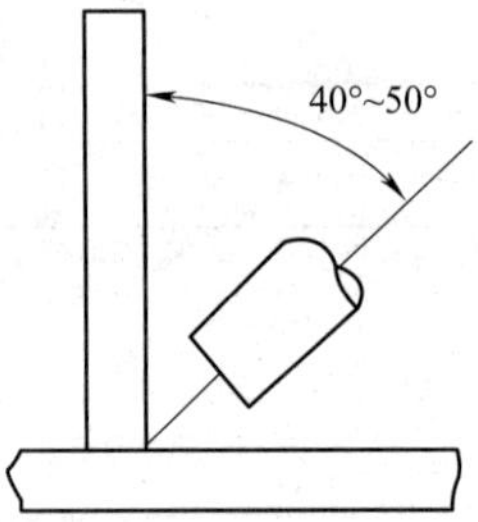

图 3-17　施焊角度

(5)正常焊接:向下立焊时,为了保持熔池,焊枪应斜向上指向熔池,始终保持70°～80°的夹角,电弧应始终对准熔池的前方,以此来拖住铁水,一旦铁水流到电弧前方,便易发生焊瘤和焊不透。这时应加速焊枪移动,并使焊枪前倾角增大,依靠电弧力把熔池金属推上去。

(6)收尾:焊至工件末端,熄灭电弧后再快速引燃电弧给熔池一滴铁水来填满弧坑。

(7)摆动式向下立焊时,焊枪角度与直线相同,焊接过程以小幅快摆进行,并适当减短焊丝伸出长度。注重两边的微停,中间稍快过渡并有向里凹摆的动作,收尾填满弧坑。

(8)特点:焊缝成形美观、熔深浅,易产生未焊透、焊瘤。

四、向上立焊

1. 方法:主要的运丝方法为小幅摆动式(小焊缝)和月牙形摆动式(大焊缝)。直线式焊接时,焊道易呈凸状,焊道外观成形不良且易咬边,一般不采用。

2. 应用:能进行6 mm以上平板对接、T字接头、角接接头的焊接。本节课主要学习立角焊。

3. 焊前准备:(同上)

4. 焊接工艺参数(见表3-7):

续上表

<table>
<tr><th>教学过程</th><th>第一次</th><th>第二次</th></tr>
<tr><td>

表 3-7　焊接工艺参数

焊丝直径	气体流量	焊接电流	电弧电压	焊丝伸出长度	焊脚尺寸	运丝方法
ϕ1.2	5～10 L/min	60～80 A	18～20 V	6～8 mm	7～9 mm	小幅摆动式

5. 操作要领：
(1)T 字型接头，焊接支架固定，高度以蹲姿时焊件在操作者面部高度为宜。
(2)基本姿势：蹲姿、站姿两种。采用蹲姿。
(3)握枪的基本姿势及运枪动作、焊帽的使用方法。
(4)起头：焊枪指向工件上端并保持 85°～90°的夹角，与两侧工件成 45°夹角见图 3-17，保持焊丝伸长 5～6 mm，按下开关引弧，电弧引燃后稍停向另一侧快速微摆，待起端熔合良好向上移动。
(5)正常焊接：向上立焊时，由于热量集中，焊道易凸起，所以，中间部位要快速而两侧有稍停的趋势，以防咬边，在均匀摆动的情况下，应快速向上移动。
(6)收尾：焊至工件末端，熄灭电弧后再快速引燃电弧给熔池一至两滴铁水来填满弧坑。
(7)特点：向上立焊进行单道焊时，易得到平坦而光滑的焊道，最大焊脚可达 12 mm，要求更大的焊脚时应采用多层焊。
6. 向上立角焊时易产生缺陷及原因：
常见缺陷为咬边、焊瘤、山形焊缝和焊缝表面不规则等。主要原因是操作技术不熟练和焊接参数不正确。
(1)咬边：原因　焊接速度过快、电弧电压过高、焊枪指向位置不正确、焊缝两边停留时间太短。
(2)焊瘤：焊接速度过慢、电弧电压过低、焊缝两边停留时间太短、中间过渡速度过慢。
(3)山形焊缝：电弧电压过低、焊枪操作不正确、焊枪角度不正确、摆幅过小。
(4)焊缝表面不规则：焊接参数(I、V)不正确、摆幅不均匀、焊速不均匀、焊枪角度不正确、焊接技术不熟练。
[安全注意事项]：防电弧打眼、烧伤皮肤、防飞溅烫伤。
[任务分配]：
1. 每人先焊两道打底焊缝，大循环轮流操作完成后再焊两道打底焊缝。
2. 每个工位内练习时必须保持 3～4 人，否则视违纪。
3. 采用引弧板，绝对禁止在焊接支架上引弧。
4. 焊后自检查焊缝，分析解决存在的问题。
[巡回指导及示范]：
1. 个别指导与小组指导相结合。
2. 培养发现典型。
[结束指导及点评]：
1. 肯定技术上的成绩，分析存在的问题。
2. 纪律、学风上的问题。
3. 整理工位、工具、材料，打扫车间卫生。
[布置实习报告]：

[教学后记]：

</td><td></td><td></td></tr>
</table>

任务五：CO_2气体保护焊——V形坡口对接立焊

<table>
<tr><td colspan="2">任务五</td><td colspan="2">CO_2气体保护焊——V形坡口对接立焊</td><td>课时</td><td></td></tr>
<tr><td colspan="2">教学目标</td><td colspan="4">1. 掌握 CO_2 V形坡口对接立焊单面焊双面成形的操作方法。
2. 能根据实际情况正确选择调整焊接工艺参数。
3. 正确的操作手法及姿势，对金属熔滴的控制，达到比较熟练的程度。
4. 强化能根据焊缝成形自我判断焊接缺陷的能力。</td></tr>
<tr><td rowspan="2">教材分析</td><td>重点</td><td colspan="4">1. 能根据实际情况正确选择调整焊接工艺参数。
2. 掌握 CO_2 V形坡口对接立焊单面焊双面成形可能出现的缺陷原因及防止方法。</td></tr>
<tr><td>难点</td><td colspan="4">掌握 CO_2 V形坡口对接立焊单面焊双面成形的操作方法。</td></tr>
<tr><td colspan="6">教具：焊件式样、焊丝、头盔焊帽、CO_2焊机、气瓶等。</td></tr>
<tr><td colspan="4">教学方法：讲解、示范、巡回指导。</td><td>课型</td><td>新授课</td></tr>
<tr><td colspan="6">加工工件示意图：
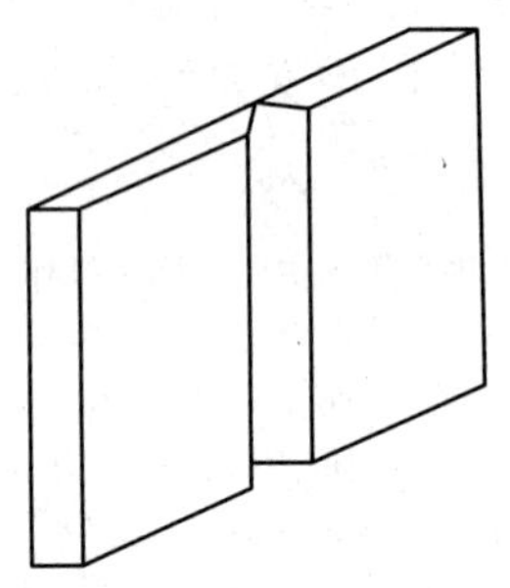</td></tr>
<tr><td colspan="4">教学过程</td><td>第一次</td><td>第二次</td></tr>
<tr><td colspan="4">[组织教学]：
1. 组织学生有序进入车间。
2. 点名、填考勤表、查明未到学生原因并记录。
[安全教育]：
1. 工服检查及安全、节约、材料工具整理意识强调。
2. 强调实习纪律卫生、学风、学法、爱岗敬业等。
3. 加强 CO_2气体保护焊焊接时的防烫、防烧、焊枪保护等措施。
[复习提问]：
1. CO_2立角焊焊接时，我们学习了哪几种焊接方法？
答：月牙形摆动、斜锯齿摆动。
2. 什么是坡口？它的作用以及目的是什么？

CO_2气体保护焊——V形坡口对接立焊

一、V形坡口对接立焊
1. 焊接特点：
V形坡口立对接双面焊焊接技术与6 mm板立焊相比较操作方法较好掌握，熔池温度较好控制，但由于焊件较厚，需采用多层多道焊，故给焊接操作带来一定困难，特别是打底焊，若掌握不好会出现多种焊接缺陷，如穿丝、焊瘤、咬边、未焊透、烧穿、焊缝出现尖角等。
2. 焊前装配定位焊：
(1)给定材料：低碳钢板 300 mm×100 mm×12 mm　2块，
材质：Q235 用刨床或气割下料。
(2)工件清理：用角向打磨机把试板两边 20～30 mm 范围内油、锈等清除干净，见金属光泽。</td><td></td><td></td></tr>
</table>

续上表

教学过程	第一次	第二次

(3)装配定位焊：其目的是把两块试板装配成合乎焊接技术要求的V形坡口的试板。装配间隙为始焊端2.5 mm，终焊端3.2 mm，钝边为1～1.5 mm，点固焊为两点，在焊件两端处，定位焊长度为10～15 mm。见图3-18。

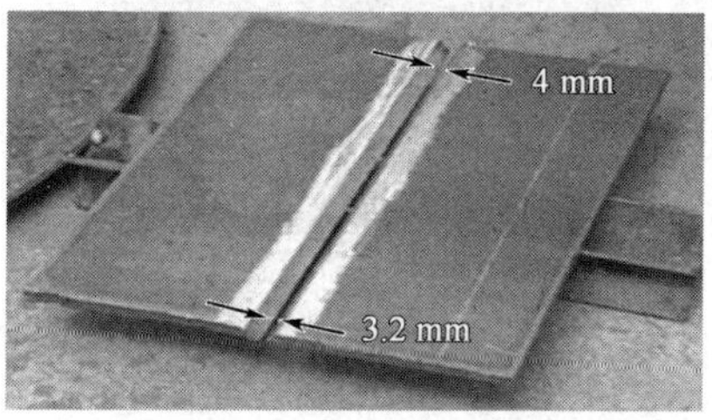

图3-18　装配定位焊

(4)反变形：平板对接装配时，为了保证焊后没有角变形，因此平板要预置反变形，试板定位焊后，应将试板的变形角向相反做成一定的角度，反变形的曲量3.2～4 mm。并做到两面平齐。见图3-19。

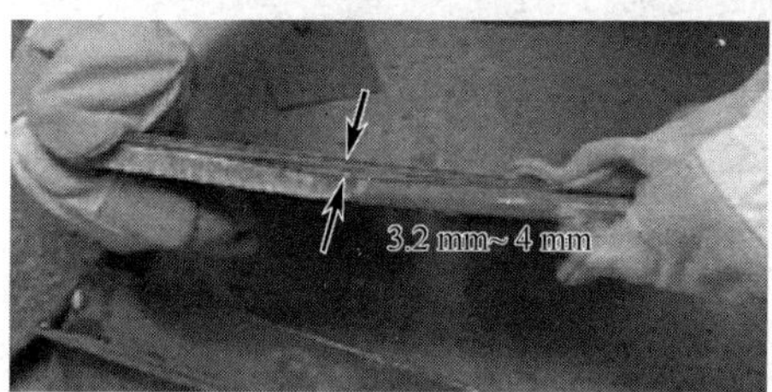

图3-19　反变形法

3. 焊前准备：

(1)场地：整洁、整齐、无杂物。

(2)辅助工具及量具：CO_2气体流量表、CO_2气瓶、角向打磨机、钢丝刷、敲渣锤、样冲、划针、焊缝万能量规。

4. 焊接工艺参数(见表3-8)：

表3-8　焊接工艺参数

焊层	焊丝直径	气体流量	焊接电流	电弧电压	焊接走向	接头数量
1	ϕ1.2	12 L/min	90～110 A	18～19 V	从下向上	1
2	ϕ1.2	12 L/min	130～150 A	20～22 V	从下向上	1
3	ϕ1.2	12 L/min	130～150 A	20～22 V	从下向上	1

5. 焊接顺序：见图3-20。

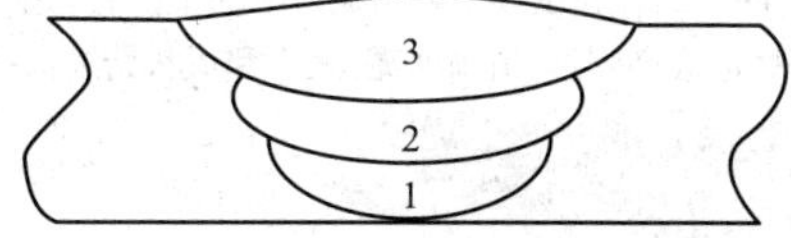

图3-20　焊接顺序

二、焊接操作要领

1. 打底层操作要领：

(1)焊丝直径ϕ1.2 mm，焊接电流90～110 A，电弧电压18～19 V。调整好打底焊工艺参数后，在试板下端定位焊缝上引弧，使电弧沿焊缝中心作锯齿形横向摆动，当电弧超过定位焊缝并形成熔孔时，转入正常的连弧焊接。焊接时要注意焊缝两侧的停留和控制熔孔的大小，施焊时握枪要稳，应不间断的焊

续上表

教学过程	第一次	第二次
到终焊端，焊枪与试板夹角以 70°～90°为宜。见图 3-21。  打底层焊接 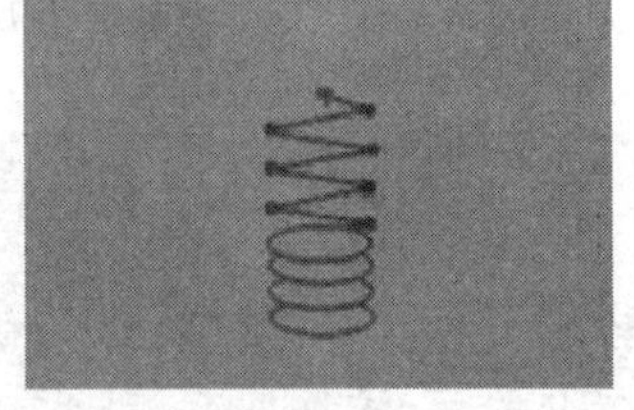 打底层焊接 图 3-21　施焊角度 (2)接头：断弧后，需用角向打磨机将焊缝接头处打磨成斜面，见图 3-22。a 处为需要打磨掉的金属，使接头处容易焊透。 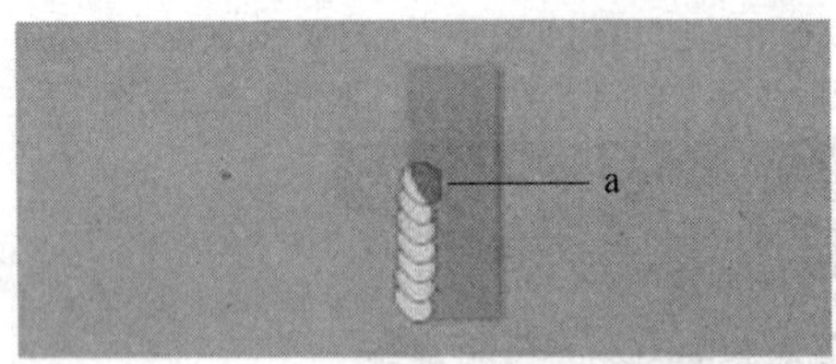 打底层焊接 图 3-22　接头处焊接 2. 填充层操作要领： 焊丝直径 ϕ1.2 mm，焊接电流 130～150 A，电弧电压 20～22 V。焊枪与试板间的夹角为 70°～90°，焊枪的对中位置为 90°，见图 3-23。电流稍大一些，采用间距较大的上凸的月牙形或锯齿形运条方法，焊枪横向摆幅比打底时稍大，电弧到坡口两侧处稍作停顿，保证焊道两侧熔合良好，填充层焊完后应比坡口边缘低 1.5～2 mm 左右，不允许烧坏坡口的棱边。  填充层焊接 图 3-23　填充层焊接角度 3. 盖面层： 焊丝直径：ϕ1.2 mm，焊接电流：130～150 A，电弧电压 20～22 V。 电流适当小些，焊枪与下方夹角以 70°～90°为宜，见图 3-24。在试件下端引弧自下向上焊接，运条方法和填充层一致，只是摆幅大些，在坡口两侧停留，注意熔池成椭圆形、清晰明亮，大小和形状始终保持一致。 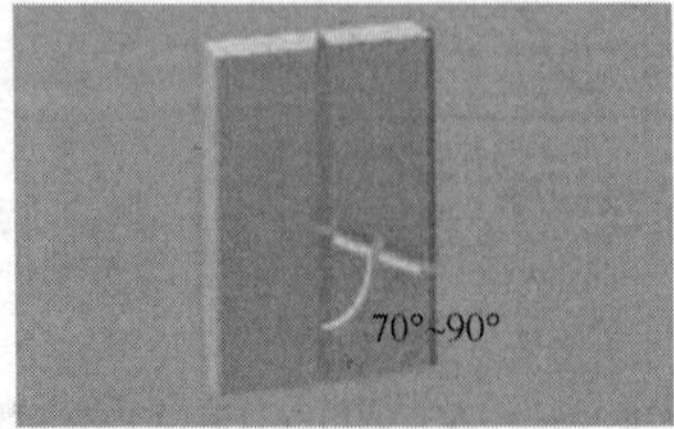 盖面层焊接 图 3-24　盖面层焊接角度		

续上表

教学过程	第一次	第二次
4. 焊后清理： (1)焊完焊缝后用敲渣锤清理焊渣。 (2)用钢丝刷进一步将焊渣、飞溅物清理干净。 (3)焊缝处于原始状态，交付专职检验前不得对各种焊接缺陷进行修补。 5. 焊接质量检验： (1)焊缝外形尺寸： 焊缝余高：0～3 mm；焊缝余高差：≤2 mm； 焊缝宽度：比坡口每侧增宽 2～4 mm；焊缝宽度差：≤2 mm。 (2)焊缝表面缺陷： 咬边深度：≤0.5 mm；焊缝两侧咬边总长度：≤3 mm； 背面凹坑深度：≤2 mm，总长度：≤30 mm； 焊缝表面不得有裂纹、未熔合、气孔、焊瘤和未焊透。 (3)焊件变形： 焊件焊后变形角度：≤3°；错边量：≤2 mm。 [安全注意事项]： 防电弧打眼、烧伤皮肤、防飞溅烫伤。 [任务分配]： 1. 每人焊一个单面焊双面成形焊件。 2. 每个工位内练习时必须保持 3～4 人，否则视违纪。 3. 采用引弧板，绝对禁止在焊接支架上引弧。 4. 焊后自检查焊缝，分析解决存在的问题。 [巡回指导及示范]： 1. 个别指导与小组指导相结合。 2. 培养发现典型。 [结束指导及点评]： 1. 肯定技术上的成绩，分析存在的问题。 2. 纪律、学风上的问题。 3. 整理工位、工具、材料，打扫车间卫生。 [布置实习报告]： [教学后记]：		

任务六：CO_2气体保护焊——V形坡口对接横焊

<table>
<tr><td>任务六</td><td colspan="2">CO_2气体保护焊——V形坡口对接横焊</td><td>课时</td><td></td></tr>
<tr><td>教学目标</td><td colspan="4">1. 掌握C02 V形坡口对接横焊单面焊双面成形的操作方法。
2. 能根据实际情况正确选择调整焊接工艺参数。
3. 正确的操作手法及姿势，对金属熔滴的控制，达到比较熟练的程度。
4. 强化能根据焊缝成形自我判断焊接缺陷的能力。</td></tr>
<tr><td rowspan="2">教材分析</td><td>重点</td><td colspan="3">1. 能根据实际情况正确选择调整焊接工艺参数。
2. 掌握 CO_2 V形坡口对接横焊单面焊双面成形可能出现的缺陷原因及防止方法。</td></tr>
<tr><td>难点</td><td colspan="3">掌握 CO_2 V形坡口对接横焊单面焊双面成形的操作方法。</td></tr>
<tr><td colspan="5">教具：焊件式样、焊丝、头盔焊帽、CO_2焊机、气瓶等。</td></tr>
<tr><td colspan="3">教学方法：讲解、示范、巡回指导。</td><td>课型</td><td>新授课</td></tr>
<tr><td colspan="5">加工工件示意图：
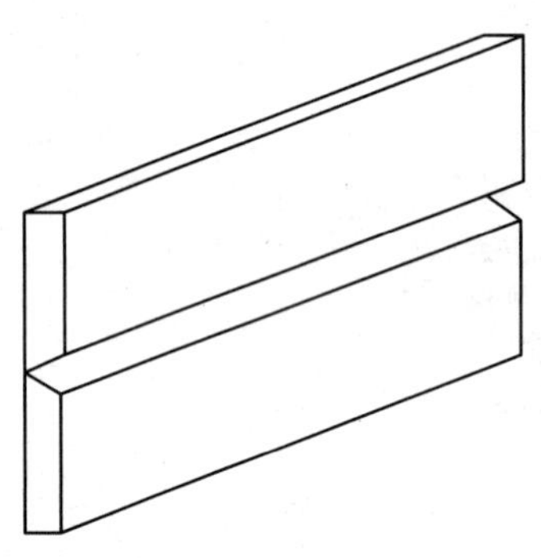</td></tr>
<tr><td colspan="3">教学过程</td><td>第一次</td><td>第二次</td></tr>
<tr><td colspan="3">[组织教学]：
1. 组织学生有序进入车间。
2. 点名、填考勤表、查明未到学生原因并记录。
[安全教育]：
1. 工服检查及安全、节约、材料工具整理意识强调。
2. 强调实习纪律卫生、学风、学法、爱岗敬业等。
3. 加强 CO_2气保焊焊接时的防烫、防烧、焊枪保护等措施。
[复习提问]：
1. CO_2 V形坡口对接立焊的工艺参数有哪些？
2. 坡口焊接时的三个焊层有哪些？

CO_2气体保护焊——V形坡口对接横焊

一、V形坡口对接横焊
1. 焊接特点：
横对接焊是在垂直面上焊接水平焊缝的一种操作方法。二氧化碳气体保护焊具有焊接质量高、焊接飞溅小、生产率高、焊接成本低以及适宜全位置焊接等特点。因而，在焊接生产获得越来越广泛的应用。
2. 焊前装配定位焊：
(1)给定材料：低碳钢板 300 mm×100 mm×12 mm　2块，
材质：Q235　　用刨床或气割下料。
(2)工件清理：用角向打磨机把试板两边 20～30mm 范围内油、锈等清除干净，见金属光泽。</td><td></td><td></td></tr>
</table>

续上表

教学过程	第一次	第二次

(3)装配定位焊：其目的是把两块试板装配成合乎焊接技术要求的 V 形坡口的试板。装配间隙为始焊端 2.5 mm，终焊端 3.2 mm，钝边为 1～1.5 mm，点固焊为两点，在焊件两端处，定位焊长度为 10～15 mm。(同上 CO_2 V 形坡口对接立焊)

3. 焊前准备：

(1)场地：整洁、整齐、无杂物。

(2)辅助工具及量具：CO_2 气体流量表、CO_2 气瓶、角向打磨机、钢丝刷、敲渣锤、样冲、划针、焊缝万能量规。

4. 焊接工艺参数(见表 3-9)：

表 3-9　焊接工艺参数

焊层	焊丝直径	气体流量	焊接电流	电弧电压	焊接走向	接头数量
1	ϕ1.2	12 L/min	115～125 A	18～19 V	从右向左	1
2	ϕ1.2	12 L/min	135～145 A	21～22 V	从右向左	1
3	ϕ1.2	12 L/min	135～145 A	21～22 V	从右向左	1
4	ϕ1.2	12 L/min	130～145 A	21～22 V	从右向左	1

5. 焊接顺序：见图 3-25。

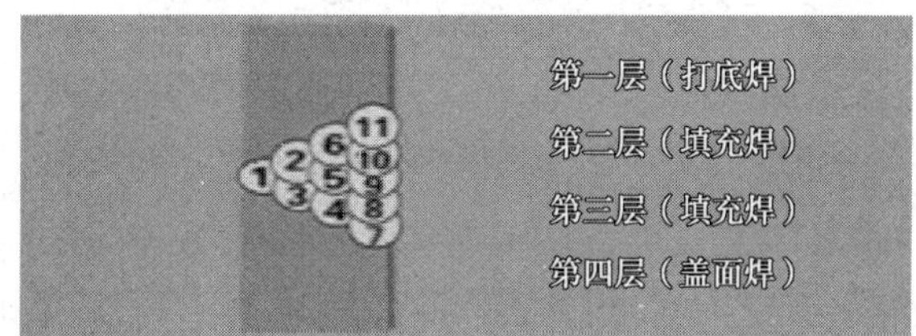

焊接操作

图 3-25　焊接顺序

二、焊接操作要领

1. 打底层操作：

焊丝直径：ϕ1.2 mm，焊接电流：115～125 A，焊接方向采用左向焊法，焊枪角度见图 3-26。

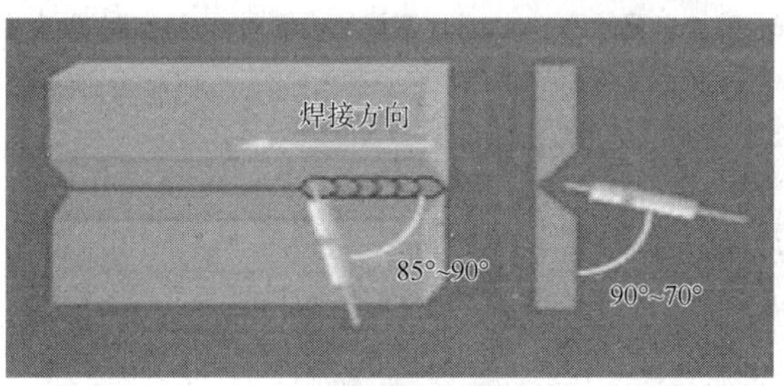

打底层焊接

图 3-26　打底焊焊枪角度

打底层时要注意以下几点：

(1)在试板右端定位焊缝上引弧，使电弧沿焊缝中心作小幅度划圈形横向摆动向左施焊，当电弧超过定位焊缝并形成熔孔时，转入正常的连弧焊接。

(2)焊接时要注意焊缝两侧的停留和控制熔孔的大小，见图 3-27。焊枪上坡口停留的时间要比下坡口停留的时间稍长，保持熔孔边缘超过坡口钝边 0.5～1 mm 较合适；焊枪向后夹角以 85°～90°为宜。

续上表

<table>
<tr><th>教学过程</th><th>第一次</th><th>第二次</th></tr>
<tr><td>

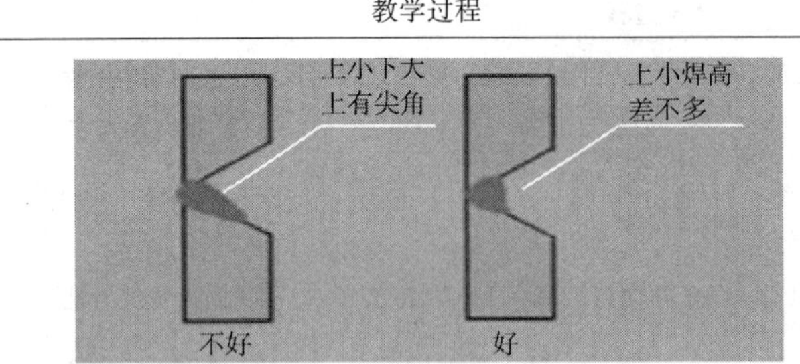

打底层焊接

图 3-27　焊缝两侧熔敷金属形

2. 填充层操作要领：

焊丝直径：ϕ1.2 mm，焊接电流：135～145 A，焊接方向采用左向焊法，焊枪角度见图 3-28。

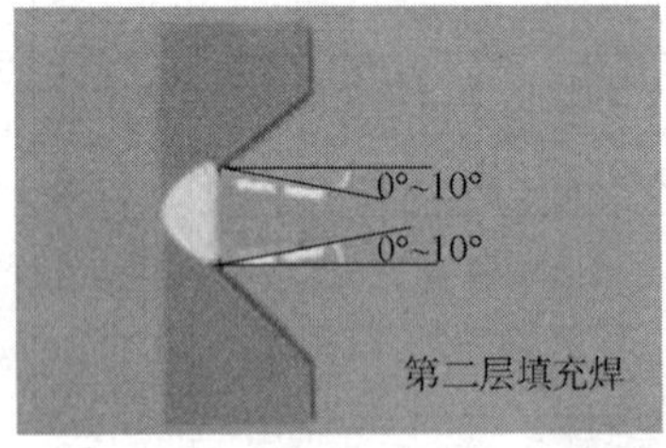

填充焊　　填充焊

图 3-28　填充层焊枪角度

填充焊时应注意事项：

(1)焊填充层焊道 2 时，焊枪成 0°～10°的俯角，电弧以打底焊道的下缘为中心运条摆动，保证下坡口熔合良好。

(2)焊填充层焊道 3 时，焊枪成 0°～10°的仰角，电弧以打底焊道上缘为中心，在焊道 2 和坡口上表面间摆动，保证熔合良好；填充层焊完后应比坡口边缘低 1.5～2 mm 为宜。

3. 盖面层：

焊丝直径：ϕ1.2 mm，焊接电流：130～145 A，焊接方向采用左向焊法，焊枪角度见图 3-29。盖面层施焊电流适当小些，焊枪角度、运条方法和填充层一致，第一道焊缝是盖面焊的关键，要圆滑过渡。各焊道间搭接 1/2，防止夹渣和搭接棱沟的出现。在坡口两侧停留，注意控制熔池成椭圆形、清晰明亮，大小和形状始终保持一致。

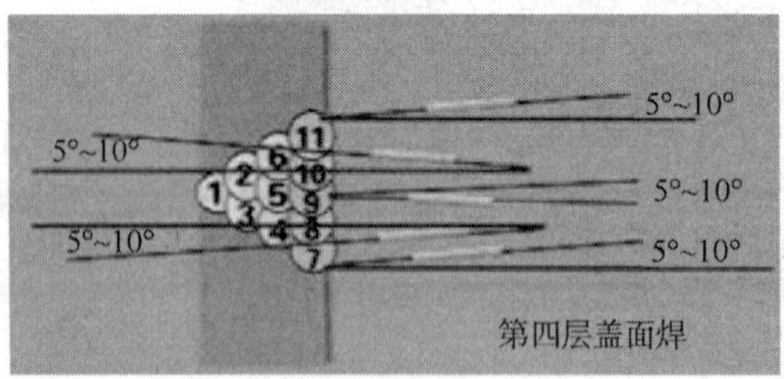

盖面焊

图 3-29　盖面层焊接角度

4. 焊后清理：

(1)焊完焊缝后用敲渣锤清理焊渣。

(2)用钢丝刷进一步将焊渣、飞溅物清理干净。

(3)焊缝处于原始状态，交付专职检验前不得对各种焊接缺陷进行修补。

</td><td></td><td></td></tr>
</table>

续上表

教学过程	第一次	第二次
5. 焊接质量检验： (1)焊缝外形尺寸： 焊缝余高：0～3 mm；焊缝余高差：≤2 mm； 焊缝宽度：比坡口每侧增宽 2～4 mm；焊缝宽度差：≤2 mm。 (2)焊缝表面缺陷： 咬边深度：≤0.5 mm；焊缝两侧咬边总长度：≤3 mm； 背面凹坑深度：≤2 mm；总长度：≤30 mm； 焊缝表面不得有裂纹、未熔合、气孔、焊瘤和未焊透。 (3)焊件变形： 焊件焊后变形角度：≤3°；错边量：≤2 mm。 [安全注意事项]： 防电弧打眼、烧伤皮肤、防飞溅烫伤。 [任务分配]： 1. 每人焊一个单面焊双面成形焊件。 2. 每个工位内练习时必须保持 3～4 人，否则视违纪。 3. 采用引弧板，绝对禁止在焊接支架上引弧。 4. 焊后自检查焊缝，分析解决存在的问题。 [巡回指导及示范]： 1. 个别指导与小组指导相结合。 2. 培养发现典型。 [结束指导及点评]： 1. 肯定技术上的成绩，分析存在的问题。 2. 纪律、学风上的问题。 3. 整理工位、工具、材料，打扫车间卫生。 [布置实习报告]： [教学后记]：		

任务七：CO_2气体保护焊——V形坡口水平管对接焊

<table>
<tr><td colspan="2">任务七</td><td colspan="2">CO_2气体保护焊——V形坡口水平管对接焊</td><td>课时</td><td></td></tr>
<tr><td colspan="2">教学目标</td><td colspan="4">1. 掌握CO_2 V形坡口水平管对接焊单面焊双面成形的操作方法。
2. 能根据实际情况正确选择调整焊接工艺参数。
3. 正确的操作手法及姿势，对金属熔滴的控制，达到比较熟练的程度。
4. 强化能根据焊缝成形自我判断焊接缺陷的能力。</td></tr>
<tr><td rowspan="2">教材分析</td><td>重点</td><td colspan="4">1. 能根据实际情况正确选择调整焊接工艺参数。
2. 掌握CO_2 V形坡口水平管对接焊单面焊双面成形可能出现的缺陷原因及防止方法。</td></tr>
<tr><td>难点</td><td colspan="4">掌握CO_2管对接水平固定焊单面焊双面成形的操作方法。</td></tr>
<tr><td colspan="6">教具：焊件式样、焊丝、头盔焊帽、CO_2焊机、气瓶等。</td></tr>
<tr><td colspan="4">教学方法：讲解、示范、巡回指导。</td><td>课型</td><td>新授课</td></tr>
<tr><td colspan="6">加工工件示意图：</td></tr>
<tr><td colspan="4">教学过程</td><td>第一次</td><td>第二次</td></tr>
<tr><td colspan="4">[组织教学]：
1. 组织学生有序进入车间。
2. 点名、填考勤表、查明未到学生原因并记录。
[安全教育]：
1. 工服检查及安全、节约、材料工具整理意识强调。
2. 强调实习纪律卫生、学风、学法、爱岗敬业等。
3. 加强CO_2气保焊焊接时的防烫、防烧、焊枪保护等措施。
[复习提问]：
1. 横焊时常见的运条方法有哪些？
答：直线形、斜锯齿形。
2. 焊条电弧焊管对接水平固定焊的运条方法？
答：直线运条或小锯齿运条法。

CO_2气体保护焊——V形坡口水平管对接焊

一、V形坡口水平管对接焊
1. 焊接特点：
V形坡口水平管对接焊的空间位置。水平固定管焊是管口朝向左右，而焊缝呈立向环绕形旋转的焊接方式。水平固定管子对接是全位置单面焊，通常是无法进行滚动焊接情况下采用的一种焊接方式。
2. 焊前装配定位焊：
(1)给定材料：材质为Q235钢管，规格：$\phi133\times8$ mm，用锯床或气割下料，再用车床加工坡口，坡口角度为30°，见图3-30。</td><td></td><td></td></tr>
</table>

续上表

教学过程	第一次	第二次

焊件

图 3-30　Q235 钢管

(2)工件清理：用角向打磨机、棒磨机把管子内外坡口面及坡口两侧 20～30 mm 范围内油、锈等清除干净，见金属光泽。

(3)装配定位焊：其目的是把两管装配成合乎焊接技术要求的对接试件。装配间隙为 2.5 mm，点固焊点为两点或三点，定位焊缝长度为 10～15 mm，厚度为 2～3 mm，定位焊缝焊好后用角向打磨机打磨成马蹄形，对定位焊缝的质理要求与正式焊缝相同，见图 3-31。

图 3-31　装配定位焊

3. 焊前准备：

(1)场地：整洁、整齐、无杂物。

(2)辅助工具及量具：CO_2气体流量表、CO_2气瓶、角向打磨机、钢丝刷、敲渣锤、样冲、划针、焊缝万能量规。

4. 焊接工艺参数(见表 3-10)：

表 3-10　焊接工艺参数

焊层	焊丝直径	气体流量	焊接电流	电弧电压	焊接走向	接头数量
1	ϕ1.2	12 L/min	90～110 A	18～19 V	从下向上两个半圆	1
2	ϕ1.2	12 L/min	130～150 A	20～22 V	从下向上两个半圆	1

5. 焊接顺序：从下向上，两个半圆分别进行施焊，见图 3-32。

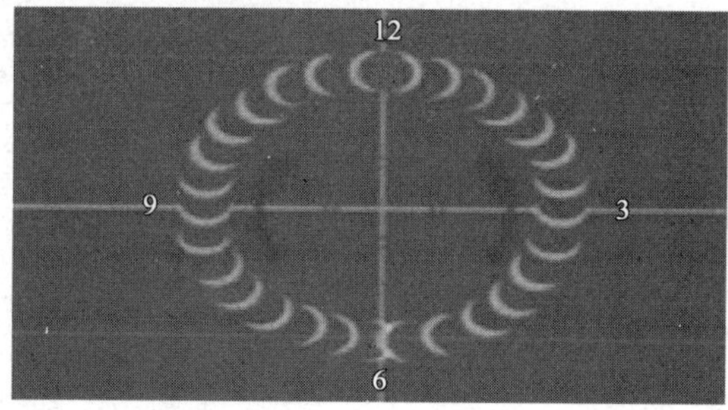

水平固定打底层焊接操作

图 3-32　焊接顺序

续上表

<table>
<tr><th>教学过程</th><th>第一次</th><th>第二次</th></tr>
<tr><td>二、焊接操作要领
1. 打底层操作：
打底层焊接时焊丝与管子切线夹角：9 点钟焊接位置为 90°；10～11 点钟焊接位置为 90°～105°；12 点钟焊接位置为 90°～100°；见图 3-33。

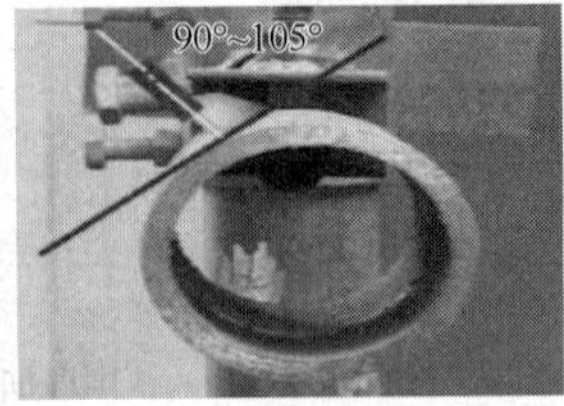

图 3-33　打底层焊接时焊丝与管子切线夹角
打底层时要注意以下几点：
(1)不管从 6 点→9 点→12 点或者 6 点→3 点→12 点进行焊接，焊枪角度都按以上执行。
(2)当收弧时，焊枪在收弧处稍停一下进行预热，让焊丝向坡口根部压弧，让电弧击穿坡口根部后稍作停顿，继续向前施焊 10～15 mm，填满弧坑即可。
2. 盖面层操作：
(1)在焊接前要仔细清理打底层的焊渣，要对打底层不平整的地方进行打磨，自“6”点位置开始引弧，用锯齿形运丝法进行焊接，始终保持短弧焊接，在两侧坡口处稍作停留，使母材与焊缝圆滑过渡，同时保持熔池椭圆形状并且大小一致，前半圆收弧时要填些熔化金属，使弧坑呈斜坡状，为后半圆收弧打好基础。
(2)盖面层焊接注意事项：
1)盖面焊缝要成型良好，余高应符合技术规定，焊缝与母材要圆滑过渡，无咬边。
2)盖面层焊接角度与打底层焊接角度基本一致。见图 3-34。
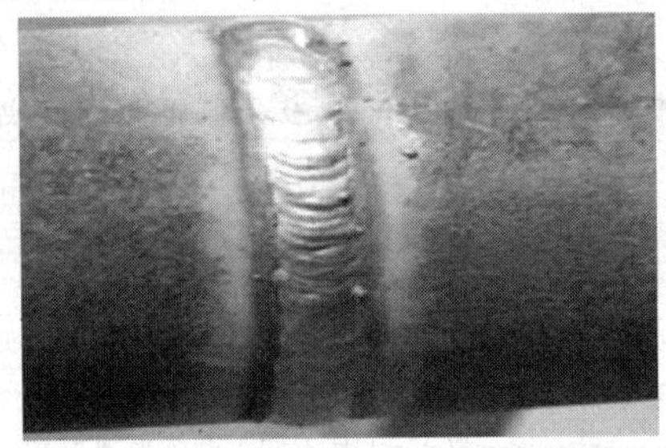
图 3-34　盖面层焊后成形
3. 焊后清理：
(1)焊完焊缝后用敲渣锤清理焊渣。
(2)用钢丝刷进一步将焊渣、飞溅物清理干净。
(3)焊缝处于原始状态，交付专职检验前不得对各种焊接缺陷进行修补。
4. 焊接质量检验：
(1)焊缝外形尺寸：
焊缝余高：0～4 mm；焊缝余高差：≤3 mm；
焊缝宽度：比坡口每侧增宽 0.5～2.5 mm；焊缝宽度差：≤3 mm。
(2)焊缝表面缺陷：
咬边深度：≤0.5 mm；焊缝两侧咬边总长度：≤15 mm；
错边量：≤2 mm；
焊缝表面不得有裂纹、未熔合、气孔、焊瘤和未焊透。</td><td></td><td></td></tr>
</table>

续上表

教学过程	第一次	第二次
[安全注意事项]： 防电弧打眼、烧伤皮肤、防飞溅烫伤。 [任务分配]： 1. 每人焊一个管水平对接固定单面焊双面成形焊件。 2. 每个工位内练习时必须保持 3～4 人，否则视违纪。 3. 采用引弧板，绝对禁止在焊接支架上引弧。 4. 焊后自检查焊缝，分析解决存在的问题。 [巡回指导及示范]： 1. 个别指导与小组指导相结合。 2. 培养发现典型。 [结束指导及点评]： 1. 肯定技术上的成绩，分析存在的问题。 2. 纪律、学风上的问题。 3. 整理工位、工具、材料，打扫车间卫生。 [布置实习报告]： [教学后记]：		

任务八：生产实训——拉杆座柱产品焊接

<table>
<tr><td colspan="2">任务八</td><td>生产实训——拉杆座柱产品焊接</td><td>课时</td><td></td></tr>
<tr><td colspan="2">教学目标</td><td colspan="3">1. 工学结合、联系实际生产工艺流程，使学生掌握焊接结构生产的基本知识和基本技能。培养学生熟练掌握实际焊接生产操作技能。
2. 结合船型焊课题，施焊拉杆座柱产品，保质保量完成生产任务。
3. 了解拉杆座柱各零件的尺寸、形状。</td></tr>
<tr><td rowspan="2">教材分析</td><td>重点</td><td colspan="3">1. 工艺文件的识读。
2. 各零件按照图纸要求装配的顺序。
3. 焊后要进行自检及修补焊接缺陷。</td></tr>
<tr><td>难点</td><td colspan="3">生产安全意识、产品质量意识、团队合作意识、精益生产意识都要培养贯穿产品生产过程当中。</td></tr>
<tr><td colspan="5">教具：工件式样、焊条、焊钳、焊机、角磨机等。</td></tr>
<tr><td colspan="3">教学方法：讲解、示范、巡回指导。</td><td>课型</td><td></td></tr>
<tr><td colspan="5">加工工件示意图：
</td></tr>
<tr><td colspan="3">教学过程</td><td>第一次</td><td>第二次</td></tr>
<tr><td colspan="3">[组织教学]：
1. 组织学生有序进入实训教室。
2. 点名、填表、查明未到学生原因。
3. 工装检查及安全、节约、材料工具整理意识强调。
4. 强调实习纪律卫生(上下课时间等)、学风、学法、爱岗敬业等。
[复习提问]：
1. CO_2气体保护焊的焊接工艺参数有几种？
2. 角磨机的安全使用规范有哪些？

拉杆座柱产品焊接

一、特点及应用：
拉杆座柱是各型机车产品当中的一种焊接结构件，用于机车的底盘。全部采用角焊缝和船型焊缝，有些位置要求一次性焊完，不允许有接头，要求焊工具有扎实的基本功，以及熟练运用焊机，能准确选择焊接规范。要求产品质量必须过关。
拉杆座柱的构造：
拉杆座柱的构造主要由底板、筋板、立板、隔板、挡板组成。
(1)底板：见图 3-35。
(2)筋板：见图 3-36。</td><td></td><td></td></tr>
</table>

续上表

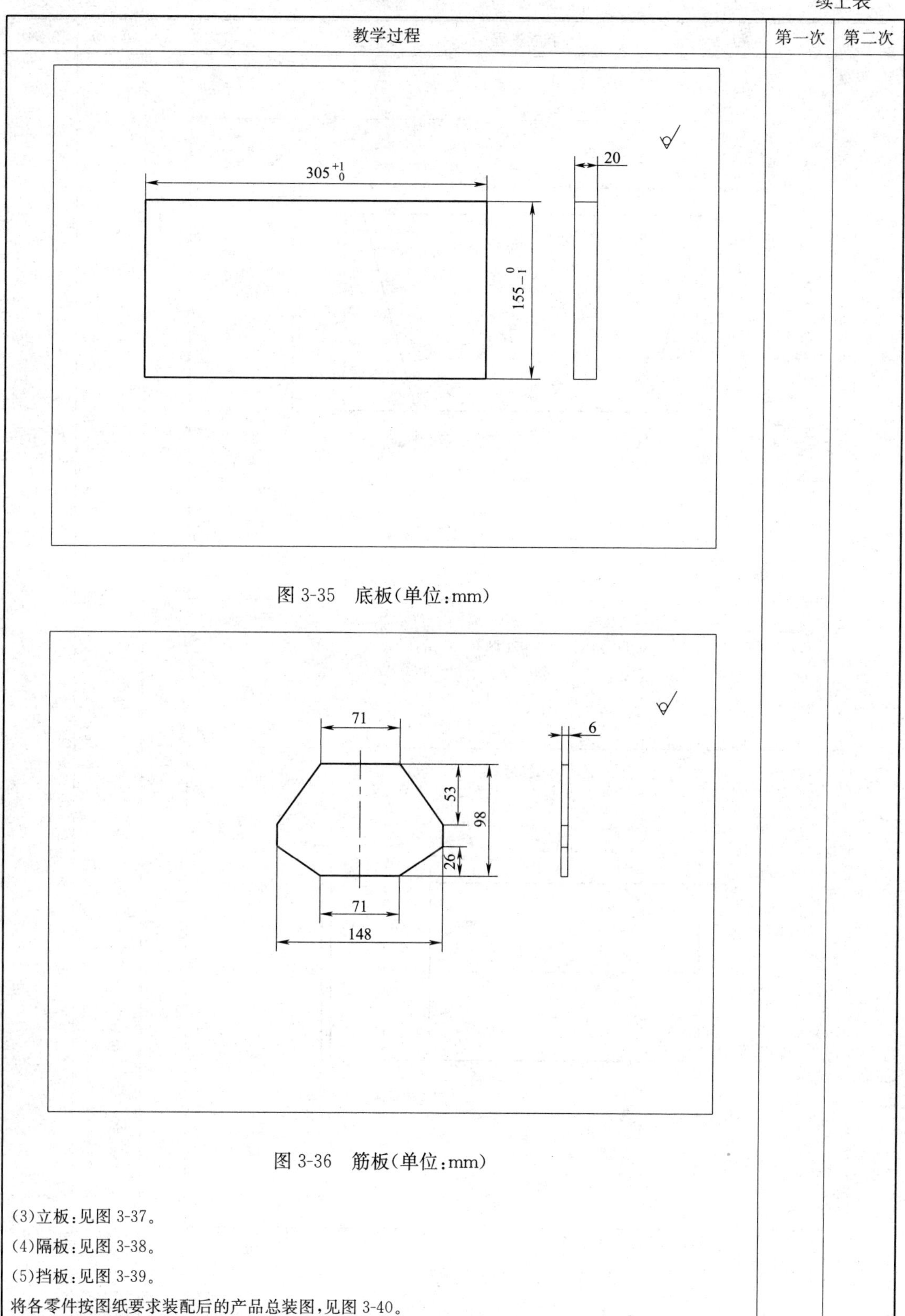

教学过程	第一次	第二次
图 3-35　底板(单位:mm) 图 3-36　筋板(单位:mm) (3)立板:见图 3-37。 (4)隔板:见图 3-38。 (5)挡板:见图 3-39。 将各零件按图纸要求装配后的产品总装图,见图 3-40。		

续上表

<table>
<tr><th>教学过程</th><th>第一次</th><th>第二次</th></tr>
<tr><td>

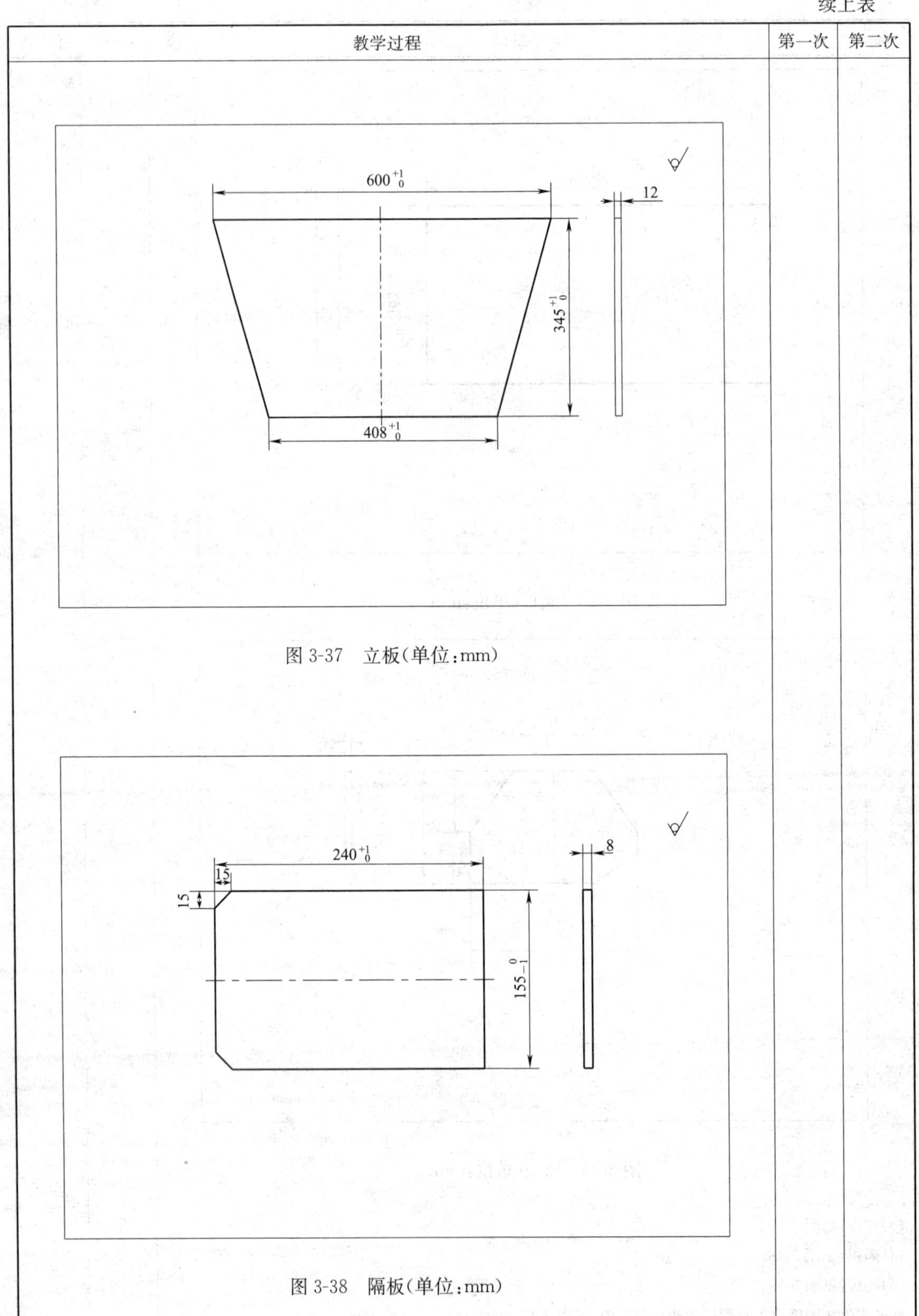

图 3-37　立板(单位:mm)

图 3-38　隔板(单位:mm)

</td><td></td><td></td></tr>
</table>

续上表

教学过程	第一次	第二次

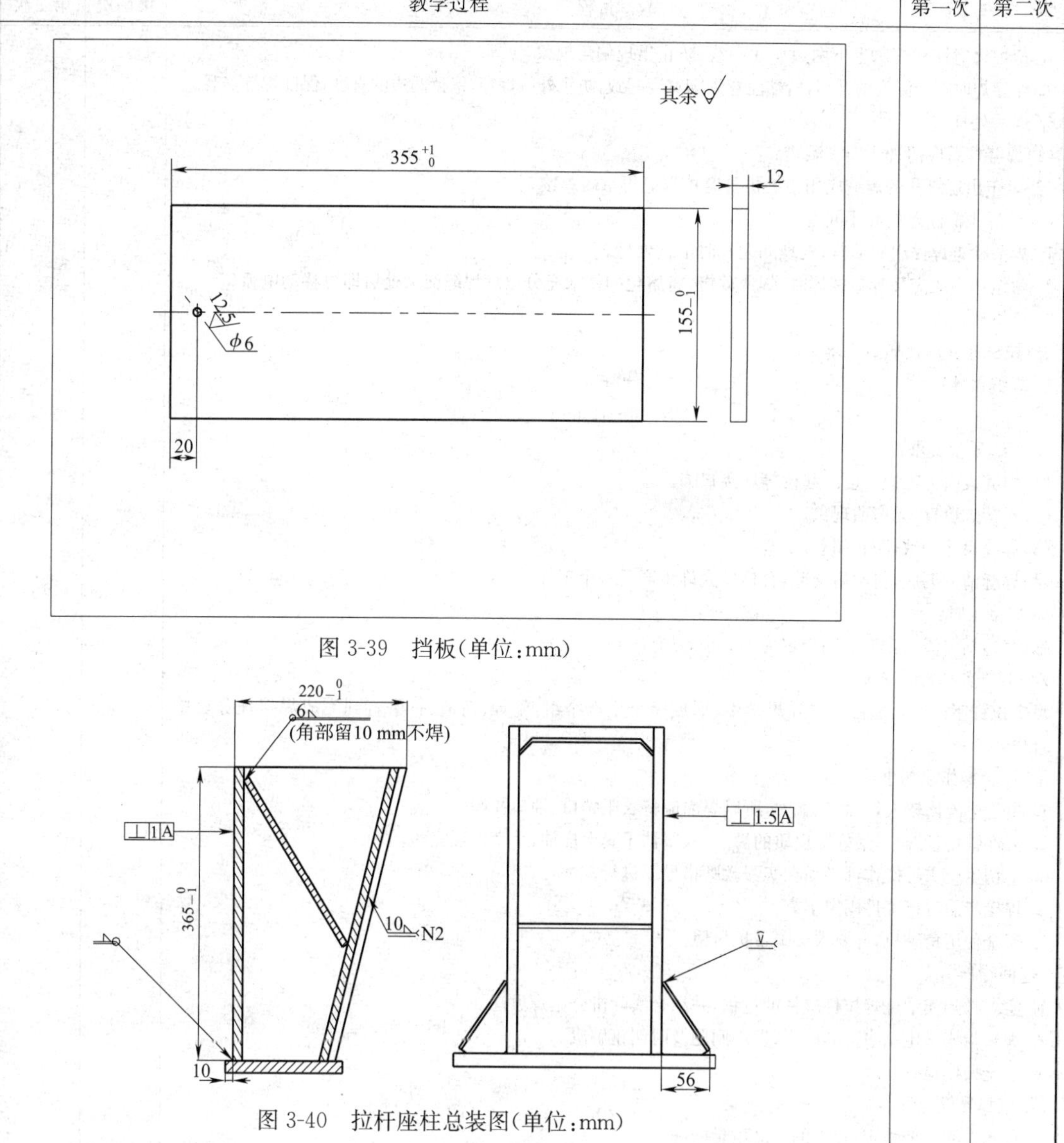

图 3-39 挡板(单位：mm)

图 3-40 拉杆座柱总装图(单位：mm)

二、拉杆座柱的焊接工艺参数

焊接规范(见表 3-11)：

表 3-11 焊接规范

焊丝伸出长度	焊丝直径	气体流量	焊接电流	电弧电压	焊接走向	焊丝角度
15 mm	ϕ1.2	12 L/min	230A	22～24 V	两侧筋板	横向 85°左右，纵向 90°
15 mm	ϕ1.2	12 L/min	230A	22～24 V	内侧 4 条焊缝	
15 mm	ϕ1.2	12 L/min	260A	24～26 V	外侧 2 条长焊缝	

三、操作方法及步骤

1. 将组对好的拉杆座柱放置在平台上，用相应的工具将焊件的焊缝位置支撑成船型和角焊缝的位置，准备焊接。
2. 先焊短焊缝后焊长焊缝，尽量减少焊件变形。
3. 先焊纵向焊缝后焊横向焊缝，以减少应力集中。

续上表

教学过程	第一次	第二次
4. 角焊缝时注意焊脚上下两边尺寸一致,防止出现偏角现象。 5. 船型焊时随着温度的升高,后端注意焊脚宽度一致,防止外侧烧穿,保持两边的直度,保证焊缝美观。 6. 焊后处理: (1)焊缝焊后应清理干净飞溅物。 (2)对于出现气孔的焊缝应用角磨机打磨掉焊缝再重新焊接。 四、施焊中需注意的几个问题 1. 焊前检查焊件组对质量,发现问题及时汇报处理。 2. 角结构中的交叉焊缝施焊时,焊速放慢,将熔化的铁水充分填满焊缝交叉处后即可移动电弧。 3. 弧坑要填满。 五、拉杆座柱焊接质量要求 1. 焊缝尺寸: $K=6\sim12$ mm 2. 焊缝质量要求: (1)焊缝表面无咬边、气孔、起棱等焊接缺陷。 (2)对接焊缝直,无弯曲现象。 (3)焊缝尺寸一致,防止超差。 (4)焊缝清渣彻底,打磨后交验,合格后允许生产下一个工件。 3. 焊接工时: 施焊(包括清渣、打磨)时间限定为1.5小时/个。 六、生产实习人员安排 每个拉杆座柱产品配备三名施焊学生,形成一个生产小组,施焊、清渣、打磨直到完成焊接任务交验合格。 七、安全操作注意事项 1. 由于电流比较大,飞溅也就大,所以焊前应将衣服领口、袖口扎好。 2. 劳保鞋扎紧鞋带,最好穿皮质的裤子,衣服袖子套上皮袖,手套保证完整。 3. 一切生产实习操作都必须在实习教师指导下进行。 4. 焊接产品时将工件固定牢靠。 5. 安全使用角磨机,并要求必须带护目镜。 [巡回指导]: 1. 实习教师演示施焊拉杆座柱的过程,并结合实际讲介施焊方法。 2. 观察指导学生从事产品施焊,发现问题及时纠正解决。 3. 安全操作检查。 [结束指导及点评]: 1. 技术上的成绩肯定,存在的产品质量问题。 2. 纪律、学风上的问题。 3. 整理工位、工具、材料,打扫实训教室卫生。 [布置实习报告]: [教学后记]:		

任务九：生产实训——整流柜体焊接

<table>
<tr><td colspan="2">任务九</td><td colspan="2">生产实训——整流柜体焊接</td><td>课时</td><td></td></tr>
<tr><td colspan="2">教学目标</td><td colspan="4">1. 工学结合、联系实际生产工艺流程，使学生掌握焊接结构生产的基本知识和基本技能。培养学生熟练掌握实际焊接生产操作技能。
2. 结合所学课题，焊接整流柜产品，保质保量完成生产任务。
3. 了解整流柜体产品各零件的尺寸、形状。</td></tr>
<tr><td rowspan="2">教材分析</td><td>重点</td><td colspan="4">1. 工艺文件的识读。
2. 各零件按照图纸要求装配的顺序。
3. 焊后要进行自检及修补焊接缺陷。</td></tr>
<tr><td>难点</td><td colspan="4">生产安全意识、产品质量意识、团队合作意识、精益生产意识都要培养贯穿产品生产过程当中。</td></tr>
<tr><td colspan="6">教具：工件式样、焊条、焊钳、焊机、角磨机等。</td></tr>
<tr><td colspan="4">教学方法：讲解、示范、巡回指导。</td><td>课型</td><td></td></tr>
<tr><td colspan="6">加工工件示意图：
</td></tr>
<tr><td colspan="4">教学过程</td><td>第一次</td><td>第二次</td></tr>
<tr><td colspan="4">[组织教学]：
1. 组织学生有序进入实训教室。
2. 点名、填表、查明未到学生原因。
3. 工装检查及安全、节约、材料工具整理意识强调。
4. 强调实习纪律卫生(上下课时间等)、学风、学法、爱岗敬业等。
[复习提问]：
1. 拉杆座柱产品焊接的工艺参数？
2. 拉杆座柱产品的检验要求有哪些？

整流柜体焊接

整流柜体是机车产品整流柜的外壳构件。工序较多，多采用立向下焊缝及横焊缝来进行焊接操作，同时还要求焊工具有扎实的基本功，以及熟练识读工艺文件的要求，并且能准确地选择焊接规范。要求产品质量必须达到图纸要求的检验标准。
一、整流柜体的工艺文件及焊接加工流程
以典型产品为载体设计教学过程，以教学过程与生产过程对接为目标。通过产品的图纸、工艺文件等生产性文件识读掌握，对学生进行岗位能力训练，使其快速地掌握产品工序、结构、质量标准等生产常识，使学生能力培养贯穿于教学全过程。</td><td></td><td></td></tr>
</table>

续上表

教学过程	第一次	第二次

(1)整流柜体工艺文件封面见工艺文件 3-1。

连艺(2000)格式 21

工　　艺　　文　　件

文 件 编 号　109D11100A-G2　　文 件 编 号　硅整流柜柜体装配焊接工艺规程

产品型号名称　东风4D型货运内燃机车　零部件图号　109D11100A

编制 ________ 校对 ________ 审核 ________ 会签 ________

标准 ________ 审定 ________ 批准 ________

大连机车车辆厂

年　　月　　日

工艺文件 3-1　工艺文件封面

(2)组焊明细表见工艺文件 3-2。

连艺(2000)格式 7

大连机车车辆厂 技工学校 车间	组装明细表	产品名称	零部件名称	图 号	编 号
		东风4D型 货运内燃机车	硅整流柜 柜体装配	109D11100A	109D11100A-G2

顺序	工序号	零部件 名称	零部件 图号	零部件 数量	供应单位	顺序	工序号	零部件 名称	零部件 图号	零部件 数量	供应单位
1	5	立柱(一)	109D111103	2	技校	18		上边沿	106D111005	2	技校
2		立柱(二)	109D111104	2	技校	19		边梁(一)	106D111001	2	技校
3		托板(八)	112D101201	10	技校	20		边梁(二)	106D111010	2	技校
4	10	立柱(一)	109D111103	4	技校	21		下边沿	106D111009	2	技校
5		立柱(二)	109D11[illegible]	4	技校	22		横梁(一)	106D111006	6	技校
6		托板(七)	112D101101	20	技校	23		横梁(一)	109D111001	2	技校
7	15	立柱(一)	109D111103	2	技校	24		挡板	109D111002	2	技校
8		立柱(二)	109D111104	2	技校	25		盖板	109D111003	1	技校
9		托板(八)	112D101201	10	技校	26		吊环螺母	106D111012	4	技校
10	20	压条(一)	106D111301	4	技校	27		立架装配(一)	109D11110A	2	技校
11		压条(二)	106D111302	4	技校	28		立架装配(二)	109D11120A	4	技校
12		立柱	106D111305	4	技校	29		立架装配(三)	109D11130A	2	技校
13		边框	106D111307	2	技校	30		螺母	106D111013	8	技校
14		钢板网1.2×10×25	106D111308	2	技校	31		绑线柱	109D111004	2	技校
15	25	支架(一)	106D111002	1	技校	32					
16		支架(二)	106D111003	1	技校	33					
17		侧壁	106D111004	2	技校	34					

描　图

底图编号

					编制		校对		第 1 页
					审核		会签		
					标准		审定		共 18 页
标记	处数	文件号	签字	日期			批准		

工艺文件 3-2　组焊明细表

(3)工序名称与简图见工艺文件 3-3。

(4)组焊前准备事项见工艺文件 3-4。

(5)立架装配组焊工艺见工艺文件 3-5、工艺文件 3-6、工艺文件 3-7。

1)首先对立柱进行矫正,用手锤敲直。

2)焊接规范选择:松下 350A 逆变气体保护焊机

续上表

教学过程	第一次	第二次

连艺(2000)格式8

大连机车车辆厂 技工学校 车间	装配焊接工艺过程综合卡片	产品名称	零部件名称	图号	编号
		东风4D型货运内燃机车	硅整流柜柜体装配	109D11100A	109D11100A-G2
		安装大部件名称	硅整流柜	安装大部件图号	109D11000A

车间	工段	工序号	工序名称与简图
技校	柜体	0	组焊前准备
技校	柜体	5	立架装配(一)组焊
技校	柜体	10	立架装配(二)组焊
技校	柜体	15	立架装配(三)组焊
技校	柜体	20	门装配组焊
技校	柜体	25	柜装配组焊
技校	检查	30 K	检查组焊质量
委外		35	喷漆

设备、加具、工具 名称	编号	工种	等级	定额min 部件	定额min 产品
平台					
300 mm钢尺					
500 mm弯尺					
细丝CO_2焊机					
手锤　手铲					
门边框组对胎					
1 000 mm钢尺					
压铁					
样板　冲子					
立式钻床	021-104				
上框组对胎					
下框组对胎					
左、右定位架					
242.5定位架					
柜体门框组对胎					
尺寸193样板					
1 200 mm钢尺					
2 000 mm弯尺					
大锤					
风砂轮机					
角磨机					

部件重 kg	102	产品部件数	1
材料消耗量 kg或L			

	牌号或名称	直径	部件	产品
电焊条				
焊丝	H08Mn2SiA	ϕ1.2		
焊剂				
氧气与燃料				
劳动量min	部件			
	产品			

描图

底图编号

					编制		校对		第 2 页
					审核		会签		
					标准		审定		共 18 页
标记	处数	文件号	签字	日期			批准		

工艺文件 3-3　工序名称与简图

连艺(2000)格式 9

大连机车车辆厂 技工学校 车间	焊接工艺卡片	产品名称	零部件名称	图号	编号
		东风4D型货运内燃机车	硅整流柜柜体装配	109D11100A	109D11100A-G2

工序号	工序号	工序(工步)内容或简图	设备、夹具、工具 名称	编号	位置焊缝	尺寸缝焊	缝焊长度 m	焊条或焊丝 型号及牌号	直径 mm	焊接规范 电流 A	电弧电压 V	焊接速度 m/h	气体压力 MPa	等级作工	定额工时
0		组焊前准备													
	1	准备好组焊时所需的工卡量具及胎具													
	2	检查组焊该部件所需的各零件应齐全													
	3	检查组焊该部件的零件应符合图纸要求,待焊处不得有油、水、锈、氧化熔渣等													
	4	检查组焊胎具各定位基准,夹紧部分应状态良好													
	5	将立柱(一)(二)逐个调平													
	6	组焊场地要整洁、干燥,不得存放其他杂物													
			手锤												

描图

底图编号

					编制		校对		第 3 页
					审核		会签		
					标准		审定		共 18 页
标记	处数	文件号	签字	日期			批准		

工艺文件 3-4　组焊前准备事项

表 3-12　焊接规范选择

焊丝直径	焊接电流	焊接电压	气体流量
1.2 mm	200 A	20～24 V	10 L/min

3)按照图纸要求组对立架,两个人相对坐在平台两边,一人将托板插入立柱组对成立架后推给对面另一个人,先逐个点固,采用立向下焊法进行焊接(两面都焊)。

4)焊完后要对焊缝进行清理,用手锤和扁铲将焊豆和飞溅物清理干净。

续上表

教学过程	第一次	第二次

5)用直角尺矫正垂直度完后再到小平台矫正平衡度。

6)将矫正好的立架放入专用胎具进行加装定位角钢的工序,电流 200 A,采用立向下焊法,两面焊,注意焊缝不要超过背面。焊后要对焊缝进行清理。

7)将立架放入专用胎具加装铜排固定支架(角钢),电流 210 A,采用立向下焊法,两边焊,注意焊缝不要超过固定支架(角钢)背面,焊后要对焊缝进行清理。

立架装配(一)组焊见工艺文件 3-5。

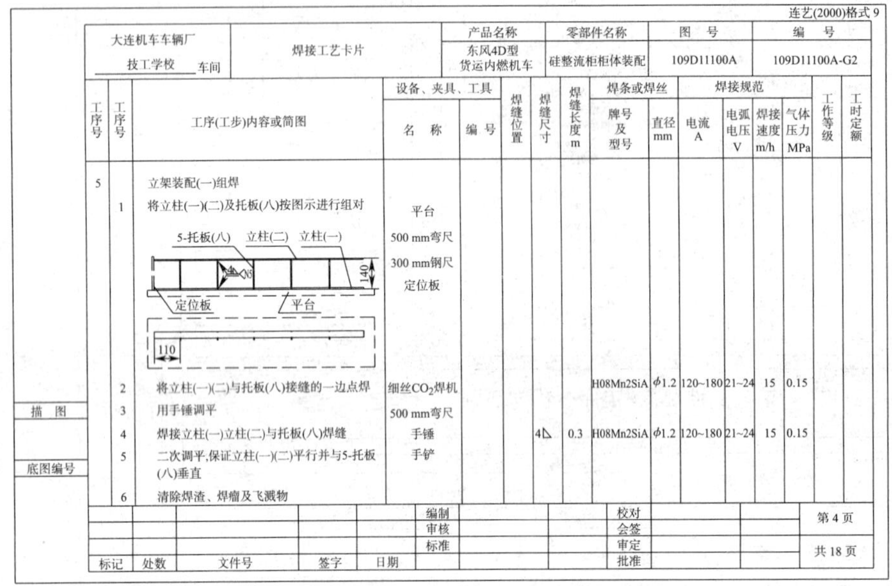

连艺(2000)格式 9

大连机车车辆厂 技工学校 车间	焊接工艺卡片	产品名称	零部件名称	图号	编号
		东风4D型货运内燃机车	硅整流柜柜体装配	109D11100A	109D11100A-G2

工序号	工步号	工序(工步)内容或简图	设备、夹具、工具 名称	编号	焊缝位置	焊缝尺寸	焊缝长度 m	焊条或焊丝 牌号及型号	直径 mm	焊接规范 电流 A	电弧电压 V	焊接速度 m/h	气体压力 MPa	工作等级	工时定额
5		立架装配(一)组焊													
	1	将立柱(一)(二)及托板(八)按图示进行组对 5-托板(八) 立柱(二) 立柱(一) 140 定位板 平台 110	平台 500 mm弯尺 300 mm钢尺 定位板												
	2	将立柱(一)(二)与托板(八)接缝的一边点焊	细丝CO_2焊机					H08Mn2SiA	φ1.2	120~180	21~24	15	0.15		
	3	用手锤调平	500 mm弯尺												
	4	焊接立柱(一)立柱(二)与托板(八)焊缝	手锤			4◺	0.3	H08Mn2SiA	φ1.2	120~180	21~24	15	0.15		
	5	二次调平,保证立柱(一)(二)平行并与5-托板(八)垂直	手铲												
	6	清除焊渣、焊瘤及飞溅物													

描图

底图编号

					编制		校对		第 4 页
					审核		会签		
					标准		审定		共 18 页
标记	处数	文件号	签字	日期			批准		

工艺文件 3-5 立架装配(一)组焊

立架装配(二)组焊见工艺文件 3-6。

连艺(2000)格式 9

大连机车车辆厂 技工学校 车间	焊接工艺卡片	产品名称	零部件名称	图号	编号
		东风4D型货运内燃机车	硅整流柜柜体装配	109D11100A	109D11100A-G2

工序号	工步号	工序(工步)内容或简图	设备、夹具、工具 名称	编号	焊缝位置	焊缝尺寸	焊缝长度 m	焊条或焊丝 牌号及型号	直径 mm	焊接规范 电流 A	电弧电压 V	焊接速度 m/h	气体压力 MPa	工作等级	工时定额
10		立架装配(二)组焊													
	1	将立柱(一)(二)及托板(七)按图示进行组对 5-托板(七) 立柱(二) 立柱(一) 140 定位板 平台 110	平台 500 mm弯尺 300 mm钢尺 定位板												
	2	将立柱(一)(二)与托板(七)接缝的一边点焊	细丝CO_2焊机					H08Mn2SiA	φ1.2	120~180	21~24	15	0.15		
	3	用手锤调平	500 mm弯尺												
	4	焊接立柱(一)立柱(二)与托板(七)焊缝	手锤			4◺	0.3	H08Mn2SiA	φ1.2	120~180	21~24	15	0.15		
	5	二次调平,保证立柱(一)(二)平行并与5-托板(七)垂直	手铲												
	6	清除焊渣、焊瘤及飞溅物													

描图

底图编号

					编制		校对		第 5 页
					审核		会签		
					标准		审定		共 18 页
标记	处数	文件号	签字	日期			批准		

工艺文件 3-6 立架装配(二)组焊

续上表

教学过程	第一次	第二次

立架装配(三)组焊见工艺文件 3-7。

连艺(2000)格式 9

大连机车车辆厂 技工学校 车间	焊接工艺卡片	产品名称	零部件名称	图号	编号
		东风4D型货运内燃机车	硅整流柜柜体装配	109D11100A	109D11100A-G2

工序号	工步号	工序(工步)内容或简图	设备、夹具、工具 名称	编号	焊缝位置	焊缝尺寸	焊缝长度 m	焊条或焊丝 牌号及型号	直径 mm	焊接规范 电流 A	电弧电压 V	焊接速度 m/h	气体压力 MPa	工作等级	工时定额
15		立架装配(三)组焊													
	1	将立柱(一)(二)及托板(八)按图示进行组对 5-托板(八)　立柱(一)　立柱(二)　140　定位板　平台　110	平台 500 mm弯尺 300 mm钢尺 定位板												
	2	将立柱(一)(二)与托板(八)接缝的一边点焊	细丝CO_2焊机					H08Mn2SiA	ϕ1.2	120~180	21~24	15	0.15		
	3	用手锤调平	500 mm弯尺												
	4	焊接立柱(一)立柱(二)与托板(八)焊缝	手锤			4	0.3	H08Mn2SiA	ϕ1.2	120~180	21~24	15	0.15		
	5	二次调平,保证立柱(一)(二)平行并与5-托板(八)垂直	手铲												
	6	清除焊渣、焊瘤及飞溅物													

描图　底图编号

					编制		校对		第6页
					审核		会签		
					标准		审定		共18页
标记	处数	文件号	签字	日期			批准		

工艺文件 3-7　立架装配(三)组焊

(6)门装配组焊见工艺文件 3-8、工艺文件 3-9。

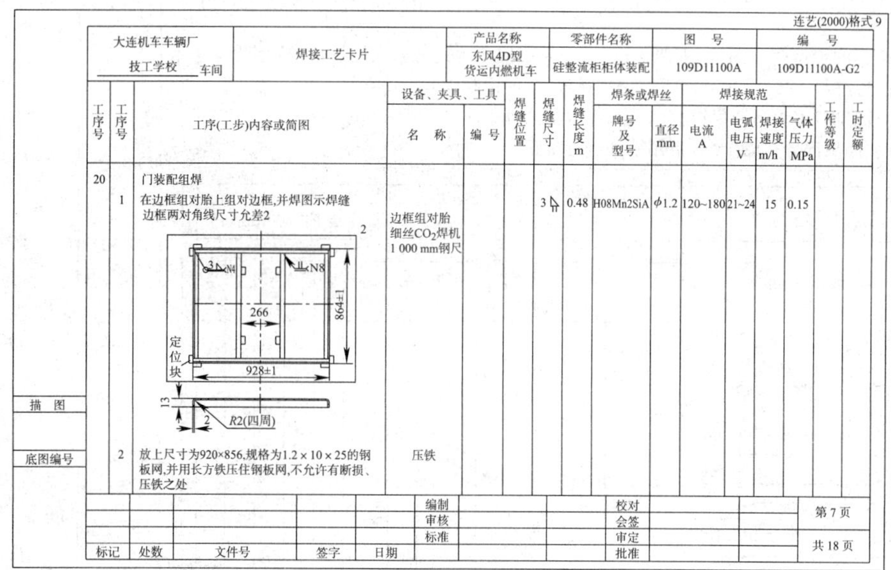

连艺(2000)格式 9

大连机车车辆厂 技工学校 车间	焊接工艺卡片	产品名称	零部件名称	图号	编号
		东风4D型货运内燃机车	硅整流柜柜体装配	109D11100A	109D11100A-G2

工序号	工步号	工序(工步)内容或简图	设备、夹具、工具 名称	编号	焊缝位置	焊缝尺寸	焊缝长度 m	焊条或焊丝 牌号及型号	直径 mm	焊接规范 电流 A	电弧电压 V	焊接速度 m/h	气体压力 MPa	工作等级	工时定额
20		门装配组焊													
	1	在边框组对胎上组对边框,并焊图示焊缝 边框两对角线尺寸允差2 2　3　N4　N8　266　864±1　定位块　928±1　13　2　R2(四周)	边框组对胎 细丝CO_2焊机 1 000 mm钢尺			3	0.48	H08Mn2SiA	ϕ1.2	120~180	21~24	15	0.15		
	2	放上尺寸为920×856,规格为1.2×10×25的钢板网,并用长方铁压住钢板网,不允许有断损、压铁之处	压铁												

描图　底图编号

					编制		校对		第7页
					审核		会签		
					标准		审定		共18页
标记	处数	文件号	签字	日期			批准		

工艺文件 3-8　门装配组焊

(7)柜装配组焊与横梁下框架组焊见工艺文件 3-10、工艺文件 3-11。上下框的组焊及矫正：

1)上下框由 30×30 的角钢组焊而成,先将角钢在平台上用手锤进行校正,然后再用座机砂轮将角钢两端的毛刺磨平。

2)把胎具用吊车组对好,准备焊接。

3)焊接规范选择:松下 350 A 逆变气体保护焊机。

续上表

教学过程	第一次	第二次

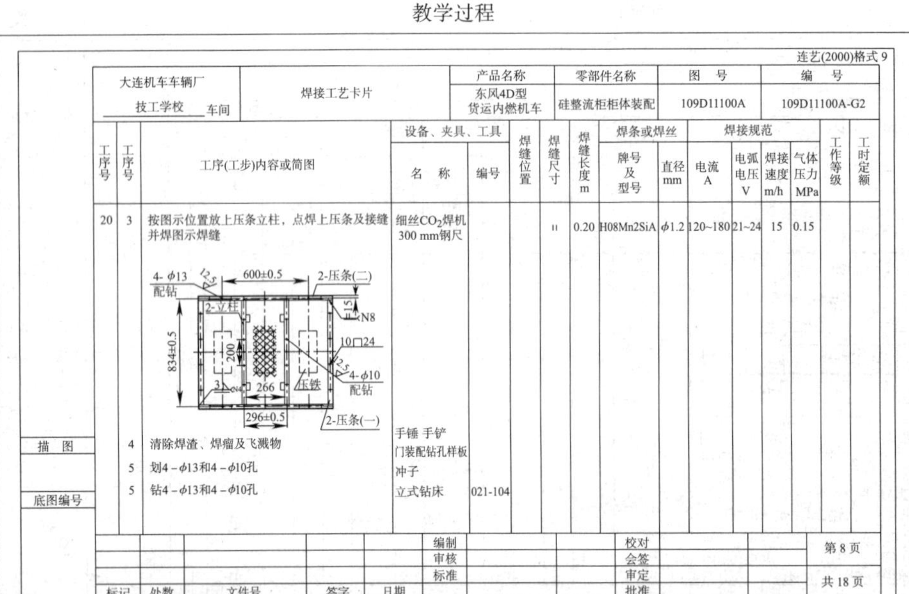

连艺(2000)格式 9

大连机车车辆厂 技工学校 车间	焊接工艺卡片	产品名称	零部件名称	图号	编号
		东风4D型 货运内燃机车	硅整流柜柜体装配	109D11100A	109D11100A-G2

工序号	工步号	工序(工步)内容或简图	设备、夹具、工具 名称	编号	焊缝位置	焊缝尺寸	焊缝长度 m	焊条或焊丝 牌号及型号	直径 mm	焊接规范 电流 A	电弧电压 V	焊接速度 m/h	气体压力 MPa	工作等级	工时定额
20	3	按图示位置放上压条立柱，点焊上压条及接缝并焊图示焊缝	细丝CO_2焊机 300 mm钢尺			ıı	0.20	H08Mn2SiA	ϕ1.2	120~180	21~24	15	0.15		
	4	清除焊渣、焊瘤及飞溅物	手锤 手铲												
	5	划4－ϕ13和4－ϕ10孔	门装配钻孔样板 冲子												
	5	钻4－ϕ13和4－ϕ10孔	立式钻床	021-104											

描图

底图编号

标记	处数	文件号	签字	日期	编制 / 审核 / 标准	校对 / 会签 / 审定 / 批准	第 8 页 共 18 页

工艺文件 3-9　门装配组焊

表 3-13　焊接规范选择

焊丝直径	焊接电流	焊接电压	气体流量
1.2 mm	160 A	18～20 V	10 L/min

4)操作：将角钢按照胎具的卡位摆放到位，由两人进行，一人手把住角钢另一人用焊枪进行点固，全部点固完后，两人一人一边进行焊接，采用立向下焊法进行焊接(两面都焊)。

5)焊完后要对焊缝进行清理，用手锤和扁铲将焊豆和飞溅物清理干净。

6)用角磨机将焊缝背面高出部分打磨干净，再用手锤进行矫正。

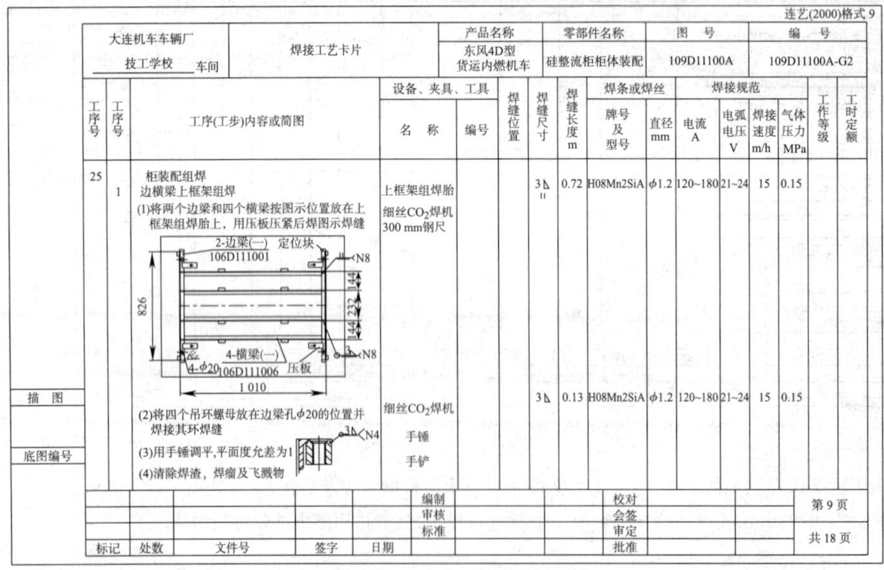

连艺(2000)格式 9

大连机车车辆厂 技工学校 车间	焊接工艺卡片	产品名称	零部件名称	图号	编号
		东风4D型 货运内燃机车	硅整流柜柜体装配	109D11100A	109D11100A-G2

工序号	工步号	工序(工步)内容或简图	设备、夹具、工具 名称	编号	焊缝位置	焊缝尺寸	焊缝长度 m	焊条或焊丝 牌号及型号	直径 mm	焊接规范 电流 A	电弧电压 V	焊接速度 m/h	气体压力 MPa	工作等级	工时定额
25	1	柜装配组焊 边横梁上框架组焊 (1)将两个边梁和四个横梁按图示位置放在上框架组焊胎上，用压板压紧后焊图示焊缝	上框架组焊胎 细丝CO_2焊机 300 mm钢尺			3◺ ıı	0.72	H08Mn2SiA	ϕ1.2	120~180	21~24	15	0.15		
		(2)将四个吊环螺母放在边梁孔ϕ20的位置并焊接其环焊缝	细丝CO_2焊机			3◺	0.13	H08Mn2SiA	ϕ1.2	120~180	21~24	15	0.15		
		(3)用手锤调平，平面度允差为1	手锤												
		(4)清除焊渣，焊瘤及飞溅物	手铲												

描图

底图编号

标记	处数	文件号	签字	日期	编制 / 审核 / 标准	校对 / 会签 / 审定 / 批准	第 9 页 共 18 页

工艺文件 3-10　柜装配组焊

横梁下框架组焊见工艺文件 3-11。

续上表

教学过程	第一次	第二次

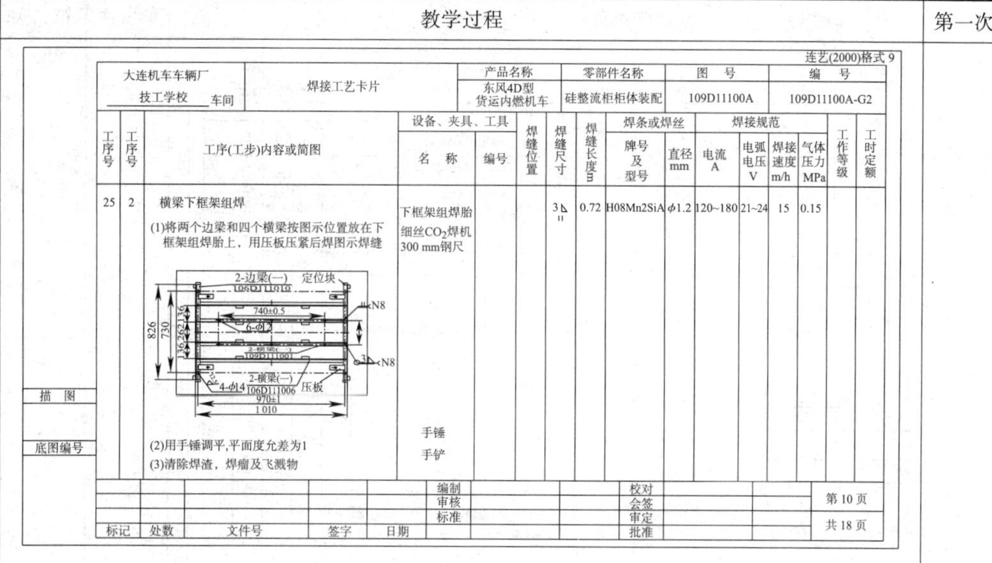

连艺(2000)格式 9

大连机车车辆厂 技工学校 车间	焊接工艺卡片	产品名称	零部件名称	图号	编号
		东风4D型货运内燃机车	硅整流柜柜体装配	109D11100A	109D11100A-G2

工序号	工序号	工序(工步)内容或简图	设备、夹具、工具 名称	编号	焊缝位置	焊缝尺寸	焊缝长度 m	焊条或焊丝 牌号及型号	直径 mm	焊接规范 电流 A	电弧电压 V	焊接速度 m/h	气体压力 MPa	工作等级	工时定额
25	2	横梁下框架组焊 (1)将两个边梁和四个横梁按图示位置放在下框架组焊胎上，用压板压紧后焊图示焊缝	下框架组焊胎 细丝CO_2焊机 300 mm钢尺			3	0.72	H08Mn2SiA	ϕ1.2	120~180	21~24	15	0.15		
		(2)用手锤调平，平面度允差为1 (3)清除焊渣，焊瘤及飞溅物	手锤 手铲												

描图

底图编号

标记	处数	文件号	签字	日期	编制 / 审核 / 标准		校对 / 会签 / 审定 / 批准		第 10 页 / 共 18 页

工艺文件 3-11 横梁下框架组焊

(8)柜体组焊见工艺文件 3-12、工艺文件 3-13、工艺文件 3-14。

1)把下框用专用卡子固定在平台上，将组对胎具固定在下框的一侧。

2)把两块下挡风板分别焊接(电流：160 A)在下框的两侧，采用段焊，焊后清理飞溅物。

3)按照 图纸尺寸要求用胎板把立架组对在下框上，采用点焊，电流 210 A。

4)将上框插入立架上端，两边用胎具支好，按照图纸尺寸要求用胎板把立架组对在上框，采用点焊，电流 210 A。

5)用大型直角尺对组焊好的框架进行矫正，完后进行焊接。

6)将两边的侧壁加装上去，注意采用小电流(120 A)，防止焊穿。

7)侧壁上完后把柜体放倒，用卷尺量出横向尺寸(133～134 mm)，不够的用手锤矫正。再加装上下边缘，焊后用角磨机打磨，要求表面要平整。

8)立架背面加装挡风板时要求两边必须紧靠侧壁，采用点焊法进行固定。

9)两面的挡风板和上下边缘加装完毕后将柜体上面朝下加装上盖板，也是采用点焊法。

10)上盖板加装完毕后将柜体垂直立好，加装固定支架，按照图纸尺寸点固焊接，再清铲和打磨。

柜体组焊(一)见工艺文件 3-12。

连艺(2000)格式9

大连机车车辆厂 技工学校 车间	焊接工艺卡片	产品名称	零部件名称	图号	编号
		东风4D型货运内燃机车	硅整流柜柜体装配	109D11100A	109D11100A-G2

工序号	工步号	工序(工步)内容或简图	设备、夹具、工具 名称	编号	焊缝位置	焊缝尺寸	焊缝长度 m	焊条或焊丝 牌号及型号	直径 mm	焊接规范 电流 A	电弧电压 V	焊接速度 m/h	气体压力 MPa	工作等级	工时定额
25	3	将下框架在平台上固定并用左定位架压上，如附图一	平台 左定位架 细丝CO_2焊机 500 mm弯尺												
	4	以81尺寸定位，按附图一所示位置组对立架装配(一)						H08Mn2SiA	ϕ1.2	120~180	21~24	15	0.15		
	5	点焊立架装配(一)													
	6	用500弯尺检查立架装配(一)与水平面在全高范围内垂直度允差为1													
	7	用尺寸242.5定位板，按附图一所示位置组对立架装配(二)	尺寸242.5定位板 细丝CO_2焊机												
	8	点焊立架装配(二)													
	9	用同样的方法检查立架装配(二)的垂直度						H08Mn2SiA	ϕ1.2	120~180	21~24	15	0.15		
	10	按工步7、8、9的方法组对另一立架装配(二)(三)并检查垂直度													
	11	放上右定位架	右定位架												
	12	在左右定位架920尺寸定位板上放上上框架	1000 mm钢板尺												
	13	检查上框架四角高度尺寸及各横梁中间高度尺寸均为950±1	尺寸242.5定位板												
	14	用尺寸242.5定位板逐个矫正全部立架装配立柱上端的尺寸	手锤												

描图

底图编号

标记	处数	文件号	签字	日期	编制 / 审核 / 标准		校对 / 会签 / 审定 / 批准		第11页 / 共18页

工艺文件 3-12 柜体组焊(一)

续上表

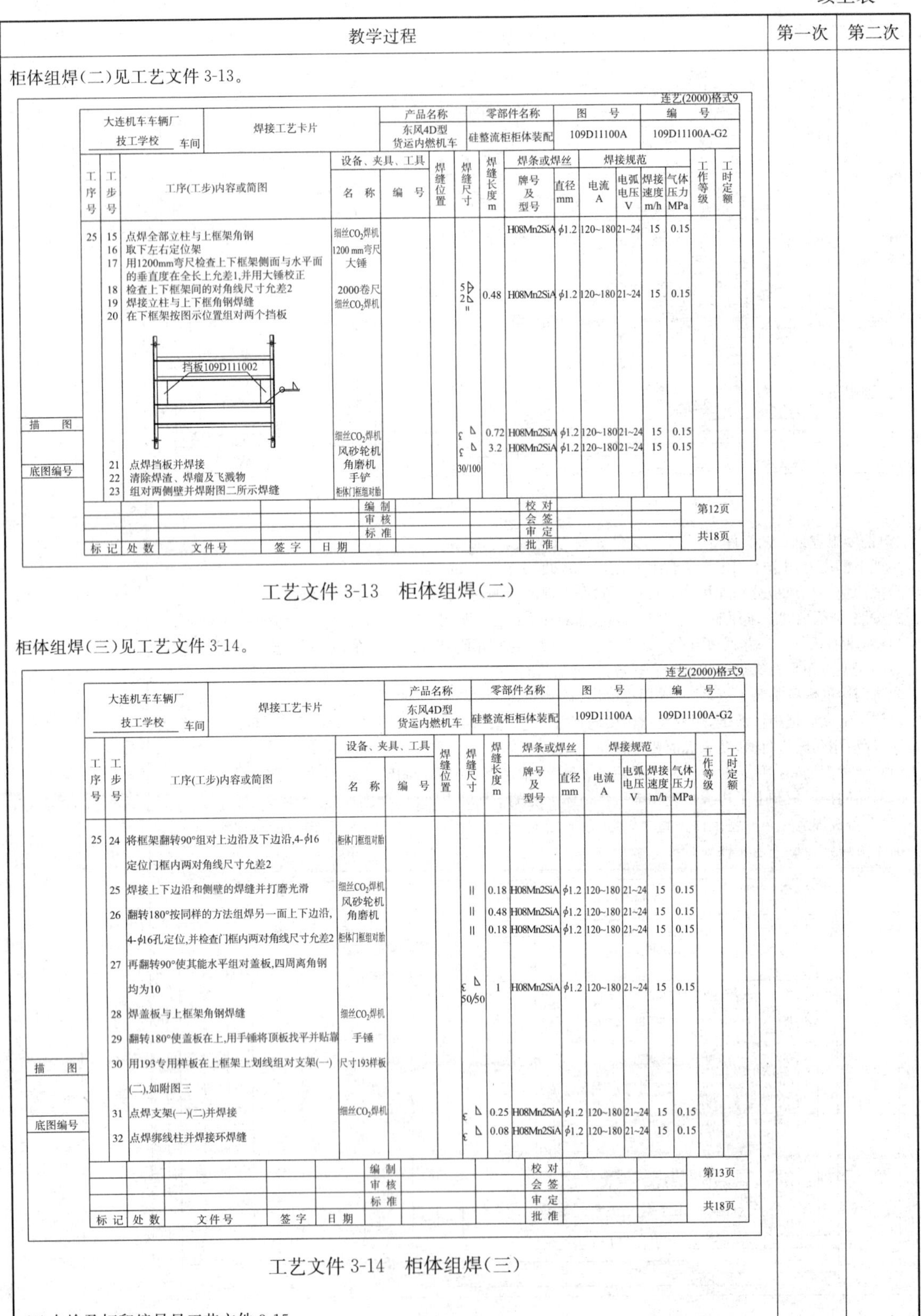

教学过程	第一次	第二次
柜体组焊(二)见工艺文件 3-13。		

连艺(2000)格式9

大连机车车辆厂 技工学校 车间	焊接工艺卡片	产品名称	零部件名称	图号	编号
		东风4D型货运内燃机车	硅整流柜柜体装配	109D11100A	109D11100A-G2

工序号	工步号	工序(工步)内容或简图	设备、夹具、工具 名称	编号	焊缝位置	焊缝尺寸	焊缝长度 m	焊条或焊丝 牌号及型号	直径 mm	焊接规范 电流 A	电弧电压 V	焊接速度 m/h	气体压力 MPa	工作等级	工时定额
25	15	点焊全部立柱与上框架角钢	细丝CO_2焊机					H08Mn2SiA	ϕ1.2	120~180	21~24	15	0.15		
	16	取下左右定位架	1200 mm弯尺												
	17	用1200mm弯尺检查上下框架侧面与水平面的垂直度在全长上允差1,并用大锤校正	大锤												
	18	检查上下框架间的对角线尺寸允差2	2000卷尺			5△ 2△	0.48	H08Mn2SiA	ϕ1.2	120~180	21~24	15	0.15		
	19	焊接立柱与上下框角钢焊缝	细丝CO_2焊机												
	20	在下框架按图示位置组对两个挡板 (图:挡板109D111002)													
			细丝CO_2焊机			3△	0.72	H08Mn2SiA	ϕ1.2	120~180	21~24	15	0.15		
			风砂轮机			3△ 30/100	3.2	H08Mn2SiA	ϕ1.2	120~180	21~24	15	0.15		
	21	点焊挡板并焊接	角磨机												
	22	清除焊渣、焊瘤及飞溅物	手铲												
	23	组对两侧壁并焊附图二所示焊缝	柜体门框组对胎												

描图	底图编号	标记	处数	文件号	签字	日期	编制	审核	标准	校对	会签	审定	批准	第12页	共18页

工艺文件 3-13　柜体组焊(二)

柜体组焊(三)见工艺文件 3-14。

连艺(2000)格式9

大连机车车辆厂 技工学校 车间	焊接工艺卡片	产品名称	零部件名称	图号	编号
		东风4D型货运内燃机车	硅整流柜柜体装配	109D11100A	109D11100A-G2

工序号	工步号	工序(工步)内容或简图	设备、夹具、工具 名称	编号	焊缝位置	焊缝尺寸	焊缝长度 m	焊条或焊丝 牌号及型号	直径 mm	焊接规范 电流 A	电弧电压 V	焊接速度 m/h	气体压力 MPa	工作等级	工时定额
25	24	将框架翻转90°组对上边沿及下边沿,4-ϕ16定位门框内两对角线尺寸允差2	柜体门框组对胎												
	25	焊接上下边沿和侧壁的焊缝并打磨光滑	细丝CO_2焊机			‖	0.18	H08Mn2SiA	ϕ1.2	120~180	21~24	15	0.15		
	26	翻转180°按同样的方法组焊另一面上下边沿,4-ϕ16孔定位,并检查门框内两对角线尺寸允差2	风砂轮机 角磨机 柜体门框组对胎			‖ ‖	0.48 0.18	H08Mn2SiA H08Mn2SiA	ϕ1.2 ϕ1.2	120~180 120~180	21~24 21~24	15 15	0.15 0.15		
	27	再翻转90°使其能水平组对盖板,四周离角钢均为10				3△ 50/50	1	H08Mn2SiA	ϕ1.2	120~180	21~24	15	0.15		
	28	焊盖板与上框架角钢焊缝	细丝CO_2焊机												
	29	翻转180°使盖板在上,用手锤将顶板找平并贴靠	手锤												
	30	用193专用样板在上框架上划线组对支架(一)(二),如附图三	尺寸193样板												
	31	点焊支架(一)(二)并焊接	细丝CO_2焊机			3△	0.25	H08Mn2SiA	ϕ1.2	120~180	21~24	15	0.15		
	32	点焊绑线柱并焊接环焊缝				3△	0.08	H08Mn2SiA	ϕ1.2	120~180	21~24	15	0.15		

描图	底图编号	标记	处数	文件号	签字	日期	编制	审核	标准	校对	会签	审定	批准	第13页	共18页

工艺文件 3-14　柜体组焊(三)

(9)自检及打印编号见工艺文件 3-15。

续上表

教学过程	第一次	第二次

连艺(2000)格式9

大连机车车辆厂 技工学校 车间	焊接工艺卡片	产品名称	零部件名称	图　号	编　号
		东风4D型货运内燃机车	硅整流柜柜体装配	109D11100A	109D11100A-G2

工序号	工步号	工序(工步)内容或简图	设备、夹具、工具 名称	编号	焊缝位置	焊缝尺寸	焊缝长度 m	焊条或焊丝 牌号及型号	直径 mm	焊接规范 电流 A	电弧电压 V	焊接速度 m/h	气体压力 MPa	工作等级	工时定额
25	33	清除所有焊缝周围的焊渣、焊瘤及飞溅物	风砂轮 角磨机 手铲 钢字 手锤												
	34	按后附检查卡片之内容进行自检并检修													
	35	在附图三所示位置用7号钢字打印工作编号（6位数字，含年、月、序号）													
30K		检查组焊质量													

描　图	
底图编号	

					编　制			校　对			第14页
					审　核			会　签			
					标　准			审　定			共18页
标 记	处 数	文件号	签 字	日 期				批　准			

工艺文件 3-15　自检及打印编号

(10)柜体组焊成形图见工艺文件 3-16、工艺文件 3-17、工艺文件 3-18。

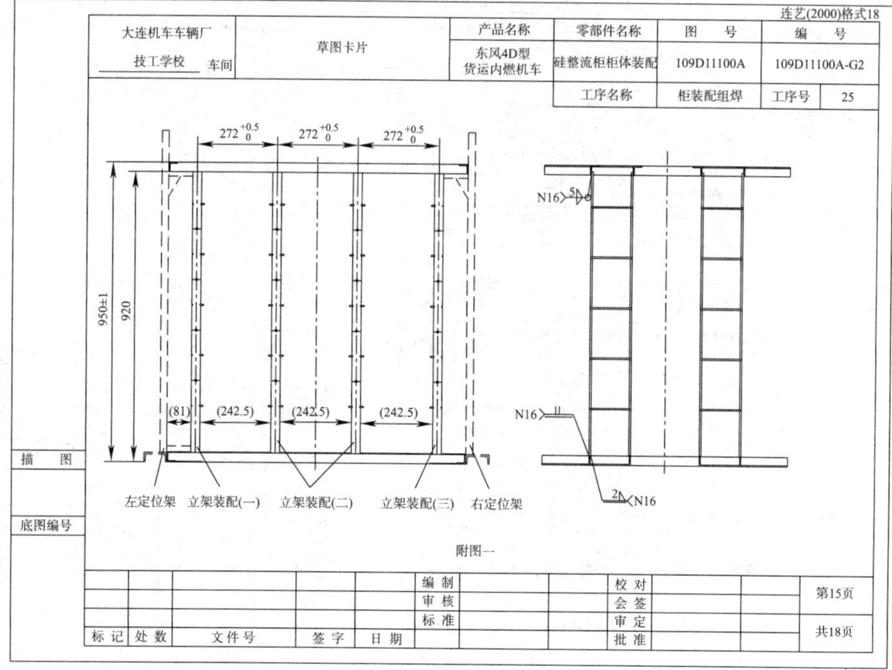

工艺文件 3-16　柜体组焊成形图(一)

续上表

教学过程	第一次	第二次

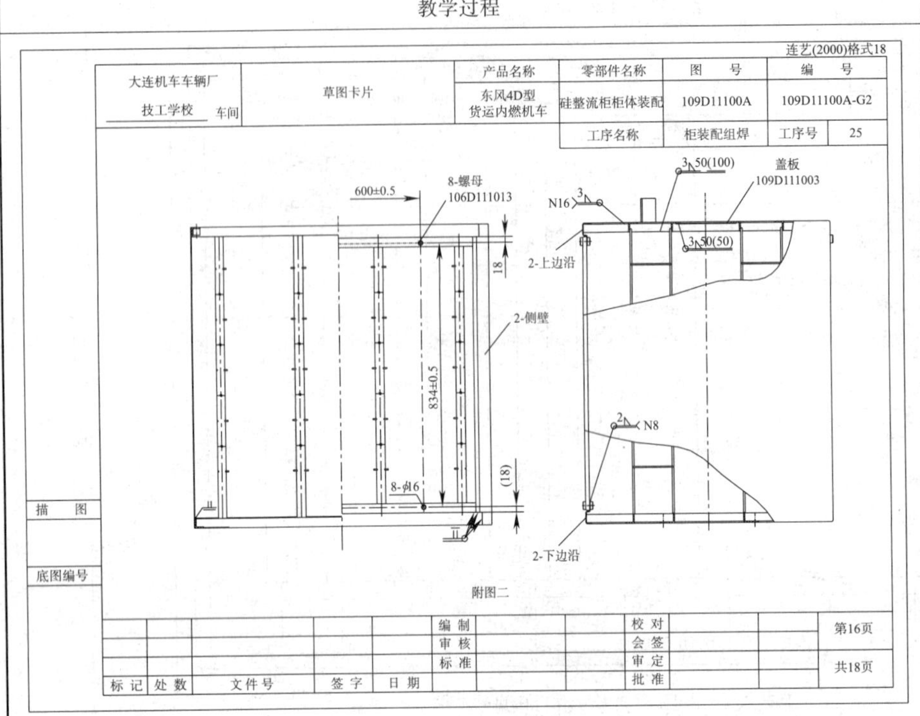

工艺文件 3-17　柜体组焊成形图(二)

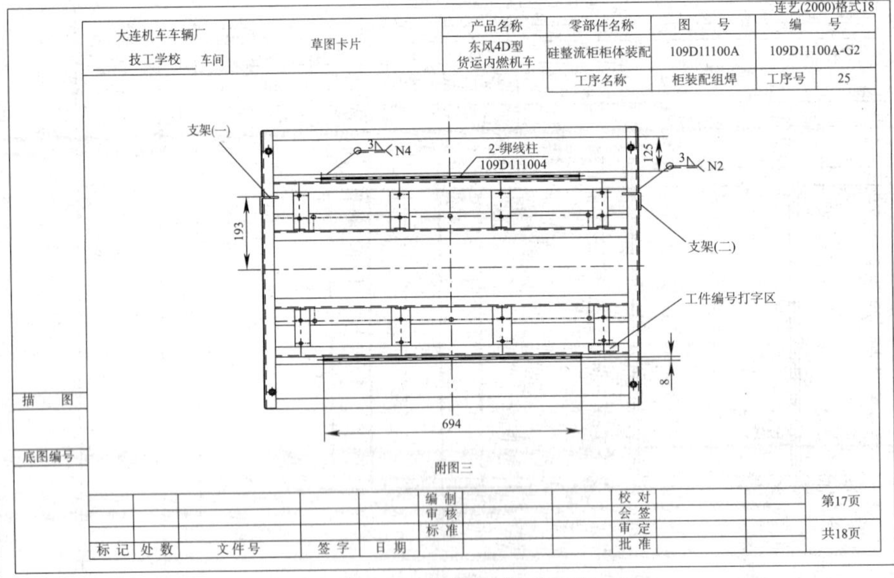

工艺文件 3-18　柜体组焊成形图(三)

(11)检查组焊质量见工艺文件 3-19。

二、安全操作注意事项

1. 二氧化碳气体保护焊弧光较强，焊前应注意个人防护，穿戴好劳保用品，检查设备各接线处是否有松动现象；焊枪及电缆线是否有破损；防止漏电和接触不良现象。焊接过程注意个人保护及提醒周围同学注意防范。

续上表

教学过程	第一次	第二次

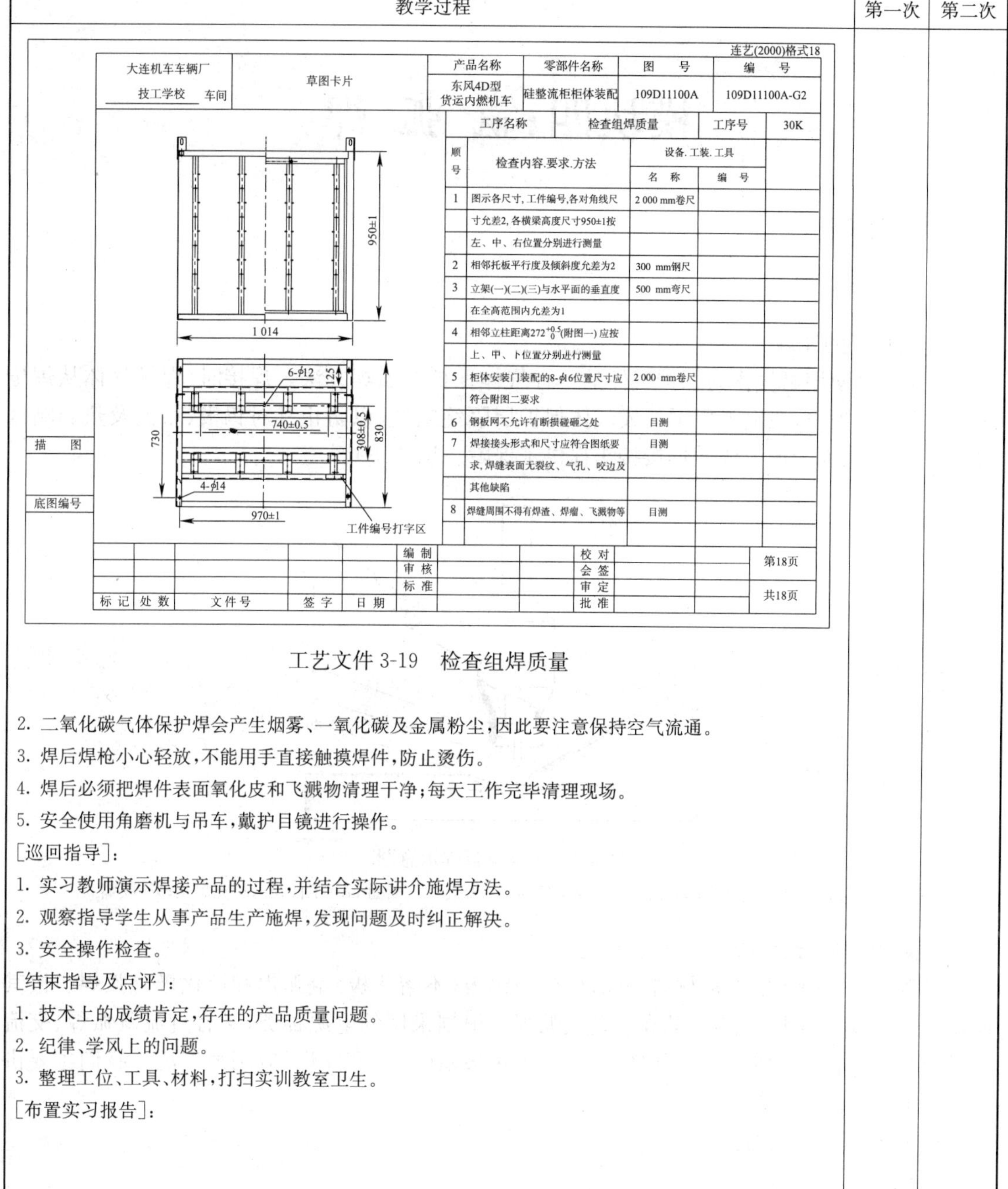

连艺(2000)格式18

大连机车车辆厂 技工学校 车间	草图卡片	产品名称	零部件名称	图 号	编 号
		东风4D型货运内燃机车	硅整流柜柜体装配	109D11100A	109D11100A-G2

工序名称	检查组焊质量	工序号	30K

顺号	检查内容.要求.方法	设备.工装.工具 名称	编号	
1	图示各尺寸，工件编号，各对角线尺	2 000 mm卷尺		
	寸允差2，各横梁高度尺寸950±1按			
	左、中、右位置分别进行测量			
2	相邻托板平行度及倾斜度允差为2	300 mm钢尺		
3	立架(一)(二)(三)与水平面的垂直度	500 mm弯尺		
	在全高范围内允差为1			
4	相邻立柱距离$272^{+0.5}_{0}$(附图一)应按			
	上、中、卜位置分别进行测量			
5	柜体安装门装配的8-ϕ16位置尺寸应	2 000 mm卷尺		
	符合附图二要求			
6	钢板网不允许有断损碰砸之处	目测		
7	焊接接头形式和尺寸应符合图纸要	目测		
	求，焊缝表面无裂纹、气孔、咬边及			
	其他缺陷			
8	焊缝周围不得有焊渣、焊瘤、飞溅物等	目测		

描图						编制		校对		第18页
底图编号						审核		会签		
						标准		审定		共18页
	标记	处数	文件号	签字	日期			批准		

工艺文件 3-19　检查组焊质量

2. 二氧化碳气体保护焊会产生烟雾、一氧化碳及金属粉尘，因此要注意保持空气流通。
3. 焊后焊枪小心轻放，不能用手直接触摸焊件，防止烫伤。
4. 焊后必须把焊件表面氧化皮和飞溅物清理干净；每天工作完毕清理现场。
5. 安全使用角磨机与吊车，戴护目镜进行操作。

[巡回指导]：

1. 实习教师演示焊接产品的过程，并结合实际讲介施焊方法。
2. 观察指导学生从事产品生产施焊，发现问题及时纠正解决。
3. 安全操作检查。

[结束指导及点评]：

1. 技术上的成绩肯定，存在的产品质量问题。
2. 纪律、学风上的问题。
3. 整理工位、工具、材料，打扫实训教室卫生。

[布置实习报告]：

[教学后记]：

模块四：氩 弧 焊

学习相关知识

一、氩弧焊概述

1. 氩弧焊的原理

氩弧焊是使用氩气作为保护气体的一种气体保护电弧焊方法。焊接时，保护气体从焊枪的喷嘴中连续喷出，在电弧周围形成气体保护层隔绝空气，以防止其对钨极、熔池及热影响区的有害影响，从而为形成优质焊接接头提供了保障。见图 4-1。

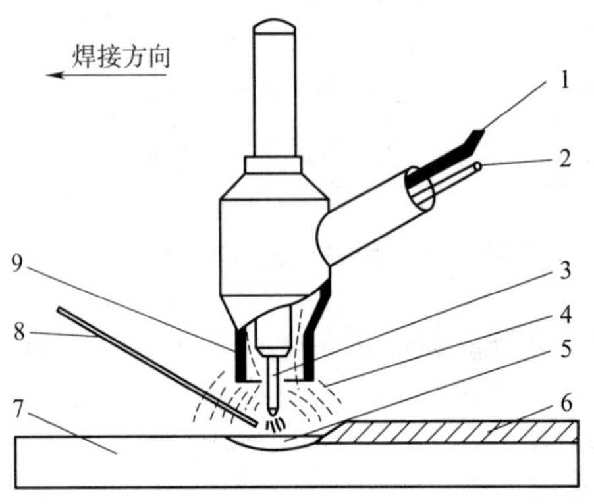

图 4-1 钨极氩弧焊示意图

1—电缆；2—保护气导管；3—钨极；4—保护气体；5—熔池；6—焊缝；7—工件；8—填充焊丝；9—喷嘴

2. 氩弧焊的分类

氩弧焊根据所用的电极材料不同，可分为钨极（不熔化极）氩弧焊和熔化极氩弧焊。按其操作方式又可分为手工、半自动和自动氩弧焊。根据采用的电源种类，又有直流氩弧焊、交流氩弧焊和脉冲氩弧焊等。在实际生产中，手工钨极氩弧焊（TIG 焊）应用最广泛。我们主要讲述的是手工钨极氩弧焊。

3. 钨极氩弧焊的特点

(1)优点：

1)能焊接除熔点非常低的铝、锡以外的绝大多数金属和合金。

2)能焊接化学活泼性强和形成高熔点氧化膜的铝、镁及其合金。

3)免去焊后去渣工序。

4)无飞溅。

5)某些场合可不加填充金属。

6)能进行全位置焊接。

7)能进行脉冲焊接,减少热输入。

8)能焊接薄板。

9)明弧,能观察到电弧及熔池。

10)填充金属的填加量不受焊接电流影响。

(2)缺点:

1)焊接速度低。

2)熔敷率小。

3)需要采取防风措施。

4)焊缝金属易受钨的污染。

5)消耗氩气,成本较高。

4. 钨极氩弧焊的应用

从被焊材质来看,TIG 焊几乎可以焊接所有的金属及合金。但从经济性及生产率考虑,TIG 焊主要用于焊接不锈钢、高温合金和铝、镁、铜、钛等金属及其合金,以及难熔金属(如锆、钼、铌)与异种金属。

对于低熔点和易蒸发金属(如铅、锡、锌等),难以用 TIG 焊焊接。因为它们的熔点远低于电弧温度,所以难以控制焊接过程,加上锌的蒸气压高、沸点低,焊接时的剧烈蒸发将导致焊缝质量变劣。镀有铅、锡、锌、铝等低熔点金属的碳钢,在焊接时由于涂层金属熔化会产生中间合金,降低接头的性能,所以需要采取特殊的焊接工艺措施,例如焊前去掉涂层金属,焊后再涂覆等。

从 TIG 焊所焊板材的厚度来看,由于受承载能力的限制,其只适用于焊件厚度小于 6 mm 的焊件焊接。一般只适宜于焊接薄件,其可以焊接的最小板厚为 0.1 mm。

TIG 焊适合于全位置焊。一般地说,手工 TIG 焊适宜于焊接形状复杂的焊件、难以接近的部位或间断短焊缝;自动 TIG 焊适宜于焊接有规则的长焊缝,例如纵缝、环缝或曲线焊缝。

二、钨极氩弧焊

1. 钨极氩弧焊的焊接材料

钨极氩弧焊的焊接材料主要是钨极、氩气和焊丝。

(1)钨极。

钨极氩弧焊电极的作用是导通电流、引燃电弧并维持电弧稳定燃烧。由于焊接过程中要求电极不熔化,因此电极必须具有高的熔点。钨极作为氩弧焊的电极,对它的基本要求是:保证引弧性能好,焊接过程稳定,发射电子能力强(电极具有较低的逸出功),耐高温而不易熔化烧损,有较大的许用电流、较小的引燃电压。

钨极是钨极氩弧焊焊枪中的易耗材料。钨具有高熔点(3 410 ℃)和沸点(5 900 ℃)、强度高(可达 850~1 100 MPa)、热导率小和高温挥发性小、在高温时有强烈电子发射能力等特点,是目前最适合的一种作为不熔化电极的材料。用于钨极氩弧焊电极的钨纯度约 99.5%,在钨中加入微量逸出功较小的稀土元素,如钍(Th)、铈(Ce)、锆(Zr)等,或它们的氧化物,如 ThO_2、CeO 等,能显著提高电子发射能力,既易于引弧和稳弧,又可提高其电流的承载能力。钨极的电子逸出功为 4.54eV,铈钨极的电子逸出功为 2.4eV,钍钨极为 2.7eV。

钨极氩弧焊使用的电极材料有纯钨极、铈钨极及钍钨极,熔点均在 3400 ℃以上,且逸出功较低,因此具有较强的电子发射能力。钨极应采用专用的硬磨料精磨砂轮磨削,应保持钨极几何形状的均一性。在磨削钍、铈钨极时，应采用密封式或抽风式砂轮磨削。磨削完毕，操作者应洗净手脸。钨极的规格有 0.5 mm、1.0 mm、1.6 mm、2.0 mm、2.5 mm、3.2 mm、4.0 mm、5.0 mm、6.3 mm、8.0 mm、10.0 mm 等几种，供货长度通常为 76～610 mm。同一直径的钨极，在不同的电源和极性条件下，允许使用的电流范围不同。相同直径的钨极，直流正接时许用的电流最大；直流反接时许用的电流最小；交流时许用电流介于二者之间。当电流种类和大小变化时，为了保持电弧稳定，应将钨极端部磨成不同形状，见图 4-2。

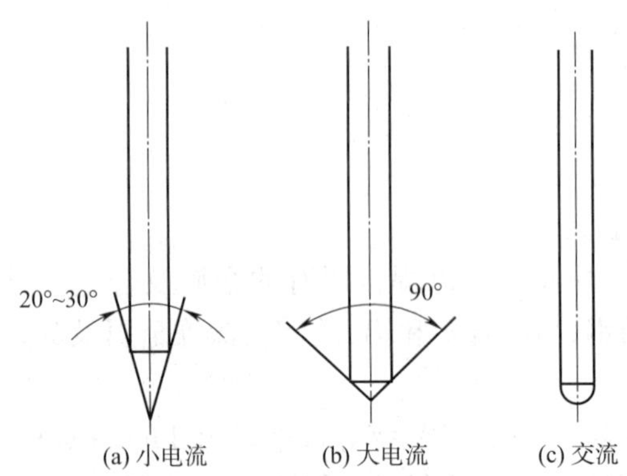

图 4-2 常用钨极端部的形状

(2)氩气。

钨极氩弧焊一般采用氩气(Ar)作为保护气体。

氩气是一种无色无味的单原子惰性气体，密度为空气的 1.4 倍，能够很好地覆盖在熔池及电弧的上方，形成良好的保护。氩气几乎不与任何金属产生化学反应，也不溶于金属中。同时，氩气电离后产生的正离子质量大，动能也大，对阴极斑点的冲击力大，具有很强的阴极雾化作用，特别适合于焊接活泼金属。氩气具有较低的热导率，对电弧的冷却作用较小，因此电弧稳定性好，电弧电压较低。

焊接过程中通常使用瓶装氩气。氩气瓶的容积为 40L，外面涂成灰色，用绿色漆标以“氩气”二字，满瓶时的压力为 15 MPa。氩气的纯度要求与被焊材料有关。我国生产的焊接用氩气有 99.99%及 99.999%两种纯度，均能满足各种材料的焊接要求。

(3)焊丝。

1)焊丝的作用：

手工钨极氩弧焊时，焊丝是填充金属与熔化的母材混合形成焊缝；熔化极氩弧焊时，焊丝除上述作用外，还起传导电流、引弧和维持电弧燃烧的作用。

2)对焊丝的要求：

①焊丝的化学成分应与母材的性能相匹配，而且要严格控制其化学成分，纯度和质量。

②为了补偿电弧过程化学成分的损失，焊丝的主要合金成分应比母材稍高。

③焊丝应符合国家标准并有制造厂的质量合格证书。

④手工钨极氩弧焊用焊丝，一般为每根长 500～1 000 mm 的直丝；机械化焊接采用轴绕式或盘绕式的成盘焊丝。

⑤焊丝直径范围从 0.4 mm(细小而精密的工件用)至 9 mm(大电流手工焊或表面堆焊用)。

3)焊丝牌号:

焊丝的分类氩弧焊用焊丝主要分为钢焊丝和有色金属焊丝两大类。

①钢焊丝氩弧焊用的焊丝应尽量选用专用焊丝,以减少主要化学成分的变化,保证焊缝一定的力学性能和熔池液态金属的流动性,获得良好的焊缝成形,避免产生裂纹等缺陷。

②有色金属焊丝焊接铜、铝、镁、钛及其合金时,一般均采用与母材相当的填充金属作为氩弧焊丝。如一时找不到合适的焊丝,可用与母材成分相同的薄板剪成小条当焊丝用。

4)焊丝牌号的编制方法:

碳素钢和合金结构钢焊丝。

①牌号前的 H 字母表示焊接用钢丝。

②紧跟着的两位数字表示其含碳量,单位是万分之一。如“08”表示该焊丝的平均含碳量为 0.08%左右。

③焊丝中化学元素采用化学符号表示,例如 Si、Mn、Cr 等。稀土元素用 RE 表示。

④焊丝主要合金元素,除个别微量合金元素外,均以百分之几表示,当平均含量小于 1.5%,钢丝牌号中一般只标元素符号不标含量。

⑤高级优质焊丝在牌号后加 A;特级优质焊丝在牌号后加 E。

5)不锈钢焊丝:

①焊丝中含碳量以千分之几表示,例如“H1Cr17”焊丝的平均含碳量为 0.1%。

②焊丝中含碳量不大于 0.03%或不大于 0.08%时,H 后分别以 00 或 0 表示超低碳或低碳不锈钢焊丝。例如 H00Cr19Ni12M02、H0Cr20Ni107 等。

③其余各项表示方法同优质碳素钢和合金结构钢焊丝。

6)焊丝的使用与保管:

①使用焊丝时应注意以下事项:

a. 焊丝应符合国家标准氩弧焊所用的焊丝应符合国家标准规定。例如:焊接碳钢与低合金钢用锰、硅合金化的焊丝应符合《焊接用钢丝》(GB1300—77)的规定;焊接不锈钢的焊丝用钛来控制气孔,用锰、铌或其组合来控制裂纹应符合《焊接用不锈钢焊丝》(GB4242—84)的规定;焊接铜及铜合金的焊丝应符合《铜及铜合金焊丝》(GB9460—88)的规定;焊接铝及铝合金的焊丝应符合《铝及铝合金焊丝》(GB10858—89)的规定。

b. 所有焊丝应与母材的化学成分相近氩弧焊所用的焊丝;一般应与母材的化学成分相近,不过从耐蚀性,强度及表面形状考虑,焊丝的成分也可与母材不同。异种母材(奥氏体与非奥氏体)焊接时所选用的焊丝,应考虑焊接接头的抗裂性和碳扩散等因素。如异种母材的组织接近,仅强度级别有差异,则选用的焊丝合金含量应介于两者之间,当有一侧为奥氏体不锈钢时,可选用含镍量较高的不锈钢焊丝。

c. 焊丝应有质量合格证书焊丝应有制造厂的质量合格证书。对无合格证书或对其质量有怀疑时,应按批(或盘)进行检验,特别是非标准生产出来的专用焊丝,须经焊接工艺性能评定合格后方可投入使用。

d. 焊丝的清理氩弧焊丝在使用前应采用机械方法或化学方法清除其表面的油脂、锈蚀等杂质,并使之露出金属光泽。

②保管焊丝的注意事项:

a. 分类存放焊丝应按类别、规格存放在清洁、干燥的仓库内,并有专人保管。

b. 凭证领用焊工领用焊丝时，应凭所焊产品的领用单，以免牌号和规格用错。焊工领用焊丝后应及时使用，如放置时间较长，应重新清洗干净才能使用。

2. 钨极氩弧焊设备

(1)手工钨极氩弧焊设备由焊接电源、焊枪、供气系统、控制系统和冷却系统等部分组成。

1)焊接电源。

钨极氩弧焊要求采用具有陡降外特性的焊接电源，有直流电源和交流电源两种。常用的直流钨极氩弧焊机有 WS-250 型、WS-400 型等；交流钨极氩弧焊机有 WSJ-150 型、WSJ-500 型等；交直流钨极氩弧焊机有 WSE-150 型、WSE-400 型等。

2)控制系统。

控制系统是通过控制线路，对供电、供气与稳弧等各个阶段的动作进行控制。

3)焊枪。

焊枪的作用是装夹钨极、传导焊接电流、输出氩气流和启动或停止焊机的工作系统。焊枪分为大、中、小三种，按冷却方式又可分为气冷式和水冷式。当所用焊接电流小于 150 A 时，可选择气冷式焊枪。焊接电流大于 150 A 时，必须采用水冷式焊枪。

4)供气系统。

供气系统由氩气瓶、氩气流量调节器及电磁气阀组成。

①氩气瓶外表涂灰色，并用绿漆标以“氩气”字样。氩气瓶最大压力为 15MPa，容积为 40L。

②电磁气阀是开闭气路的装置，由延时继电器控制，可起到提前供气和滞后停气的作用。

③氩气流量调节器起降压和稳压的作用及调节氩气流量。

5)冷却系统。

用来冷却焊接电缆、焊枪和钨极。如果焊接电流小于 150A 可以不用水冷却。使用的焊接电流超过 150A 时，必须通水冷却，并以水压开关控制。

(2)钨极氩弧焊焊机的维护：

1)焊机应按外部接线图正确安装，并应检查铭牌电压值与网路电压值是否相符，不相符时严禁使用。

2)焊接设备在使用前，必须检查水、气管的连接是否良好，以保证焊接时正常供水、气。

3)焊机外壳必须接地、未接地或地线不合格时不准使用。

4)应定期检查焊枪的钨极夹头夹紧情况和喷嘴的绝缘性能是否良好。

5)氩气瓶不能与焊接场地靠近，同时必须固定，防止摔倒。

6)工作完毕或临时离开工作场地，必须切断焊机电源，关闭水源及气瓶阀门。

7)必须建立健全焊机一、二级设备保养制度并定期进行保养。

8)焊工工作前，应看懂焊接设备使用说书，掌握焊接设备一般构造和正确的使用方法。

(3)钨极氩弧焊焊机的故障排除：

钨极氩弧焊设备常见故障有水、气路堵塞或泄漏；钨极不洁引不起电弧，焊枪钨极夹头未旋紧，引起电流不稳；焊枪开关接触不良使焊接设备不能启动等。这些应由焊工排除。另一部分故障如焊接设备内部电子元件损坏或其他机械故障，焊工不能随便自行拆修，应由电工、钳工进行检修。钨极氩弧焊机常见故障和消除方法见表 4-1。

表 4-1　钨极氩弧焊机常见故障和消除方法

故障特征	可能产生原因	消除方法
电源开关接通,指示灯不亮	1)开关损坏 2)熔断器烧断 3)控制变压器损坏 4)指示灯损坏	1)更换开关 2)更换熔断器 3)修复 4)换新的指示灯
控制线路有电但焊机不能起动	1)枪的开关接触不良 2)继电器出故障 3)控制变压器损坏	1)检修① 2)检修 3)检修
焊机启动后,振荡器放电、但引不起电弧	1)网路电压太低 2)接地线太长 3)焊件接触不良 4)无气、钨极及焊件表面不洁、间距不合适、钨极太钝等 5)火花塞间隙不合适 6)火花头表面不洁	1)提高网路电压 2)缩短接地线 3)清理焊件 4)检查气、钨极等是否符合要求 5)调火花的间隙 6)清洁火花头表面
焊机起动后,无氩气输送	1)按钮开关接触不良 2)电磁气阀出现故障 3)气路不通 4)控制线路故障 5)气体延时线路故障	1)清理触头 2)检修 3)检修 4)检修 5)检修
电弧引燃后,焊接过程中电弧不稳	1)脉冲稳弧器不工作,指示灯不亮 2)消除直流分量的元件故障 3)焊接电源的故障	1)检修 2)检修或更换 3)检修

注:①若冷却方式选择开关置于空冷位置时,焊机能正常工作,而置于水冷时则不能(且水流量又大于 1 L/min 时)处理的方法是可打开控制箱底板,检查水流开关的微动是否正常。必要时可进行位置调整。

3. 钨极氩弧焊工艺

(1)手工钨极氩弧焊的主要焊接参数有:钨极直径、焊接电流、电弧电压、焊接速度、电源种类、钨极的伸出长度、喷嘴直径、喷嘴与焊件间的距离及氩气流量等。

1)焊接电流与钨极直径。

通常根据焊件的材质、厚度和接头的空间位置来选择焊接电流。

焊接电流增加时,熔深增大焊缝宽度与余高稍增加,但增加得很少。

手工钨极氩弧焊用钨极的直径是一个比较重要的参数,因为钨极的直径决定了焊枪的结构尺寸、重量和冷却形式,直接影响操作者的劳动条件和焊接质量。因此,必须根据焊接电流选择合适的钨极直径。

如果钨极较粗,焊接电流很小,由于电流密度低,钨极端部的温度不够,电弧会在钨极端部不规则的飘移,电弧很不稳定,破坏了保护区,熔池被氧化。

当焊接电流超过了相应的许用电流时,由于电流密度太大,钨极端部温度达到或超过钨极的熔点时,可看到钨极端部出现熔化现象,端部很亮。当焊接电流继续增大时,熔化了的钨极在端部形成了一个小尖状突起,逐渐变大形成熔滴,电弧随熔滴尖端飘移,很不稳定,这不仅破坏了氩气保护区,使熔池被氧化,焊缝成形不好,而且熔化的钨落人熔池后将产生夹钨缺陷。

同一直径的钨极,在不同的电源和极性条件下,允许使用的电流范围不同。相同直径的钨极，直流正接时许用的电流最大；直流反接时许用的电流最小；交流时许用电流介于二者之间。当电流种类和大小变化时，为了保持电弧稳定，应将钨极端部磨成不同形状，见图 4-3。

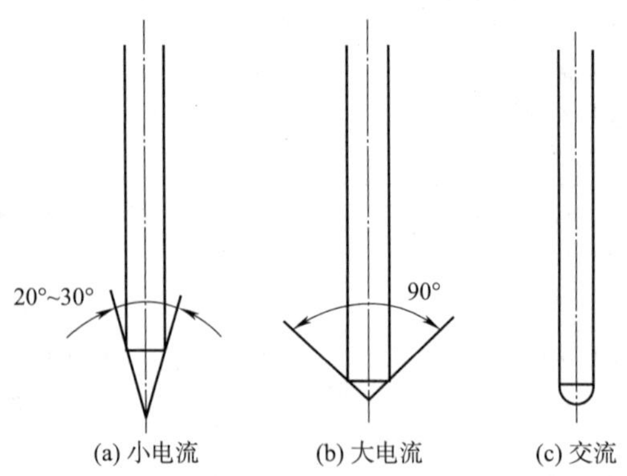

图 4-3　常用钨极端部的形状

2)电弧电压。

电弧电压主要是由弧长决定的，弧长增加，焊缝宽度增加，熔深稍减小，但电弧太长时，容易引起未焊透及咬边，而且保护效果也不好，但电弧也不能太短，电弧太短时，很难看清熔池，而且送丝时也容易碰到钨极引起短路，使钨极受到污染，加大钨极烧损，还容易夹钨，故通常使弧长近似等于钨极直径。

3)焊接速度。

焊接速度增加时，熔深和熔宽均减小，焊接速度太快时，容易产生未焊透，焊缝高而窄，两侧熔合不好；焊接速度太慢时，焊缝很宽，还可能产生焊漏、烧穿等缺陷。

手工钨极氩弧焊时，通常都是操作者根据熔池的大小、熔池的形状和两侧熔合情况随时调整焊接速度。

选择焊接速度时，应考虑以下因素：

①在焊接铝及铝合金、高导热性金属时，为减小焊接变形，应采用较快的焊接速度。

②在焊接有裂纹倾向的金属时，不能采用高速焊接。

③在非平焊位置焊接时，为保证较小的熔池，避免液态金属的流失，尽量选择较快的焊速。

4)焊接电源的种类和极性的选择。

氩弧焊采用的电源种类和极性选择与所焊金属及其合金种类有关。有些金属只能用直流正极性或反极性焊接，有些交直流都可以使用，因而需根据不同材料选择电源和极性。见表 4-2。

表 4-2　不同材料选择电源和极性

电源种类与极性	被焊金属材料
直流正极性	低合金高强钢、不锈钢、耐热钢、铜、钛及其合金
直流反极性	适用各种金属的氩弧焊
交流电源	铝、镁及其合金

直流正极性时，焊件接正极，温度较高，适用于焊厚焊件及散热快的金属；采用交流电源焊接时，具有阴极破碎作用，即焊件为负极，因受到正离子的轰击，焊件表面的氧化膜破裂，使液态金属容易熔合在一起，通常都用来焊接铝、镁及其合金。

5)喷嘴的直径与氩气的流量。

喷嘴直径(指内径)越大,保护区范围越大,要求保护气的流量也越大。可按下式选择喷嘴直径:

$$D=(2.5\sim3.5)dw$$

式中 D——喷嘴直径(mm);

dw——钨极直径(mm)。

通常焊枪选定以后,喷嘴直径很少能改变,因此实际生产中并不把它当作独立的工艺参数来选择。

当喷嘴直径确定以后,决定保护效果的是氩气流量。氩气流量太小时,保护气流软弱无力,保护效果不好;氩气流量太大时,容易产生紊流,保护效果也不好;只有保护气流合适时,喷出的气流是层流,保护效果好。可按下式计算氩气的流量:

$$Q=(0.8\sim1.2)D$$

式中 Q——氩气流量(L/min);

D——喷嘴直径(mm)。

D 小时 Q 取下限;D 大时 Q 取上限。

实际工作中,通常根据试焊来选择流量,流量合适时,熔池平稳,表面明亮没有渣,焊缝外形美观,表面没有氧化痕迹;若流量不合适时,熔池表面上有渣,焊缝表面发黑或有氧化皮。选择氩气流量时还要考虑以下因素:

①外界气流和焊接速度的影响。焊接速度越大,保护气流遇到的空气阻力越大,它使保护气体偏向运动的反方向;若焊接速度过大,将失去保护作用。因此,在增加焊接速度的同时应相应地增加气体的流量。在有风的地方焊接时,应适当增加氩气流量。一般最好在避风的地方焊接。

②焊接接头形式的影响。对接接头和 T 形接头焊接时,具有良好的保护效果。焊接这类焊件时,不必采取其他工艺措施;而进行 T 形接头焊接时,保护效果最差,在焊接这类接头时,除增加氩气流量外,还应加挡板。

6)钨极伸出长度。

为了防止电弧烧坏喷嘴,钨极端部应突出在喷嘴以外。钨极端头至喷嘴端面的距离叫钨极伸出长度。钨极伸出长度越小,喷嘴与焊件间距离越近,保护效果越好,但过近会妨碍观察熔池。通常焊对接焊缝时,钨极伸出长度为 5～6 mm 较好;焊角焊缝时,钨极伸出长度为 7～8 mm 较好。

7)喷嘴与焊件间的距离。

喷嘴与焊件间的距离是指喷嘴端面和焊件间的距离。这个距离越小,保护效果越好,但能观察的范围和保护区都小;距离越大,保护效果越差。

8)焊丝直径的选择。

根据焊接电流的大小,选择焊丝直径,表 4-3 给出了它们之间的关系。

表 4-3 焊丝直径的选择

焊接电流(A)	焊丝直径(mm)	焊接电流(A)	焊丝直径(mm)
10～20	≤1.0	200～300	2.4～4.5
20～50	1.0～1.6	300～400	3.0～6.0

续上表

焊接电流(A)	焊丝直径(mm)	焊接电流(A)	焊丝直径(mm)
50～100	1.0～2.4	400～500	4.5～8.0
100～200	1.6～3.0		

9)左向焊与右向焊。

左向焊与右向焊见图 4-4。

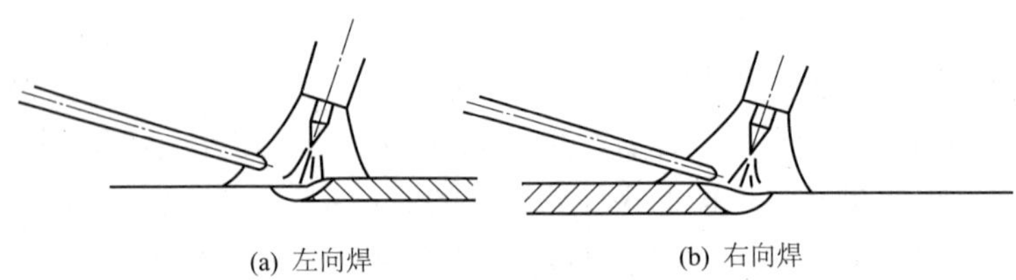

图 4-4　左向焊与右向焊

在焊接过程中,焊丝与焊枪由右端向左端移动,焊接电弧指向未焊部分,焊丝位于电弧运动的前方,称为左焊法。如在焊接过程中,焊丝与焊枪由左端向右端施焊,焊接电弧指向已焊部分,填充焊丝位于电弧运动的后方,则称为右焊法。

①左焊法的优缺点:

优点:

a. 操作者的视野不受阻碍,便于观察和控制熔池情况。

b. 焊接电弧指向未焊部分,既可对未焊部分起预热作用,又能减小熔深,有利于焊接薄件,特别是管子对接时的根部打底焊和焊易熔金属。

c. 操作简单方便,初学者容易掌握。

缺点:

主要是焊大焊件,特别是多层焊时,热量利用率低,因而影响提高熔敷效率。

②右焊法的优缺点:

优点:

a. 由于右焊法焊接电弧指向已凝固的焊缝金属,使熔池冷却缓慢,有利于改善焊缝金属组织,减少气孔、夹渣的可能性。

b. 由于电弧指向焊缝金属,因而提高了热利用率,在相同线能量时,右焊法比左焊法熔深大,故特别适合于焊接厚度较大、熔点较高的焊件。

缺点:

a. 由于焊丝在熔池运动的后方,影响操作者的视线,不利于观察和控制熔池。

b. 无法在管道上(特别是小直径管)焊接。

c. 掌握较难,焊工一般不喜欢用。

(2)焊前准备。

1)接头及坡口形式。

接头和坡口形式一般是根据被焊材料、板厚及工艺要求等来确定。TIG 焊常采用的接头形式有对接、搭接、角接、T 形接和端接五种基本形式,见图 4-5。

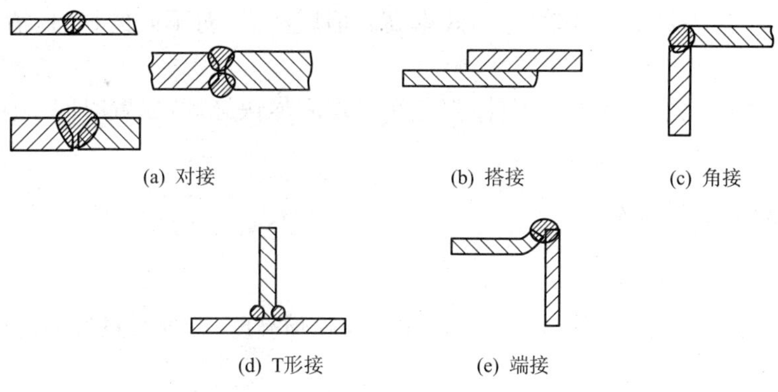

图 4-5 TIG 焊五种基本接头形式

TIG 焊对接接头的坡口形式,见图 4-6。

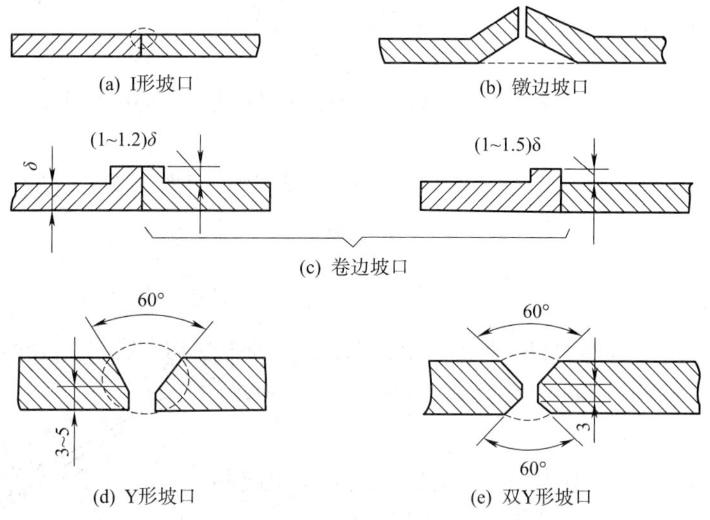

图 4-6 TIG 焊对接接头的坡口形式

2)焊前清理。

因为 TIG 焊采用惰性气体保护,而惰性气体既无氧化性,也无还原性,因此焊接时对油污、水分、氧化皮等比较敏感。这样,焊前必须对焊丝、焊件坡口及坡口两侧至少 20 mm 范围内的油污、水分等进行彻底清理。如果使用工艺垫板,也应该进行清理。这是保证焊缝质量的前提条件。对于不同去除物,清理方法也不相同。常用的清理方法:

①清除油污可用汽油、丙酮等有机溶剂浸泡和擦洗焊件与焊丝表面。也可用自配溶剂去除油污,如用 Na_3PO_4、Na_2CO_3 各 50 g,Na_2SiO_2 30g,加入水 1L,并加热到 650 ℃,清洗 5～8 min,然后用 300 ℃清水冲洗,最后用流动的清水冲净,擦干或烘干。

②去除氧化膜可用机械法或化学法。

机械法:此法简单方便,但效率低,一般只用于焊件。它包括机械加工、磨削及抛光等方法。对不锈钢等可用砂布打磨或抛光法;铝及铝合金材质比较软,常用细钢丝刷(用直径小于 0.15 mm 的钢丝制成)或用刮刀将焊件接头两侧一定范围的氧化膜除掉。

化学法:适用于铝、镁、钛及其合金等有色金属的焊件(比较重要或批量大)及焊丝表面氧化膜的清理。化学法去除氧化膜效果好，效率高。但应注意，对不同的材料，清理的方法及所用的清理剂应不相同。

不论是机械法或化学法清理的焊件，都应在清理后尽快施焊，放置时间不应超过 24 h，否则必须重新清理。

三、手工钨极氩弧焊操作

1. 手工钨极氩弧焊操作

(1)保证良好的持枪姿势，随时调整焊枪角度及喷嘴高度，既要有良好的保护效果，又便于观察熔池。

(2)注意气体对熔池的保护，在焊接过程中，如果钨极没有变形，焊后钨极端部为银白色，说明保护效果好；如果焊后钨极发蓝，说明保护效果较差。送丝要均匀，不能在焊接区内搅动，防止空气侵入。

(3)焊接时，确保焊枪和焊丝处于正确的角度。

2. 引弧

手工钨极氩弧焊有三种引弧方法：高频引弧、高压脉冲引弧和短路引弧。为了提高焊接质量，一般采用高频引弧。

高频引弧是利用高频振荡器产生的高频电压击穿气隙，引燃电弧。高频引弧时，钨极与工件不接触，保持 2 ~ 3 mm 的距离，引弧处焊接质量高。

3. 填丝

(1)连续填丝。

这种填丝操作技术较好，对保护层的扰动小，但比较难掌握。连续填丝时，要求焊丝比较平直，用左手拇指、食指、中指配合动作送丝，无名指和小指夹住焊丝控制方向，见图 4-7。

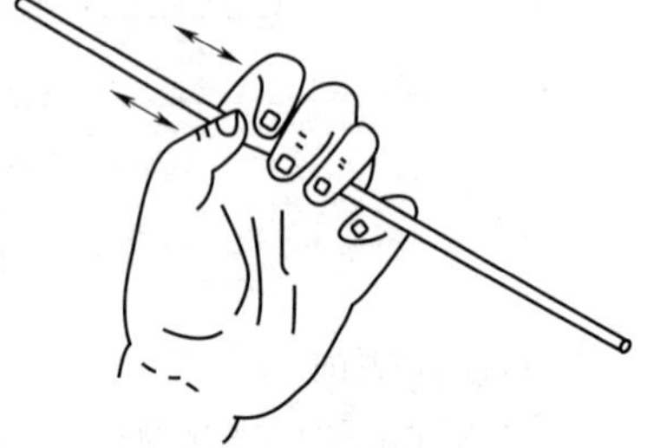

图 4-7 连续填丝操作技术

连续填丝时手臂动作不大，待焊丝快用完时，才前移。当填丝量较大，采用较大的焊接参数时，多采用此法。

(2)断续填丝。

以左手拇指、食指、中指捏紧焊丝，焊丝末端应始终处于氩气保护区内。填丝动作要轻，不得扰动氩气层，以防止空气侵入。更不能像气焊那样在熔池中搅拌，而是靠手臂和手腕的上、下反复动作，将焊丝端部的熔滴送入熔池，全位置焊时多采用此法。

(3)焊丝贴紧坡口与钝边一起熔化，即将焊丝弯成弧形，紧贴在坡口间隙处，焊接电弧熔化坡口钝边的同时也熔化焊丝。这时要求对口间隙应小于焊丝直径，此法可避免焊丝遮住焊工视线，适用于困难位置的焊接。

(4)填丝注意事项：

1)必须等坡口两侧熔化后才填丝，以免造成熔合不良。

2)填丝时，焊丝应与工件表面夹角成 150°，敏捷地从熔池前沿点进，随后撤回，如此反复动作。

3)填丝要均匀，快慢适当。过快焊缝余高大；过慢则焊缝下凹和咬边。焊丝端头应始终处在氩气保护区内。

4)对口间隙大于焊丝直径时,焊丝应跟随电弧作同步横向摆动。无论采用哪种填丝动作,送丝速度均应与焊接速度适应。

5)填充焊丝,不应把焊丝直接放在电弧下面,把焊丝抬得过高也是不适宜的,不应让熔滴向熔池“滴渡”。填丝位置的正确与否的示意图,见图 4-8。

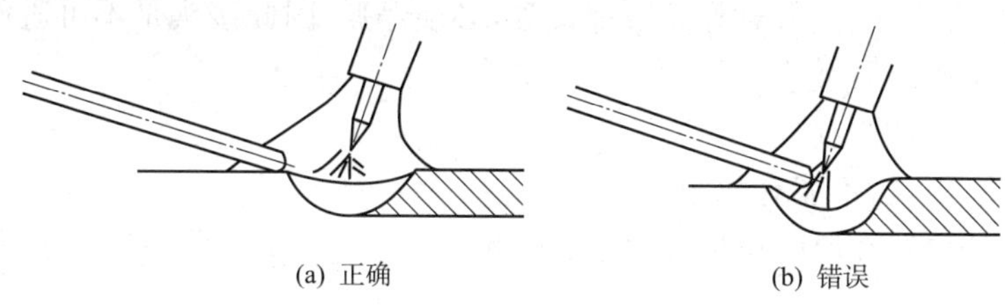

图 4-8 填丝的正确位置

6)操作过程中,如不慎使钨极与焊丝相碰,发生瞬间短路,将产生很大的飞溅和烟雾;会造成焊缝污染和夹钨。这时,应立即停止焊接,用砂轮磨掉被污染处,直至磨出金属光泽。被污染的钨极,应在别处重新引弧熔化掉污染端部,或重新磨尖后,方可继续焊接。

7)撤回焊丝时,切记不要让焊丝端头撤出氩气保护区,以免焊丝端头被氧化,在下次点进时进入熔池,造成氧化物夹渣或产生气孔。

4. 焊接

(1)打底焊打底焊缝应一气呵成,不允许中途停止。打底层焊缝应具有一定厚度:对于壁厚<10 mm 的管子,其厚度不得小于 2～3 mm;壁厚>10 mm 管子,其厚度不得小于 4～5 mm,打底层焊缝需经自检合格后,才能填充盖面。

(2)焊接焊接时要掌握好焊枪角度,送丝位置,力求送丝均匀,才能保证焊缝成形。为了获得比较宽的焊道,保证坡口两侧的熔合质量,氩弧焊枪也可横向摆动,但摆动频率不能太高,幅度不能太大,以不破坏熔池的保护效果为原则,由焊工灵活掌握。

焊完打底层后,焊第二层时,应注意不得将打底焊道烧穿,防止焊道下凹或背面剧烈氧化。

5. 收弧

焊接结束时,首先将焊丝抽离电弧区,但不要脱离保护区,以免焊丝端部氧化,然后将焊枪移到熔池的前边缘上方后抬高,拉断电弧,注意焊枪不要抬的太高,使熔池失去保护。一般钨极氩弧焊设备都有电流自动衰减装置,最好的办法是采用电流衰减灭弧。若无电流衰减装置时,多采用改变操作方法来收弧,其基本要点是逐渐减少热量输入,如改变焊枪角度、拉长电弧、加快焊速。对于管子封闭焊缝,最后的收弧,一般多采用稍拉长电弧,重叠焊缝 20～40 mm,在重叠部分不加或少加焊丝。收弧不当,会影响焊缝质量,使弧坑过深或产生弧坑裂纹,甚至造成返修。停弧后,氩气开关应延时 10s 左右再关闭(一般设备上都有提前送气、滞后关气的装置),防止金属在高温下继续氧化。

6. 定位焊

定位焊缝将是焊缝的一部分,应采用与正式焊缝相同的焊接工艺和填丝方法,定位焊缝的长度和间距应根据焊件厚度和刚度而定。一般定位焊缝的长度为 10～20 mm,焊缝余高不超过 2 mm。

7. 接头

(1)接头是不可避免的,一般在接头处要有斜坡,不留死角,重新引弧的位置在原弧坑后面，使焊缝重叠 20～30 mm，重叠处不加或少加焊丝，要保证熔池的根部焊透。

(2)无论打底层或填充层焊接，控制接头的质量是很重要的。因为接头是两段焊缝交接的地方；由于温度的差别和填充金属量的变化，该处易出现超高、缺肉、未焊透、夹渣(夹杂)、气孔等缺陷口所以焊接时应尽量避免停弧，减少冷接头次数。但由于实际操作时，需更换焊丝、更换钨极、焊接位置变化，或要求对称分段焊接等，必须停弧，因此接头是不可避免的。问题是应尽可能地设法控制接头质量。

(3)控制接头质量的方法：

1)接头处要有斜坡，不能有死角。

2)重新引弧的位置在原弧坑后面，使焊缝重叠 20～30 mm，重叠处一般不加或只加少量焊丝。

3)熔池要贯穿到接头的根部，以确保接头处熔透。

进行任务操作

任务一：板厚为 6 mm 的 Q235 钢的 V 形坡口钨极氩弧焊对接平焊

【重点难点】连续填丝和接头

【注意事项】注意结合实训向学生讲解

【教学过程】

【材料工具】

(1)选用 Q235 钢板，尺寸为 6 mm×300 mm×100 mm，开 60°坡口。

(2)选用 ER50-2 型焊丝，直径 2.5 mm，钨极：WCe-5，直径 2.5 mm。

(3)设备及工具：松下 TIG 焊机(YC-300WX4)1 台，焊条电弧焊焊机(OTC VR-400Ⅱ)1 台，氩气 1 瓶，氩气流量计 1 个，钢丝刷、锤子、钢丝钳、常用锉刀，活扳手各 1 把，台虎钳、台式砂轮机、角向磨光机各 1 台。

(4)工件要求：工件两端不得安装引弧板和引出板，焊前仔细清除待焊处油、污、锈、垢，焊后仔细清除焊缝表面飞溅物，并保持焊缝原始状态。

【操作步骤】

1. 焊前准备

(1)选用 Q235 钢板，尺寸为 6 mm×300 mm×100 mm，开 60°坡口。未开坡口的 Q235 钢板见图 4-9，开 60°坡口的 Q235 钢板见图 4-10。

图 4-9 未开坡口的 Q235 钢板

图 4-10 开 60°坡口的 Q235 钢板

(2)选用 ER50-2 焊丝。

(3)做好焊前清理工作,清除焊接区域附近的锈、油、水分及其他污物。见图 4-11、图 4-12。

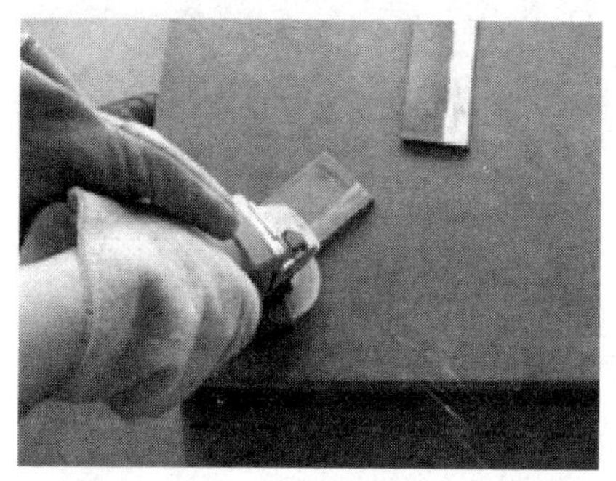

图 4-11 角向打磨机清理焊接区域

图 4-12 清理完成后的钢板

(4)工件图样、装配及反变形见图 4-13。

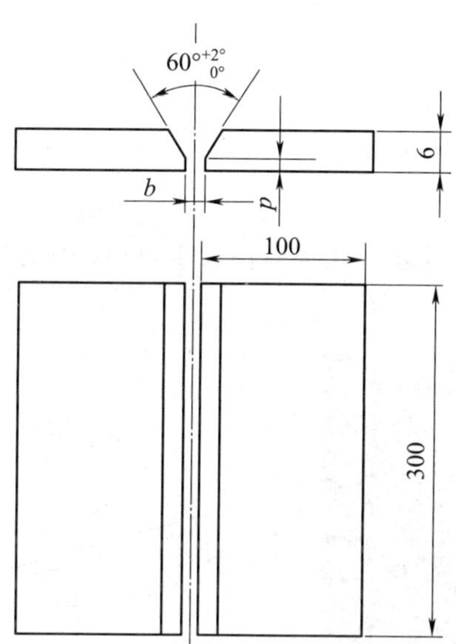

图 4-13 工件图样、装配及反变形(单位:mm)

技术要求:①单面焊双面成形。②钝边高度 p、坡口间隙 b 自定,允许使用反变形。③打底焊焊缝允许打磨。见图 4-14。

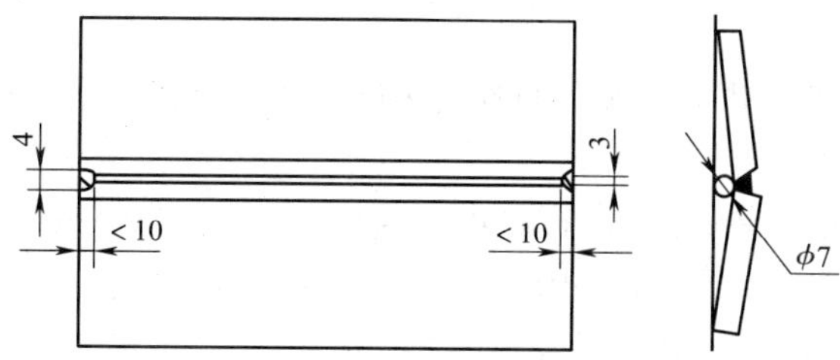

图 4-14 手工 TIG 焊钢板对接平焊工件图样(单位:mm)

定位焊正面图见图 4-15,定位焊背面图见图 4-16。

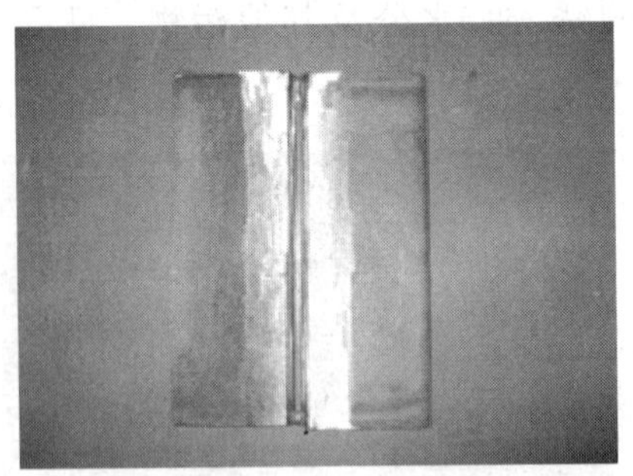
图 4-15 定位焊正面图

图 4-16 定位焊背面图

(5)选择合适焊接工艺参数,可参考表 4-4。

表 4-4 选择焊接工艺参数

焊道层次	钨极伸出长度(mm)	焊接电流(A)	电弧电压(V)	焊丝直径(mm)	气体流量(L/min)	钨极直径(mm)	喷嘴直径(mm)	喷嘴至工件距离(mm)
打底焊	4~8	90~100	12~16	2.5	7~9	2.5	10	小于等于 12
填充焊		100~110						
盖面焊		110~120						

2. 焊接过程

焊道分布是三层三道。焊件固定在水平位置上,间隙小的一端放在右侧。持枪方法见图 4-17。焊枪角度与焊丝填充位置见图 4-18。

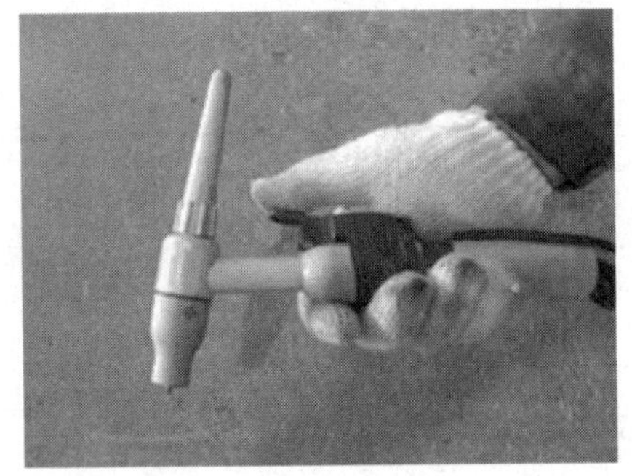
图 4-17 持枪方法

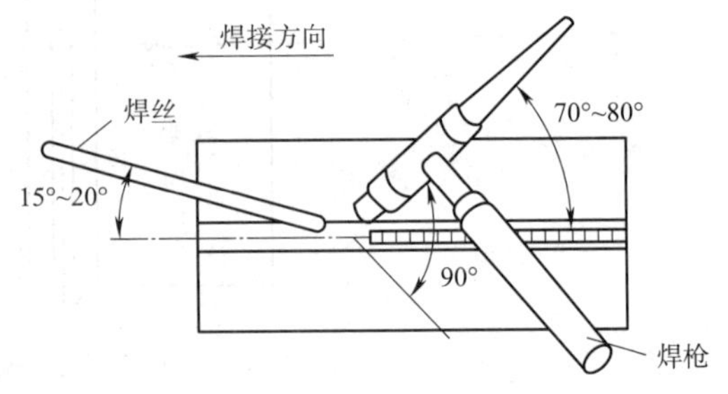

图 4-18 焊枪角度与焊丝填充位置

(1)打底焊。

1)引弧。

在焊件右侧定位焊缝上进行引弧。见图 4-19。

2)焊接。

在引弧后,焊枪停留在原位置不动,待稍预热后,当定位焊缝外形形成熔池,并出现熔孔后,开始填丝,自右向左焊接。在封底焊时,应减小焊枪倾角,使电弧热量集中在焊丝上,采用较小的焊接电流,加快焊接速度和送丝速度,熔滴要小,避免焊缝下凹和烧穿。焊丝填入动作要熟练、均匀,填丝要有规律,焊枪移动要平稳,速度一致。在焊接时要密切注意焊接参数的变化及相互关系,随时调整焊枪角度和焊接速度。当发现熔池增大、焊缝变宽并出现下凹时,说明熔池温度太高,这时应减小焊枪与焊件间的夹角,加快焊接速度;当发现熔池较小时,说明熔池温度低,应增加焊枪倾角或减慢焊接速度。通过各参数之间的良好配合,保证背面焊缝良好的成形。见图 4-20。

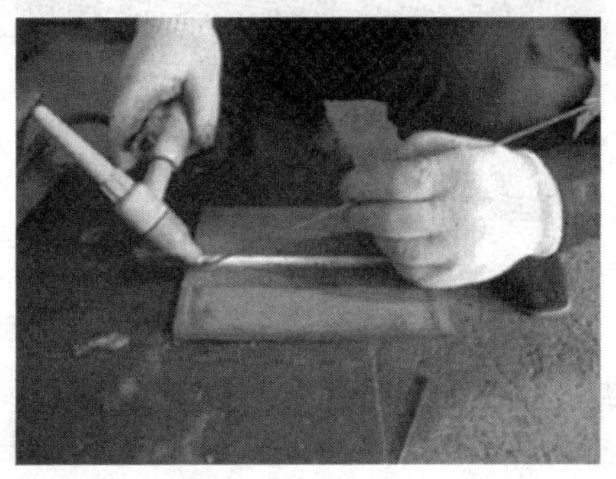

图 4-19 引弧

图 4-20 打底焊完成后焊缝

3)接头。

当焊丝用完,需更换焊丝,或因其他原因需暂时中止焊接时,则会有接头存在。在焊缝中间停止焊接时,可松开焊枪上的按钮开关,停止送丝。如果焊机有电流自动衰减装置,则应保持喷嘴高度不变,待电弧熄灭、熔池完全冷却后,再移开焊枪;若焊机没有电流自动衰减装置,则松开按钮开关后,稍抬高焊枪,待电弧熄灭、熔池冷却凝固到颜色变黑后再移开焊枪。

在接头前,应先检查原弧坑处焊缝的质量,如果保护好则没有氧化皮和缺陷,可直接接头;如果有氧化皮和缺陷,最好用角向磨光机将氧化皮或缺陷磨掉,并将弧坑前磨成斜面,在弧坑右侧 15～20 mm 处引弧,并慢慢地向左移动,待原弧坑处开始熔化形成熔池和熔孔后,继续填丝焊接。

4)收弧。

如果焊机有电流自动衰减装置,则焊至焊件末端,应减小焊枪与焊件的夹角,让热量集中在焊丝上,加大焊丝熔化量,以填满弧坑,然后切断控制开关。这时焊接电流逐渐减小,熔池也不断缩小,焊丝回抽,但不要脱离氩气保护区,停弧后,氩气需延时 10 s 左右再关闭,防止熔池金属在高温下氧化。如果焊机没有电流衰减控制装置,则在收弧处要慢慢地抬起焊枪,并减小焊枪倾角,加大焊丝的熔化量,待弧坑填满后再切断电流。

打底焊完成后焊缝见图 4-12。

(2)填充焊操作注意事项和步骤同打底焊。

焊接时焊枪应横向摆动,一般作锯齿形摆动,其焊枪的摆动幅度比打底焊时稍大,在坡口两侧稍停留,保证坡口两侧熔合好,焊道均匀。填充焊道应比焊件表面低 1 mm 左右,不要熔化坡口的上棱边。填充焊完成后焊缝见图 4-21。

(3)盖面焊。

在盖面焊时要进一步加大焊枪的摆动幅度,保证熔池两侧超过坡口棱边 0.5～1.5 mm,并根据焊缝的余高决定填丝速度。盖面焊完成后焊缝见图 4-22。

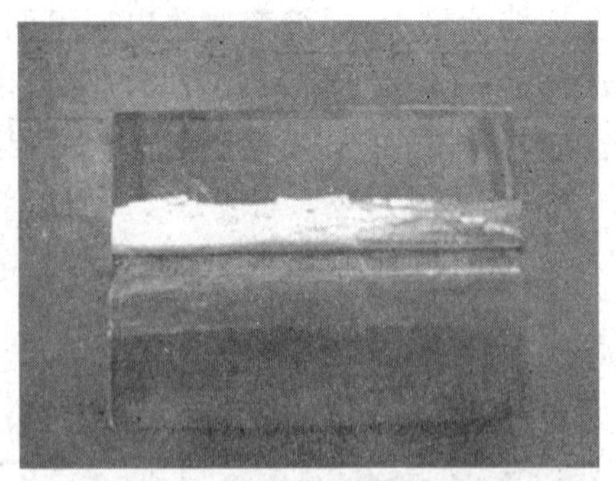
图 4-21　填充焊完成后焊缝

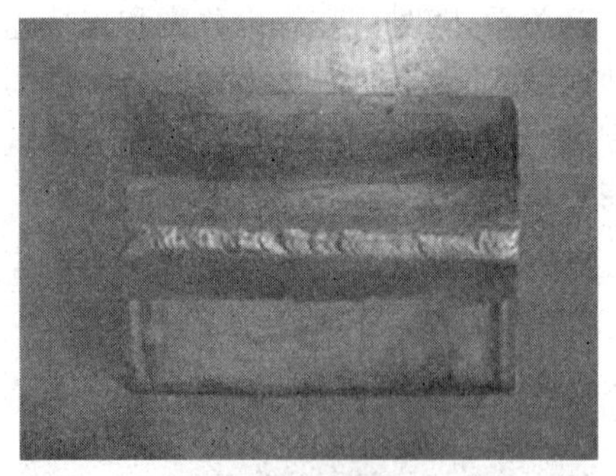
图 4-22　盖面焊完成后焊缝

任务二：板厚为 6 mm 的 Q235 钢的 V 形坡口钨极氩弧焊对接立焊

【重点难点】连续填丝和接头

【注意事项】注意结合实训向学生讲解

【教学过程】

【材料工具】

(1)选用 Q235 钢板，尺寸为 6 mm×300 mm×100 mm，开 60°坡口。

(2)选用 ER50-2 型焊丝，直径 2.5 mm，钨极：WCe-5，直径 2.5 mm。

(3)设备及工具：松下 TIG 焊机(YC-300WX4)1 台，焊条电弧焊焊机(OTC VR-400Ⅱ)1 台，氩气 1 瓶，氩气流量计 1 个，钢丝刷、锤子、钢丝钳、常用锉刀，活扳手各 1 把，台虎钳、台式砂轮机、角向磨光机各 1 台。

(4)工件要求：工件两端不得安装引弧板和引出板，焊前仔细清除待焊处油、污、锈、垢，焊后仔细清除焊缝表面飞溅物，并保持焊缝原始状态。

【操作步骤】

1. 焊前准备

(1)选用 Q235 钢板，尺寸为 6 mm×300 mm×100 mm，开 60°坡口。未开坡口的 Q235 钢板见图 4-23，开 60°坡口的 Q235 钢板见图 4-24。

图 4-23　未开坡口的 Q235 钢板

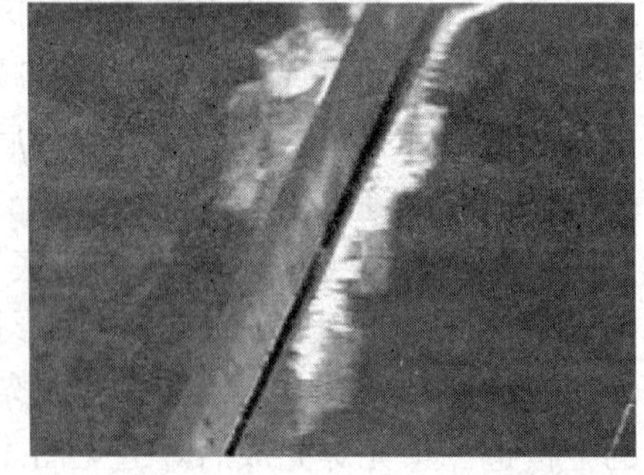
图 4-24　开 60°坡口的 Q235 钢板

(2)选用 ER50-2 焊丝。

(3)做好焊前清理工作，清除焊接区域附近的锈、油、水分及其他污物。见图 4-25、

图 4-26。

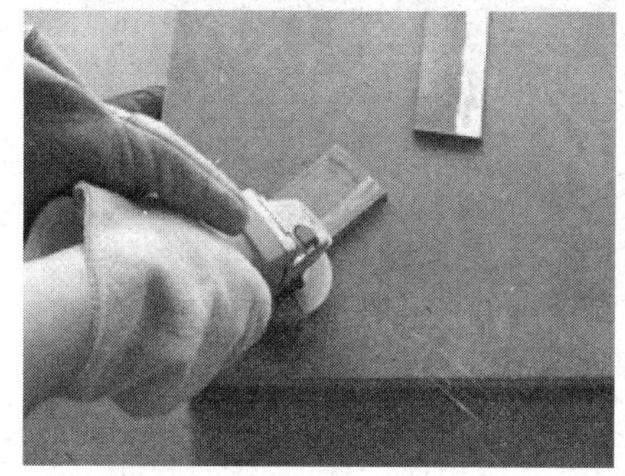
图 4-25　未开坡口的 Q235 钢板

图 4-26　开 60°坡口的 Q235 钢板

(4)工件图样、装配及反变形见图 4-27(a)、图 4-27(b)、图 4-27(c)、图 4-27(d)。

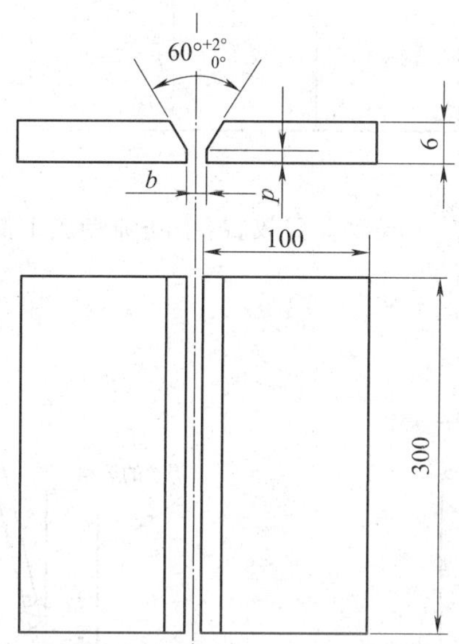

图 4-27(a)　手工 TIG 焊钢板对接平焊工件图样(单位:mm)

技术要求:①单面焊双面成形。②钝边高度 p、坡口间隙 b 自定,允许使用反变形。③打底焊焊缝允许打磨。

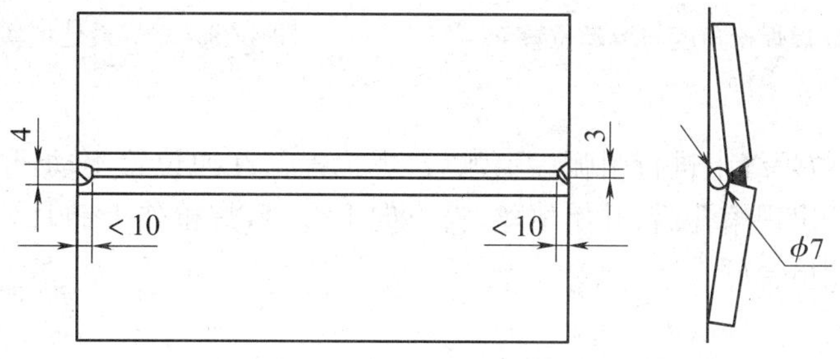

图 4-27(b)　V 型坡口对接平焊装配及反变形(单位:mm)

图 4-27(c)　定位焊正面图

图 4-27(d)　定位焊背面

(5)选择合适焊接工艺参数,可参考表 4-5。

表 4-5　选择焊接工艺参数

焊道层次	钨极伸出长度(mm)	焊接电流(A)	电弧电压(V)	焊丝直径(mm)	气体流量(L/min)	钨极直径(mm)	喷嘴直径(mm)	喷嘴至工件距离(mm)
打底焊	4～8	80～90	12～16	2.5	7～9	2.5	10	小于等于 12
填充焊		90～100						
盖面焊		90～100						

2. 焊接过程

焊道分三层三道,左向施焊。试板垂直放置,小间隙端放下侧。焊枪角度与填丝位置见图 4-28,立焊最佳填丝位置见图 4-29。

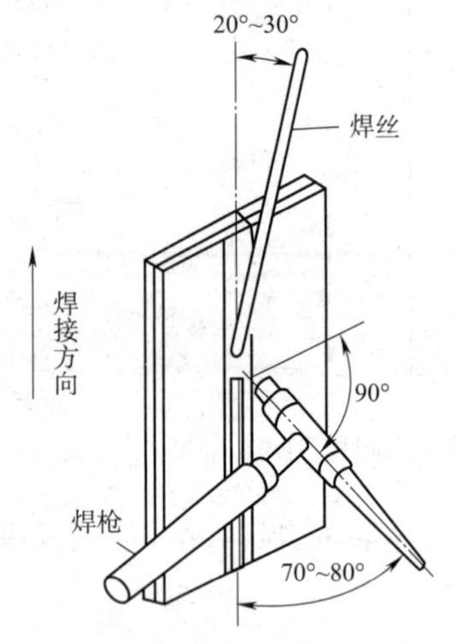

图 4-28　立焊焊枪角度与填丝位置

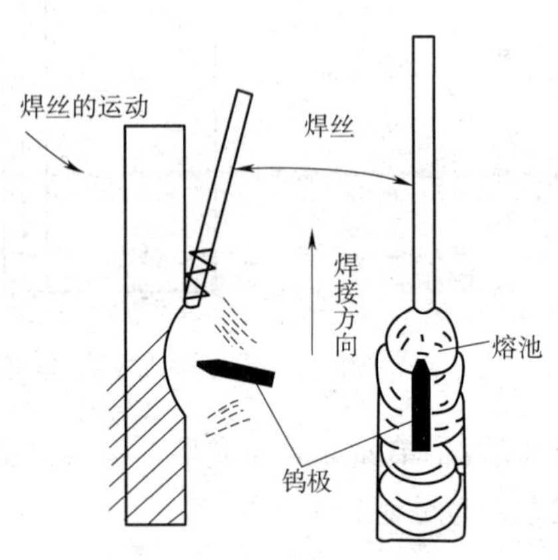

图 4-29　立焊最佳填丝位置

(1)打底焊。

在焊件下侧定位焊缝上进行引弧。引弧后,焊枪停留在原位置不动,稍预热后,当定位焊缝外形形成熔池,并出现熔孔后,开始填丝,自下向上焊接,焊枪作上凸月牙形摆动,在坡口两侧稍停留,保证两侧熔合好。

(2)填充焊。

操作步骤、焊枪角度和填丝位置同打底焊。焊接时焊枪的摆动幅度比打底焊时稍大,在坡口两侧稍停留,保证坡口两侧熔合好,焊道均匀。

(3)盖面焊。

盖面焊时进一步加大焊枪的摆动幅度,其他与打底焊相同。

任务三:板厚为 6 mm 的 Q235 钢的 V 形坡口钨极氩弧焊对接横焊

【重点难点】连续填丝和接头

【注意事项】注意结合实训向学生讲解

【教学过程】

【材料工具】

(1)选用 Q235 钢板,尺寸为 6 mm×300 mm×100 mm,开 60°坡口。

(2)选用 ER50-2 型焊丝,直径 2.5 mm,钨极:WCe-5,直径 2.5 mm。

(3)设备及工具:松下 TIG 焊机(YC-300WX4)1 台,焊条电弧焊焊机(OTC VR-400Ⅱ)1 台,氩气 1 瓶,氩气流量计 1 个,钢丝刷、锤子、钢丝钳、常用锉刀,活扳手各 1 把,台虎钳、台式砂轮机、角向磨光机各 1 台。

(4)工件要求:工件两端不得安装引弧板和引出板,焊前仔细清除待焊处油、污、锈、垢,焊后仔细清除焊缝表面飞溅物,并保持焊缝原始状态。

【操作步骤】

1. 焊前准备

(1)选用 Q235 钢板,尺寸为 6 mm×300 mm×100 mm,开 60°坡口。未开坡口的 Q235 钢板见图 4-30,开 60°坡口的 Q235 钢板见图 4-31。

图 4-30 未开坡口的 Q235 钢板

图 4-31 开 60°坡口的 Q235 钢板

(2)选用 ER50-2 焊丝。

(3)做好焊前清理工作,清除焊接区域附近的锈、油、水分及其他污物。见图 4-32、图 4-33。

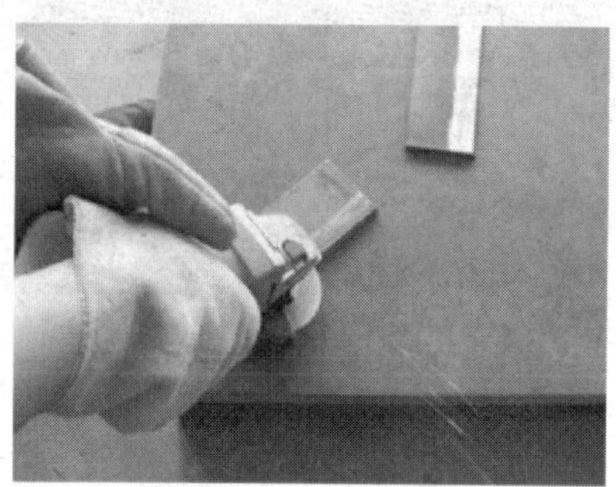

图 4-32 未开坡口的 Q235 钢板

图 4-33 开 60°坡口的 Q235 钢板

(4)工件图样、装配及反变形见图 4-34(a)、图 4-34(b)、图 4-34(c)、图 4-34(d)。

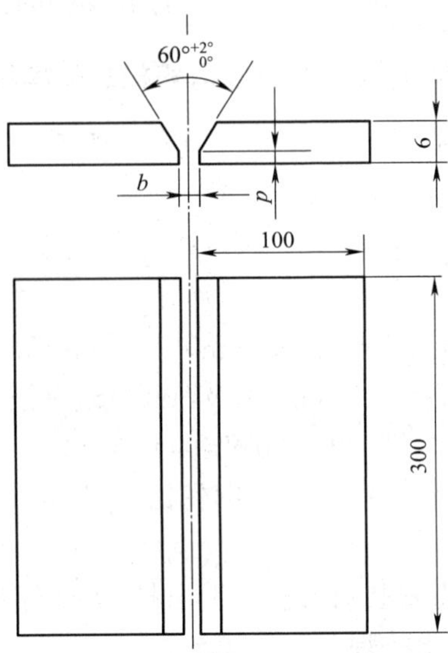

图 4-34(a) 手工 TIG 焊钢板对接平焊工件图样(单位:mm)

技术要求:①单面焊双面成形。②钝边高度 p、坡口间隙 b 自定,允许使用反变形。③打底焊焊缝允许打磨。

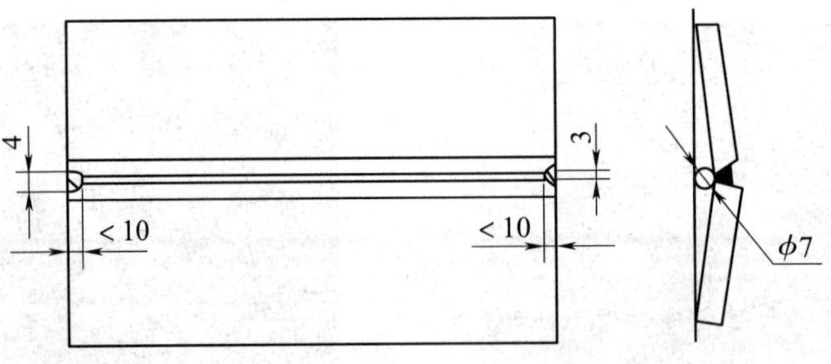

图 4-34(b) V 型坡口对接平焊装配及反变形(单位:mm)

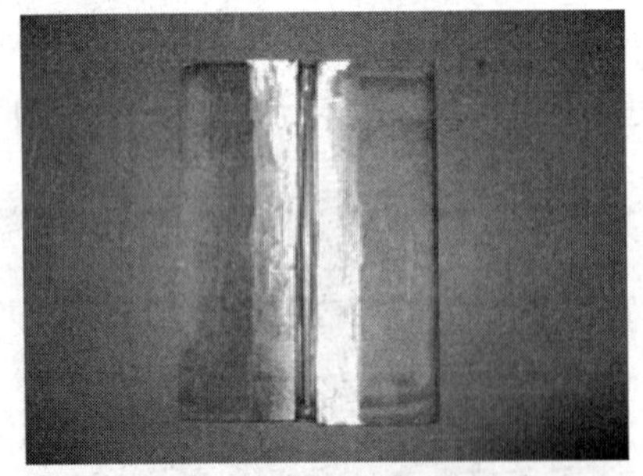

图 4-34(c) 定位焊正面图

图 4-34(d) 定位焊背面

(5)选择合适焊接工艺参数,可参考表 4-6。

表 4-6 选择焊接工艺参数

焊道层次	钨极伸出长度(mm)	焊接电流(A)	电弧电压(V)	焊丝直径(mm)	气体流量(L/min)	钨极直径(mm)	喷嘴直径(mm)	喷嘴至工件距离(mm)
打底焊	4～8	80～90	12～16	2.5	7～9	2.5	10	小于等于 12
填充焊		90～100						
盖面焊		90～100						

2. 焊接过程

焊道分三层四道,焊件垂直固定,坡口在水平位置,小间隙处放在右侧。焊道分布见图 4-35。

(1)打底焊。

保证根部焊透,坡口两侧熔合良好。焊枪角度和填丝位置,见图 4-10。

在焊件右端定位焊缝处引弧,先不加焊丝,焊枪在右端定位焊缝处稍停留,待形成熔池和熔孔后,再填丝并向左焊接。焊枪作小幅度锯齿形摆动,在坡口两侧稍停留。正确的横焊填丝位置,见图 4-36。

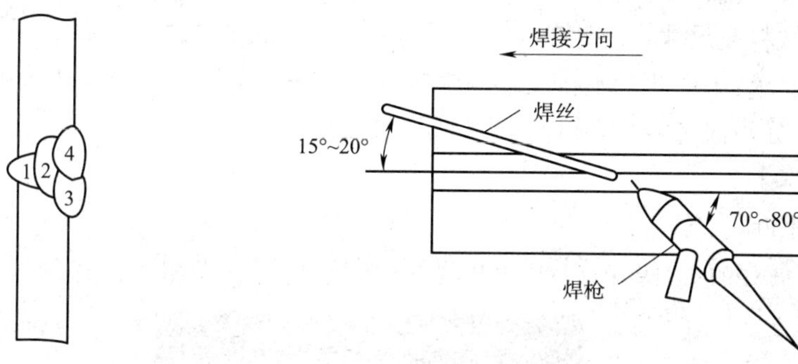

图 4-35 焊道分布　　图 4-36 横焊打底焊时焊枪角度和填丝位置

(2)填充焊。

除焊枪摆动幅度稍加大外,焊接顺序、焊枪角度、填丝位置都与打底焊相同。见图 4-37。

(3)盖面焊。

盖面焊有两条焊道,焊枪角度见图 4-38。先焊下面的焊道,后焊上面的焊道。

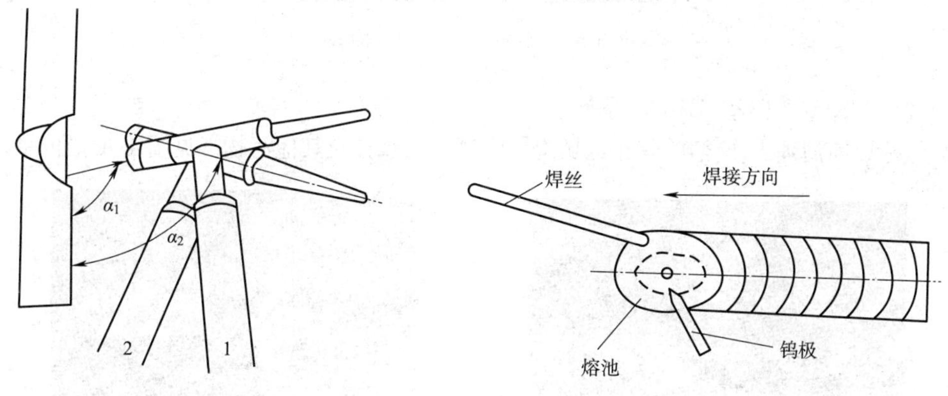

图 4-37 正确的横焊填丝位置　　图 4-38 横焊盖面焊枪角度图

在焊下面的焊道时,焊接电弧以填充焊道的下沿为中心摆动,使熔池的上沿在填充焊道的 1/2～2/3 处,熔池的下焊接沿超过坡口下棱边 0.5～1.5 mm。

在焊上面的焊道时，焊接电弧以填充焊道的上沿为中心摆动，使熔池的上沿超过坡口上棱边 0.5～1.5 mm，熔池的下沿与下面的盖面焊道均匀过渡，保证盖面焊道表面平整。

任务四：大径管水平固定对接 TIG 焊打底，焊条电弧焊盖面

【重点难点】连续填丝和接头

【注意事项】注意结合实训向学生讲解

【教学过程】

【材料工具准备】

(1)焊丝、钨极、焊条：ER50-2 型焊丝，直径 2.5 mm，E4303 焊条，直径 2.5 mm，WCe-55 型钨极，直径 2.5 mm。

(2)设备及工具：松下 TIG 焊机(YC-300WX4)1 台，焊条电弧焊焊机(OTC VR-400Ⅱ)1 台，氩气 1 瓶，气体流量计 1 个，钢丝刷，锤子、钢丝钳、常用锉刀、活扳手各 1 把，台虎钳、台式砂轮机、角向磨光机各 1 台。

(3)考件材料及尺寸：20 钢管，ϕ51×4 mm×150 mm 两节。

(4)考件要求：考件两端不得安装引弧板和引出板，焊前仔细清除待焊处油、污、锈、垢，焊后仔细清除焊缝表面飞溅物，并保持焊缝原始状态。

【操作步骤】

1. 焊前准备

(1)20 钢管，ϕ51×4 mm×150 mm 两节，开 60°坡口。见图 4-39。

图 4-39 开 60°坡口的 20 钢管

(2)选用 ER50-2 焊丝，E4303 焊条。

(3)做好焊前清理工作，清除焊接区域附近的锈、油、水分及其他污物。见图 4-40、图 4-41。

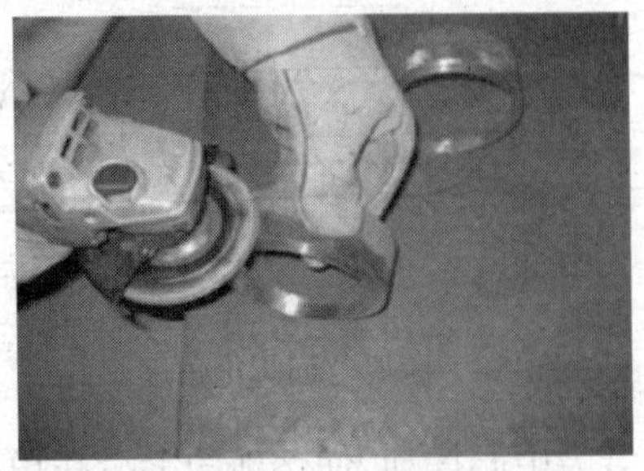

图 4-40 角向打磨机清理焊接区域

图 4-41 清理完成后的钢管

(4)考件图样见图4-42,定位焊见图4-43。

技术要求:①单面焊双面成形。②钝边高度 p、坡口间隙 b 自定,允许使用反变形。③打底焊焊缝允许打磨。

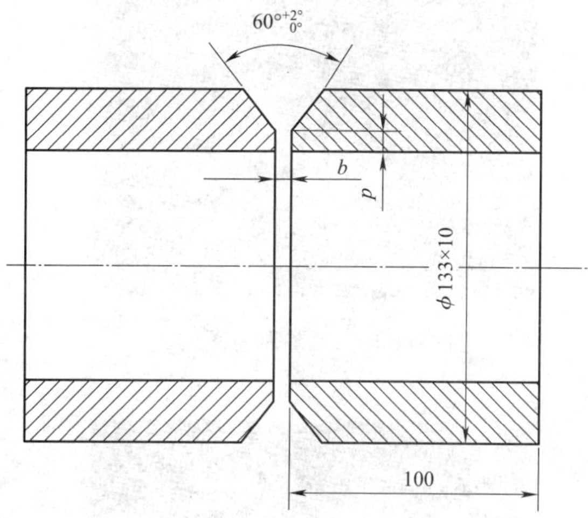

图4-42　小径管垂直固定对接考件图样(单位:mm)

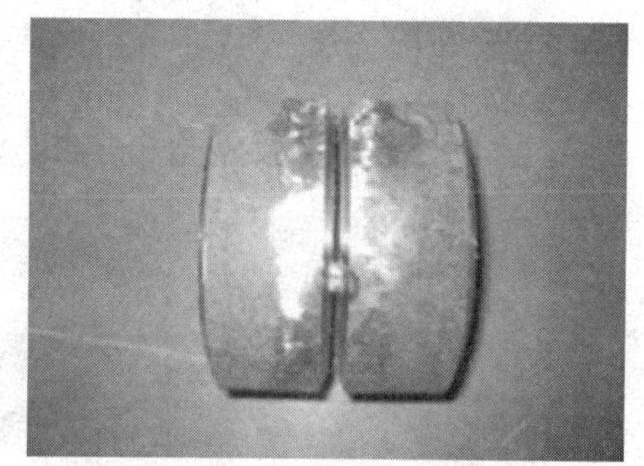

图4-43　大径管水平固定对接考件定位焊图

(5)选择合适焊接工艺参数,可参考表4-7。

表4-7　选择焊接工艺参数

焊道层次	钨极伸出长度(mm)	焊接电流(A)	电弧电压(V)	焊丝直径(mm)	气体流量(L/min)	钨极直径(mm)	喷嘴直径(mm)	喷嘴至工件距离(mm)
打底焊	4～8	80～90	12～16	2.5	7～9	2.5	10	小于等于12
填充焊		60～70						
盖面焊		60～70						

2. 焊接过程

(1)工件组装采用两点固定法,定位焊分布在7点和1点方向,保证6点处间隙为3 mm,时钟0点处间隙为4 mm。将所有定位焊两端都打磨成斜面,使管子固定后在水平位置。

(2)焊接:

1)打底焊。

先按逆时针方向焊接前半圈,在7点位置处定位焊缝上引燃电弧,先不加焊丝,待定位焊缝右端融化,形成熔池熔孔后,从熔池后沿从左向右送进焊丝,当焊丝端部溶化,形成小熔滴,立即送入熔池。焊至时钟4点半位置处,可以改变焊枪角度和送丝位置,焊丝改从熔池前沿送入。焊接过程中电弧应以坡口为中心做横向锯齿形摆动,在坡口两侧稍作停留,保证坡口两侧熔合良好,避免带层焊道中间凸出。焊至时钟0点处左侧10～20 mm处熄灭电弧。按顺时针方向焊后半圈,在时钟7点处定位焊缝上引燃电弧,先不加焊丝,待定位焊溶化,形成熔池小孔后,从熔池前沿加焊丝,然后按顺时针方向焊接,焊枪做小幅锯齿形摆动,在坡口两侧稍作停留,焊至封口处停止加焊丝,待原焊缝端部融化后再加焊丝焊完最后一个接头,填满弧坑后熄弧。

打底焊操作步骤示意图见图 4-44(a)、图 4-44(b)、图 4-44(c)、图 4-44(d),打底焊完成后的状态见图 4-45。

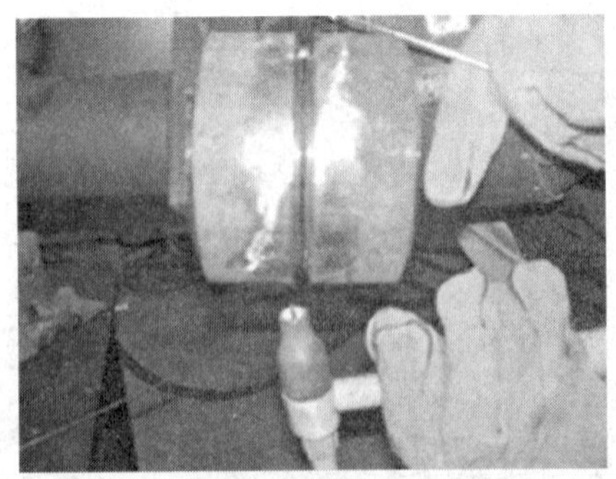

图 4-44(a) 操作示意图(一)

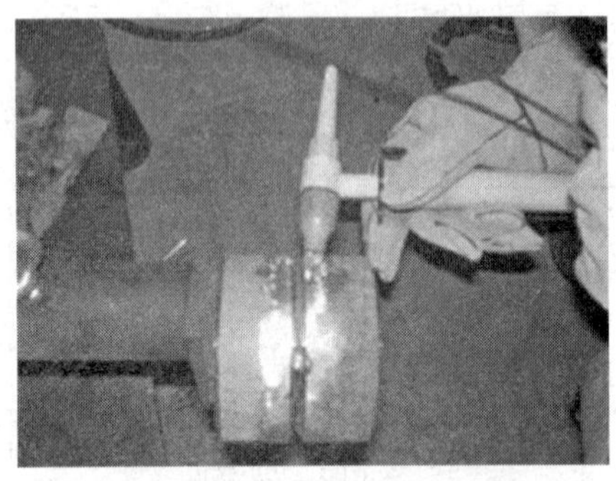

图 4-44(b) 操作示意图(二)

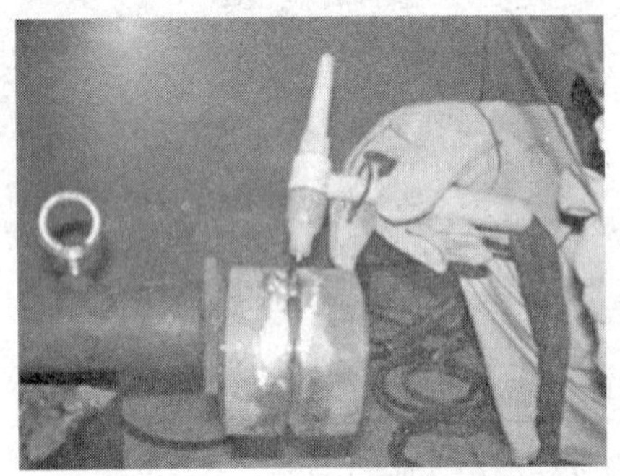

图 4-44(c) 操作示意图(三)

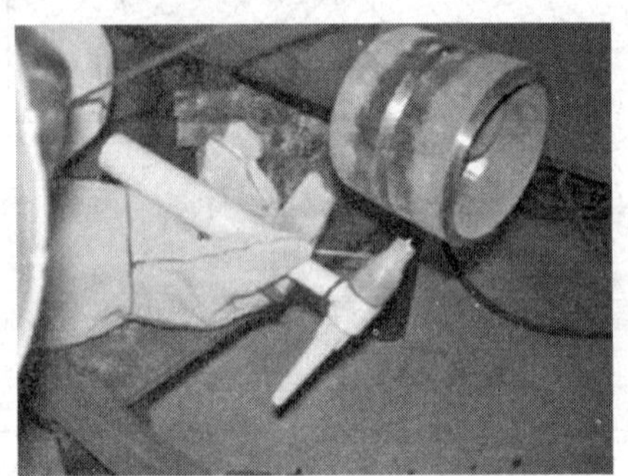

图 4-44(d) 操作示意图(四)

图 4-45 打底焊焊缝

2)填充焊。

填充层依然分为两个半圈进行,采用连弧焊,时钟面位置 7 点→3 点→0 点为前半圆,7 点→9 点→11 点为后半圆。从 6 点处坡口面一侧引燃电弧立即拉到 7 点处,电弧做小幅横向摆动,待坡口熔化形成熔池后,电弧开始向前方右端移动,焊条向里压,看到熔孔尺寸符合要求后,转入正常焊接。根据焊接位置的变化,焊工应及时改变身体的位置,尽可能减少停弧时间和接头数量。根据焊接位置变化及时调节电弧在坡口中的深度,仰焊位焊接时,易产生内凹,未焊透和夹渣等缺陷。因此焊接时焊条应向上顶送深些,尽量压低电弧,焊条横向摆动幅度较小,向上运条速度要均匀,不宜过大,并且要随时调整焊条角度,以防止熔池金属下坠而造成焊缝正面出现焊瘤。立焊位置时,焊条向试件坡口内的给送应比仰焊浅一些,熔化坡口边缘两侧。平焊位置焊条向试件坡口内的给送速度应比立焊再浅些。焊完前半圈后,再焊后半圈,从 8 点处引弧,电弧引燃后退到 7 点位置,待形成熔池后,向内压焊条,看到尺寸符合要求的熔孔后,转入正常焊接,焊接要领与前半圈相同。填充焊操作步骤见操作示意图 4-46(a)、图 4-46(b)、图 4-46(c)、图 4-46(d)、图 4-46(e)、图 4-46(f)。填充焊完成后见图 4-47。

图 4-46(a)　操作示意图(一)

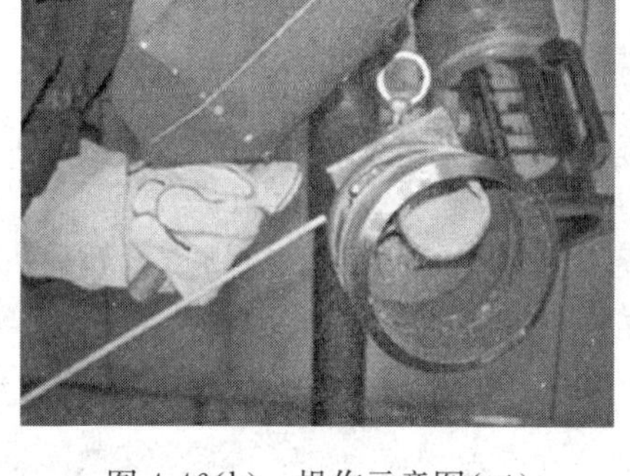

图 4-46(b)　操作示意图(二)

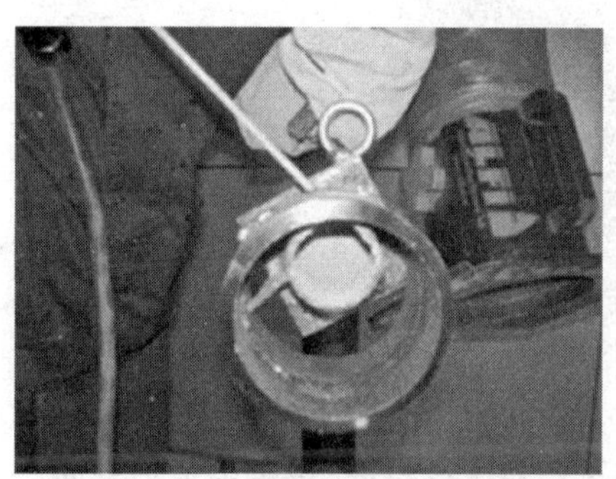

图 4-46(c)　操作示意图(三)

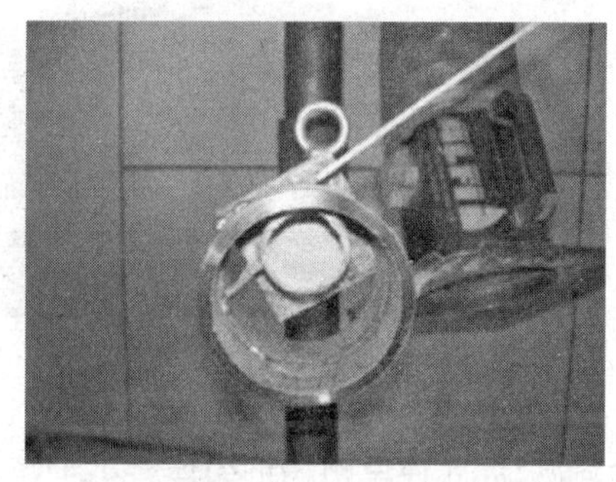

图 4-46(d)　操作示意图(四)

图 4-46(e)　操作示意图(五)

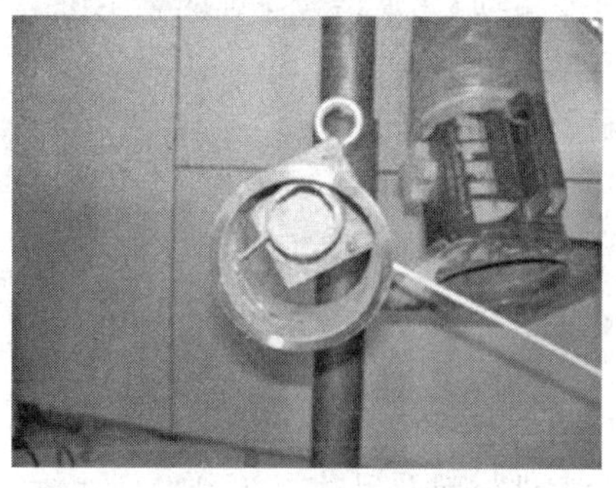

图 4-46(f)　操作示意图(六)

图 4-47 填充焊焊缝完成后

3)盖面焊。

采用连弧焊,必须保证盖面层焊缝表面平整均匀,美观,尺寸符合要求,焊前先将填充层焊道上的焊渣,飞溅,局部突起处磨平,盖面焊的焊接顺序,焊条摆条与填充焊相同,焊接时要控制好焊条的摆幅,使熔池的两侧超过坡口上棱边 0.5~1.5 mm,保证焊缝的宽度和直度。盖面焊操作步骤同填充焊操作,见操作示意图 4-46(a)、图 4-46(b)、图 4-46(c)、图 4-46(d)、图 4-46(e)、图 4-46(f)。盖面焊完成后见图 4-48。

图 4-48 盖面焊完成后焊缝

任务五:珠光体型耐热钢小径管水平固定对接手工 TIG 焊打底,焊条电弧焊盖面

【重点难点】连续填丝和接头

【注意事项】注意结合实训向学生讲解

【教学过程】

【材料工具准备】

(1)焊丝、钨极、焊条:H08CrMoVA 型焊丝,直径 2.5 mm,E5503-B2-V 焊条,直径 2.5 mm,WCe-5 型钨极,直径 2.5 mm。

(2)设备及工具:松下 TIG 焊机(YC-300WX4)1 台,焊条电弧焊焊机(OTC VR-400Ⅱ)1 台,氩气 1 瓶,气体流量计 1 个,钢丝刷,锤子、钢丝钳、常用锉刀、活扳手各 1 把,台虎钳、台式砂轮机、角向磨光机各 1 台。

(3)考件材料及尺寸:12Cr1MoV 钢管,ϕ42×5 mm×200 mm 两节。

(4)考件要求:考件两端不得安装引弧板和引出板,焊前仔细清除待焊处油、污、锈、垢,焊后仔细清除焊缝表面飞溅物,并保持焊缝原始状态。

【操作步骤】

1. 焊前准备

(1)12Cr1MoV 钢管,$\phi42\times5$ mm×200 mm 两节,开 60°坡口。见图 4-49。

图 4-49 开 60°坡口的 20 钢管

(2)选用 H08CrMoVA 焊丝,E5503-B2-V 焊条。

(3)做好焊前清理工作,清除焊接区域附近的锈、油、水分及其他污物。见图 4-50、图 4-51。

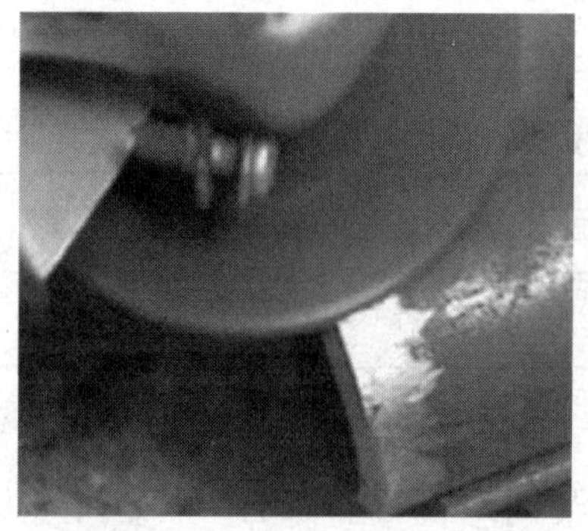

图 4-50 角向打磨机清理焊接区域

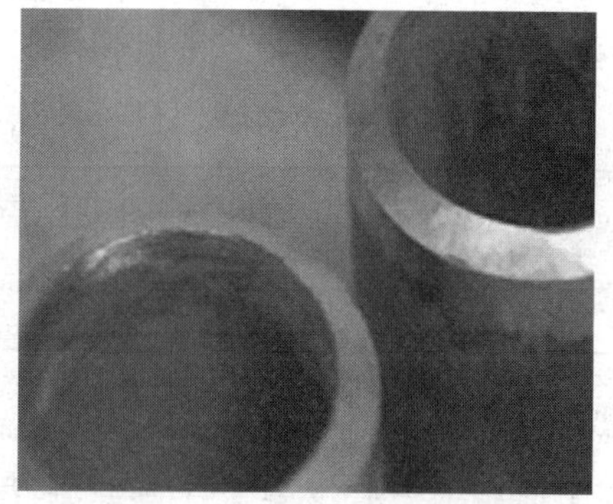

图 4-51 清理完成后的钢管

(4)考件图样见图 4-52。

技术要求:①单面焊双面成形。②钝边高度 p、坡口间隙 b 自定,允许使用反变形。③打底焊焊缝允许打磨。

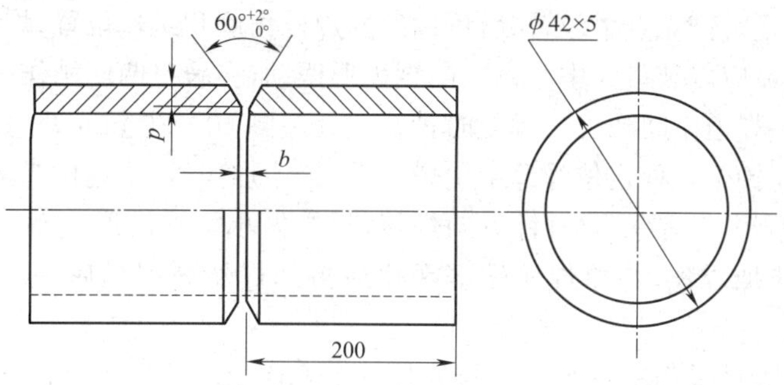

图 4-52 小径管垂直固定对接试件图样(单位:mm)

装配要求见表 4-8。

表 4-8 装配要求

坡口角度(°)	装配间隙(mm)	钝边(mm)
60°	时钟 0 点位置处 3.0 时钟 6 点位置处 2.5	0～1

定位焊缝沿圆周均布 3 处,可只焊 2 处,定位焊见图 4-53。定位焊必须同正式焊接操作用焊条一致焊接。

图 4-53 小径管水平固定对接定位焊

(5)焊接参数见表 4-9。

表 4-9 焊接参数

焊接层次	焊条直径(mm)	焊接电流(A)
打底层	2.5	75～85
盖面层		70～80

2. 焊接过程

(1)工件组装采用两点固定法,定位焊分布在 7 点和 1 点方向,保证 6 点处间隙为 3 mm,时钟 0 点处间隙为 4 mm。将所有定位焊两端都打磨成斜面,使管子固定后在水平位置。

(2)焊接:

1)打底焊。

先按逆时针方向焊接前半圈,在 7 点位置处定位焊缝上引燃电弧,先不加焊丝,待定位焊缝右端融化,形成熔池熔孔后,从熔池后沿从左向右送进焊丝,当焊丝端部溶化,形成小熔滴,立即送入熔池。焊至时钟 4 点半位置处,可以改变焊枪角度和送丝位置,焊丝改从熔池前沿送入。焊接过程中电弧应以破口为中心做横向锯齿形摆动,在破口两侧稍作停留,保证破口两侧熔合良好,避免带层焊道中间凸出。焊至时钟 0 点处左侧 10～20 mm 处熄灭电弧。按顺时针方向焊后半圈,在时钟 7 点处定位焊缝上引燃电弧,先不加焊丝,待定位焊溶化,形成熔池小孔后,从熔池前沿加焊丝,然后按顺时针方向焊接,焊枪做小幅锯齿形摆动,在破口两侧稍作停留,焊至封口处停止加焊丝,待原焊缝端部融化后再加焊丝焊完最后一个接头,填满弧坑后熄弧。

打底焊操作步骤见操作示意图 4-54(a)、图 4-54(b)、图 4-54(c)、图 4-54(d),打底焊完成后见图 4-55。

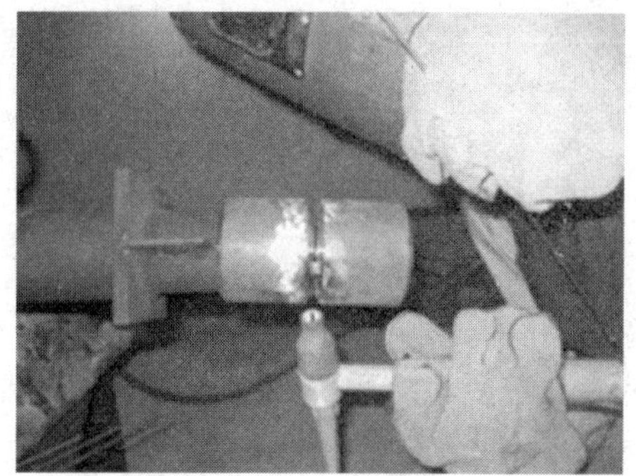

图 4-54(a) 操作示意图(一)

图 4-54(b) 操作示意图(二)

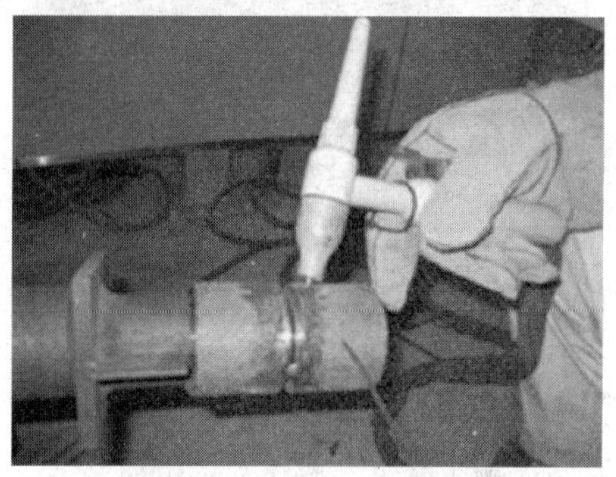

图 4-54(c) 操作示意图(三)

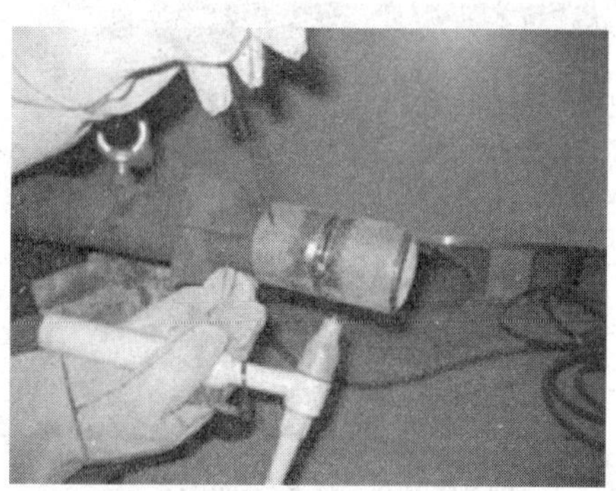

图 4-54(d) 操作示意图(四)

图 4-55 打底焊焊缝完成后

2)盖面层。

盖面层的焊接要求焊缝外形美观,无缺陷。盖面层施焊前,应将前层的熔渣和飞溅清除干净,焊缝局部凸起处打磨平整。前后两半圈焊缝起头和收尾要点同封底层,都要超过管子的中心线 5～10 mm,采用锯齿形或月牙形运条方法连续施焊,但横向摆动的幅度要小,在坡口两侧略作停顿稳弧,防止产生咬边。在焊接过程中,要严格控制弧长,保持短弧施焊以保证焊缝质量。具体操作步骤见操作示意图 4-56(a)、图 4-56(b)、图 4-56(c)、图 4-56(d)、图 4-56(e)、图 4-56(f)。

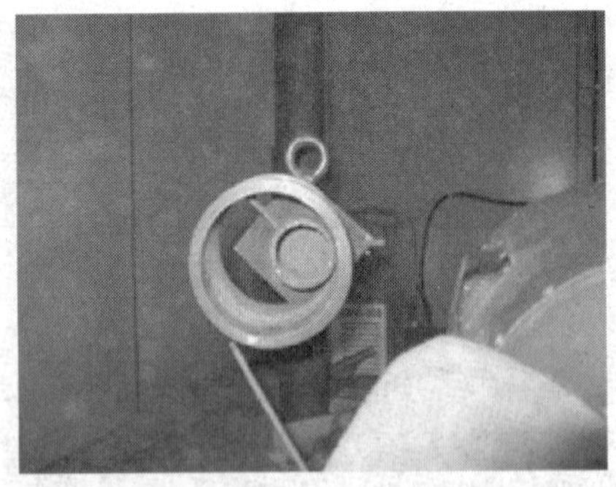

图 4-56(a) 操作示意图(一)

图 4-56(b) 操作示意图(二)

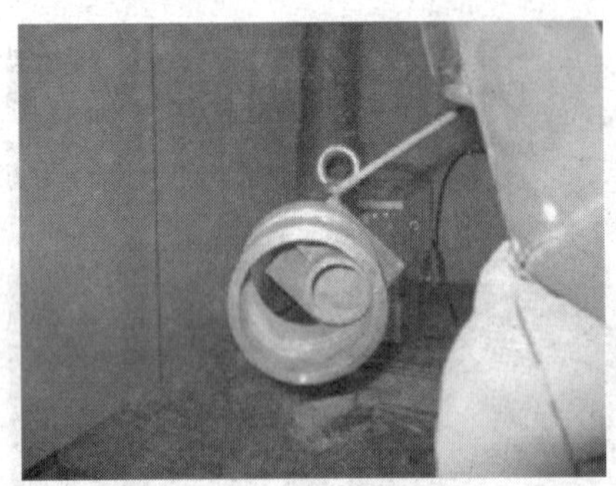

图 4-56(c) 操作示意图(三)

图 4-56(d) 操作示意图(四)

图 4-56(e) 操作示意图(五)

图 4-56(f) 操作示意图(六)

任务六:奥氏体型不锈钢大径管垂直固定对接手工 TIG 焊打底,焊条电弧焊盖面

【重点难点】连续填丝和接头

【注意事项】注意结合实训向学生讲解

【教学过程】

【材料工具准备】

(1)焊丝、钨极、焊条:焊丝 H0Cr21Ni10Ti,ϕ2.5 mm,E347—15/E347—16(A132/A137),直径自选,WCe-55 型钨极,直径 2.5 mm。

(2)设备及工具:松下 TIG 焊机(YC-300WX4)1 台,焊条电弧焊焊机(OTC VR-400Ⅱ)1

台,氩气 1 瓶,气体流量计 1 个,钢丝刷,锤子、钢丝钳、常用锉刀、活扳手各 1 把,台虎钳、台式砂轮机、角向磨光机各 1 台。

(3)工件材料及尺寸:0Cr18Ni9Ti 钢管,ϕ108 mm×6 mm×200 mm 两节。

(4)考件要求:考件两端不得安装引弧板和引出板,焊前仔细清除待焊处油、污、锈、垢,焊后仔细清除焊缝表面飞溅物,并保持焊缝原始状态。

【操作步骤】

1. 焊前准备

(1)0Cr18Ni9Ti 钢管,ϕ108 mm×6 mm×200 mm 两节,开 60°坡口。见图 4-57。

(2)选用 H08CrMoVA 焊丝,E5503-B2-V 焊条。

(3)做好焊前清理工作,清除焊接区域附近的锈、油、水分及其他污物。

(4)考件图样见图 4-58。

技术要求:①单面焊双面成形。②钝边高度 p、坡口间隙 b 自定,允许使用反变形。③打底焊焊缝允许打磨。

图 4-57 Cr18Ni9Ti 钢管

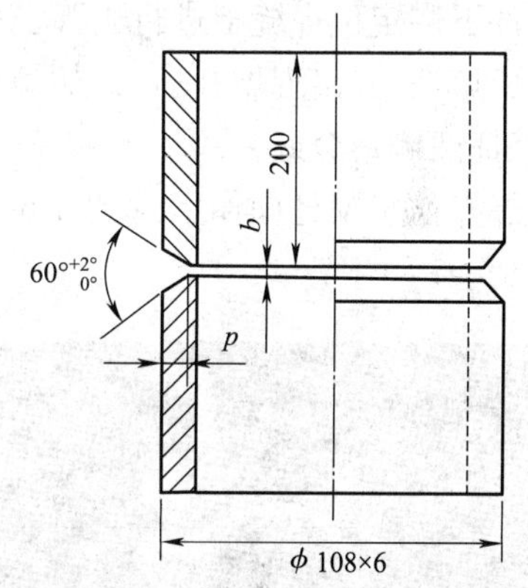

图 4-58 奥氏体型不锈钢大径管垂直固定对接手工 TIG 焊打底,焊条电弧焊盖面(单位:mm)

2. 焊接过程

大径管垂直固定对接:大径管垂直固定对接可简称为大径管横焊,这种焊接比较容易掌握。

(1)装配与定位焊装配要求见表 4-10。

表 4-10 装配与定位焊装配要求

坡口角度(°)	装配间隙(mm)	钝边(mm)
60°	前 2.5 后 3.0	0~1

定位焊必须采用与焊工焊接时统一用的焊条焊接,定位焊方法可在三种方法中任选一种。定位焊完成后见图 4-59(a)、图 4-59(b)。

(2)试件位置大径管垂直固定,接口在水平面内,间隙小的一边正对焊工,一个定位焊缝在左侧。保证焊工能方便地焊完焊缝。见图 4-61。

图 4-59(a) 定位焊完成后

图 4-59(b) 试件位置

(3)定位焊 3 处,每处长 10～15 mm,管子垂直固定,一个定位焊缝在右侧,保证间隙为 3 mm,后面的间隙为 4 mm,管子轴线固定在垂直位置。

1)打底焊。

在焊件下侧定位焊缝上进行引弧。引弧后,焊枪停留在原位置不动,稍预热后,当定位焊缝外形形成熔池,并出现熔孔后,开始填丝,自左至右焊接,焊枪作横向轻微摆动,在坡口两侧稍停留,保证两侧熔合好。

打底焊操作步骤见操作示意图 4-60(a)、图 4-60(b)、图 4-60(c)、图 4-60(d),打底焊完成后见图 4-61。

图 4-60(a) 操作示意图(一)

图 4-60(b) 操作示意图(二)

图 4-60(c) 操作示意图(三)

图 4-60(d) 操作示意图(四)

图 4-61　打底焊完成后焊缝

2)填充焊。

自左至右焊接,焊条做横向轻微摆动,采用一层一道焊,焊条运条要均匀,采用较短电弧。具体操作步骤见操作示意图 4-62(a)、图 4-62(b)、图 4-62(c)、图 4-62(d)。填充焊完成后焊缝见图 4-63。

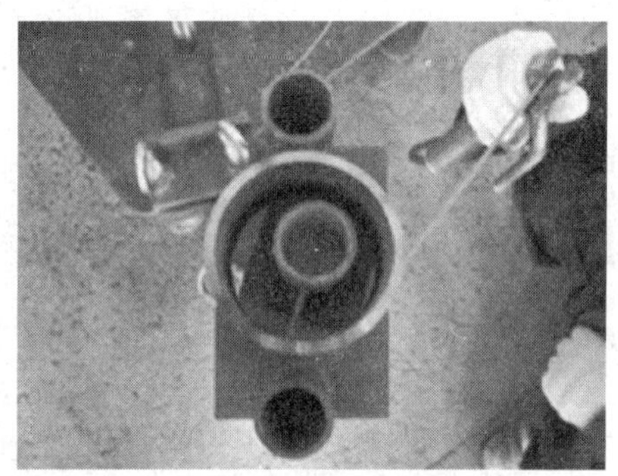

图 4-62(a)　操作示意图(一)

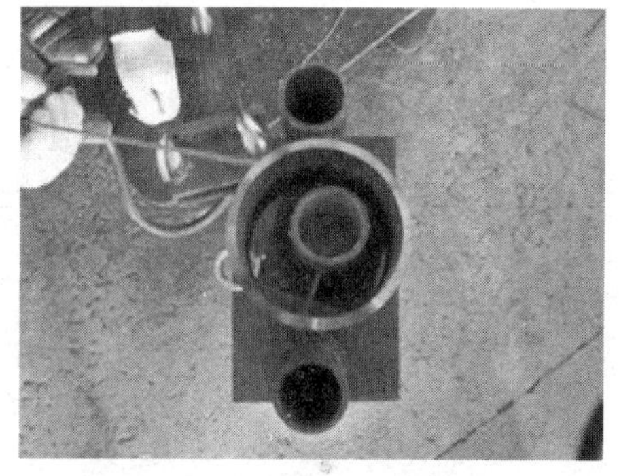

图 4-62(b)　操作示意图(二)

图 4-62(c)　操作示意图(三)

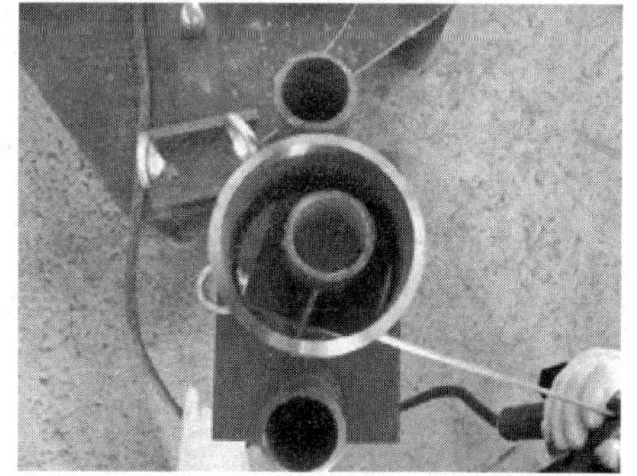

图 4-62(d)　操作示意图(四)

3)盖面焊。

具体操作步骤同填充焊,稍加大运条幅度。盖面焊完成后焊缝见图 4-64。

图 4-63　填充焊完成后焊缝

图 4-64　盖面焊完成后焊缝

参考文献

[1] 李荣雪. 焊工工艺与技能训练[M]. 北京:高等教育出版社,2008.
[2] 邓洪军. 焊条电弧焊实训[M]. 2版. 北京:机械工业出版社,2008.
[3] 雷世明. 焊接方法与设备[M]. 2版. 北京:机械工业出版社,2008.
[4] 张依莉. 焊接实训[M]. 北京:机械工业出版社,2008.
[5]《职业技能鉴定教材》,《职业技能鉴定指导》编审委员会. 电焊工(初、中、高级)[M]. 北京:中国劳动社会保障出版社,2002.